制造供应链快速响应影响机理与绩效提升

薄洪光　著

科学出版社

北　京

U0748560

内 容 简 介

本书以典型的装备制造企业为研究对象,在分析快速响应相关背景理论、装备制造供应链管理特点的基础上,构建快速响应管理理论框架,探讨快速响应管理机理。本书将系统地对装备制造供应链企业间快速响应的影响因素进行研究,梳理各影响因素间关系,提出绩效评价方法及能力提升途径。一是研究装备制造供应链成员快速响应的过程,着重分析快速响应的微观机制;二是从系统的角度出发,提出跨组织、组织间和组织内供应链快速响应影响因素模型,并收集大量样本数据验证相应假设;三是分析三种供应链情景下的快速响应绩效,提炼出相关的绩效评价指标;四是针对供应链快速响应现状,提出有效的快速响应策略和能力提升途径。

本书可作为企业管理、工业工程与管理、物流工程与管理、管理科学与工程、工商管理等学科领域教师、科研人员及研究生的参考用书。

图书在版编目(CIP)数据

制造供应链快速响应影响机理与绩效提升/薄洪光著. —北京:科学出版社,2021.10

ISBN 978-7-03-070015-5

Ⅰ.①制… Ⅱ.①薄… Ⅲ.①装备制造业–供应链管理–研究 Ⅳ.①F407.05

中国版本图书馆 CIP 数据核字(2021)第 209192 号

责任编辑:李晓娟/责任校对:樊雅琼
责任印制:吴兆东/封面设计:无极书装

科学出版社 出版
北京东黄城根北街 16 号
邮政编码:100717
http://www.sciencep.com

北京捷迅佳彩印刷有限公司 印刷
科学出版社发行 各地新华书店经销
*
2021 年 10 月第 一 版 开本:720×1000 B5
2021 年 10 月第一次印刷 印张:19
字数:400 000
定价:238.00 元
(如有印装质量问题,我社负责调换)

前　　言

区域支柱产业是在区域经济体系中占有重要地位的产业。装备制造业是辽宁省四大支柱产业之一，对辽宁省的经济发展起巨大推动作用，如今此区域面临发展瓶颈，装备制造业企业急需转型升级。面对动态扰动的市场环境，如何智能化、服务化地对市场需求进行快速响应，是本书研究的主要问题。

装备制造业是社会可持续发展的基石，是创造社会财富的直接源泉，是国家安全的重要保障。随着制造产业的复杂性和客户高效性的要求不断提高，企业的供应链管理方法需要基于实时过程信息实现动态优化和控制，而传统的供应链管理方法难以适应动态变化的企业内外部环境，因此实施具有自适应能力的快速响应管理势在必行。

快速响应管理是有计划、有组织、有指挥、协调的供应链管理活动，是在成本和效率优化的前提下，对企业内外部环境的影响进行快速反应，根据客户的需求，按时、按量、按地、按质、按价提供所需产品或服务的各项管理工作的总称。装备制造供应链的运作过程涉及人员、设备、订单、环境等诸多要素，人为因素、设备停机维护、订单变动等干扰时有发生，如何快速处理异常，在优化初始目标的同时，最小化干扰造成的系统扰动并恢复正常运作，是干扰管理致力解决的问题，也是实现快速响应管理的重要方法论。

本书以装备制造企业快速响应管理实践为研究背景，以供应链快速响应为突破点，将应用环境拓展到装备制造企业供应链，结合以往研究内容，对供应链快速响应影响因素进行梳理，并从跨组织、组织间和组织内的角度研究影响因素对装备制造企业供应链快速响应的影响，同时通过规范的实证研究方法验证相关结论。全书共 9 章。其中，第 1 章绪论，主要介绍装备制造供应链快速响应管理的研究背景、研究问题和研究意义以及研究内容、研究方法及技术路线等；第 2 章文献综述，主要对供应链管理、快速响应以及装备制造供应链研究现状进行分析；第 3~5 章分别探讨了合作伙伴关系，信息共享、供应物流协同以及企业内影响因素对装备制造供应链快速响应的影响路径和作用机理；第 6~8 章分析了三种模式下的供应链管理和快速响应绩效提升途径，分别为云平台环境下制造供应链快速响应绩效提升途径研究、服务型制造供应链干扰管理及快速响应绩效提升途径研究和复杂产品 MRO 服务执行过程管理及快速响应绩效提升途径研究。

第 9 章研究结论与建议，总结了本书的主要贡献、管理启示以及研究不足和尚待研究的问题。

　　与本书内容相关的研究工作得到了国家社会科学基金重点项目（国产重大装备云平台供应链全流程价值共创协同机制研究，21AGLO15）、国家科技支撑计划项目（面向 CRH- MES 的 XBOM 本体建模与运行优化技术研究与应用，2015BAF08 B02-04）、GF 基础科研项目（××××××××××××××应用系统研究与开发，JCKY2016××××；DYT 多型共线××××××××××系统集成技术，JCKY2018××××）、装备预研共性技术项目（××××××××××××××智能装调生产线，50923010801）、省社科联 2022 年度辽宁省经济社会发展研究课题研究成果 2022lslybkt-033 等的支持，在此表示衷心的感谢！在长期的基金课题研究和项目实践过程中，本书作者得到了多位老师的无私帮助，他们分别是大连理工大学的刘晓冰、张令荣、潘雄锋、张立和、冯长利、金淳、鲁渤、薛方红、蒙秋男、李新然、白朝阳，大连民族大学的王万雷，北京交通大学的刘峰、张宇、张春、蒋增强、鄂明成，中国科学院沈阳自动化研究所的赵吉斌、胡国良。项目的研究成果是研究团队的集体智慧结晶，在此也向他们表示衷心的感谢。

　　在本书统稿过程中，作者指导的学生马晓燕、王蕾、张鑫、潘裕韬、刘海丰、李龙龙、李焕之、张慧琳、王兴冕、王庆瑞、白思航、陈映莲、徐婧、韩鹏、王文鹏、梁利静、尚婷等付出了辛勤的工作，在此表示衷心的感谢。另外，在本书撰写过程中参阅了大量中外文资料，在此谨向这些国内外作者表示衷心的感谢。装备制造供应链快速响应管理已成为国内外学者关注的热点研究问题，其理论、方法处于快速发展的阶段，但由于作者水平有限，书中不妥之处在所难免，敬请广大读者批评指正。

薄洪光

2021 年 8 月 17 日于大连

目　　录

| 第 1 章 | 绪　论

1.1　研究背景

1.1.1　快速响应

在当前经济全球化与信息技术（information technology，IT）高速发展的大环境下，市场环境瞬息万变，市场需求不断朝着个性化、多样化的方向发展，实施快速响应管理才能更好地把握市场的发展动态，降低库存成本和运作成本，及时满足客户的个性化需求，提高企业自身的服务水平，最终实现市场份额的扩大。20 世纪 80 年代，在美国采取进口配额限制的保护下，以及美国服装制造业未保持原有的领先地位的背景下，Kurt Salmon 公司研究了美国纺织服装业应如何提高核心竞争力，通过对其供应链的研究分析发现，尽管各节点企业均高度重视自身经营效率的提高，但供应链整体运作效率却不尽如人意，并且供应链在运作周期冗长的前提下，仍旧缺乏对市场需求的分析预测，由此导致了大量诸如时间、费用浪费和供需不平衡等问题（杨长辉，2004）。相关调查数据显示，服装产业供应链每年整体损失约 25 亿美元，其中供需不平衡造成的损失占供应链系统总损失的 2/3。基于以上研究，Kurt Salmon 公司首次提出了快速响应策略，并成功应用于美国服装产业，大大缩短了其供应链运作周期和交货提前期，从而降低了其库存成本和运作成本。因此，如何高效地实施快速响应策略，从而降低供应链成本，提高服务水平，是当今企业需要重点关注的问题。

快速响应是供应链各节点企业（供应商、制造商、分销商和零售商）为了缩短从原材料到终端销售的耗时和减少供应链体系中的浪费、提高供应链整体的响应速度而协作的战略。21 世纪以来，快速响应得到了快速的发展，它不断融入先进的生产管理思想和高新技术，如丰田的准时制生产、泛在网、云制造、大数据以及信息物理系统（cyber-physical systems，CPS）等。其目的在于及时应对市场的动态变化，满足客户的个性化需求，提高企业的核心竞争力，强调的是包括供应商、制造商、分销商和零售商在内的供应链整体响应速度的提高，同时关注合作协同能力、技术研发能力、产品质量的改进、运营成本的降低以及业务流程的优化。其中面向客户需求的快速响应主要强调制造环节的响应速度和柔性，通过快速研发设计和生产制造，从而满足客户多样化的需求。要实现供应链各节点之间的快速响应，需要不断变更企业的管理方式，应用高新技术，并依托信息共享平台。

1.1.2　装备制造供应链

装备制造业是反映国家制造业水平的关键，是国家制造业发展的核心，是国民经济发展尤其是工业发展的基础，与国家经济发展和国防建设所需的生产、技术以及装备有着紧密的联系。迄今为止，"装备制造业"在其他国家和国际组织中尚未有明确定义，这一概念是我国特有经济体制下的产物，于 1998 年的中央经济工作会议中被首次正式提出，该会议明确提出要大力发展装备制造业。对于其概念，目前理论界尚未形成一个统一的认识，没有明确的阐释和界限规定。原国家发展计划委员会将装备制造业定义为国民经济和国家安全提供技术装备的企业的总称，是为满足国民经济各部门发展需要而制造各种技术装备的产业。根据装备制造业的技术难度水平，一般可将其分为五大类，即通用类装备、成套类装备、基础类装备、高技术关键装备、安全保障类装备；根据其产品的性能和重要性，一般可将其分为三大类，即基础机械、机械和电子基础元器件、重大成套技术装备；根据国民经济行业，可将其分为八大类，即金属制品业、通用设备制造业、专用设备制造业、交通运输设备制造业、电气机械及器材制造业、通信设备和计算机及其他电子设备制造业、仪器仪表及文化办公用机械制造业、金属制品和机械及设备修理业，其中包含了 135 个小类。装备制造业生产的产品具有种类复杂、按订单设计、批量小、生产工艺复杂、生产周期长、技术含量高等特征，是我国国民经济的支柱产业，是国家科技成果转化的主要途径，是国家经济安全和国防安全的重要保障，对一个国家的发展具有深远的影响，本书围绕装备制造供应链问题展开论述。

一般认为对供应链问题的研究始于 20 世纪 60 年代，起初供应链的概念注重企业自身的利益目标，侧重于企业内部层面，随着信息技术与管理理念的发展，企业之间的联系日益得到重视，供应链的目标也上升为整体利益的最大化，其侧重点也从企业内部扩大到供应链外部环境，逐渐从整体的角度考虑核心企业的网链关系。一般而言，供应链是指以物流、资金流、信息流为媒介，由原材料供应商、制造商、分销商、零售商和末端顾客构成的供给需求网络，即由从原材料获取、加工到将最终产品送达消费者手中的全生命周期中所参与的企业构成的网络。从其定义和网链结构来看，供应链是一个围绕核心企业及其若干个前向、后向节点企业组成的企业网络系统，具有物流、资金流、信息流三种表现形态，每个节点企业都是一个经济实体和供需两双，具有复杂性、动态性、层次性、竞合性、客户需求导向性及交叉性等特征。21 世纪以来，竞争已不再仅仅是企业之间的竞争，更多的是供应链与供应链之间的竞争，近年来信息技术和电子商务的高速发展，为供应链的研究提供了技术支持。很多国际著名企业与高校均致力于供应链的研究，并逐渐形成了一种新的理论和管理方法。其主要目的是提高组织的运作效率，实现供应链整体利益的最大化。

装备制造供应链指的是围绕核心装备制造业所构建的供应链。装备制造企业是其中的核心企业，该链中的物流、资金流、信息流均汇聚于装备制造企业，因此在整个供应链中装备制造企业具有较强的决策影响力，其他的供应商、零售商等节点企业均依赖核心装备制造企业，并为其服务。目前，装备制造供应链具备动态性、互补性、分布性、复杂性等特征。根据装备制造供应链生产的产品和生产工艺的不同，可将其分为 V 形、A 形、T 形三种。其中 V 形供应链是发散型供应链，核心企业下游客户往往多于其上游供应商，呈现分叉形结构，此类结构的供应链对内部能力瓶颈识别的要求很高，包括供应商质量管理、产品生产流程管理、配送运输管理和营销管理等。A 形供应链是汇聚型供应链，一般为订单或客户需求所驱动，在该供应链中，往往是多种原材料被加工成一种或少数几种产品，呈现 A 形结构，对物流同步性要求很高，包括物料入库期、订单交货期等。T 形供应链是混合型供应链，介于上述两种供应链结构模式之间，对供应链中的控制因素要求严格，如营销促销方式等。根据供应链功能目标的不同可将其分为市场反应性供应链和物理有效性供应链。市场反应性供应链主要是应对市场需求的动态化、多样化和个性化，主要考虑生产供给的柔性和对顾客需求的响应速度，前期需要根据历史信息对市场未来的需求做出精准的判断，并设置产能缓冲来增加供应链的整体响应速度。其生产的产品往往利润高、生命周期短，需要实时关注供应链内外部信息。物理有效性供应链主要是应对市场需求的情况，主要考虑降低供应链的总成本、库存水平和实现企业间高效的合作，需要降低生产、运输、库存等各个环节的成本费用，通过协调成员企业间信息，保持高水平的资源利用程度。近年来兴起的云制造、大数据、泛在网、信息物理系统等技术，为装备制造供应链的发展提供了坚实的技术支持。

1.1.3　供应链视角下装备制造业的快速响应

装备制造业快速响应供应链核心为装备制造企业，包括供应商、制造商、分销商、零售商、客户等在内的上下游战略合作伙伴，均以制造商为中心形成快速响应市场动态需求的网络结构。装备制造业快速响应供应链的参与对象主要有供应商、制造商、分销商、零售商及客户等。在实现快速响应的过程中，该供应链的运作内容主要包括各参与对象之间的物流、资金流、信息流的协调工作，以"三流"为媒介来实现企业间的协作，从而实现整个供应链的快速响应，提升装备制造业快速响应供应链整体的核心竞争力。在装备制造业快速响应供应链中，装备制造企业占据整个供应链的主导地位，是该供应链上的信息枢纽和物流中心。作为信息枢纽，装备制造业汇聚了供应链上下游的信息，在对来自上下游的信息进行交融分析、加工处理后，信息被传递给供应链的各节点企业，从而实现供应链间信息的共享、交互，提升整个供应链的运作效率。作为物流中心，从产品的全生命周期来看，生产所需的原材料、零部件需依托于物流渠道，从供应商运输至装备制造企业，在装备制造企业进行加工装备后，最终从不同物流渠道流入客户手中。装备制造企业依托物流调度，向各供应商发出物料需求，来确保物料能保质保量并及时地到达生产线，同样，在完成产品的加工装配后，装备制造企业需依托物流调度来为客户提供增值服务。

　　装备制造业快速响应供应链主要有以下几个特征：①需要能快速响应动态多变的市场需求；②各企业之间的供需关系具有协作、共赢、竞争博弈等性质；③其生产模式为面向订单生产，具有推拉结合的生产特点；④为满足动态多变的市场需求，装备制造业快速响应供应链应具备拆分、重组的能力，因此企业间和企业内部的组织结构与业务流程应具备较好的动态性及灵活性。

　　装备制造业快速响应供应链以物流、信息流、资金流为媒介，实施快速响应策略，从而满足客户的多样化需求，实现供应链整体的高效率运作。物流指的是整个供应链上物品的流动，供应链的各个节点企业内部和企业间都存在着运输、搬运、仓储作业等，从而完成物品在供应链上的流动。信息流指的是装备制造企业承载的来自供需双方两种不同流向的信息流，其中客户的需求信息是从下游传递至装备制造业，供应商的订单信息则是从上游传递至装备制造企业，并在装备制造企业经过处理后传递给各节点企业，实现信息的共享。资金流是伴随着物流产生的，往往通过对资金流的监控实现对物流的监控。装备制造业快速响应供应链的各种业务活动都伴随着资金的流动。价值流反映的供应链的增值过程，快速响应的过程就是供应链的增值过程，因此供应链通过实施快速响应策略又可成为一条增值链，供应链系统的增值过程主要包括物料从供应商到装备制造企业、在装备制造企业的加工制造以及快速准时的客户服务过程中增加的技术含量和附加值。业务流是使物流、信息流、资金流运作的手段，决定了各种流的传递速度和质量，从而决定了装备制造企业增值过程的效益，因此只有在保证业务流的规范运作的前提下，才能实现供应链的快速响应。

1.2　研究问题

随着市场环境日益复杂多变，如今装备制造企业之间的竞争已不仅是自身生产能力的竞争，而是其供应链的竞争。企业提高其供应链对市场的快速响应能力已经成为增强自身市场竞争力、提高客户满意度的重要方式，因此供应链快速响应能力越来越受到装备制造企业的重视，供应链快速响应影响因素是什么？如何提升供应链快速响应速度、改善供应链快速响应能力成为许多供应链核心企业重点关注的问题。目前，供应链快速响应影响因素问题尚属于热点研究问题，国外学者从快速响应过程与能力的角度和快速响应机制设计的角度研究了供应链快速响应影响因素，由此确定快速响应影响因素主要是供应链系统各主体间的协同优化。国内学者对影响供应链构成企业快速响应的因素进行了研究，主要分为两类：关于组织内快速响应的影响因素和跨组织快速响应的影响因素，认为优化组织间管理体系与管理模式，提高组织内快速响应技术是供应链快速响应的主要影响因素。目前国内外对于企业内部的快速响应影响因素研究已经较为全面，但是对于跨企业的，特别是装备制造供应链企业之间的快速响应影响因素的研究，至今还没有形成完整的理论框架，研究内容与方向过于涣散，很难进行有效的整合。

基于现有的理论研究和实践依据，本书将系统地对装备制造供应链企业间快速响应的影响因素进行研究，梳理各影响因素间关系，提出绩效评价方法及能力提升途径。①研究装备制造供应链成员快速响应的过程，着重分析快速响应的微观机制；②从系统的角度出发，提出跨组织、组织间和组织内供应链快速响应影响因素模型，并收集大量样本数据验证相应假设；③分析三种供应链情景下的快速响应绩效，提炼出相关的绩效评价指标；④针对供应链快速响应现状，提出有效的快速响应策略和能力提升途径。以上研究丰富了研究领域的理论观点和内容，所得结论和建议可为我国供应链快速响应实践提供重要参考与指导。

1.3　研究意义

1.3.1　理论意义

随着市场竞争的加剧，越来越多的企业渐渐意识到市场竞争已经不仅仅是企业之间的竞争，更是供应链之间的竞争。为此，供应链管理得到了企业界和学术界的重视。供应链竞争力的提升不仅在于提高物流、信息流、资金流的传递效率，更在于供应链企业间有效的快速响应，它是企业及其所属供应链获取和增强核心竞争能力的坚实推动力量。快速响应是供应链管理中最重要的一个环节，它决定了资源是否能得到有效的利用以及产品能否实现快速创新等。

本研究主要有以下两点理论意义：

1）快速响应的过程受到诸多因素的影响，是非常复杂的，国内外学者对此进行了大量的研究，但以供应链为背景，就装备制造供应链上的快速响应制造管理进行研究的还很少，供应链运作管理理论还不完善，本书以供应链快速响应为突破点，将应用环境拓展到装备制造企业供应链，结合以往研究内容，对供应链快速响应影响因素进行梳理，并从跨组织、组织间和组织内的角度研究影响因素对装备制造企业供应链快速响应的影响，同时通过规范的实证研究方法验证相关结论，所得结论一方面丰富了本领域研究成果，为供应链运作管理理论的发展进行了一定的探索；另一方面可作为类似情景研究的重要理论铺垫。

2）目前在学术领域有关装备制造供应链快速响应绩效研究的探索还较少，因此在相关背景的理论和实践中都需要一套可行的快速响应评价方案，而这一理论体系的完善将实现供应链快速响应绩效评价研究的突破。本书针对三种供应链模式下的快速响应绩效，提炼出相关的绩效评价指标，为供应链快速响应绩效研究提供重要的理论基础。

1.3.2　现实意义

本书针对装备制造供应链，从企业间和企业内两个维度出发，既考虑供应链因素对快速响应的影响，又结合企业内部因素，针对企业间和企业内两方面因素对快速响应的不同影响作用，其研究成果无论是对企业本身还是对企业所在的供应链的发展都具有指导意义，能够助力企业技术发展，提高企业市场竞争力。另外，绩效评价在装备制造企业供应链管理中至关重要，本书从供应链前段、中段、末段三个阶段更加全面地对供应链快速响应绩效的提升进行分析评价，因而提出的评价体系较为完整，在企业具体管理实践中具有很高的参考价值。

1.4　研究内容、研究方法及技术路线

1.4.1　研究内容

本书依据装备制造企业供应链和供应链快速响应的相关理论，通过对现有研究资料的收集整理，分析装备制造企业供应链快速响应和绩效评价及其提升途径。首先从跨组织、组织间和组织内的角度分析供应链快速响应影响因素，然后针对这些影响因素建立模型，通过理论分析对模型提出假设，最后进行实证研究。同时，研究了云平台环境下、突发干扰事件情况下和 MRO① 服务管理三种情景中供应链快速响应绩效评价，并提出提升供应链快速响应速度的有效途径，为解决供应链快速响应问题提出指导意见。

1. 理论研究

收集、阅读和整理相关理论资料，对相关理论进行分析和研究。

2. 装备制造企业供应链快速响应影响因素研究

1）装备制造供应链成员企业快速响应的过程研究，着重分析快速响应的微观机制。

2）结合前期理论研究，构建快速响应影响因素模型，并对这些影响因素分别提出假设。

3）实地调研，了解装备制造企业供应链快速响应实践情况，并收集研究所要用到的相关数据。

4）通过实证分析对假设结果进行验证，分析其结果后得出相应结论。

3. 装备制造企业供应链快速响应绩效指标研究

本书研究装备制造供应链在三种模式下，即云平台环境下、突发干扰事件情况下和 MRO 服务管理中，相应供应链快速响应的绩效指标，包括信息资源共享水平、中断恢复水平、供应链合作水平、服务质量、服务效率、MRO 服务效益、MRO 服务效率 7 个一级指标和信息化程度系数、供应链柔性系数、云平台投入成本、中断供应占比、恢复准时交货率、恢复成本与时间比、信息/资源开放系

---

① MRO 即维护（maintenance）、维修（repair）、运行（operations）。

数、收益分配系数、信息/资源共享合作成本、完工时间、非劣解均匀性、拖期时间、求解时间、顾客满意度、结果可靠性、服务水平、供应链利润、资源匹配的适用性、区块链技术的效率分析 19 个二级指标，构建了绩效指标评价体系，并对结果进行分析和评价。

4. 装备制造企业供应链快速响应绩效提升途径研究

结合装备制造企业供应链管理实际情况，通过对快速响应绩效指标的分析研究，针对装备制造供应链的三种模式，提出可行有效的快速响应绩效提升方法。

1.4.2 研究方法

本书采用理论研究、实证研究相结合的方法对问题进行研究。

1. 理论研究

首先，收集整理装备制造供应链快速响应和供应链管理的相关基础资料，分析国内外针对供应链快速响应问题的研究现状，通过合理的归纳推理，提出装备制造供应链快速响应的影响因素模型，构建实证研究的基本框架。其次，针对三种供应链情景下的快速响应绩效，研究分析得出有关的绩效评价指标，提出供应链快速响应的绩效提升途径。

2. 实证研究

结合前期理论研究结论，对问题提出假设，采用实地调研和问卷调查的方法，对样本供应链成员企业快速响应情况进行调查，将收集到的数据用因子分析、结构方程模型等统计学方法进行统计分析，进而验证所提出的假设，从而得出影响因素与快速响应之间关系的结论。

1.4.3 技术路线

本书的技术路线如图 1.1 所示。通过梳理相关文献和案例企业实地调研，分析供应链成员企业快速响应的过程，针对供应链成员在快速响应过程中存在的实际问题，提出关键影响因素变量；结合供应链管理和运营管理理论，提出适合本研究的供应链快速响应绩效指标；在上述研究基础上，重点研究关键影响变量与供应链快速响应绩效的内在联系，构建供应链快速响应的影响因素模型；最后通过实证研究，验证和完善相关模型与假设，并针对当前供应链成员快速响应现状，提出快速响应的具体改善策略以及快速响应绩效的提升方法。

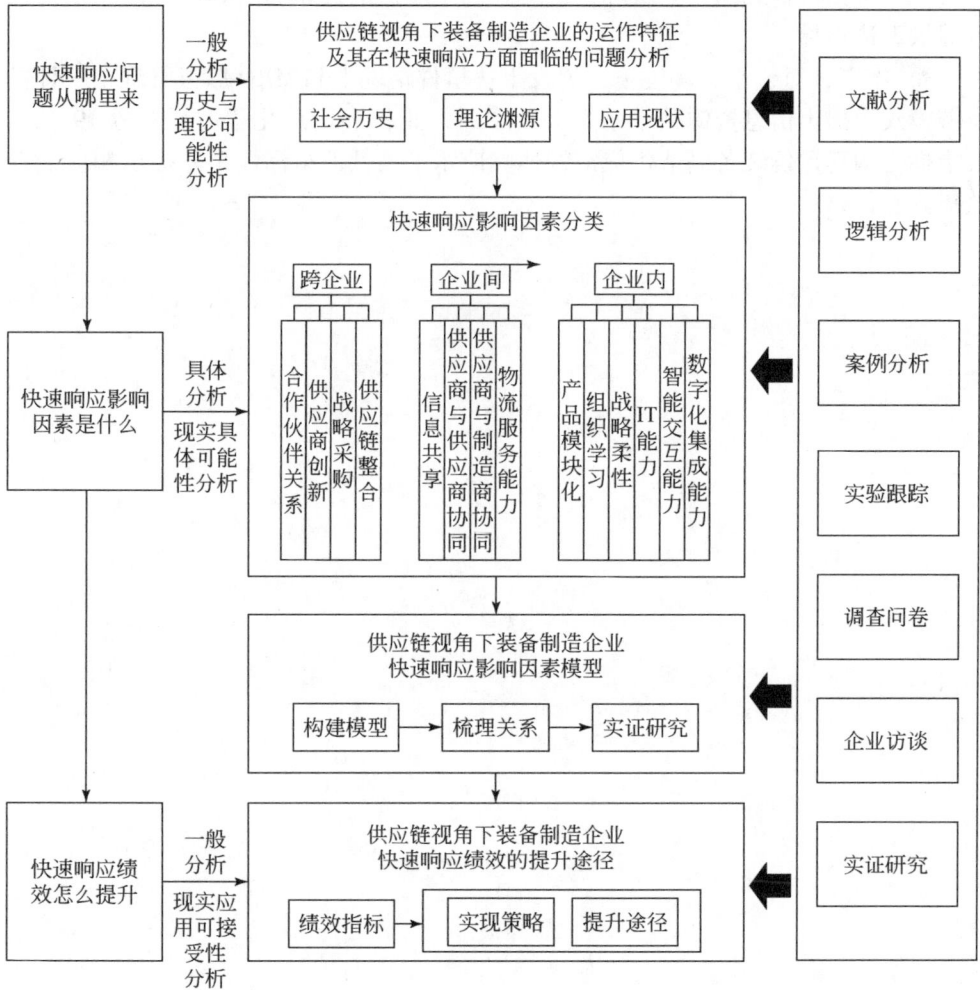

图 1.1　技术路线

1.5　创　新　点

　　1）本书以装备制造供应链为背景，以成员企业快速响应的关键影响因素研究为主要内容，运用系统建模的方法构建影响因素模型。模型从跨组织、企业间和企业内的角度探究供应链快速响应的影响因素，完善供应链运营管理的相关理论。

2）本书的理论提出是建立在大量的实际调研基础上，且经过实证验证，提出的理论将更符合我国企业实际，可为我国供应链的快速响应和供应链竞争力提升提供理论指导。

3）本书针对云平台环境下、突发干扰事件情况下和 MRO 服务管理中三种供应链模式，提出信息资源共享水平等 7 个一级指标和信息化程度系数等 19 个二级指标，构建评价装备制造供应链快速响应水平高低的指标体系并提出相应的绩效提升途径。

第2章 文献综述

2.1 供应链管理研究现状

2.1.1 供应链管理概念

20世纪80年代以前，企业的注重点是生产成本，为了在企业间的成本竞争中取得优势，新的制造技术和战略应运而生，如精益制造、全面生产管理等，企业的生产成本得到了大幅的降低，采用这些制造技术和战略的公司在市场中的竞争优势得到了一定的提升。精益制造、全面生产管理等一度成为企业重要的利润源泉。因此，各企业为了实施这些制造技术和战略，纷纷投入大量资源。然而，之后的几年，虽然生产成本得到了尽可能地降低，但这些制造技术和战略为企业带来的利润却越来越少。基于此现象，企业界和学术界将关注点放在寻找新的利润源上。90年代以来，信息技术得到了高速发展，经济、政治、社会环境发生了巨大的变化，企业之间的竞争不断加剧，为了进一步降低企业的生产成本、满足客户的需求，企业界和学术界逐渐将目光从管理企业内部生产环节转向生产产品的整个供应链系统。因此，以增强协作、降低成本、快速响应市场需求、谋求供应链整体利益最大化为目标的供应链管理理念应运而生，并不断得到完善和发展。

"供应链"这一概念经历了一个发展过程。著名管理学大师彼得·德鲁克最早提出"经济链"这一概念，后来被迈克尔·波特延伸为"价值链"，经过学者的不断深入研究，最终演变为"供应链"。在早期，学者认为供应链只是企业内部运作的环节，包括原材料、零部件的采购、生产制造、销售等，企业界和学术界对供应链的研究都集中在如何提升企业自身的利益目标。随着生产经营的不断发展，供应链的概念被延伸至与其他企业之间的联系，扩大到供应链的外部环境。在这一阶段，供应链的概念发生了变化，学者们倾向于把它定义为一个通过链中不同成员的生产、装配、分销、零售等过程，将原材料变成产品再送至消费者手中的全过程，这是一个范围更大、系统性更强的概念。美国学者 Stevens 认为："供应链就是通过增值过程和分销渠道控制从供应商的供应商到用户的用户的流。"供应链的完整性在这一定义中得到了考量，链中所有节点企业运营的一致性也得以考虑。供应链的概念发展到现代后更加重视以核心企业为中心形成的关联企业间的网链关系，包括核心企业与供应商、供应商的供应商等前向关系，与用户、用户的用户等后向关系。供应链的概念由"链"发展为"网链"的概念，丰田、麦当劳等公司都是从网链这个视角来管理它们供应链的。

作为一种系统的管理理念和管理方法，供应链管理包括供应链中从供应商到末端消费者的物流环节的计划、组织等职能。在早期，国外对供应链管理有着不同的命名和定义，诸如虚拟物流、快速反应、有效的用户反映等，虽然名称有所差异，但都是将重点放在了库存和运输管理方面。当前，供应链管理将各个成员企业看作统一的整体，包括了从供应商到最终消费者的采购、生产、分销、零售等，通过协调整合各个企业的工作流程，使供应链成员企业整体利益达到最优。

有关供应链管理的定义，当前学术界尚未达成统一。美国物流管理协会（Council of Logistics Management，CLM）对供应链管理做出了最新定义：供应链管理是指设计采购、外包、改造等所有的计划和管理活动以及所有的物流管理活动，其中渠道合作伙伴之间协调和协作至关重要，涉及供应商、中介机构、第三方服务提供商和客户。全球供应链论坛（Global Supply Chain Forum，GSCF）将供应链管理定义为从源供应商到最终消费者，目的是为消费者提供有价值的产品、服务和信息的综合业务流程。美国供应链管理专业协会（Council of Supply Chain Management Professionals，CSCMP）认为，供应链管理贯穿于整个渠道，包括管理供需、原材料和零部件采购、制造和装配、仓储和库存跟踪、订单录入和管理、分销以及向客户交货。Mentzer 等（2000）将供应链管理定义为以提高供应链和每个企业的长期绩效为目标，对传统的企业内部各业务部门之间和企业之间的职能，从供应链整体的角度进行系统性、战略性的协调。Evans 等（1995）认为供应链管理是一种管理模式，它依赖于前馈信息流和反馈物流与信息流，并将供应商、制造商、分销商、零售商和最终用户作为一个整体联系起来。Tan（2001）认为供应链管理就是从原材料到产品的管理，是一种管理科学，为了共同的最优化、最有效的目标将传统的企业间活动扩展到了商业合作关系，他认为供应链应着眼于如何利用其供应商的技术、能力、工艺来提升自身的竞争优势。Phillips 和 Sul（2009）则将供应链管理定义为以时间为基础的新的竞争策略，为了提高整个供应链的效率，将不同的企业集成起来，协调合作。

国内学术界的学者也提出了供应链管理的定义。陈国权（1999）认为，供应链管理是一个计划、组织、运营、控制和优化整个供应链系统的活动与过程，在正确的时间、以正确的质量和正确的数量将客户所需的正确产品交付到正确的地方。我国的"物流"术语将供应链管理描述为使用计算机网络技术来全面规划、组织、协调和控制供应链中涉及的物流、信息流、资金流和业务流的过程。

尽管学者从不同的视角为供应链管理做出了不同的定义，但究其本质，都强调从系统化、合作、共赢角度来对供应链进行整合、协调、最优化管理，都是为了通过有效的计划、协调、控制等不断优化供应链系统中包括采购、生产、装配、运输、销售等活动，从而降低企业成本，使供应链整体利益最优，不断提高客户服务水平，最终提升整个供应链及其各个企业成员在动态多变的市场中的核心竞争力。

2.1.2 供应链管理特征

通过总结供应链管理的概念及其目标，可以看出供应链管理主要具备以下几个特征。

（1）供应链管理将所有成员企业看作一个有机整体，实行全过程的战略管理

传统的管理模式一般以企业内部的职能部门为基础，往往将企业的采购、生产、装配、销售等职能分开考虑，独立运作，但由于不同职能部门之间的目标、工作模式等存在差异，这种差异往往会造成部门间的矛盾与冲突，企业之间和企业内部各部门之间往往不能充分发挥其自身效用，进而难以确定一致的整体目标。供应链管理则是将供应链上各节点企业，包括制造商、供应商、零售商等，看作一个有机整体。供应链中的各个环节并非相互独立，而是彼此关联的。它将企业内部与企业之间的物流、信息流、资金流、业务流和价值流的整体管理思想贯穿于供应链的全过程，覆盖了包括从原材料的采购、生产制造、运输到销售等各个职能领域，从而有效协调各节点企业，降低整个供应链的成本。

（2）供应链管理是一种强调集成化的管理模式

供应链管理的关键是集成化的理念与方法。相较于传统的管理，供应链管理包含了从供应商开始，经由制造商、分销商、零售商，最后到用户的各环节的集成化管理。在对供应链进行集成化管理时，关键在于对企业间和企业内部的物流、信息流、资金流、业务流和价值流的集成管理。物流、信息流和资金流贯穿于企业日常运营中，在过去，企业间的这些流是间断的，如信息的不对称造成上游供应与下游需求不匹配，从而影响企业间的协调，导致供应链整体竞争力的下降。因此，供应链管理强调要将这些流集成化，实现企业间的信息共享、风险共担、利益共存，只有这样才能实现供应链的合作共赢。

（3）供应链管理提出了全新的库存管理思想

传统观念认为，库存是调节生产与销售之间正常运行的必要举措，库存成本

对企业和供应链来说是必不可少的，因此，虽然传统的库存管理目的也是降低企业的生产成本，但从供应链的视角来看，整个供应链上的库存量并未真正减少，只是在市场状况不同的情况下，库存在供应链上、下游企业之间进行了转移。供应链思想的形成使供应链上各节点企业间建立了战略合作关系，通过供应链各节点的快速响应努力实现链上总库存的大幅度降低，库存是供应链管理中一项重要的平衡机制。

（4）供应链管理强调企业之间的相互协作

在传统的管理模式中，企业与企业之间运作独立，彼此之间通常存在着一定的竞争关系，企业之间无法或很少进行协调运作、共享信息。而供应链管理中，供应链上的各节点企业不再是以往的竞争关系，而是一种新型的联盟合作伙伴关系，强调节点企业之间的合作与协调。在供应链管理中，链上企业应对自身进行明确的定位，不断强化自身的核心业务水平，对于非核心的业务可以外包的形式交由其他公司完成。达成合作伙伴关系后，链上企业之间为实现协同运作，应共享信息、共享利益、共担风险。

（5）供应链管理始终以客户为中心

不管供应链的连接企业有多少种类型，也不管供应链是长还是短（供应链的层次有多少），供应链都是由用户需求驱动的，也就是说，正是最终用户的需求，才使得供应链得以存在。而且，只有客户需求得到满足，供应链才能持续发展。因此供应链管理必须始终坚持以用户为中心，将用户服务、用户满意和用户成功作为管理的出发点，并将该思想贯穿于管理的整个过程；将提高用户服务水平、保证用户满意、助力用户成功作为构建竞争优势的根本方法。

2.1.3　供应链管理研究现状

供应链管理，目前在学术界受到了广泛的重视，并有大量的研究成果出现，目前学者对供应链管理的研究主要集中在采购管理、供应链管理技术、供应链能力、干扰管理、供应中断风险、供应链激励机制、可持续性供应链绩效评价和绿色供应链等。

1. 采购管理研究现状

供应链管理视角下的采购管理是现代企业进行资源决策、提高竞争力的重要手段之一。一般可通过优化企业采购业务流程、改善采购策略、与供应商建立良好协作关系等来降低成本，提高运营效益。周溪召和周思宇（2014）认为，原材料采购是供应链正常运作的关键环节之一，采购与企业的成本控制直接相关，在企业成本不断增加的现状下，成本控制变得越来越重要。鲜宁（2012）认为在可持续发展思想已广泛渗入各行各业的背景下，绿色供应链采购越来越受到学者和企业的关注。绿色供应链采购需要兼顾企业的经济效益和资源的消耗与再生，注重企业间和谐关系的构建。曲昊月和初建环（2004）认为 JIT 模式能够优化采购业务，降低采购成本。为优化供应链采购，可以采取制定采购计划、进行准时化采购、建立与供应商的良好战略合作伙伴关系和实行供应商培训等策略。与传统的管理模式不同，现代供应链管理强调集成化、整体性的思想，将企业内外部环境看作一个统一的整体，以客户为中心，关心重视对客户的管理，更加强调企业之间的协作。随着电子商务的不断发展，电子商务供应链采购管理逐渐得到学者的关注，并取得了一系列的研究成果。Jessop（1993）将电子商务供应链采购管理定义为互联网在关键业务流程集成整合中的影响，供应链中的末端用户通过供应商提供增加客户与其他利益相关的服务和信息。陈辉（2013）总结了前人在电子商务供应链采购管理研究中用到的方法，从中得出电子商务供应链采购管理怎样在节点企业间进行利润的分配和上下游节点企业之间合作关系的协调。张建华（2006）认为相较于传统采购，电子商务供应链采购管理具有管理信息化、敏捷化、网络化和物流专业化等优点，能够衔接供应商和客户，具有传统采购不具备的优势。

2. 供应链管理技术研究现状

包括云制造、XBOM、区块链技术、信息物理系统等在内的新兴技术的产生与发展对供应链管理产生变革性的影响，它们可以使整个供应链实现更高程度上的集成化管理、整体性运作、对动态多变的市场需求进行高效的响应、共享节点企业的信息和制造资源等，大大提高供应链的运作效率和柔性。

云制造是一种面向服务的智能化制造模式，体现了"制造即服务"的理念。云制造是先进信息技术、云计算以及物联网等交叉融合的产物，通过云计算的思想，将制造资源和制造能力的信息进行虚拟处理，构建可提供资源和能力的云空间，实现制造资源与服务的开放协作，并进行统一管理，无论何时何地，客户只需要登录云端就能根据自己的需求获取制造资源与服务，完成研发、生产、销售等产品全生命周期的各个环节。与现有的制造模式相比，除了数字化的特征，云制造更为突出的技术特征有制造资源和能力的智能化、物联化、虚拟化、服务化、协同化。云制造实现了制造资源的高度共享，提供了标准的、规范的、可共享的制造服务模式。李伯虎等（2010）为实现云空间模式下物理资源向虚拟资源的转化以及各类制造资源以服务的形式在提供端和需求端间的快速精确匹配，搭建了一个云制造网络体系的基础架构，对该架构中运用的关键技术进行了分类，并给出了一个云仿真原型平台（COSIM-CSP）。在之后的研究中，李伯虎等（2012）对云制造的内容和技术特点做出了更深一层的解释，他们认为软硬制造资源和制造能力的虚拟与互联是该模式得以实现的重要基础条件。Xu（2012）研究了云计算可对制造业的发展起到的助力作用，将分布式的各类制造资源虚拟化后封装到云服务中进行集中管理，资源需求方可根据自己的实际需要向云平台发送资源需求信号以获取从设计、生产制造到测试的全过程服务。Tao 等（2011）研究了云制造运行过程中的阶段划分问题，详细叙述了各个阶段中的初始输入内容、利用的技术和使用的算法库及它们之间的关联关系和中间产物。Wu 等（2013）从科技和行业发展这两个角度分别对实现云制造的领域基础与商业模式进行了描述，提出云制造的三大核心特征：以客户为中心、制造即服务和需求导向，给出了在云制造背景下远程工业控制系统、云计算程序应用和业务实施架构等方面进一步发展的建议。Ren 等（2017）构建了一种四流程结构，它描述了云制造中典型的四种场景，并运用一个面向企业集团的私有云制造系统的例子对其进行验证。信息传感技术在制造车间广泛应用，优化调度需求受云制造中的实时数据驱动，在这种情况下，Zhang 等（2016a）提出了一种基于博弈论的柔性车间调度动态模型，根据车间中机器的实时生产状态为待完成的任务分配最优选择的机器。古川等（2013）认为在云制造的引导下，供应链出现"云化"趋势，基于云制造集成控制中心可提升供应链中各要素的运行效率，优化资源配置。肖莹莹等（2016）综述了近几十年来国内外关于供应链计划管理的相关文献，在总结研究热点的同时，考虑了制造云环境数据实时化对计划管理的影响，分析了供应链计划智能调度技术的发展问题。关于云制造的研究已经渐渐由关键技术向管理模式进行延伸，如何运用云制造提高制造供应链的整体效率已经成为众多学者研究的热点之一。云制造模式注重制造资源和制造能力的服务化以及按需匹配，可以通过云资源池对海量资源进行集成管理以及支持具有柔性自组织自适应架构的云平台，实现多种形式的协同，构建起不同方式的联盟，使大规模的资源和能力得以共享。Liu 等（2015a）针对云环境下多主体间的资源共享问题，建立了一个基于 Gale-Shapley 算法的模型，实现了共享，研究了资源利用率、需求满足率、供需双方的效用和绩效，并对其进行了扩展，分析了该模型在资源的供给和需求存在波动的情况下的动态性。Tao 等（2014）提出了基于云计算和物联网技术的云制造服务系统（CC-and IoT-based cloud manufacturing, CCIoT-CMfg），并给出了其体系结构，构建了支撑 CCIoT-CMfg 的技术体系，进而使各种制造资源和能力得以自由流通、充分共享、按需匹配与优化配置。基于云制造构建资源共享云平台，可以将物理世界中的实体资源转化为网络世界中的虚拟资源，得到企业制造资源的实时状态，供给侧资源实时状态可视，需求侧需求变动信息可动态准确传递，两者相结合可以让分散在不同区域的供应链节点成员共享彼此的生产制造设备、工艺信息、过程数据、技术等软硬制造资源。在制造资源共享实践方面，美国制造能力共享交易平台 MFG. COM 以订单形式提供锻造、装配、成型等制造资源和能力，资源的供给方和需求方通过询盘、报价等方式完成交易，交易的任意一方都可对另一方进行评价，整个过程都可以在平台上完成。"航天云网"国家工业互联网平台是我国面向制造业进行资源共享的一个典型应用，它可以为各种制造企业间实现全要素资源共享提供服务。根据国家信息中心分享经济研究中心发布的《中国制造业产能共享发展年度报告（2018）》，近几年来我国在共享制造方面已经得到初步发展，并且形成了一定的规模，2017 年制造业产能共享市场规模约为 4120 亿元，参与其中的企业数量已破 20 万家。国内外的学者也纷纷在制造资源共享领域展开了研究。Nayak 等（2016）构建了一个基于资源共享的 CPS 框架，并运用图论和社会福利函数，研究了该框架下的共享资源调度问题。Li 等（2018）提出了一种分布式制造资源共享环境下的双层多智能体系统调度模型，设计了一个共享合同网络协议（shared contract net protocol，SCNP）。Liu 等（2015b）研究了云制造系统中因资源共享产生的业务交互复杂性问题，提出了共享建模框架的解决方案，并给出了具体的建模过程。张会福等（2005）根据制造资源的自身特点，构建了制造网络规范模型及其资源管理系统，使资源实现动态共享和全生命周期管理。俞春阳（2016）通过与其他先进制造模式的对比分析，对"共享制造"这一概念进行了相对清晰的解释，并从生产计划体系的角度研究了共享经济下制造业的发展模式，他还根据搭建共享制造计划体系的实际需求，提出了四项关键技术，来实现生产资源和服务需求间的匹配与优化。鲍世赞和蔡瑞林（2017）以沈阳机床共享制造为对象，对共享过程的用户体验进行了研究，提出了沈阳机床的共享制造模式，总结了以客户体验为基础的智能生产共享平台构建的四大关键要素。现有文献对云制造资源共享的研究大多集中在系统框架、关键技术和发展模式等方面，缺少对供应链背景下企业间资源共享过程中因追求自身利益最优产生的博弈问题的考虑，这一领域还有待更深的研究。

复杂产品从产品生命周期管理（product lifecycle management，PLM）的角度来看会产生大量的数据，因此，需要建立一个架构良好、功能完备的数据管理平台以便数据的管理和分析挖掘。物料清单（bill of materials，BOM）是一个重要的描述产品结构的文件。近年来，许多制造企业都使用 BOM 这一工具来进行产品相关数据信息的收集、统计、分析和输出。BOM 诞生于设计阶段，是最终制造产品所需的零部件和数量等的列表，也是描述产品构成的技术文件。不同的 PLM 阶段和产品应用领域有不同的 BOM 表达方式，如设计 BOM、制造 BOM、订单 BOM、销售 BOM、成本 BOM、质量 BOM 等。虽然 BOM 的概念已经被提出了很多年（Chung and Fischer，1994），但 MRO 服务阶段的数据结构研究却在近些年才得到学者们的关注。早期，学者 Mannisto 定义了一些要素结构来描述与售后服务有关的内容（Candell et al.，2005），提出在 MRO 服务中使用 BOM 可以优化数据库和知识库，处理 MRO 的复杂性，降低 MRO 的服务成本。也有很多学者考虑向 BOM 结构中添加更多的日常维修数据及其他相关资料，从而能及时反馈实际维修活动的数据，文献将这种 BOM 称为维修 BOM（maintenance BOM）。维修 BOM 指处于维修过程中装备所需面向维修业务的产品结构清单，可将其视为在维修视图中的 BOM，在维修视图中 BOM 涵盖了备件单元信息、待维修的结构信息、状态信息与维修技术信息等结构化数据，整体为装备的维修过程服务。为了与制造 BOM（manufacturing BOM，MBOM）区分开来，本研究把服务 BOM（SBOM）定义成 MRO 服务中的数据结构。异类 BOM 构型分别存储非同一阶段装备产品的各类信息数据。在此定义出 XBOM，它是多视图 BOM 集合术语，BOM 前的 X 代表非同一阶段产品 BOM 的不同描述形式。保证数据的一致性是复杂产品全生命周期中极为重要的一环。在复杂产品不同环境下的业务支持、数据集成以及多视图管理、变更管理等方面，BOM 视图技术均能表现出很好的适用性能，故可将其作为复杂产品的全生命周期管理工具，因此，使用 XBOM 建立起兼具有效性与数据一致性的转换模型是极具价值的行为，尤其对于现阶段研究较少的工程 BOM（engineering BOM，EBOM）到 SBOM 的转换过程，建立起 XBOM 对复杂产品的 MRO 活动具有重要意义。已有研究对 BOM 转换及其视图转换建立起了扎实的理论基础。刘晓冰等（2005）创新出一种从 EBOM 到 MBOM 的转换算法，并提出其转换规则，从而可以解决带有特征识别的工程转换变更问题。Matías 等（2008）在面向客户生产的制造环境中，研究出一种基于不同规格属性的 BOM 自动生成方法，从而可以自动创建完整的 BOM 编码及其树状结构。Xu 等（2008）基于 BOP 提出了一种快速精确的 EBOM 向 MBOM 自动转换方法。基于单一产品数据源（SSPD）的 XA 方法，He 等（2014）构建出一致 BOM 模型，进而基于局部分类映射模型及映射准则构造出一种 EBOM 向 MBOM 的自动结构转换方法。该方法使用数学模型完成了 BOM 的映射转换，但转换过程中没有考虑 MBOM 到 SBOM 的转换阶段。结合 BOM 研究 MRO 服务方面，Liu 等（2004）研究出其特征识别方法及规则，实用性地提出工程 BOM 向维修 BOM 的转换。Zhou 等（2018）总结性地提出使用 BOM 树对 MRO 数据信息进行管理，并通过数学模型对管理 MRO 的 BOM 树的转换过程进行详细推理解释。从以上对文献的回顾中可得出，早期的 BOM 研究专注于 PLM 前阶段中设计环节向制造环节的数据一致性，而近些年研究人员将研究重心向 PLM 后阶段的数据一致性偏移，但研究成果不多。所以，对处于 PLM 后阶段 EBOM 到 SBOM 转换过程中的数据一致性研究势在必行，且需要采用严谨详细的数学模型对其进行研究。

近年来区块链的盛行让广大的专家学者对其在各领域的应用研究产生了浓厚的兴趣。"区块链"一词出现在 Nakamoto（2008）的密码学论文《比特币：一种点对点的电子现金系统》中，是比特币的一种实现技术。论文中 Nakamoto 提到希望打破基于信用的支付方法，利用密码学原理代替第三方中介"背书"，直接使达成一致的任意双方进行支付，从而创建新的电子支付系统，这种实现方式的核心技术就是区块链。狭义而言，区块链是一种按时序有序地连接包含多种类型数据的区块从而形成的链式数据结构；广义而言，区块链是一种有分布式架构及防伪造、不可篡改特征的分布式账本，其区块包含链式数据结构从而达到存储和验证数据的功能，同时用分布式节点共识算法新生成并持续更新所包含数据，利用非传统密码学的哈希（Hash）算法来加密所保存、访问、传输数据的安全性，通过协定的智能合约进行编程并对所含数据进行操作。自 2011 年比特币逐渐在全球得到广泛接受以来，各主权国家也相继投入研究搭建比特币的交易平台。区块链作为比特币的核心应用技术，其研究热度的峰值出现在 2016 年，各行各业不同领域的专家学者都希望结合先进的区块链技术对本行业领域进行创新探索和应用验证，其中属最先出现比特币的金融领域应用实践最多。基于对已出现的比特币的结构与创新，出现了大量功能类似的虚拟货币，如点点币、以太坊等。在除了虚拟货币的其他金融业范畴内也有不少区块链的应用。例如，在保险行业，Crosby 等（2016）着重阐述了区块链技术对保险公司的深刻价值，认为无论是实物还是数字资产，包括但不限于房屋产权、汽车产权、日常资产和贵重物品资产等，都能够在区块链中得到存储和保护，区块链提供了所有权和交易历史记录，任何人都可以进行验证。在结算、清算和审计等行业，Yoo（2017）同样提出了区块链技术的可应用性，并以纽约的区块链创业公司 R3CEV 为例，称其发起于 2016 年的 R3 区块链联盟已吸引了全球 40 多家大型银行。金融业只是区块链最先开展应用的领域，其他各行各业同样不乏专家学者结合区块链的创新型研究。赵赫等（2015）针对区块链的传输数据不可篡改特性，研发出一种保证传感数据真实性的方法，并将其应用于微生物机器人采样系统，使其达到机器人数据传输过程无法人为篡改干预的效果。邵炜晖等（2018）在对未来价格驱动的能源互联网研究中融入区块链技术，构建出实体电厂的虚拟模型，结合区块链激励机制对虚拟电厂的控制手段与分布式独立能源架构的有机协调。黄洁华等（2017）则将目标瞄准为缺乏监管及公信力的 P2P（peer to peer）众筹模式，结合区块链技术及其特有的智能合约搭建出可靠的众筹业务模式并对其实用性进行了验证。杨渊（2018）借助区块链的联盟链模式，以国内某商业银行为服务对象构造出可柔性拓展的银行间与银行内部协同部门间的办公信息共享互联平台。Yang 等（2018）基于可穿戴设备及其传感功能，结合区块链技术开发出一种在大规模物联网应用中移动应用所带来的隐私保护方法，防范私人数据泄露风险。同样在物联网环境下，Zhang 和 Wen（2017）面向物联网电子商务构建基于区块链及智能合约的物联网电商模型，保证了该环境下的智能物业和付费数据交易支付方式的安全性。祁兵等（2019）针对用户间点对点单次交易结算的灵活交易特征，开发了结合区块链激励机制的动态交易系统，并验证了其用户交易体验的满意性。通过文献梳理汇总，可以看出区块链已逐渐成为各领域竞相结合的创新技术，但其拓展性和应用可行性仍有很大的空间值得进一步研究探索，尤其是服务行业的研究才刚刚开始。传统制造业的服务化转型已初见成效，服务业务在制造业的制造和运营中所占比重也逐步提升，尤其是以服务为主的复杂产品 MRO 业务，急需深入结合新技术进行应用性探究，从而解决传统问题。

CPS 由美国国家科学基金委（National Science Foundation，NSF）最早提出，可将其理解为设备感知驱动的高效能高效率的实体网络信息虚拟化智能系统，在网络环境下，系统对实体计算单元和一系列物理资源对象进行高度集成并虚拟化交互，实现对信息处理、实时通信和远程控制、组件资助协调等方面的精准反应和控制，构成多维异构的混杂自治系统。CPS 被提出之后，众多学者对此展开了研究。CPS 包括大量的并行且互联的传感器、计算机和机器设备，用它们来收集和分析数据，在此基础上做出决定并控制真实世界的物理过程。CPS 是复杂的、多学科的、物理意识的下一代工程系统，通过使用变革性研究方法将嵌入式计算技术（网络部分）整合到物理现象中。Gunes 等（2014）认为这种整合主要包括从多学科角度对物理系统的观测、通信和控制方面。CPS 可以从不同特征的角度来描述。CPS 将物理和虚拟世界相融合。Rajkumar 等（2010）认为系统工程需要将工业过程和控制系统与信息技术相结合。Colombo 等（2013）认为 CPS 必须能够与其他系统或系统的一部分积极配置服务和网络（这些系统可能在一开始就不为人知），并以受控方式提供新的复合组件和服务。Wan 和 Alagar（2014）认为重要的 CPS 特征是其适应环境变化的能力，这需要对环境和应用数据进行持续监测与评估。Schirner 等（2013）认为 CPS 必须在物理层面与人类进行交互，这需要多模式控制界面，对人类行为的识别和解释，以及系统与单个人或群体之间的互动决策。在过去的几年中，CPS 对利用领域的要求和整体复杂性急剧增加。当前 CPS 已广泛应用到生鲜产品运输（Bogataj et al., 2017）、机器人（Fink et al., 2012）、医疗健康系统（Cheng, 2008；Wang et al., 2011）、智能家居（Smirnov et al., 2015）和电力系统（Pasqualetti et al., 2013）中。Babiceanu 和 Seker（2016）认为传感器、数据采集系统、智能计算和信息交流技术的发展使物料、机器、产品等工业物理实体和软件、互联网应用等信息层的有机连接成为可能。Lee 等（2017）认为在 CPS 环境下，物理设备（产品和设备等）、信息采集设备（传感器和射频识别等）和信息处理设备（电脑和服务器等）通过网络系统实现连接，CPS 可以追踪和监控这些设备，使管理者掌握其状态。Cao 等（2013）认为在制造领域，CPS 集成了物理过程、遍在计算、高效交流和有效控制等要素。Monostori（2014）认为这些要素将积极影响过程自动化和控制中的网络物理生产系统（cyber-physical production systems，CPPS）的生产，这可被视为工业 4.0 中的重要一步。通过应用传感器、高清摄像头、执行器等，可使 CPS 实现制造过程的实时监控，减少故障诊断时间。因此，CPS 在制造过程中的实施，可以实现制造过程的可视化，提升效率，工作流自动化，优化能源消耗，实现制造单元之间的信息实时交互等。基于上述功能，CPS 在解决传统调度方面有着独特的优势。Zhang 等（2008）讨论了一个任务调度问题，该问题基于行为受反馈控制规则控制的 CPS，通过联合设计控制规则和任务调度算法，实现了单处理器控制多倒立摆情境下的绩效和能源预测。Liu 和 Jiang（2016）把 CPS 引入到车间智能制造中，并且把异构设备间的互联和互操作性、多来源和异构大数据的管理与分析，以及学习方法三种关键技术结合在一起形成 CPS 架构。Babiceanu 和 Seker（2016）提出了制造 CPS（MCPS）并对 MCPS 中的大数据分析应用进行了综述，基于此，又提出了一个针对车间调度的基于大数据分析的故障预测方法。Jia 和 Wang（2017）认为通过 CPS 设备的实时监控，可以直接采集实时数据传输至故障预测模块用于故障预测。

20 世纪 80 年代后期以来，信息技术，尤其是互联网技术的飞速发展对智能制造的发展起到了巨大的推动作用。美国在 21 世纪初提出了 CPS 理论，CPS 通过实施情景意识和智能控制可将物理世界与网络空间连接起来。随着 CPS 相关技术的发展和对行为因素的研究，智能制造系统从传统的"信息−物理系统"已向"人−信息−物理系统"（human-in-the-loop cyber-physical systems，HCPS）方向演变。"人在回路"的智能制造模式（即 HCPS）成为当前研究的热点和最具发展前景的制造模式之一。

为了更加明确人是如何成为 HCPS 系统中的一个组成部分，Sowe 等（2016）建立了一个人力服务能力描述模型来显示人员的一般能力以及执行特殊任务的能力。这些能力被分为各个元素，以便设计人员可以有效识别并将人员集成到系统的设计过程中。Schirner 等（2013）提出了"人在回路"应用的原型平台和设计框架，用于恢复或增强人类与物理世界的交互。Ma 等（2017）将人的因素纳入传统的 CPS 数据处理模型中，并为 CPS 数据和决策智能制定了一个闭环计算范例，提出了基于网络、物理和人为因素的决策模型。Wang 等（2014）提出了一种高效长期的 CPS 事件处理模型 LTCEP，这是一种针对智能空间 HCPS 的高效数据处理。它利用语义约束演算将长期复杂知识分解为子知识模型，并建立长期缓冲/检测机制来优化 HCPS 数据处理和决策中的实施响应能力。在智能交通系统（intelligent transportation system，ITS）中，互联使交通系统（即车辆、道路和人）中的所有相关元素连接，而不是孤立的元素，人为因素的互联和操作是未来 ITS 的重要标志，在这种情况下，HCPS 参考模型将为运输管理提供新的视角，并将以最小的资源实现目标。

3. 供应链能力研究现状

Barney（1991）研究了资源基础的概念。一个组织所拥有的能力和资源是独特的、非模仿的、有价值的、稀缺的，是其竞争优势得以持续保持和生存的基础。因此，越来越多的学者开始对供应链能力进行研究。Morash（2001）是第一个研究供应链能力的学者。研究表明，供应链能力是企业获取竞争优势的动力，包括顾客服务、产品质量、信息系统支持、分销柔性、低物流成本、生产率和配送速度七个维度。Wu 等（2005）对供应链能力的定义和维度划分有不同的看法。他们认为供应链能力是指企业识别、开发和整合内外部资源以改进供应链活动的能力，并指出它包括四个维度，即企业间的活动整合、供应链的响应能力、信息交换能力、协调能力。林焜和彭灿（2010）认为供应链能力包括供应链静态能力和供应链动态能力，并给出了各自的概念和维度划分。Mohammadi 等（2012）也使用了 Wu 等（2005）的定义和对供应链能力的划分。Green 等（2014）证明了 JIT 战略对供应链能力和组织绩效的积极影响。洪江涛和高亚翀（2014）利用结构方程模型，结合 165 家供应链上下游企业的调查数据，证明供应链能力与企业短期绩效、长期绩效和知识转移之间存在正相关关系。

除了上述对供应链能力影响因素的分析和对供应链能力与绩效关系的研究外，Liu 等（2016）基于资源基础的观点，证实了供应链能力对绿色设计、绿色采购和绿色生产的积极影响。在动态能力方面，Beske（2012）对供应链的动态能力进行了较早的探索。他基于动态能力理论，分析了供应链动态能力对可持续供应链管理绩效的影响，认为供应链动态能力体现在供应链应对市场变化的能力上。动态能力包括知识获取与评价、供应链合作伙伴开发、联合开发新能力、供应链反馈、供应链重组等维度。林焜和彭灿（2010）基于复杂多变的市场环境和日益激烈的市场竞争，对供应链的动态能力进行了研究和探索。他们指出，供应链的动态能力是指供应链适应环境变化的能力，包括通过改变供应链中的资源配置和生产运作来创造价值的活动。

4. 干扰管理研究现状

供应链生产调度问题基本上由环境、类型、机器数量、工件或任务的性质和目标函数组成。环境、类型和机器数量的变化是多种多样的，而工件或任务的约束更为复杂。此外，衡量不同绩效的目标函数形成了多种生产调度模型。根据调度系统的复杂性，可分为单机调度、多机调度、流水车间调度和作业车间调度四种类型。其中，单机调度和多机调度可以统称为机器调度，流水车间调度和作业车间调度可以统称为流水线调度。本研究根据不同的调度类型总结了干扰管理的研究和应用现状。

（1）单机调度干扰管理

单机调度是生产调度中最简单、最常用的调度方法，也是研究其他类型调度的基础。Qi 等（2006）利用干扰管理的思想研究了机器调度问题，并将干扰恢复的成本指标纳入新调度方案的优化目标中。基于最短处理时间（shortest processing time，SPT）规则，建立了新调度方案与原调度方案成本偏差最小的调度模型，将动态规划和启发式算法应用于模型类型求解。同时他们介绍了两种不同的干扰管理策略，即事前干扰管理和事后干扰管理，以解决调度系统面临的两种干扰：机器故障和工件时长变化，使其通过修改 SPT 规则得到最优调度方案。

Hall 和 Potts（2004）研究了以最大延迟时间和加权完成时间为目标函数的调度模型，并把新到达工件位置变化的数目、延迟时间的数目及两者的总和作为限制因素。通过对原工件的调度成本和插入新工件后的干扰成本进行加权，得到最优调度方案。此外，对多干扰因素下的新工件调度模型进行了扩展。Abumaizar 和 Svestka（1997）提出了前一种干扰修复方案作为后一种干扰问题的重调度策略。

Leus 和 Herroelen（2005）研究了单个机床系统在遇到单个工件扰动时的复杂性，证明了目标函数为偏离初始加工时间期望值最小化的单机扰动问题，该问题是一种常见的 NP-hard。此外，还证明了具有不等准备时间和优先级限制的单机扰动问题是一个强 NP-hard。Ballestín 和 Leus（2008）研究了单台机器的共同最终完工时间的限制。目标函数是最小化工件的计划开始时间和实际开始时间之间的偏差。采用两种启发式算法解决了单个工件受干扰时的调度优化问题。

刘锋等（2012）建立了一个双目标干扰管理模型，以最小化单机环境中加权折现完工时间和机器干扰问题。考虑到模型的复杂性，传统的优化方法并不理想，因此他们同时设计了基于量子遗传算法和非支配排序遗传算法的混合启发式算法，研究了加工能力受限的单机干涉管理问题和加工效率变化时的传输干涉管理问题。

姜洋等（2012）从顾客不满意、作业成本和工件加工顺序三个方面测量了单机调度系统的干扰，构建了字典顺序多目标单机调度干扰管理模型，并用改进的蚁群算法进行了求解。他们还从行为的角度研究了单机调度干扰管理问题。在前景理论和模糊理论的基础上，提出了一种考虑行为主体的干扰测量方法。

（2）多机调度干扰管理

多机调度主要是双机调度和并行机调度。其中，双机调度可以看作是一个双单机环境，因此单机调度环境的结果可以很容易地扩展到双机环境。Lee 等（2006）研究了双机调度条件下未完工工件的干扰调度问题，提出了两种方法，一种是将未完工工件安排到其他机器上，但要承担额外的转移时间和成本；另一种是等待被干扰机器恢复后再进行排序。针对上述解决方案，建立了目标函数：使初始调度的成本函数、可能的运输成本和初始调度综合偏差引起的干扰成本最小的数学函数。最后通过多项式算法和伪多项式算法求解最优调度方案。在前人研究的基础上，Lee 和 Yu（2008）将干扰管理扩展到了并行机的应用中，并提出了伪多项式时间算法来寻找当所有机器在一段时间内都不可用时的最优并行机调度系统。

Petrovic 和 Duenas（2006）针对双机调度系统的不确定性干扰，提出了一种新的基于模糊逻辑的决策支持系统，并将其应用到陶瓷厂的实际生产调度中，提出了一种预测反应式调度模型，该模型将系统调度分为两步：首先建立一个具有吸收干扰的预测调度方案，然后在干扰事件影响过大时采用重调度策略。在确定干扰强度和调度策略时，采用标准模糊集和两级模糊集来描述原材料短缺的干扰源。生产试验证明了运用模糊推理选择调度策略的合理性和预测反应式调度策略的有效性。

Vieira 等（2000）针对并行机系统中，不同类型的工件在动态到达且具有不同的安装时间的情况下，提出了一种新的分析模型来预测三种重新调度的执行质量和效率。Barua 等（2005）研究了几种调度规则，并与他们提出的全局调度算法的性能进行了比较。当半导体晶圆设备的生产调度系统遇到随机的机器故障干扰时，他们分析了不同干扰水平下不同调度策略的优缺点，并试图在特定的环境调度策略中以最少的处理延迟时间使目标函数最大化。

（3）流水线调度干扰管理

流水线生产组织在实际工业生产中存在非常广泛，由于调度环境比机器调度问题复杂，干扰管理的影响更为复杂。Lee（1997）研究了双机流水车间环境下单机不可用的情况，并采用伪多项式动态规划算法求解，证明了这类干扰问题是NP-hard 问题。此外，分别给出了两台机器受扰时的最坏误差界，得到了双机流程车间中不同机器受扰时不能相互替换的结果。Mehta 和 Uzsoy（1998）认为车间调度中的干扰会延长工期或使原生产调度不可行，因此他们提出了预测调度来吸收干扰，为了在不影响外部生产活动（如材料采购、机器维护等）的情况下确保良好的调度性能，他们提出的预测调度将空闲时间插入到调度中，以吸收机器故障的影响，而空闲时间插入的数量和位置取决于机器故障、维修分布和预测性调度结构，干扰对初始调度的影响可以通过总完工时间和偏差程度来获得。

近年来，在流水线调度干扰管理领域，国内学者的研究成果比较突出。潘逢山和叶春明（2012）针对新工件到达流水线处理环境的情境，为了最大限度地减少最大完工时间和干扰时差，建立了流水线干扰管理和调度模型。李铁克等（2010）结合混流车间工艺连续性和工艺设备并行性的特点，在充分考虑重调度前后方案的时间安排和机器分配的前提下，利用干扰管理思想和约束满足技术，建立了混合流水车间的调度模型，提出了一种启发式的局部修复策略求解算法。薄洪光等（2013）针对双机成比例无等待流水线重调度的问题，研究了在机器干扰条件下，如何降低流水线利用率损失和减小成套工件的总延迟时间。在文献中，利用基于理想点法的多目标处理策略，将干扰管理模型的多目标问题转化为二次规划的单目标问题。并且设计了一种基于粒子群优化（particle swarm optimization，PSO）和启发式局部寻优机制相结合的算法。

5. 供应中断风险研究现状

供应商生产能力丧失导致的供应中断是许多供应链突发事件的典型代表。Tomlin 和 Wang（2015）分析了管理者在设计和实施供应中断缓解策略时需要考虑的关键因素，并讨论了多策略部署的价值。孔繁辉和李健（2018）研究了原厂委托制造（original equipment manufacture，OEM）供应链在供应中断风险下的协同运作，提出了一种提高供应链弹性的深度学习机制。汪传旭和许长延（2015）研究了由不可靠的双供应商（具有一定供应中断概率）和单零售商组成的两级供应链的联合转移问题。当中断事件发生时，零售商可以以一定的转移成本从具有正常生产能力的供应商那里获得产品以应对中断。Tomlin（2006）研究了单一产品环境下的双源采购问题。一个供应商是不可靠的，这可能导致供应中断，但有无限的产能。另一个供应商是可靠的，但价格昂贵，不具有柔性。因此他提出了一种风险中性供应链成员企业混合采购中断的缓解策略。Yang 等（2009）研究了在供应中断和可靠性信息不对称的风险下，供应商向制造商支付差额费用或使用备用生产来满足订单需求的策略选择。Parlar（1997）研究随机供应中断下的库存选择问题。Vlachos 和 Tagaras（2001）针对供应中断的风险，提出了以主供应模式和应急供应模式为主的定期复核库存制度。中断后，企业采取应急供应渠道，有提前预订和紧急预约两种策略。可见，应对供应中断常用的策略包括多源采购、库存管理、紧急运输、备用生产等。

事实上，在实际运作中，供应链的其他成员也会在考虑供应商不可替代或长期合作的基础上，通过激励或协助的方式帮助供应商恢复生产能力，学者们广泛研究了制造商如何鼓励供应商进行中断恢复。常用的激励策略是提高订货量和批发价格，分担回收成本。Ivanov 等（2017）回顾了近十年来有关供应链设计的文献，提出考虑中断事件和恢复策略是未来供应链研究的方向之一。姜丽宁等（2011）将供应中断问题纳入应急管理范畴，研究供应商规避风险情况下制造商产能恢复激励策略的选择。盛方正和季建华（2007）提出了中断前的预防措施，以减少供应中断的影响，并进一步研究了预防成本与中断后产能恢复成本的可替代性，以及两者对供应商战略选择的影响。Hu 等（2013）分析比较了在价格和订货量两种策略下，鼓励供应商恢复生产能力和选择可靠备用供应商的制造商利润。Tang 等（2014）提出了需求确定条件下的制造商激励决策模型，该模型考虑了供应完全中断和部分中断两种风险。Li 等（2017）研究了由双供应商和单制造商组成的两级装配供应中断恢复协调问题。当其中一个供应商是不可靠时，制造商和其他可靠的供应商可以选择是否分摊回收成本并确定分摊比例，以鼓励中断供应商进行产能回收。同时研究了不可靠供应商产能恢复量和制造商及可靠供应商成本分担的均衡解以及愿意分担更多成本的临界条件。Hishamuddin 等（2014）建立了考虑短缺成本和中断程度的两级供应中断恢复模型，提出了基于回收的供应链生产中断实时恢复机制。

随着顾客对服务质量重视程度的提高和市场竞争的加剧，越来越多的企业采用了基于时间的竞争战略（time-based competition，TBC）。需求响应时间已成为企业竞争优势的重要来源和供应链绩效评价体系的重要指标。当市场总需求确定时，交货提前期越早，客户吸引力越大，市场份额越大。这种需求随着时间的变化而变化，使得供应链具有时间敏感性。

邵建军等（2007）研究了供应链产品拥有替代性、市场需求对时间和价格敏感时企业的最优定价与交货提前期问题，讨论了不同市场竞争程度对供应链最优决策的影响。基于排队理论，谢祥添和张毕西（2015）研究了产品市场需求时间敏感性下的企业配送时间和产能的决策优化问题，并通过数值仿真验证了排队模型的正确性。董毓芬等（2011）讨论了分散决策和集中决策两种模式下具有时间敏感性特征的两级供应链组合契约决策的优化问题。周雄伟和马费成（2010）研究了固定供应能力条件下易腐商品预售和现售两阶段决策问题，其中产品效用和零售成本具有时间敏感性。

为了获得更多的市场份额，吸引更多的客户，获得更高的利润，企业通常会向客户承诺保证统一的交货提前期。但是，供应中断等干扰事件的发生，会使承诺的交货提前期不完全可靠，这将对时间敏感性企业和供应链的整体利润产生重大影响。

随着基于时间的竞争战略的重要性越来越大，学者们开始研究在时间敏感的供应链环境下的中断恢复问题，但研究的很少。例如，Iyer 等（2005）研究了信息不对称条件下，当需求方的时间敏感性不同时，单供应商–多制造商的供应中断恢复问题，建立了恢复成本依赖于恢复速度的容量恢复模型，并分析了供应商的最优合同结构。

在时间越来越成为竞争的重要因素的背景下，供应商必须在中断的情况下迅速重建生产能力，使供应链系统尽快恢复正常运行。但是，由于设备、技术等资源的限制，这种快速恢复很难仅靠供应商来实现。通过资源共享云平台，制造商可以直接转移资源，帮助供应商重建生产能力，打破供应商弹性的约束，解决资源短缺与资源闲置的矛盾，从而减少供应中断对供应链的影响，提高供应链的整体效率。

6. 供应链激励机制研究现状

供应链成员通常是独立的经济主体，管理目标不同甚至冲突，很难形成成员间的合作局面，从而导致供应链的不平衡和整体收益的下降。为了加强供应链成员之间的合作与协调，提高供应链的竞争力，必须采取一定的激励机制来引导和强化合作行为。因此，学术界和商业界提出了许多有效的激励机制。

苏菊宁和陈菊红（2005）建立了基于价格折扣激励的随机需求条件下供需双方利益协调模型，以解决分销商可能存在的库存风险。孟炯等（2018）在考虑产品安全责任的基础上，研究了批发价格激励的适用条件，认为过度激励会导致供应链整体收益下降。王文宾和达庆利（2009）讨论了信息对称和信息不对称情况下补偿机制在回收供应链中的应用，并设计了不同的补贴额度以实现供应链协调。王磊和但斌（2015）提出了"价格调整+成本分担"双重合同激励机制，以提高两级生鲜食品供应链中供应商的新鲜度水平，提高供应链的预期利润总额。林志炳等（2010）提出了一种考虑供应链决策者损失规避的基于供应链收益共享契约的批量订单协调模型。Kong 等（2013）研究了在两家零售商竞争的情况下，由于追求利益可能导致的信息泄露和防范问题，并分析了收益共享契约在促进信息共享、减少信息泄露方面的激励作用。这两家零售商有一家共同的供应商，其中一家有市场信息，供应商可以向另一家竞争者泄露市场信息，以获得额外利益，追求利益最大化。

另外，政府监管也是促进供应链成员合作的有效激励措施，特别是在绿色型供应链和创新型供应链方面。例如，朱庆华和窦一杰（2011）研究了政府补贴对促进绿色制造供应链的激励效应。王文宾等（2016）研究了政府实施碳排放限制和回收奖惩并行策略时制造商竞争条件下的供应链决策。姜宁和黄万（2010）分析了五年来我国五大高技术产业板块的行业数据，探讨了政府补贴在提高企业研发投入水平过程中的激励作用。

7. 可持续性供应链研究现状

为了应对全球环境问题，可持续发展的理念逐渐被引入到供应链管理中。供应链的可持续发展不仅是供应链管理的制约因素，也是提高供应链竞争优势的重要途径。因此，如何评价可持续供应链的绩效就显得尤为重要。Pik 等（2018）将可持续发展绩效归纳为三方面：经济绩效、环境绩效和社会绩效。经济绩效包括两方面，一方面是企业降低每个消费点成本的能力，包括资源的采购、能源的消耗、废弃物的管理和环境事故的处罚；另一方面是指被调查者对企业的销售量、市场份额、业务量和盈利能力的感知。环境绩效是指企业减少水污染和废物管理的能力。社会绩效是指企业行为对社会的影响，一般是指员工享有的福利。

Chardine-Baumann 和 Botta-Genoulaz（2014）提出了一个可持续绩效评估框架和经济绩效分析模型，以评估传统供应链管理实践与绩效之间的潜在关系。Liang 等（2007）建立了基于准时交货率和总成本指标的可持续供应链信息共享绩效评价框架，模拟了能力收缩、信息共享模式和资源可靠性等绩效因素，重点研究了信息共享能力。未来可持续供应链的经济绩效评价可能会涉及其他内容。Gunasekaran 等（2001）将可持续供应链经济绩效指标分为战略管理、战术管理和业务管理三个层次。通过这一分类，他们打算在适当的管理层分配指标。这些指标又分为财务指标和非财务指标，并采用适当的成本计算方法来计算可持续供应链的经济绩效，其中财务指标更适用于战略层面。大多数学者提出了一系列评价可持续供应链经济绩效的指标。例如，Otto 和 Kotzab（2003）提出了一种面向目标的方法，该方法考虑了六种独特的方法、供应链管理视角和相关的绩效衡量指标［系统动力学（system dynamics，SD）、运筹学/信息技术、物流、营销、组织与战略］，然而有些指标不适合企业实践。

大量学者对可持续供应链的环境绩效进行了研究，并取得了显著的成果。Hong 等（2018）的研究表明，可持续供应链的动态能力在可持续供应链实践与企业绩效的关系中起着调节作用，并通过对 209 个中国制造业的结构方程模型分析得出，可持续供应链实践对其动态能力和三个维度都有显著的正向影响，而这一因素对经济绩效和社会绩效都没有产生效应。Fiorini 和 Jabbour（2017）认为，实现可持续供应链管理实践的关键支撑工具之一是信息系统，它对组织、客户和供应商都有很好的影响，对组织的运营、环境绩效和财务都有积极的影响。

Valeria 等（2017）的研究表明，企业的生态技术创新可以直接或间接地对可持续供应链的环境绩效产生积极影响，并通过 1995～2009 年欧盟 27 个国家部门层面的实证研究，验证了企业生态技术创新对企业环境绩效的直接和间接影响。

在可持续供应链社会绩效方面，由于传统供应链已经逐渐引发了一系列的社会问题，学者们逐渐将视角转向可持续供应链绩效的社会维度，但目前相关文献并不多，研究也不深入。Hussain 等（2016）采用综合供应管理和网络分析的方法对企业社会绩效进行了研究。结果表明，相关法律法规、政府的奖励和激励、倾听客户的意见是推动可持续供应链实践的主要动力，提出了实现可持续供应链发展的最佳途径是员工培训计划和可持续激励。同时，将影响可持续供应链社会绩效的主要因素分为劳动权、生活质量、技术管理、安全标准、合作伙伴关系、政府法规、客户呼声、战略规划等。Mania 等（2018）认为提高供应商的社会可持续性（劳动权利、社会责任、多样性、安全与健康、产品责任）可以促进企业社会绩效的提高，并对印度制造业进行了调查，运用结构方程模型对假设进行了检验。结果表明，供应商社会可持续性实践与供应链关系绩效之间存在正相关关系，且买方承诺和投资起到调节作用。Hsueh（2015）提出了一种双层规划模型，以最大限度地提高供应链的效益。结果表明，企业社会责任绩效得到了提高，通过合作可以提高单个供应商的作用和整个供应商的利益。Ahi 等（2016）扩展了可持续发展模型，提出了一个全面的三维框架，可以适应任何与可持续供应链管理相关的绩效特征。该框架不局限于经济、社会和环境三个问题，可以随机解决管理过程中可能涉及的任何特征。

8. 绿色供应链研究现状

绿色供应链的概念源于"绿色采购"。1994 年，Webb 向企业提出要通过环境标准选择合适的原材料，强调原材料的再生，然后提出"绿色采购"。在此基础上，"绿色供应链"一词于 1996 年由密歇根州立大学制造业协会正式提出。协会对绿色供应链的描述是：在供应链管理中应考虑环境因素，将环境保护纳入供应链的各个环节，如产品设计、采购、制造、装配、包装等，减少物流配送对环境的破坏，促进资源的优化配置。此后，这一概念不断得到丰富和升华。Lippman（1999）、Walton 等（1998）认为供应商应加入企业环境战略，以实现供应链的绿色综合管理。Nagel（2000）指出绿色供应链管理是将环境意识纳入传统供应链管理，建立一种新的稳定战略关系，并加强商业网络技术在重建过程中的重要性。Hall（2000）从人工系统设计原理的角度，以可持续发展概念为基础，将绿色设计载入整个供应链生产过程，包括采购、生产等，以实现环境优化目标。但斌和刘飞（2000）将制造业绿色供应链定义为基于绿色制造理论和供应链管理技术，涉及原材料供应、生产等各个环节，其目的是使产品的生命周期包括原料采购、加工等尽量减少对环境的负面影响，最大限度地提高资源利用效率。付兴方和包小兰（2006）从系统集成的角度出发，认为在绿色供应链管理中，应充分考虑环境的负外部性、循环运作模式和企业网络技术。绿色供应链参与者众多，决策涉及面广，影响因素复杂。因此，在战略规划中，不仅要考虑环境效益和经济效益，还要考虑连锁企业成员之间的利益关系，这是一个多目标决策问题。

2.2 快速响应研究现状

2.2.1 快速响应基本概念

1. 快速响应概念起源

19 世纪 80 年代中期，美国纺织服装行业首次提出快速响应的概念。由于当时纺织行业市场竞争激烈，Kurt Salmon 公司对纺织服装行业供应链的各个方面进行了分析研究，发现其存在供应周期长、产品库存量大、供应链运作效率低等问题。因此，提出建立快速响应的供应链，这不仅提高了供应链节点企业的核心竞争力，而且通过企业间信息资源的资源共享实现了供应链整体市场利润的增长（杨长辉，2004）。快速响应策略在纺织服装行业的成功应用后，被广泛应用于装备制造业等行业，成为相关学科的研究热点。因此，不同的学科从不同的角度对快速响应的概念进行了界定和解释。

2. 快速响应定义

Suri（1999）认为，快速响应是将交货时间，劳动力、材料和库存的成本降到最低，并向客户提供精确的数量、质量和时间要求的产品；同时，快速响应强调系统的灵活性以适应不断变化的竞争市场，它要求供应商、制造商和分销商通过信息共享紧密合作，预测未来的需求，并不断监控需求的变化，以获得新的机会。Jamps（1994）认为快速响应是企业运营各方面缩短提前期的策略，因此可以从两个方面来对快速响应进行定义：①在客户方面，快速响应是指快速设计和制造产品，以满足不同客户的需求；②在企业运营方面，快速响应专注于减少所有作业任务的提前期，从而提高质量，降低成本。Gunton（1987）提出，快速响应是制造业或服务业的一种运作模式，致力于在顾客要求的时间范围内，提供顾客要求的产品和服务，以及准确的产品数量和类型。Sullivan 和 Kang（1999）认为快速响应是一种战略，它是通过将条形码技术应用于纺织品制造商、服装制造商和分销商的库存控制与信息共享来实现的。快速响应是一种业务哲学，它是在JIT 模式下产生的。Kincade（1995）认为快速响应包括以下几点：①贸易伙伴之间的信息交换；②减少时间；③快速响应不断变化的客户需求。Lowson 等（1999）提出快速响应是一种客户服务策略。首先，运用先进技术改造生产线，使其具有较高的灵活性和效率。然后，分销商可以快速、及时地补充客户所需类型及其适当数量、颜色、大小的商品。对于劳动密集型和不断变化的行业而言，这种响应能力是必需的。Lowson 等（1999）认为，快速响应强调企业应具有一定的响应速度和灵活性，即根据客户所需的适当时间、地点和价格，企业可以快速、准确地为客户提供各种产品和服务。快速响应强调灵活性和速度，以满足在瞬息万变的激烈市场中不断变化的需求。通过组织结构、文化和其他管理变革，依靠快速的信息传递、信息和利益共享，将企业及其供应链合作伙伴集成到一个交互式网络中，从而可以实现快速响应。Kincade（1995）认为快速响应是一种响应状态，即能够在适当的时间为客户提供正确的数量、价格和优质产品，并在此过程中充分利用各种资源进而减少库存，重点在于增强企业生产的灵活性。

本书中，从宏观角度来看，快速响应策略是指供应链中的供应商、制造商和零售商相互合作，以缩短产品从原材料到最终客户的时间，减少供应中不必要的资本浪费，并提高供应链快速响应市场的能力。从具体操作角度来看，快速响应策略应用射频识别、电子数据交换等技术来提高业务效率，增强企业之间的信息交换，缩短供应链周期，降低供应链的总体成本以及提高企业的竞争力。

3. 快速响应目标

（1）时间竞争

快速响应的核心是时间与速度的竞争（Stalk，1988）。企业通过快速响应管理，缩短产品从原材料到销售终端并提供给客户的时间，同时缩短在供应链各环节中的提前期，以最快速度应对瞬息万变的市场环境和不确定的客户需求。

（2）提高产品质量，改善生产柔性

快速响应并非一味追求速度最快、时间最短，同时也要保证质量最优，因为一旦出现质量问题，企业就要返工重加工，这样势必会造成更多时间和成本的浪费。改善生产的柔性，在市场需求出现变化时，及时变换生产线加工，快速生产客户所需产品，提高客户满意度，从而为企业带来更高的声誉和效益。

（3）提高客户满意度

提高客户满意度既是快速响应的目标，也是快速响应的重要表征形式。客户满意度不仅有利于本次交易，还会很大概率使客户延续交易，吸引更多客户等，从而扩大企业市场份额，是企业做大做强的市场基础。快速响应能以最快速度满足动态、不确定性的客户需求，从而提高客户满意度，继而增加利润。

（4）降低库存成本和运营成本

在传统供应链模式中，积压库存往往占用着企业很大一部分资金，当实现快速响应的供应链管理时，企业产品的生产由客户需求触发，因此很少出现滞留产品、积压库存的情况，甚至可以实现零库存，这样可以减少原材料、在制品和最终产品产生的浪费，降低由积压库存带来的资金周转问题风险，可以实现整个供应链系统的良性循环。

（5）提高信息化水平

提高信息化水平是支持快速响应实现的重要手段，企业间和企业内部维系关系与及时掌握市场信息都要基于快速有效的沟通交流。通过高水平的软硬件设施设备，可以使得供应链上的企业第一时间传递市场动向信息，为及时响应市场需求做出行动。

4. 快速响应特征

（1）企业间协作

随着市场竞争日益激烈，企业间的竞争已经从自身实力的竞争上升为供应链的竞争。供应链上企业只有紧密合作、同舟共济，形成响应速度快、做事效率高、信息共享程度高的供应链，才能提升整体优势，更好地为终端客户服务。

（2）信息共享

信息共享程度从各方面影响着供应链整体效益，在产品从供应到生产、库存再到销售的供应链全过程中，供应链各企业间实现信息整合、信息传递和信息共享等，可以实现快速响应市场需求的目标。

（3）资源整合

一个企业所拥有的信息资源很难应对复杂多变的市场需求，因此为了快速响应市场，供应链上各企业需要将各自的核心竞争力进行资源整合，发挥各自优势并且协同合作。

（4）及时市场反馈

要实现快速响应市场需求，就要快速掌握客户需求，根据客户具体要求，而不再是根据市场预测制定计划。通过客户个性化需求，推动企业采购、生产和配送等环节的进行。

（5）柔性供应链

为快速响应市场需求，企业不仅要具备柔性制造的能力，更要具备柔性的供应链。供应链应该具有承受复杂多变的市场需求、动态变化的供应链结构与供应链成员的能力。柔性供应链可以在成本增加不是很多的情况下解决动态的市场需求和供应不确定性带来的问题，提高供应链绩效。

2.2.2 快速响应过程研究

针对供应链的快速响应过程，学者们从各个方面提出了相应的方法和策略。Choi 和 Chow（2008）采用均值方差法对快速响应系统进行了研究，并通过调整价格承诺政策、服务水平承诺政策和回购政策实现了制造商与客户的双赢。Caro 和 Martínez-De-Albéniz（2007）提出了一种基于不对称两阶段库存的扩展竞争消费者模型，分析了（不对称）生产成本和订购灵活性对竞争结果的影响，并研究了在这种竞争条件下采用快速响应模式的影响。Shan 等（2013）以上海飞机制造有限公司（SAMC）为例，提出并构建了快速响应生产系统（RRPS）模型，为提高快速响应能力，减少突发事件造成的经济损失提供了新思路。Chow 等（2012）利用快速响应系统研究了最小订货量（minimum order quantity，MOQ）约束对两阶段供应链的影响，并提出了一个优化模型来分析这种情况下的协调问题。Li 和 Duan（2013）指出，应急资源规划的实施对减少灾害损失有直接影响。该学者通过引入制造资源计划（manufacturing resource planning，MRPII）资源规划方法和应用线性加权算法进行优化，提出了快速应急资源规划。Yang 等（2015）研究了战略客户行为的供应链结构中快速响应对供应链绩效的影响，并比较了不同供应链结构中快速响应价值的大小。Chen 和 Song（2014）针对全球化背景下供应链的稳定性，提出了一种基于模糊犹豫信息的 TOPSIS 方法。Zhang 等（2016b）阐述了城市轨道交通装备制造业快速响应能力的形成机制，提出了突出组织间应急合作关系和快速响应能力的概念模型假设。

这些学者从系统架构和过程优化的角度了解了快速响应的过程与能力。他们考虑的对快速响应产生影响的主要是供应链系统主体之间的协同优化，主要涉及规划能力、调度能力和物流能力等。

2.2.3 快速响应影响因素研究

1. 快速响应机制影响因素研究

快速响应机制是供应链管理中为快速响应市场而实施的一项措施。近年来，一些学者对快速响应机制进行了研究。Fu 等（2013）研究了不确定需求和多种需求因素对单相响应库存决策的影响。Yang 等（2015）在报童模型的基础上，考虑了供应链环境下消费者的快速响应策略，研究了快速响应额外成本对不同结构供应链谈判机制的影响。Chow 等（2012）研究了 MOQ 对两阶段供应链协调快速响应机制的影响，分析得出，静态的预定 MOQ 会阻碍供应链之间的信息共享。Xu 等（2016）基于复杂网络理论，从网络结构的角度，分析了敏捷供应网络中链接节点企业的响应能力和距离因素对快速响应决策的影响，基于网络演化机制建立了敏捷供应链响应模型。Modak 等（2016）提出了一种在合作或非合作模式下一个制造商和多个零售商合作的闭环供应链的谈判响应模型，并研究了企业在供应链中的地位（主动或被动方）对谈判机制的影响。Yan 和 Huang（2015）研究了外部环境的动态与企业适应性之间的关系，并提出了在客户需求动态变化下的快速响应模型。Zhang 等（2014）分析了多源信息的可靠性对制造商快速响应机制的影响，并提出了基于信息熵的贝叶斯信息融合方法。Wang 等（2014）研究了制造商在竞争环境中快速响应需求波动对生产效率所采取的不同采购策略（效率和响应）的影响。他们发现，当需求不确定性较低或产品竞争较弱时，应对通常是有利的。

2. 组织内快速响应影响因素研究

邹辉霞（2007）认为，从响应时间的角度来实现快速响应制造，意味着缩短和优化客户的提前期。其基本方法是压缩每个环节的时间或直接重构供应链流程。杨瑾等（2007）从合作协同、流程集成、信息集成水平和客户需求导向四个方面分析了影响产业集群环境下供应链快速响应能力的因素，并提出了相应的快速响应能力评价方法，即指标体系与模糊多指标评价方法。张连成等（2008）从三个层面出发（探索敏捷制造生产管理模式、构建专业化柔性生产线、建立集成化的先进制造管理平台）研究了提高复杂军品生产能力和快速反应能力的战略方法。吴娟（2010）从历史业绩、质量、响应速度、生产能力、技术水平、财务状况、管理水平 7 个方面对生产供应快速响应能力进行了分析，构建了快速响应能力的相关评价指标系统和模型。苏程等（2011）认为敏捷性是指制造企业灵活、集成和快速地响应市场变化的能力，并基于模糊层次分析法，构建了基于时间、成本、鲁棒性和自适应范围的企业敏捷度评价指标体系与算法模型。张玉春等（2013）研究了企业集群环境下供应链快速响应能力的影响因素，得出了四个影响因素，即集群网络合作的基础、流程整合的程度、信息和物流的整合程度，以及针对客户需求的定位，同时提出整合集群资源，以实现客户需求的快速响应，并且提高供应链的快速响应能力。杨锌等（2015）从设计、仿真和制造三个方面提供了一种快速铸造方法，提高了铸造工艺设计和模具准备的效率，大大缩短了铸件的生产周期，提高了企业的快速响应制造能力。杨腾等（2015）从制造企业制造设备的基本信息、处理能力、实时状态和服务质量四个方面对云制造模式下制造业的动态服务能力进行了深入的分析研究，并提出了制造服务的积极发现机制和相应的敏捷配置方法。杨海等（2015）从技术准备体系、生产过程模拟和制造执行体系三个方面，构建了基于快速响应制造理念和优化企业内部资源整合与生产线管理方法的复杂航空系统。刘检华等（2015）深入研究了影响快速响应制造的共性技术，包括并行工程与集成制造、单元制造与可重构制造系统、虚拟制造技术等，详细阐述了快速响应制造技术的基本理论及实现技术。吴成林（2016）从运营模式、供应链成员关系、供应链结构与资源配置、快速响应物流规划模式、物流技术与物流网络等方面分析了提高制造企业快速响应能力的途径和方法。

3. 组织间快速响应影响因素研究

学者们普遍认为，为了应对全球经济一体化和市场需求的快速变化，以"快速"、"可变"和"动态响应"为主要特征的快速响应技术在制造企业中发挥了重要作用。

吴忠和等（2015）考虑了在紧急情况导致零售商生产成本突然变化的条件下，信息不对称对集中和分散供应下供应链协调机制的影响。朱传波和季建华（2013）分析了不同的采购方式和单个供应商的可靠性对制造商快速响应决策的影响，并进一步指出，在供应商不可靠的情况下，企业应关注预期订单数量，而不是最优订单数量。王文宾等（2015）分析了不同政府决策目标对回收再补给供应链企业谈判响应的影响。计国君和杨光勇（2011）考虑了不同风险偏好客户对供应链随机分配策略的影响。黄河等（2015）针对单个制造商和单个供应商的供应链动态决策问题，分析了供应风险和采购成本对供应链努力与预期回报的影响。刘家国等（2015）对基于行业的行业样本中的供应链脆弱性降低机制进行了实证研究，认为供应链的弹性和柔性是影响供应链快速响应能力的重要因素。王建华等（2011）考虑运输调度问题对敏捷供应链快速响应能力的影响，建立了基于供应商的敏捷供应链整体调度 INLP 模型。关旭等（2015）以加工装配供应链为研究对象，分析不同零部件库存运作模式对供应链响应的影响。

目前国内外对于企业内部的快速响应影响因素研究已经较为全面，但是对于跨企业的，特别是装备制造供应链构成企业之间的快速响应影响因素的研究，至今还没有形成完整的理论框架，研究内容与方向过于涣散，很难进行有效的整合。本研究正是基于这样一种考虑，将系统地对装备制造供应链成员间快速响应的影响因素进行分析和研究，以完善供应链运作管理的相关理论。

2.3 装备制造供应链研究现状

2.3.1 装备制造供应链内涵

1. 装备制造供应链概念

装备制造是指将原材料转化为装备工业半成品或成品的过程。装备制造过程是一个增加附加价值并产生效用的过程，通过最后的产出大于投入实现企业的盈利。为了进一步提升制造效率、降低成本、缩短产品生命周期，许多大型的装备制造企业都在构建以制造商为核心的装备制造供应链。有研究显示，装备制造供应链有效提高了企业之间的合作效率，具有较强的快速响应能力，装备制造供应链的发展程度也已经成为反映一个国家制造业发展水平的重要指标。

在本节，我们给出了装备制造供应链的定义，装备制造供应链是指围绕核心装备制造企业所构建的供应链。装备制造企业作为核心点，汇聚着来自供应链上下游的资金流、信息流和物流，具有较强的决策影响力，供应链上的其他供应商、零售商等均依赖核心装备制造企业，并为其服务。

2. 装备制造供应链特征

供应链中某个企业的战略调整可能会对制造供应链中与之合作的其他企业产生影响，使其被边缘化或选择加入到另一条供应链。目前，装备制造供应链的主要特征有动态性、互补性、分布性、复杂性。

（1）动态性

为了适应包括企业内部以及企业外部环境在内的激烈竞争，装备制造供应链需要不断调整整体结构，以实现对瞬息万变的市场环境和多元化、个性化的客户需求的快速响应。因此供应链的结构可能随着客户需求的变化而重组，供应链的结构是在不断变化的。

（2）互补性

装备制造供应链中各企业所扮演的角色不同，通过企业之间的协作、信息共享展现各自的强项，进行企业之间的优势互补，这可以提升供应链整体的核心竞争力。

（3）分布性

装备制造供应链的价值链是由不同企业协作实现的，有的会涉及国外企业，这体现了全球化制造的理念。同时地理上的广泛分布也增加了地域、政治、文化等更多因素的干扰。

（4）复杂性

装备制造供应链中各节点企业存在着不同的运作模式、组织架构等，如何将各具特点的企业系统性地整合成一个整体，打通资金流、物流、信息流的渠道，是管理的难点也是关键。

3. 装备制造供应链分类

装备制造供应链按产品和生产工艺的不同可以划分为 V 形、A 形、T 形三种，它们的基本结构如图 2.1 所示。

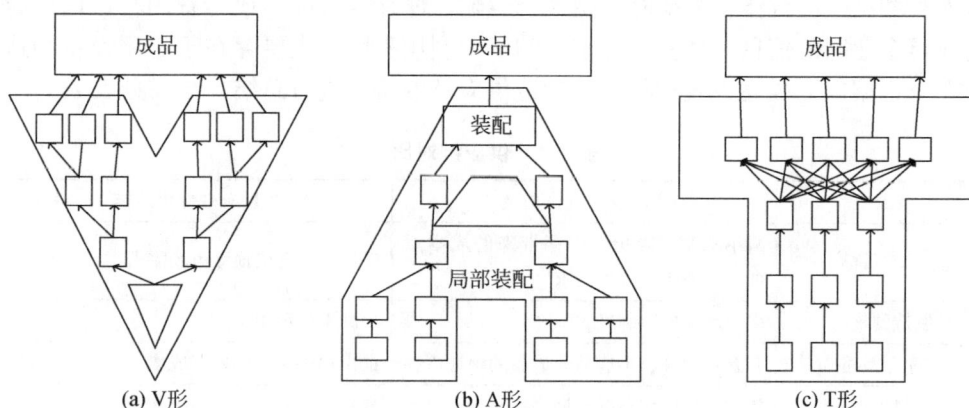

图 2.1　V 形、A 形、T 形供应链的基本结构

V 形供应链（发散型供应链）是供应链系统中最基础的结构，在 V 形供应链中核心企业的下游客户往往要多于其供应商，总体呈分叉形结构。V 形供应链中的原材料往往都是大批量，经过企业加工处理变为产成品进行分销。此类结构的供应链对识别内部能力瓶颈要求严格，包括供应商质量管理、产品生产流程管理、配送运输管理和营销管理。主要存在于金属制品业。

A 形供应链（汇聚型供应链），一般是以订单或客户需求驱动的供应链。在 A 形供应链中多种原材料、零部件经过加工转换成为一种或几种最终产成品，是一种经典的汇聚型供应链，即呈"A"形。此类结构的供应链对装配过程中的物流同步性要求严格，包括物料入库期、订单交货期等。主要存在于航空制造业、船舶制造业、汽车制造业等重工业企业。

T 形供应链（混合型供应链）介于上述两种模式之间，其特点是对供应链中的控制因素要求严格，如生产地选址、营销促销方式、分销策略等。在 T 形供应链中，企业根据现有的订单确定所需的零部件，通过对零部件制造进行标准化和协同化来提升响应效率。主要存在于通信电子设备制造业。

装备制造供应链根据供应链的功能模式不同可以分为市场反应性供应链和物理有效性供应链。

市场反应性供应链主要是针对需求动态化、多样化、个性化的市场，主要考虑供应链的柔性和响应速度，需要在前期对市场需求进行准确预测，并设置产能缓冲来增加供应链的整体响应速度。在市场反应性供应链中生产的产品具有利润率高、生命周期短等特点，因此此类供应链对于供应链内外部的信息都要密切关注。主要存在于通信设备、专用设备制造业等。

物理有效性供应链主要是针对需求稳定的市场，主要考虑供应链的低成本、低库存和高效的合作，需要降低生产、运输、库存等方面的成本费用，协调供应链成员企业间的信息，并保持高水平的资源利用程度。主要存在于通用设备制造业等。根据以上描述，我们将两种制造供应链的特点进行总结，结果见表2.1。

表 2.1 供应链对比

指标	市场反应性供应链	物理有效性供应链
基本目标	减小缺货、降价、库存带来的成本增加，快速响应市场需求	最经济的方式预测市场需求
制造的核心	多级缓冲库存制度	提高平均利用率
库存策略	布置零部件、半成品和成品的缓冲库存	最小化供应链的库存成本
提前期	加大投资以缩短提前期	成本一定前提下缩短提前期
供应商的标准	质量为核心提升响应速度和供应链柔性	以成本和质量为核心
产品设计策略	模块化设计降低设计成本	成本一定前提下，绩效最大化

2.3.2 装备制造企业供应链快速响应管理

1. 装备制造企业供应链快速响应管理结构模型

在当今动态多变的市场环境下，装备制造业快速响应供应链是指以制造企业为核心，吸引包括供应商、客户、分销商在内的上下游战略合作伙伴，围绕在制造企业周围形成快速响应市场需求的网络结构。从参与对象角度来看，装备制造业快速响应供应链的各个参与对象主要有供应商（包括供应商和供应商的供应商）、制造企业、分销商、零售商以及客户；从运作内容来看，涉及各参与对象之间的物流、信息流、资金流的同步与协调工作；通过企业间和企业内的协作，以"三流"为媒介实现整个供应链的快速响应，提升整体的核心竞争力。通过以上分析，可以构造如图2.2所示的装备制造业快速响应供应链结构模型。

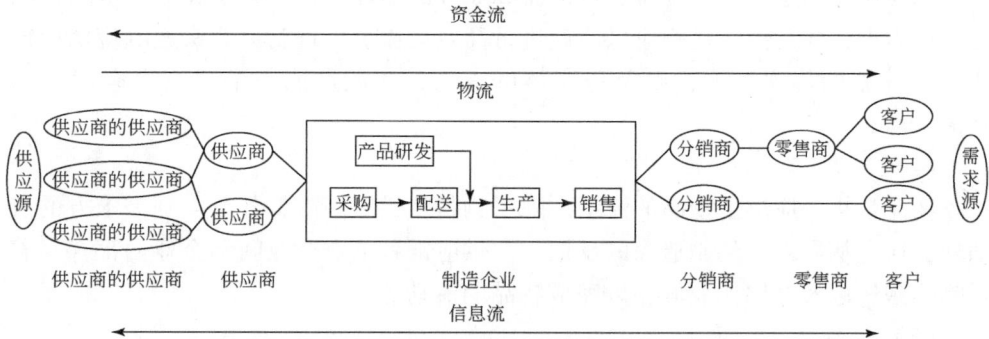

图 2.2　装备制造业快速响应供应链结构模型

在装备制造业快速响应供应链中，装备制造企业在供应链中占据主导地位。

1）装备制造企业是快速响应供应链上的信息枢纽。作为连接上游供应商和下游客户的信息交换中心，制造企业接收到来自不同层级分销商的需求信息，在分析处理完信息后，再将信息传递给上游供应商进行采购备货。等所需物料、配套零部件到位后，信息再按相反的方向，由上游的供应商传递到制造企业，经过加工制造，最终的产成品反馈由分销商传递给最终客户。制造企业作为信息枢纽，对供需信息进行交融分析，将加工处理的各类信息传递到供应链各节点企业之间进行共享、互通，使供应链进行高效运作。

2）装备制造企业是快速响应供应链上的物流中心。从产品的全生命周期来看，产品是由提供原材料和零部件的供应商通过物流渠道流向制造企业，经过制造企业集成加工装配后，最终从不同渠道流向客户手中。制造企业依托对物流的调度，向供应商发出物料需求指令，保证其能在正确的时间、正确的地点、正确的数量和质量达到生产线，同样地，依托对物流的调度，为客户提供增值服务。

2. 装备制造企业供应链快速响应管理特征

1）对动态多变的市场需求具有快速响应能力；

2）各节点企业之间具有协作、共赢、竞争博弈等性质的供需关系；

3）面向订单的生产模式以及推拉结合的生产特点；

4）动态多变的市场需求要求快速响应供应链具有拆分和重组功能，包括企业间和企业内的企业组织结构与业务流程具有灵活性及动态性，适应不同需求实现快速响应的重构及重组。

3. 装备制造企业供应链快速响应管理内涵

以物流、信息流、资金流、价值流和业务流为媒介，实施快速响应战略，响应客户需求，才能使快速响应供应链进行高效运作。装备制造业快速响应供应链通过各种流的传递互通，以及各实体的参与，才能形成一个"有血有肉"的整体。

（1）物流

物流是指供应链上物品的流动。除了物料从供应商沿着各节点到需求方的流动外，还有从需求方到制造商的反馈。在供应链各节点企业间和企业内都存在着运输、搬运以及仓储作业等，以完成物品的流动。

（2）信息流

在装备制造供应链中，制造企业作为信息枢纽，承载着需求和供应两种不同流向的信息流。客户需求信息从下游向制造企业传递，供应商的供应订单信息从上游向制造企业流动，通过在信息中心进行分析处理，匹配各种信息流，并再流向各节点企业内部。

（3）资金流

物流流动的背后往往伴随着资金流的流动，通常利用资金流来监控物流的流动过程。装备制造供应链各企业业务活动都会伴随着成本及资金的流动。当物料经过制造加工达到最终客户之后，消耗的资金才反向流回企业，产生盈利。

（4）价值流

快速响应的过程就是供应链增值的过程，供应链通过快速响应战略可以成为增值链，物料从供方到制造企业，通过加工制造不断增加产品的技术含量和附加值，再以快速准时的客户服务到达客户手中，就是供应链全系统的增值过程。

（5）业务流

业务流是物流、信息流和资金流运作的手段与措施。业务流决定了各种流传递的速度和质量，决定了制造企业增值过程的效益，只有保障业务流的规范运作才能实现效益的最大化，实现供应链的快速响应。

2.3.3　装备制造企业供应链快速响应现存问题

近些年，装备制造业得到越来越多学者和企业的关注，发展态势较好，特别是近 20 年，我国载人航天与探月工程、智能制造装备、先进轨道交通装备、海洋工程等新兴产业的发展速度显著加快，国际竞争力得到进一步提升。目前，我国装备制造业已经形成规模较大、具有一定技术水平的产业体系。但通过企业实地调研和相关资料查阅，发现装备制造企业在响应客户需求方面中仍存在一些问题，主要表现在以下几个方面。

（1）产品生产率较低，平均响应周期长

我国装备制造业的高端技术设备跟国外先进技术还存在着较大差距，很大程度上依赖于进口，再加上资源等因素的影响，自主进行整体设计和制造的能力不强。除此之外，装备制造企业存在机器落后、自动化程度低、管理不善等问题，导致生产效率较低，平均响应周期较长。

（2）协同质量管理水平较低，产品质量不稳定

装备制造供应链中，节点企业彼此互联互通、协作同行。装备制造企业对上下游相关企业的依赖性越来越强。快速响应的实现要求以高水平的协同质量管理为基础，如准时化生产的实施是以组织内部的全面质量管理为基础。但是目前装备制造企业之间的质量管理水平管理水平并不统一，导致其产品质量水平也各不相同，使得最后的产品质量水平难以得到保障。

（3）应对需求变化能力较差，变更响应速度较慢

当今市场，客户个性化需求越来越普遍，越来越多的产品趋向于高度定制化，再加上客户对提前期、产品质量的要求不断提高，市场越来越难以预测，装备制造企业只有及时响应并满足客户需求才能在复杂多变的市场中获得竞争优势。但是，大多数装备制造企业存在创新能力和生产柔性低下的问题，导致其对市场产生的变化应对能力差，响应速度较慢。

|第 3 章| 合作伙伴关系对装备制造供应链快速响应的影响研究

本章针对装备制造供应链快速响应影响因素的作用机理问题，考虑到合作伙伴关系对供应商创新和战略采购可能的直接影响以及对供应链整合与快速响应的间接促进作用，根据关系理论（relational view，RV）和资源基础理论（resource based theory，RBT），基于制造商–供应商二元关系视角，构建了以合作伙伴关系为前置因素的装备制造供应链快速响应影响机理模型，探讨前置因素对装备制造供应链的影响路径和作用机理。

3.1 引　　言

基于时间的竞争是现代供应链首先面临的挑战（Stalk，1988），特别是在客户化市场环境下，定制化产品或服务的快速开发（廖成林等，2008）、订单产品的准时交付（涂雪平等，2016）以及市场扰动下生产或服务能力的迅速恢复（潘逢山和叶春明，2012）等快速响应能力已经成为企业的核心竞争力。这些能力的形成和提升，与合作伙伴关系（廖成林等，2008）、供应商创新（李娜等，2018）、战略采购（杨婷和李随成，2012）和供应链整合（Frohlich and Westbrook，2001）等因素密切相关。然而，这些因素对供应链快速响应能力的影响作用尚缺乏实证数据的支持。学者们对这些因素如何影响供应链快速响应能力，以及因素之间的作用关系尚未进行深入研究。换言之，这些因素对快速响应的作用机理尚未得到揭示。因此，深入探讨这些因素在供应链快速响应能力形成机理中的作用能为供应链快速响应能力的形成与提升提供理论指导。通过培育关键影响要素，能够提高供应链及供应链成员企业的市场竞争力。

合作伙伴关系、供应商创新和战略采购三者相互联系、彼此影响。供应商创新和战略采购会对供应链敏捷性产生直接的促进作用（Kim and Chai，2017），而敏捷供应链作为一种能快速响应环境变化的组织，必须具有良好的合作伙伴关系（张晓洁等，2010）。Schiele（2012）认为供应商通过提高创新能力可以促进与客户的合作，从而促成与客户之间的密切关系，而面对产品或工艺高度创新的供应商，战略采购十分必要（Kotabe and Murray，1990）。由此可见，供应商创新不仅会增强供应链的合作关系，还会对客户的采购决策产生重要影响。此外，Su（2013）认为战略采购对供应链–买方关系、供应商评估以及美国纺织品和服装行业的采购业绩都会产生积极影响。以往研究大多将供应商创新和战略采购作为合作伙伴关系的前置因素，关于良好的合作伙伴关系对供应商创新和战略采购的促进作用研究较少。然而，根据资源基础理论，企业具备的不可复制且难以流动的各种资源可以转变为企业独特的能力，从而建立企业的竞争优势，制造企业可以利用与供应商的合作关系组合双方企业资源，为企业内部建立某种能力以提升自身在市场中的优势（Moller et al.，2003）。因此，本研究基于制造商–供应商二元关系视角，特别分析了合作伙伴关系对供应商创新和战略采购的前置影响关系，以及供应商创新对战略采购的影响。

供应链整合强调快速为客户提供最大化价值（宋光等，2019）。根据关系理论，在供应链伙伴关系中，企业借助联盟伙伴的特质，可以实现资源的互补并建立竞争优势，通过整合能够使得企业获取竞争资源优势并克服内部困难（戴君等，2015）。供应链整合的目的在于最大限度地满足客户的需求（Maloni and Benton，1997），企业通过整合彼此之间相互关联的活动或作业可以减少不必要的浪费，同时跨越组织界限，通过更紧密的合作交流实时地传递信息（叶飞和徐学军，2009）。针对一般情况的供应链整合的文献，大都从整合的影响因素和整合的作用两个角度进行分析。因此，本研究进一步分析了供应商创新和战略采购对供应链整合的前置影响效果以及供应链整合对制造供应链快速响应的影响。

通过对相关研究的梳理，可以发现现有文献仍存在以下局限和不足：①已有研究指出了合作伙伴关系等因素会对供应链快速响应产生影响，但还缺少其作用机理的实证数据支持，有关影响路径尚不明确。这不利于认识这些因素在供应链实现快速响应市场需求过程中发挥的作用，不利于认识这些因素之间的作用关系，也对供应链实现快速响应带来了困难，而供应链特别是制造供应链快速响应市场需求的实现正是实务界强烈关注和亟须解决的问题。②以往的研究中，大多将供应商创新和战略采购作为合作伙伴关系的前置因素，关于合作伙伴关系对供应链企业创新的影响研究也主要集中在合作关系对制造企业创新能力及创新绩效的影响（张宏，2010；叶飞和薛运普，2011；姜文杰和张玉荣，2011），然而合作关系对供应商创新和战略采购以及供应商创新对战略采购的促进作用并没有揭示；有关供应链整合的研究已经较为完善，但供应商创新和战略采购这两个变量对供应链整合以及供应链整合对快速响应能力的促进作用尚未揭示。

针对现有研究的不足，本研究将基于对汽车、电子、机械与设备制造以及金属制品等制造企业的调研，根据资源基础理论和关系理论，基于制造商–供应商二元关系视角，以合作伙伴关系为前置因素，实证研究合作伙伴关系对供应链快速响应能力的间接影响效果，并分析供应商创新、战略采购和供应链整合等中间环节的作用，揭示这些因素对快速响应的影响机理，为制造供应链实现对市场需求的快速响应提供理论借鉴。

3.2　资源基础理论和关系理论

3.2.1　资源基础理论

RBT 把企业定义为一组资源，而资源是指任何可以成为公司优势或劣势的事物。RBT 把企业定义成资源的目的是分析企业如何借助独特的异质性资源以及能力来构建并增强自身的竞争优势，并以此为基础获得企业绩效（刘力钢等，2011）。

1. RBT 的基本思想

RBT 的基本思想是将企业看成一组资源的集合体，同时内部化处理企业的所有资源，从而找到那些能够确保企业在竞争市场中处于优势地位并且能够不断进步发展的主要资源。在找到主要资源的基础上将资源合理分配，促使企业在竞争中获取竞争优势并能够持续发展。目前，RBT 已经发展成企业实施战略规划以及配置优化资源的主要理论依据，为资源如何被用于提高产出提供了理论见解，并被广泛应用于不同的领域，RBT 在经济以及管理学研究中十分重要，具有较强的实用性。

通过分析整理以往的研究，发现目前 RBT 的发展主要有两种思路。一种是研究企业的可持续竞争优势，这些研究基于以 Barney 学者为代表的不同组织产生不同绩效的原因以及对企业的异质性资源的分析。另一种是研究分离出不同竞争战略的方法，它以 Peteraf 学者为代表的基于竞争市场角度进行市场竞争及其策略的分析。Barney（1986）首先对战略性和一般性资源这两者的含义进行界定，他认为，帮助企业获得竞争优势和实现可持续发展的资源是稀缺的、具有价值性，同时是其他资源无法替代以及其他企业难以模仿的。自此，企业 RBT 的框架初步建立。Barney 认为，企业希望自身的异质性资源发挥不可替代的作用，则必须有效整合这些具有竞争优势的异质性资源。此外，Barney（1991）还认为，企业的产出水平不单单取决于资源的获取，还依赖于有效的资源配置，即企业异质性资源的不可模仿性、稀缺性、价值性只有在企业具备资源配置的能力时才能够真正地发挥作用。

在 Barney 的 RBT 基础上，学者们开始对战略性资源（包括组织资本资源、人力资本资源和物质资本资源等）进一步进行分类。其中，组织资本资源是指组织的社会资源（如相应的生产前、生产中、生产后的服务组织等）、市场资源（如客户和市场对企业的认可度、企业在市场上的品牌知名度等），以及企业的组织制度（如组织的运营机制和内部架构等）。人力资本资源是指组织内人员的综合素质（如学历、专业、工作技能及工作经验等），组织可以使用的外部咨询服务和内部培训系统等。物质资本资源是指组织可利用的办公场地，包括场地的地理位置等、组织的可利用资金、组织投入的研发资金等。现如今，RBT 对三种不同资源的分类均得到了大多数企业的认同，虽然对三种不同资源的分类还存在一定差异，但也展现了 RBT 的实用性、灵活性，因此，RBT 已经成为企业制定战略和配置资源的基础理论。

根据 Barney（1991）的观点，资源通常被认为是有价值的、稀有的、不可完全模仿的、可持续的有形和无形资产。RBT 最初几乎只关注企业如何利用现有资源和能力。有些资源是有价值的，并赋予拥有这些资源的公司竞争优势，因为它们允许"构思或实施提高效率和有效性的战略"（Barney，1991）。RBT 的支持者认为，以一种新的方式利用现有资源开发外部机会，比为每个不同的机会学习新技能更可行。同时，Penrose（1959）指出，组织本身的特殊性在于组织的资源当前能帮助企业获得或者在将来可以帮助企业获得那些异质性的生产性服务，此外，由于不同资源可利用性不同，企业内部资源的不可移动性产生具有不同效率的生产要素，从而促使组织取得源源不断的异质性资源。因此，RBT 的建立基于以下两个假设：①组织的资源是异质的。②资源在组织内部不可移动的。

在图 3.1 所示的资源基础理论模型中，资源在帮助企业实现更高的组织绩效方面发挥着主要作用，包括有形资源和无形资源。

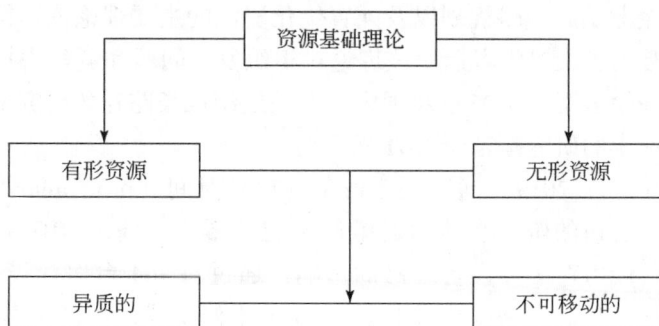

图 3.1　资源基础理论模型

1）有形资源。土地、建筑、机械、设备和资本等资源都是有形的。有形资源在市场上很容易买到，因此从长远来看，它们不会给企业带来什么优势，因为竞争对手很快就能获得相同的资产。

2）无形资源。无形资源是指没有实体存在，但仍然可以归公司所有的所有其他东西。品牌声誉、商标、知识产权都是无形资源。与有形资源不同，品牌声誉是建立在长期的基础上的，是其他公司无法从市场上购买到的。无形资源通常存在于公司内部，是可持续竞争优势的主要来源。

RBT 的两个重要假设是：资源必须是异质的、不可移动的。

1）异质的。RBT 的第一个假设是，不同的公司拥有不同的技能、能力和其他资源。如果组织拥有相同数量的混合资源，它们就不能采用不同的策略来相互竞争。一家公司会怎么做，另一家公司就会怎么做，没有竞争优势可言。这是完全竞争的情况，然而现实世界的市场远非完全竞争，一些公司在相同的外部和竞争力量（相同的外部条件）下，能够实施不同的战略，并且相互超越。因此，RBT 假设公司通过使用不同的资源束来获得竞争优势。

2）不可移动的。RBT 的第二个假设是，资源是不可移动的，也不会从一家公司转移到另一家公司，至少在短期内不会。由于这种不可移动性，企业无法复制竞争对手的资源，也无法实施相同的战略。无形资源，如品牌资源、工艺、知识或知识产权，通常是不可移动的。RBT 强调组织或业务的成功是由组织拥有的独特资源和资源的最佳利用所创造的独特性的结果。这种观点认为不同的公司是资源的集合，由于资源的不可移动性、不完全可模仿性和不可替代性，公司的资源异质性趋于恒定（Barney，1991）。基于此，我们纳入了 RBT，强调通过不断积累和利用有价值的有形或无形资源来创造价值与企业竞争优势的可持续性。

2. RBT 的应用

RBT 作为企业实施战略规划以及配置优化资源的主要理论依据得到了成功的应用，同时也吸引了大量学者运用该理论对组织发展问题和竞争力提高策略展开研究。钟宏武和徐全军（2006）对国内外有关组织成长路径的研究文献进行总结后发现，有近一半的研究是基于 RBT 的。

Cruz 和 Haugan（2019）通过医疗设备的周转时间（turn-around time，TAT）来检验维修服务公司的资源和能力对维修性能的影响，基于 RBT 和代理理论探讨了维修公司的能力对医疗设备维修的影响，通过对 764 台医疗设备和 60 家维修服务提供商的信息进行测试，得出了 1403 笔维修交易，扩展了基于 RBT 和代理理论应用于维修性能的研究。

Yuen 等（2019）以 RBT 为基础，识别关键成功因素并考察其对供应链整合和供应链绩效的影响，通过对 164 家集装箱运输企业进行问卷调查，证明了关键成功因素与供应链整合具有正相关关系，而供应链整合与供应链绩效具有正相关关系。

Yang 等（2019）系统地回顾了供应链学习的相关学术文献，包括供应链学习的定义、动因、来源、障碍和后果，基于 RBT 提出了面向供应链学习的集成概念模型，扩展了供应链学习的研究，并有助于管理者理解在供应链中学习的战略的重要性，特别是关于企业促进供应链学习的驱动因素和来源，可以提高管理者对如何发展供应链学习能力的认识，帮助管理者优化资源配置，并将这些关键因素整合到企业战略中。

宋光等（2019）结合 RBT 实证研究了全渠道零售策略下零售企业物流整合能力、供应链整合与企业绩效之间关系，为该背景下的供应链整合对企业绩效的影响研究提供了一个新的视角，同时为零售企业在全渠道零售策略下提升企业绩效提供了理论借鉴。

3.2.2 关系理论

1. 关系理论的内涵

关系理论是评价社会资本和关系能力在提升组织绩效中的作用的一个有用的理论视角。1990 年以来，人们对组织之间关系的理解变得更加深入。不同组织之间合作的成功事件表明，组织间关系由竞争向竞合的转变会使组织获得更多的垄断利益。在当今的竞争环境中，组织已经从追求组织的核心竞争力来获得竞争优势转换成从组织外部寻求特定的伙伴关系以获得竞争优势。

关系理论将组织之间的二元关系作为解释组织竞争优势的改善的重要分析单位，并提出租金与竞争优势之间的关系源于跨组织边界的关键资源，同时，关系理论的核心前提表明，企业的关键资源嵌入到企业间的互动和惯例中（Dyer and Singh，1998）。因此，公司所处的关系会影响其行为和绩效（Borgatti and Foster，2003），关系租金已成为解释组织间关系演变的关键词。根据关系理论，关系专用性投资、知识共享惯例、互补的资源/能力和有效的治理构成了关系租金，即组织间优势的关键来源（Dyer and Singh，1998）。这四个因素可以看作是企业为了在市场上成功竞争而开发和维护的基本关系资源。关系理论为解释相互联系的组织如何组合组织内部和外部的资源以获取与维持协作优势以及提高组织的竞争力提供了理论视角。

供应链系统不是单个组织，它在垂直关系中整合了组织之间的合作，单个企业通过企业之间的关系网络实现帕累托改进从而产生的超额租金能够促进组织之间关系的发展。

供应链企业间合作伙伴通过对特定知识、资源和资产进行投资、整合或交换，同时，借助有效的治理手段来减少企业的交易成本，能够获取关系租金。罗珉和徐宏玲（2007）认为，对于供应链，关系租金的概念强调供应链组织中的关系，供应链伙伴关系强调的是企业与供应链其他成员企业之间的纵向关系，包括组织与供应商、经销商、终端客户以及其他成员企业之间的关系。供应链伙伴关系既包括组织之间的经济关系，也包括组织之间的社会关系。对关系租金及关系理论的理解不能忽略社会交换理论（social exchange theory，SET）在企业搭建交易关系中所起到的作用。社会交换理论表明，在合作网络状态下，供应链组织之间的交易是深深根植于整个行业乃至社会中的，与那些在非人性市场上以盈利为目的而进行根本性竞争的普通市场交换关系有所不同（Galaskiewicz，1999）。因此，基于关系理论的角度，供应链系统是垂直企业之间以获得关系租金为目的而产生的，也就是说，供应链中相互合作的企业，为了实现绩效的提升，通过企业之间的关系承诺和信任以及特定资产的投资、知识共享以及跨企业边界的协同和合作来获取盈利、赢得竞争。此外，关系租金不仅来自于经济关系，而且还源于社会关系。虽然关系理论主要与组织间相关（Dyer and Singh，1998），但它也有助于解释组织内的关系现象（Bradbury and Lichtenstein，2000），尤其是跨职能的关系。

2. 关系理论的应用

通过网络范式接口（Borgatti and Foster，2003）和基于资源的视角（Russo and Fouts，1997）的理论研究，关系理论在管理和战略方面获得了越来越多的认可与应用。

Acquaah（2007）复制并扩展了以往以中国为研究重点的研究，并将其应用于撒哈拉以南非洲的新兴经济环境，利用加纳的数据，直接复制了社会资本对宏观组织绩效的影响；其中，社会资本来自微观管理网络关系，以及与其他公司高管和政府官员的关系。该研究考察了管理社交网络关系和与社区领导者的关系所产生的社会资本对组织绩效的影响，以及社会资本和组织绩效之间的关系如何取决于组织的竞争战略方向。研究结果表明，社会资本来自于管理网络和与其他公司高层管理人员、政府官员（政治领导人和官僚官员）以及社区领导之间的社会关系，这些都能提高组织绩效，而社会资本对组织绩效的影响在追求不同竞争策略（低成本、差异化、低成本与差异化的结合）的企业和不追求这些策略的企业之间存在差异。

Capaldo（2007）采用比较纵向的案例研究方法，研究了联盟网络的中-强二元企业间关系和两种不同的网络结构（"强关系网络"和"双网络"）对领导企业创新能力的影响。通过研究三家设计密集型家具制造商如何在 30 多年的时间里管理它们与工业设计咨询公司的联合设计联盟网络来回答这些本质上跨层次的研究问题。研究表明，整合大范围的异质弱关系的能力和强关系核心能力是一个独特的领导企业的关系能力，关系能力能为知识密集型联盟网络中的领先企业提供肥沃的土壤，以获得其主要基于利用双网络架构产生的动态创新能力的可持续性的竞争优势。

Zahra（2010）认为组织社会资本（organizational social capital，OSC）是企业从与其他企业的关系中获得的商誉和资源，它使家族企业能够聚集成功适应环境所必需的资源（尤其是知识），与激进变革的先锋新企业建立联系，是寻求生存、盈利和增长的家族企业的首要任务。然而，新企业往往不为人知，它们的网络结构也很差，因此很难与它们建立联系。基于此，Zahra（2010）运用组织间关系的关系视角，提出家族企业可以利用其 OSC 来进行新的风险投资，家族企业可以投资于新企业，并与它们建立有利可图的商业关系和联盟，并协助管理它们的运营。来自 779 家公司的数据显示，家族企业更有能力获得大量 OSC 股票，与新企业建立联系。研究结果强调了 OSC 作为家族企业重要关系资源的价值。

Leischnig 等（2014）认为组织间技术转移（interorganizational technology transfer，ITT）是企业创新过程的重要组成部分，涉及两个或多个组织之间有目的的、面向目标的交互；运用关系理论，建立并实证检验了包含技术转移成功关键因素的研究框架，回答了以下三个问题：①作为一个整体反映企业联盟管理能力的各种管理惯例和程序如何影响 ITT 中的互动质量？②交互质量如何反过来影响技术转移成功？③组织和交互因素的哪些配置有助于技术转移成功？通过研究联盟管理能力、组织间交互质量到技术转移成功之间的因果链，解释了交互质量的重要前因后果之间的联系，从而有助于更好地理解决定技术转移成功的组织间交换过程。

Gölgeci 等（2019）通过分析环境协作的中介作用和跨职能协调的调节作用，探讨了企业社会资本和关系能力对企业环境绩效的影响。通过对 270 家土耳其公司的双重反应分析，发现了环境协作中介了社会资本和关系能力对环境绩效的影响，此外，营销和供应链管理功能之间的一致性增强了关系能力和环境协作对环境绩效的影响，研究表明，如果要实现环境绩效的社会资本和关系能力的真正价值，环境协作和跨职能协调都是必要的。

戴君等（2015）根据资源基础理论和关系理论，以 130 家物流用户企业为调查对象，通过问卷调查实证研究了第三方物流整合对物流服务质量、物流服务质量对伙伴关系以及伙伴关系对企业运营绩效的影响，为物流企业通过第三方物流整合实现物流服务质量的提升、促进物流企业与第三方物流企业的伙伴关系以及提升企业的运营绩效提供了理论借鉴。

项丽瑶等（2015）着眼于主流全球价值链理论的"升级"与"伪升级"争议，基于跨境买卖间关系治理理论和关系租金攫取视角的升级界定，通过对146个浙江本土代工企业二元代工关系层面数据的调查，实证研究了关系专用性投资的全球价值链升级功效，结果表明本土代工企业在全球价值链嵌入中的关系专用性投资不能"雪中送炭"，只能"锦上添花"。这一研究结论阐明了本土代工企业"升级"与"伪升级"争议，对代工企业升级的战略决策具有直接应用价值。

3.3 研究假设与模型建立

3.3.1 研究假设

1. 合作伙伴关系、供应商创新、战略采购之间的关系

供应链伙伴关系是一种特殊类型的组织间交换关系。买方和供应商之间的关系类型可以从敌对型到合作型等。在敌对型关系中，高水平的竞争优势、价格谈判和供应连续性是通过拥有大量供应商来实现的，并且这种关系适用于买方需要低价值或低风险部件的情况。而供应链伙伴关系在合作的范围内运作，具有战略性和目的性。装备制造企业由于其产品结构的复杂性，往往需要采购、外包以及制造大量的生产资料，包括原材料、零部件和成品配套件等。一些关键的装备产品原材料、面向订单生产（make to order，MTO）的装备产品系列件，还有面向订单设计（engineering to order，ETO）的装备产品定制件等物资都是高度定制的、对于质量和可靠性的要求十分严格，需要经过复杂的生产流程，面临着有限的供应渠道和能力，较短的交货期和较高的供应不确定性（李占丞，2017）。当需要采购的物品在对组织的重要性和/或对供应市场的复杂性方面具有战略意义时，合作伙伴关系很可能是首选，因为市场上的资源有限或供应面临风险（Squire et al.，2009）。关于合作关系发展的文献指出了两个广泛的观点——基于契约的合作和非基于契约的合作。在本研究中，我们关注更普遍的类型，即非基于契约的合作方式。基于契约的合作，如合资企业或战略联盟，涉及明确合同的谈判和维护，这些合同详细描述了期望和可交付成果，有时还包括收入份额（Chauhan and Proth，2005），并且它们具有界定边界的法律结构（Wilson，1995）。而非基于契约的合作伙伴关系倾向于在没有正式合同的情况下运作

(Lambert et al., 1996), 很少涉及任何直接股权投资 (Stuart, 1997)。Mohr 和 Spekman (1994) 将伙伴关系定义为具有共同目标、追求互利、相互高度依赖的独立企业之间有目的的战略关系。通过共同努力，他们寻求实现每个公司单独行动无法轻易实现的目标。合作是发展供应链竞争优势的核心战略，从合作中受益的供应链合作伙伴会倾向于长期合作以寻求更高的绩效收益 (冯长利，2016)。

供应商创新是指供应商发展新工艺和推出新产品的能力 (Azadegan and Dooley，2010)，其在提高产品关键零部件水平、降低生产成本等方面发挥的作用尤为突出，苹果公司通过其上游供应商完成了技术方面的创新，这为包括手机和平板电脑在内的一系列产品的升级做出了巨大的贡献，然而与许多大型科技公司相比，苹果公司在研发方面的支出更低。因此，协调好组织与合作企业特别是具有创新能力的企业之间的关系将是帮助企业保持持续竞争优势的重要手段。随着市场需求的日渐波动和产品复杂性程度的不断上升，供应链组织发现很难获得创新所需的所有信息。因此，企业为了在激烈的竞争中生存下去，保持持续发展，必须尽可能地整合企业所有可利用的外部资源。供应企业通常被当成是最具重要性的信息源，与外部有能力的供应商建立长期稳定的战略联盟已成为供应链管理的最重要方面之一。供应商创新能够反映在产品的生产、销售到退出市场的整个过程中，可以促进企业提升创新能力，同时促使企业获得更多的经济效益。供应商创新直接决定着产品创新和创新成本的高低。同样的创新结果，具有更高水平创新能力的供应商支付的费用会比较少，换句话说，企业降低了获得优质产品的成本，而这种较低的产品成本会产生更多的市场需求。组织业务活动也会影响客户需求并降低创新风险。同时，它可以增加供应商开展创新行动的动力，并提高他们的创新热情。

而战略采购是供应商管理和供应网络设计的过程，其目的是实现企业的运营和绩效目标 (Kocabasoglu and Suresh, 2006)。在发展过程中，企业必须进行相应的采购过程，以确保组织发展所需的材料和设备的质量与数量。采购工作的质量和绩效水平直接关系到组织的发展水平。确保组织购买的设备和材料的安全供应是企业积极发展的先决条件。然而，由于一些组织没有注意到采购的有效开展，采购的质量没有得到提高，这严重影响了组织的发展。近年来，中国企业家在发展企业过程中逐步引入战略采购的应用。战略采购是指在开始组织的采购工作之前，对组织的发展进行详细的审查。然后根据组织的发展状态检查的结果，制定相应的采购计划，最终企业将进行有效的战略采购。这种战略采购方法的合理性为组织的发展提供了良好的驱动力，能够满足组织最高层次的发展需求。由于战略采购方法在中国的应用比较滞后，很多领域的应用经验还不够，而在实际的战略采购过程中，采购往往会受到各种因素的影响，成为成功实施战略采购实践的巨大障碍。

虽然供应链中合作伙伴关系的重要性已得到普遍认可，但还缺少合作伙伴关系对战略采购和供应商创新，以及战略采购对供应商创新的影响研究。基于资源基础理论，企业的特殊性资源是其获取竞争优势的重要来源。合作关系可以看成企业的特殊资源，这种特殊资源可能会影响战略采购的实现及供应商创新能力的提升。

企业间的知识共享程序，对特定关系的投资及治理机制能够扩大供应商的知识资源，同时鼓励供应商对创新活动进行投资，从而促进供应商的创新（Inemek and Matthyssens，2013）。张旭梅和陈伟（2012）认为供应链伙伴关系能够显著促进创新绩效。有研究表明，供应链合作伙伴关系对创新行为和创新能力同样具有重要作用：供应链伙伴关系的建立可以帮助企业改善与现有供应商的关系，促进供应链的有机联结（刘丽文，2000）；基于良好的合作伙伴关系，供应商和零售商通过协同研发与知识共享可以共同提高创新能力及学习能力，改善知识的吸收能力，频繁快速地推出新产品新服务，最终增强整个供应链的竞争力（Sheu et al.，2006）。此外，良好的合作伙伴关系还可以增加制造商对供应商的投资以及技术改造力量的投入（李辉等，2008），同时使制造商降低生产成本，缩短新产品的上市周期，促进客户满意度的提升。因此，在良好的合作伙伴关系中提升供应商创新能力往往更加容易和有效。基于上述分析，提出以下假设。

H1：供应链合作伙伴关系对供应商创新有正向促进作用。

企业实施战略采购通常要求采购价格公开公正，并且买卖双方能够彼此信任，并在价格上确保透明并给予最大的优惠。战略采购能力不仅要求采购企业对其上游供应商有充分的了解、实时跟踪产品与服务市场的动态，同时还需要企业与供应商保持良好的合作关系，以确保自身稳定发展。宋华和刘林艳（2009）认为买卖双方合作的程度会影响企业战略采购行为，企业只有做到与供应商良好沟通，才能跨越边界层次影响战略采购的障碍。战略采购可以通过管理与企业外部供应商的关系，包括潜在的供应商评估和供应商选择来提升价值（Carr and Pearson，2002）。有效地实施战略采购，离不开企业与多个供应商的合作关系，这可以帮助企业获得更多的产品选择，通过有效的管理手段和合理的竞争机制，能使供应商不断适应企业采购业务的发展，从而实现企业之间的多赢合作。基于上述分析，提出以下假设。

H2：供应链合作伙伴关系对战略采购有正向促进作用。

战略采购的有效实施是制造商获取其上游供应商知识等资源的重要手段，通过战略采购，制造企业可以获得并利用上游供应商拥有的生产技术等特殊资源，从而实现资源互补，提高企业的竞争力，这与资源基础理论的观点相一致。企业为了更好地实施战略采购,除了在合作过程中应注重与供应商的关系、供应商网络的形态结构以及与供应商之间的互动(李随成和高攀,2010)外,同时还要构建恰当的供应商网络,并处理好企业与供应商、供应商与供应商之间的相互依赖关系,从而促使企业更好地利用供应商的创新性(李娜等,2018)。由于产品和流程的创新会影响供应链采购策略的决策,在为制造商制定采购策略时,需要考虑产品和流程的变化(Kim and Chai,2017)。在产品的技术创新中,买方企业逐渐认识到在供应链中实施战略采购的重要性(Steinle and Schiele,2008)。供应商的创新能力有助于制造商就其采购策略和供应链关系制定方向。由此可见,供应商的创新能力有助于企业在强大的供应链关系基础上实施战略采购。供应商的创新不仅可以加强制造商和供应商之间的关系,还可以在采购决策中发挥重要作用。基于上述分析,提出以下假设。

H3:供应商创新对战略采购有正向促进作用。

2. 供应商创新及战略采购与供应链整合的关系

全球化经济一体化进程的不断深入,市场波动复杂性的日益增加,企业之间竞争的逐渐加剧以及市场波动的不确定性和激烈竞争的加剧,使得企业更加需要一个高度灵活、高效的系统来支持客户的差异化需求。在大多数情况下,组织面临着规划和监控从采购、生产到销售的连续物流和信息流的挑战。随着消费者知识水平和产品认知度的不断提高,消费者需求始终具备着多样化、个性化和不可预测的特征。为了应对上述这些挑战,大多数组织都进入到了供应链管理研究的新时代。供应链管理已被世界各地的企业广泛采用,因为它有助于减少交货时间、改善财务状况、提高客户满意度并增强供应商之间的信任。供应链管理是确保竞争优势和整体效率的重要途径。企业只有通过建立稳定有效的供应链关系,才能及时响应瞬息万变的客户需求和竞争对手的行为,以达到卓越的企业绩效并发挥市场导向作用。作为供应链管理的重要模块,供应链整合也是建立成功企业和提高供应链效率的重要因素。

供应链整合是一个组织与供应链合作伙伴进行战略协作、管理组织内部和组织间的流程,以实现产品、服务、信息、资金和决策的有效与高效流动,并为客户提供最大价值的程度,根据整合对象的不同,供应链整合划分为供应商整合、内部整合和客户整合(Zhao et al.,2007)。目前有关供应链整合的研究很多,但多数研究集中于揭示供应链整合对企业绩效的影响,有关供应链整合前置影响因素的研究主要集中在伙伴关系(Zhao et al.,2010)、信息技术能力和信任(曾敏刚等,2017)等方面,而供应商创新和战略采购对供应链整合的影响研究还比较少。

作为制造供应链上最基本的组成部分，供应商是其下游企业的重要创新来源，为追求创新，企业在与供应商的合作中将供应商整合引进创新过程中，从而实现对供应商的能力和资源的调动（王玮等，2015）。具备较强的创新能力的供应商能不断地为制造企业产品或服务的创新提供先进的技术和零部件，促使企业持续改进产品质量、生产成本以及交付时间。供应商创新有助于改善制造商的产品技术（Gianiodis et al.，2010），同时对制造商在成本、质量、交付、灵活性和产品开发等方面的表现也会产生积极影响（Azadegan，2011）。基于上述分析，提出以下假设。

H4：供应商创新对供应链整合有正向促进作用。

作为供应链的核心企业，制造企业战略采购的实施对企业内部业务部门以及企业外部的合作伙伴起着特定的战略作用。李随成和高攀（2010）的研究证明了战略采购的实施会显著正向影响制造商与供应商的互动，进而显著正向影响制造企业的知识获取（Azadegan，2011）。Paulraj 等（2006）研究指出企业的战略采购水平会对企业的供应整合产生影响，企业的战略采购水平越高，越能促进企业的供应整合。Carr 和 Smeltzer（1997）的研究也指出了那些实施战略采购的企业最有可能实现信息整合及相关整合。战略采购的实施能够促使买卖企业双方进行战略合作，从而实现信息共享、资源互补，形成供应链的竞争优势。Narasimhan 和 Das（2001）认为战略采购是一种无需资本投资就能够使企业直接获取生产能力的方法，通过减少投入品的整体拥有成本和供应商能力整合，战略采购可以帮助制造企业获取持续的竞争优势。基于上述分析，提出以下假设。

H5：战略采购对供应链整合有正向促进作用。

3. 供应链整合与快速响应能力的关系

20 世纪 90 年代，美国的纺织服装业首次采用供应链快速响应，随后该理论迅速扩展到其他行业（廖成林和裴友朋，2008）。美国纺织服装联合会将供应链快速响应定义为："供应链为了在精确的数量、质量、时间要求的条件下为顾客提供正确的产品，将订货提前期缩短并将人力、材料和库存的花费降到最低"（罗睿和柳婷，2017）。快速响应在纺织服装业产生并逐渐成熟后，在制造业，特别是武器装备制造领域得到了密切关注（刘检华等，2015），并形成了新"快速扩散制造"体系理论，之后又上升为"敏捷制造"范式，代表着制造业水平发展的一个阶段。快速响应作为一种旨在缩短交货时间和提高供应灵活性的供应链运营模式，它利用一系列技术（如增强信息系统和加快后勤业务）来实现其目标（Yang et al.，2015）。通过实施快速响应，供应链中的零售商可以根据收集到的市场需求信息快速调整其订货量。此外，快速响应还可使公司避免生产过剩，确保低库存水平（Shen and Su，2007）。

随着市场竞争的加剧、产品生命周期的缩短以及客户需求个性化的增大，中国制造供应链面临着越来越严峻的考验，如何快速响应市场需求成为制造供应链面临的新挑战。企业仅仅凭借自身的力量难以在竞争如此激烈的环境中存活发展下去，Frohlich 和 Westbrook（2001）认为供应链整合是企业应对上述这些挑战有效的供应链管理战略。通过开发和实施供应链整合系统，能够促进企业中供应商管理库存（vendor managed inventory，VMI）和联合管理库存（jointly managed inventory，JMI）的实施，进而促使企业实现对市场需求的快速反应，降低库存水平（黄振宇，2013）。许德惠等（2012）研究得出了供应商整合会加深供应商参与制造商生产的程度，有利于供应商及时准确地感知企业所面临的需求变化，进而实现及时供应，制造商和供应商双方通过充分沟通有关生产、流程以及工期安排等相关信息，能够及时调整生产计划，使得企业在减少浪费的同时，保障产品及时准确地交付，并提高客户满意度；同时，该研究还指出通过客户整合，企业能及时获取客户需求信息，缩短企业生产设计和规划的时间，降低库存水平，减少企业成本，最终实现快速响应市场需求的目标。除供应商和客户整合外，现有研究还表明内部整合显著提升流程效率并改善物流服务绩效（Saeed et al.，2005；Germain and Iyer，2006）。基于上述分析，提出以下假设。

H6：供应链整合对装备制造供应链快速响应能力有正向促进作用。

3.3.2　模型建立

综合上文，本研究认为良好的供应链合作伙伴关系会正向影响供应商创新能力和制造企业战略采购的实施，供应商创新和战略采购又会促进供应链整合，继而对制造供应链快速响应的能力产生正向影响，本研究提出的概念模型如图 3.2 所示。

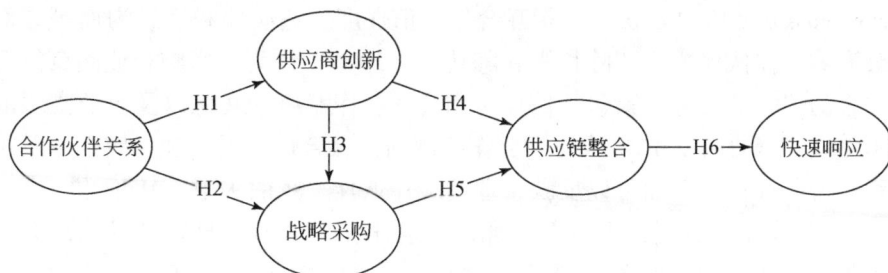

图 3.2　概念模型

3.4 量表分析与假设检验

3.4.1 问卷设计和数据收集

1. 问卷设计

为了验证上述假设,本章设计了一套详细的调查问卷。问卷由以下三部分构成:①问卷说明,包括基本概念说明和填写说明。为了方便调查对象填写,问卷对供应链和快速响应进行了概念界定,并给出了问卷填写说明。②问卷具体内容,包括合作伙伴关系、供应商创新、战略采购、供应链整合和快速响应量表。③基本资料,包括被调查对象的性别、年龄、学历、企业性质及所处行业。

调查问卷的设计采用利克特(Likert)五刻度评分法。对每个问题均给出五个描述性刻度(1,2,3,4,5),依次分别表示被调查对象非常不同意、不同意、中性、同意、非常同意五种选择形式,被调查对象根据自己态度进行选择。

(1)合作伙伴关系题项设计

马士华和林勇(2006)在其所著的《供应链管理》一书中,将供应链合作伙伴关系定义为:供应链系统内部两个或两个以上的独立企业之间在一定的时期内利益共享、风险共担、共享信息以实现特定的目标或效益从而形成的卖主/供应商-买主关系。供应链合作伙伴关系的建立对供应链的生存和发展至关重要,有助于推动重要的供应商和制造商之间合作的有效开展。供应链合作伙伴关系在集成化的供应链管理环境下形成,众多学者对供应链合作伙伴关系进行了研究,并提出了促使合作伙伴关系形成的关键因素,以实现供应链合作伙伴关系及其输出的有效管理。

Hankansson(1982)认为,相互合作、信任度、适应性和信息沟通等方面的因素会影响合作伙伴关系;陈长彬和陈功玉(2006)认为,影响企业间良好合作伙伴关系的建立的关键因素包括信任、沟通、合作意愿、文化以及企业高层的态度;李随成和张哲(2007)认为,合作的倾向性、合作的柔性和稳定性以及关系的强度和持久性三个方面可以反映企业间合作伙伴关系的水平;Mohr 和 Spekman(1994)通过实证研究提出了参与、合作、信任、承诺、沟通质量以及冲突的共同解决是任何成功的合作关系的基本特征;Naudé 和 Buttle(2000)认为,信任是多数文献所公认的关系质量的重要测量维度;Fynes 等(2005)用信任、合作、交流和相互依赖等维度来测量关系质量;Morgan 和 Hunt(1994)、Kumar 和

Dissel（1996）认为信任与承诺可以衡量供应链合作伙伴关系的好坏程度；Granovetter（1973）首先提出"关系强度"的概念，他认为关系强度是一种人与人、组织与组织借助接触和交流从而形成的一种纽带关系；Nooteboom 和 Gilsing（2004）利用个人信任、互动频率、范围、持续性、正式控制以及特殊性投资六个方面的指标来描述关系的强弱程度；潘松挺和蔡宁（2010）通过整理和总结文献，归纳出合作交流范围、投入资源以及互惠性等是衡量关系强度的重要维度。

参考以上学者的观点，并结合本书研究，借助 Morgan 和 Hunt（1994）、Kumar 和 Dissel（1996）的研究，从信任和承诺两个维度来测量供应链合作伙伴关系。这里，信任是指合作企业之间具有相互体谅和诚实的信念，这种信念可以降低沟通成本，减少彼此之间的猜忌从而避免双方做出伤害对方的投机行为。而承诺是指合作企业为了实现未来共同目标愿意牺牲自身短期利益而贡献关键性资源，来表示对双方合作关系的重视及想要维持关系的愿望。

（2）供应商创新题项设计

供应商是制造企业创新的重要来源，随着开放式创新研究的兴起，创新研究正在逐渐从跨组织界限扩展到组织间的合作领域。在供应链管理领域，随着 Azadegan 等（2008）的研究，国外学者逐渐开始探讨供应商创新。作为一个独立的组织，供应商自身的创新功能是供应商创新的关键表现。Krause 等（2001）使用单维度量表来衡量对采购竞争优先事项中的创新供应商。基于此，Azadegan 等（2008）指出，供应商创新是供应商发展、引进新工艺或推出新产品的能力。借鉴组织创新性的测度，Azadegan 和 Dooley（2010）进一步把供应商创新看成单维度变量。之后，Azadegan（2011）专注于供应商运营创新，把供应商运营创新定义为供应商可以为制造企业提供的间接价值，这种间接价值是指供应商在生产制造阶段引进新工艺以及新方法的潜力，包括创建新的生产方法、新工艺和新技术的意愿及能力，他从运营角度探索了供应商创新，并将其视为单维度变量。而 Inemek 和 Matthyssens（2013）认为供应商创新性是供应商创造和实施新想法、新方法、新运营实践等的能力，并反映在对产品、流程和技术的投资上，他们根据关系理论及组织学习理论探讨了供应商创新在制造商-供应商关系中的驱动因素。除了提供先进的产品和技术外，供应商还可以在长期合作过程中与制造企业进行互动，从而有效促进地彼此之间的合作与创新，供应商创新的特征体现在制造企业与供应商之间的合作关系中，也逐渐成为供应商创新研究的焦点。Bengtsson 等（2013）认为供应商创新是供应商拥有的独特资源，它是与其他合作企业共享信息的范围和程度，并探索如何通过知识整合来使用供应商创新。Pulles 等（2014）探讨了如何从以下三方面识别创新供应商：供应商关系特征、合作态度和技术特征。Schiele 等（2011）指出，从制造商的角度来看，供应商的研发和技术行为，以及供应商支持联合产品开发和流程改进的意愿决定了供应商的创新，并指出供应商创新是一个单维度概念。

参考以上学者的观点，并结合本书研究，借助 Kim 和 Chai（2017）的研究，把供应商创新视为单维度变量，并从"新产品和服务的推广"、"生产方式"和"管理方法"等方面来测量该变量。

（3）战略采购题项设计

虽然不同的学者对战略采购有不同的关注，但是有许多文章描述了战略采购的作用和功能，而对战略采购概念框架和度量的研究相对较少。基于对现有关于战略采购文献的分析和理解，战略采购代表着采购职能部门所采取的努力，这代表着策略可能从支持型到战略型不等。要了解采购的概念，必须对战略采购水平进行定量分析，结合本书研究，借助 Kim 和 Chai（2017）的研究将战略采购视为单维度变量并对其进行测量。

（4）供应链整合题项设计

关于供应链整合的维度，根据所分析的角度与层次的差别，不同的学者有着不同的划分，尚未有统一的观点。Frohlich 和 Westbrook（2001）主要从企业的外部环境角度出发，把供应链整合划分为供应商整合和客户整合两个维度。Swink 等（2007）从价值链理论的角度，分析出制造型企业的供应链整合应该包含战略整合、流程整合、供应商整合和客户整合四种整合类别。Flynn 等（2010）把供应链整合划分为供应商整合、内部整合、客户整合、战略整合以及流程设计整合。刘莉（2010）以中国制造企业实际情况出发，把其维度划分为企业的内部整合、外部流程整合、与供应商信息整合以及顾客信息整合四个子维度。有学者提出供应链整合应该包括内部整合与外部整合两个方面（邓龙安和徐玖平，2008）。也有实证研究证明，内部整合是外部整合的根基。从供应链的整个运作流程来看，供应链整合应该划分为三个维度，即内部整合、供应商整合、客户整合（许德惠等，2012）。对于这一维度的划分，现在大多数学者都是表示认可的并在其研究中多采用了这种划分（赵亚蕊，2012；马文聪，2012；姚婷婷，2017）。本书在综合上述学者们研究的基础上，并根据本书的研究内容与目的，确定从供应商—企业自身—客户这一供应链运作流程的角度把供应链整合的维度划分为供应商整合、内部整合和客户整合三个维度，并进行接下来的研究分析。

对于供应商整合，主要是企业能够更好地与供应商建立一个长期稳定良好的战略合作关系，并能够及时和供应商互动交流，获取有效信息，降低信息不对称带来的风险。对于内部整合，主要是指企业内部各部门之间对于本企业所拥有的各种战略资源进行的共享与合作。因此，内部整合主要是关注企业内部各个部门间的交流沟通和共同协作的能力，以提高企业内部的工作效率，也会更加关注内部各个部门信息数据的整合，相互交流的频率，以及与其他部门协作的能力。客户整合，主要是为了维持与客户的一个良好关系，通过客户与市场需求信息来不断调整改进现有产品的一些问题或者开发出迎合市场的新产品，不停优化客户体验，不断提高客户价值。Swink 等（2007）从顾客需求的角度出发，提出企业与客户形成合作伙伴关系是有助于企业从客户那里获取更多的有效信息，也有利于市场更好地认可企业提供的产品与服务。

参考以上学者的观点，并结合本书研究，借助 Flynn 等（2010）的研究，从供应商整合、内部整合、客户整合三个维度来测量供应链整合。其中，供应商整合是指企业能够更好地与供应商建立一个长期稳定良好的战略合作关系，并能够及时和供应商互动交流，获取有效信息，降低信息不对称带来的风险。内部整合是指企业（或资产所有者）关注企业内部各个部门间的交流沟通和共同协作的能力，以提高企业内部的工作效率。客户整合是焦点企业为了维持与客户的一个良好关系，通过客户与市场需求信息来不断调整改进现有产品的一些问题或者开发出迎合市场的新产品，不停优化客户体验，不断提高客户价值。

（5）快速响应题项设计

供应链快速响应能力体系包含以下四个方面的能力（Christopher，2000；Giachetti et al.，2003）：①分析环境的能力（预测市场需求的能力，感知当前市场状况的能力，分析竞争环境的能力以及对技术创新趋势的了解）；②进行快速创新适销产品的能力；③建立先进制造工艺的能力；④企业管理和组织能力（快速成本核算，快速报价，快速生产准备，各种功能的快速协调和集成，企业间形成和参与虚拟合作的能力以及营销网络的应变能力）。

结合本书研究，借助 Xavier（2016）的研究将快速响应视为单维度变量并对其进行测量。

2. 数据收集

本研究的问卷调查采用电子问卷和纸质问卷两种方式同时进行，调研对象为装备制造供应链从业人员，主要涉及汽车、电子、机械与设备制造、金属制品及相关行业，受访人员均为企业负责采购、生产、销售、科研的中高层管理人员或关键员工。为了确保个人的回答能够充分体现公司的实际情况，并将个人的就业程度、工作满意度等因素的影响降到最低，每个企业的调查数量控制在 5~6 个。

（1）预调研分析

各变量指标设计完成之后，为了保证问卷的信度和效度，有必要先进行小范围的调查。通过对预调研得到的数据进行分析，并对调查问卷的内容进行调整，删除信度值较低的变量，重新生成问卷。但需要注意的是，由于预调研得到的样本量较少，在一定程度上会影响结果的准确性，本研究降低测量题项的信度标准，认为修正的项目总相关系数（corrected item-total correlation，CITC）数值达到 0.4，信度系数 Cronbach's α 达到 0.6 就满足要求。

预调研问卷发放从 2018 年 5 月 7 日开始至 2018 年 7 月 13 日结束，历时约两个月，在某知名世界一流大学高级工商管理硕士（EMBA）学员中发放了 100 份调查问卷，回收 70 份，其中有效问卷 58 份，有效回收率为 58%。

预调研结果如表 3.1 所示。调整后的量表中，合作伙伴关系由 2 个因素 8 个题项构成；供应商创新共包括 4 个题项；战略采购共包括 3 个题项；供应链整合由 3 个因素 10 个题项构成；快速响应能力包括 5 个题项。

表 3.1 预调研问卷信度分析

变量	题项	CITC	删除项后的 α	Cronbach's α
信任（T）	我们的合作伙伴是可靠并值得信赖的（T1）	0.748	0.644	0.786
	我们的合作伙伴会严格遵守承诺（T2）	0.772	0.631	
	我们的合作伙伴在进行重大决策时会考虑我们公司的利益（T3）	0.633	0.712	
	我们的合作伙伴对我们的业绩非常关心（T4）	0.251	0.866	
承诺（P）	我们公司承诺不会轻易中断与供应链伙伴之间的合作关系（P1）	0.207	0.832	0.791
	我们公司希望与供应链伙伴间的合作关系继续维持下去（P2）	0.635	0.746	
	我们公司愿意做出更多努力与投资在供应链合作伙伴的运营活动上（P3）	0.591	0.748	
	我们公司未来将会主动与供应链合作伙伴续约（P4）	0.594	0.748	
	我们公司不会因为一些物质利益去破坏良好的合作伙伴关系（P5）	0.669	0.726	
	为了维持与供应链伙伴的合作关系，我们公司非常愿意做出一些承诺（P6）	0.622	0.740	

变量	题项	CITC	删除项后的 α	Cronbach's α
供应商创新（SI）	在新产品和服务的推行中，供应商通常可以率先进入市场（SI1）	0.339	0.766	0.768
	与竞争对手相比，我们的供应商在过去五年中推出了更具创意和实用性的产品和服务（SI2）	0.341	0.764	
	我们的供应商积极推广其产品创新（SI3）	0.359	0.768	
	在新产品和服务推行中，我们供应商处于技术领先地位（SI4）	0.504	0.737	
	我们的供应商不断改进其制造流程（SI5）	0.383	0.757	
	与竞争对手相比，我们的供应商以极快的速度改变生产方式（SI6）	0.550	0.729	
	在过去的五年中，我们的供应商开发了许多新的管理方法（不包括制造流程）（SI7）	0.665	0.714	
	当供应商无法使用传统方法解决问题时，它会采用新方法进行改进（SI8）	0.679	0.708	
战略采购（SS）	采购包含在公司的战略规划过程中（SS1）	0.329	0.735	0.724
	采购职能非常符合企业的战略目标（SS2）	0.336	0.738	
	采购业绩是根据其对公司成功的贡献来衡量的（SS3）	0.494	0.673	
	采购专业人员的发展侧重于竞争战略的要素（SS4）	0.569	0.644	
	采购部门在采购功能中发挥综合作用（SS5）	0.739	0.572	
供应商整合（SIn）	我们通过信息网络与主要供应商进行联系（SIn1）	0.678	0.567	0.714
	我们公司与主要供应商建立快速订单处理系统（SIn2）	0.574	0.626	
	我们公司与主要供应商建立战略伙伴关系（SIn3）	0.295	0.731	
	我们公司与主要供应商通过网络稳定采购（SIn4）	0.649	0.635	
	我们公司帮助主要供应商改进其流程以更好满足我们的需求（SIn5）	0.289	0.733	

续表

变量	题项	CITC	删除项后的 α	Cronbach's α
内部整合（II）	我们公司内部不同部门间的应用系统整合程度较高（II1）	0.652	0.645	0.773
	我们公司具备进行综合库存管理的能力（II2）	0.659	0.638	
	我们公司在流程优化、新产品研发过程中应用跨职能团队（II3）	0.519	0.793	
客户整合（CI）	我们公司处理主要客户订单的敏捷程度高（CI1）	0.683	0.666	0.773
	我们公司与主要客户建立快速订单处理系统（CI2）	0.645	0.688	
	我们公司通过信息网络与主要客户进行联系（CI3）	0.618	0.697	
	我们公司跟踪主要客户以获得反馈信息（CI4）	0.423	0.824	
快速响应（QR）	我们的供应链能够缩短产品开发周期（QR1）	0.587	0.761	0.798
	我们的供应链能缩短产品制造周期（QR2）	0.562	0.766	
	我们的供应链能提高新产品推出的频率（QR3）	0.634	0.754	
	我们的供应链能提高产品定制水平（QR4）	0.361	0.805	
	我们的供应链能快速调整配送能力（QR5）	0.288	0.814	
	我们的供应链能提高客户服务水平（QR6）	0.585	0.763	
	我们的供应链能快速提高对不断变化的市场需求的响应能力（QR7）	0.744	0.735	

（2）正式调研

正式问卷发放从 2018 年 9 月 10 日开始至 2019 年 3 月 15 日结束，历时约七个月，共发放问卷 300 份，收回问卷 203 份。对于回收的问卷，基于以下原则进行筛选：①问卷中有多处缺答的；②问卷的填答呈现明显未经思考的，如都选择相同的选项等；③同一个企业回收的问卷，笔迹明显相同的。经过筛选，回收有效问卷 187 份，有效回收率为 62.3%。

3.4.2 数据分析与假设检验

1. 样本描述性统计分析

对有效问卷的样本描述性统计分析信息见表 3.2 ~ 表 3.4。

表 3.2 学历统计

学历	专科及以下	本科	硕士及以上
数量/人	11	123	53
比重/%	5.88	65.78	28.34

表 3.3 企业性质统计

企业性质	国有企业	私营企业	外资企业
数量/人	115	47	25
比重/%	61.50	25.13	13.37

表 3.4 行业类别统计

行业类别	汽车	电子	机械与设备制造	金属制品	其他
数量/人	29	47	73	25	13
比重/%	15.51	25.13	39.04	13.37	6.95

2. 信度与效度分析

信度分析，又称为可靠性分析，用于评价问卷的一致性或可靠性程度，具体来说，就是在消除被调查对象对问卷题目和答案记忆的情况下，对同一问卷问题进行重复回答，得到答案的一致性程度，这种一致性用来表明问卷中的各个问题是否测量的是同一个概念。一般情况下，答案的波动越大，问卷的信度越低；答案的波动越小，问卷的信度就越高。分半信度系数和 Cronbach's α 系数是两种常用的信度分析方法。Cronbach's α 系数是 Cronbach 在 1951 年提出来的，他认为，分半信度系数可能导致问卷信度被低估，因此他建议用 α 系数来测量信度，即上文所提及的 Cronbach's α 系数。本书在对问卷进行信度分析时，主要采用了 Cronbach's α 系数和 CITC 值来检验问卷的内部一致性。一般认为，Cronbach's α 系数应该达到 0.7 以上，有些研究人员要求达到 0.9 以上，原则上 Cronbach's α 系数越大越好，本书认为 Cronbach's α 系数在 0.7 以上是可以接受的。至于 CITC

值，一般要求大于 0.5，而 CITC 值小于 0.5 的指标，则需要被删除。

效度分析包括收敛效度分析和区别效度分析。收敛效度分析是为了确定变量的单维度性，要证明本书所提到的变量是不可以再分的，即如果各个变量的题项都只生成单个因子，则证明该变量是单维度变量。Anderson 和 Gerbing（1988）指出单维测试是确定每个概念的度量的必要条件。区别效度分析即通过探索性因子分析来检验各个概念间的区别效度，如果各个变量的平均方差提取量（average variance extracted，AVE）的算术平方根都大于它与其他变量的相关系数，或者每个题项都在相应的因子上有较高的负荷系数，且不会出现交叉负载的现象，则说明各变量间具有较好的区别效度。

根据上述分析，本书用 SPSS18.0 分别对合作伙伴关系、供应商创新、战略采购、供应链整合、供应链快速响应指标体系进行信度分析，结果见表 3.5。本书研究变量的 CITC 值均大于 0.5，信度系数 Cronbach's α 的值均大于 0.7，量表的信度水平较高。此外，本书采用 SPSS18.0 对每个变量的所有题项进行因子分析，根据因子载荷和因子提取量来评价变量的收敛效度，由表 3.5 可以看出，模型中所涉及变量的 KMO 值均大于标准的 0.5，表明它们均适合做因子分析。其次经过因子提取和因子旋转之后，发现所有变量的因子载荷都大于 0.7，由于各变量都只生成一个因子，提取了一个主成分，且因子提取量都大于或接近 60%，满足了社科研究领域一般要求的 0.7 和 60%，所以本研究认为将它们作为单维度变量是合理的。

表 3.5 测量模型估计结果

变量	题项	CITC	因子载荷	KMO	累计贡献度/%	Cronbach's α
信任（T）	我们的合作伙伴是可靠并值得信赖的（T1）	0.672	0.877	0.635	71.397	0.791
	我们的合作伙伴会严格遵守承诺（T2）	0.743	0.911			
	我们的合作伙伴在进行重大决策时会考虑我们公司的利益（T3）	0.503	0.737			
承诺（P）	我们公司希望与供应链伙伴间的合作关系继续维持下去（P2）	0.552	0.714	0.826	56.400	0.806
	我们公司愿意做出更多努力与投资在供应链合作伙伴的运营活动上（P3）	0.592	0.753			

续表

变量	题项	CITC	因子载荷	KMO	累计贡献度/%	Cronbach's α
承诺（P）	我们公司未来将会主动与供应链合作伙伴续约（P4）	0.611	0.765	0.826	56.400	0.806
	我们公司不会因为一些物质利益去破坏良好的合作伙伴关系（P5）	0.638	0.790			
	为了维持与供应链伙伴的合作关系，我们公司非常愿意做出一些承诺（P6）	0.568	0.731			
供应商创新（SI）	在新产品和服务推行中，我们供应商处于技术领先地位（SI4）	0.558	0.744	0.797	63.406	0.806
	与竞争对手相比，我们的供应商以极快的速度改变生产方式（SI6）	0.632	0.805			
	在过去的五年中，我们的供应商开发了许多新的管理方法（不包括制造流程）（SI7）	0.665	0.827			
	当供应商无法使用传统方法解决问题时，它会采用新方法进行改进（SI8）	0.638	0.807			
战略采购（SS）	采购业绩是根据其对公司成功的贡献来衡量的（SS3）	0.551	0.802	0.682	65.837	0.737
	采购专业人员的发展侧重于竞争战略的要素（SS4）	0.596	0.833			
	采购部门在采购功能中发挥综合作用（SS5）	0.540	0.795			
供应商整合（SIn）	我们通过信息网络与主要供应商进行联系（SIn1）	0.552	0.799	0.682	66.238	0.744
	我们公司与主要供应商建立快速订单处理系统（SIn2）	0.551	0.800			
	我们公司与主要供应商通过网络稳定采购（SIn4）	0.611	0.841			

续表

变量	题项	CITC	因子载荷	KMO	累计贡献度/%	Cronbach's α
内部整合（II）	我们公司内部不同部门间的应用系统整合程度较高（II1）	0.582	0.806	0.690	70.533%	0.790
	我们公司具备进行综合库存管理的能力（II2）	0.688	0.874			
	我们公司在流程优化、新产品研发过程中应用跨职能团队（II3）	0.627	0.838			
客户整合（CI）	我们公司处理主要客户订单的敏捷程度高（CI1）	0.672	0.834	0.796	65.524	0.818
	我们公司与主要客户建立快速订单处理系统（CI2）	0.684	0.840			
	我们公司通过信息网络与主要客户进行联系（CI3）	0.659	0.820			
	我们公司跟踪主要客户以获得反馈信息（CI4）	0.564	0.741			
快速响应（QR）	我们的供应链能够缩短产品开发周期（QR1）	0.676	0.804	0.860	62.273	0.848
	我们的供应链能缩短产品制造周期（QR2）	0.630	0.766			
	我们的供应链能提高新产品推出的频率（QR3）	0.720	0.836			
	我们的供应链能快速调整配送能力（QR5）	0.621	0.760			
	我们的供应链能快速提高对不断变化的市场需求的响应能力（QR7）	0.641	0.777			

下面通过比较 AVE 的算术平方根与变量间的相关系数来评价变量的区别效度。

如表 3.6 所示，各个变量的 AVE 的算术平方根都大于它与其他变量的相关系数，说明这些变量间存在良好的区别效度。

表 3.6 区别效度分析

变量	信任	承诺	供应商创新	战略采购	供应商整合	内部整合	客户整合	快速响应
信任	0.845							
承诺	0.510	0.751						
供应商创新	0.256	0.392	0.796					
战略采购	0.147	0.309	0.526	0.810				
供应商整合	0.159	0.302	0.428	0.396	0.814			
内部整合	0.204	0.324	0.598	0.514	0.609	0.839		
客户整合	0.111	0.285	0.570	0.544	0.620	0.705	0.810	
快速响应	0.150	0.283	0.609	0.438	0.459	0.585	0.547	0.789

3. 结构方程模型与假设检验

结构方程建模是一种用于社会科学研究中较新的统计方法。它是多元数据分析的重要工具。在处理多原因与结果的关系时，需要使用结构方程模型。结构方程模型具备其他统计方法所不具备的优越性，也没有严格的限制，允许在自变量和因变量中存在一些测量误差。

（1）参数估计

首先使用 AMOS24.0，运用结构方程模型进行路径系数和载荷系数的显著性检验，结果见表 3.7 和表 3.8。

表 3.7 初始模型显著性检验结果

变量	Estimate	S. E.	C. R.	P
合作伙伴关系→供应商创新	0.467	0.098	4.756	* * *
合作伙伴关系→战略采购	0.039	0.113	0.349	0.727
供应商创新→战略采购	0.886	0.154	5.754	* * *
供应商创新→供应链整合	0.539	0.148	3.636	* * *
战略采购→供应链整合	0.380	0.121	3.127	0.002
供应链整合→快速响应	0.916	0.128	7.181	* * *
合作伙伴关系→P6	1.000			
合作伙伴关系→P5	1.310	0.163	8.024	* * *
合作伙伴关系→P4	1.016	0.138	7.365	* * *

续表

变量	Estimate	S. E.	C. R.	P
合作伙伴关系→P3	1.078	0.147	7.311	* * *
合作伙伴关系→P2	0.867	0.124	6.983	* * *
合作伙伴关系→T3	0.859	0.150	5.720	* * *
合作伙伴关系→T2	0.743	0.139	5.365	* * *
合作伙伴关系→T1	0.738	0.136	5.445	* * *
供应商创新→SI4	1.000			
供应商创新→SI6	1.230	0.160	7.690	* * *
供应商创新→SI7	1.241	0.154	8.065	* * *
供应商创新→SI8	1.150	0.142	8.090	* * *
战略采购→SS5	1.000			
战略采购→SS4	0.849	0.113	7.494	* * *
战略采购→SS3	0.738	0.118	6.246	* * *
供应链整合→CI4	1.000			
供应链整合→CI3	1.016	0.124	8.208	* * *
供应链整合→CI2	0.949	0.119	7.942	* * *
供应链整合→CI1	1.005	0.120	8.345	* * *
供应链整合→II3	1.092	0.133	8.182	* * *
供应链整合→II2	1.082	0.131	8.238	* * *
供应链整合→II1	0.903	0.125	7.222	* * *
供应链整合→SIn4	0.878	0.121	7.284	* * *
供应链整合→SIn2	0.739	0.109	6.789	* * *
供应链整合→SIn1	0.731	0.119	6.129	* * *
快速响应→QR1	1.000			
快速响应→QR2	0.753	0.089	8.483	* * *
快速响应→QR3	0.883	0.091	9.743	* * *
快速响应→QR5	0.749	0.080	9.423	* * *
快速响应→QR7	0.831	0.087	9.578	* * *

注：Estimate 表示非标准化回归系数；S. E. 表示标准误差；C. R. 表示 t 值；P 表示显著性水平；* * * 表示 $P<0.001$。

表 3.8　非标准化回归系数

变量	Estimate
合作伙伴关系→供应商创新	0.500
合作伙伴关系→战略采购	0.034
供应商创新→战略采购	0.714
供应商创新→供应链整合	0.480
战略采购→供应链整合	0.419
供应链整合→快速响应	0.759
合作伙伴关系→P6	0.634
合作伙伴关系→P5	0.764
合作伙伴关系→P4	0.674
合作伙伴关系→P3	0.667
合作伙伴关系→P2	0.628
合作伙伴关系→T3	0.495
合作伙伴关系→T2	0.460
合作伙伴关系→T1	0.468
供应商创新→SI4	0.621
供应商创新→SI6	0.709
供应商创新→SI7	0.761
供应商创新→SI8	0.764
战略采购→SS5	0.788
战略采购→SS4	0.647
战略采购→SS3	0.536
供应链整合→CI4	0.621
供应链整合→CI3	0.734
供应链整合→CI2	0.706
供应链整合→CI1	0.753
供应链整合→II3	0.733
供应链整合→II2	0.742
供应链整合→II1	0.624

续表

变量	Estimate
供应链整合→SIn4	0.629
供应链整合→SIn2	0.577
供应链整合→SIn1	0.512
快速响应→QR1	0.776
快速响应→QR2	0.651
快速响应→QR3	0.737
快速响应→QR5	0.708
快速响应→QR7	0.719

　　由运算结果可知，参数的显著性检验中，除了合作伙伴关系到战略采购这条路径外，合作伙伴关系到供应商创新、供应商创新到战略采购、供应商创新到供应链整合以及供应链整合到快速响应这四条路径的显著性检验系数都小于0.001，战略采购到供应链整合这条路径的显著性检验系数为0.002，即表明有足够的理由认为这五条路径系数在95%的置信度下与零存在显著差异，即表示原假设该路径系数为零是应当被拒绝的，也表示假设的路径是可以通过的。

　　接下来，本研究对模型的整体拟合效果进行评价，使用AMOS24.0软件，采用极大似然估计法对理论模型的假设关系进行分析。模型的具体拟合指标数据见表3.9。其中χ^2（卡方）/df（自由度）数值介于1~3，GFI（拟合优度指数）的数值虽然没有达到0.9的最佳水平，但超过了0.8的可接受水平；IFI（增值适配指数）、TLI（塔克-刘易斯指数）、CFI（比较拟合指数）的数值均超过了0.9的最佳水平；RMR（残差均方和平方根）、RMSEA（近似误差均方根）的数值均小于0.08的可接受水平。结合本书统计数据和测试变量的数量分析，认为模型拟合度较好。

表 3.9　模型拟合指标

指标	χ^2	df	χ^2/df	CFI	IFI	TLI	GFI	RMR	RMSEA
参考值	—	—	1~3	>0.9	>0.9	>0.9	>0.8	<0.08	<0.08
实际值	557.986	388	1.438	0.932	0.933	0.924	0.839	0.034	0.049

（2）假设检验结果

假设检验结果1见表3.10。

表 3.10　假设检验结果 1

假设	关系	Estimate	C. R. （t）	P	假设检验结果
H1	合作伙伴关系→供应商创新	0.500	4.756	小于 0.001	支持
H2	合作伙伴关系→战略采购	0.034	0.349	0.727	不支持
H3	供应商创新→战略采购	0.714	5.754	小于 0.001	支持
H4	供应商创新→供应链整合	0.480	3.636	小于 0.001	支持
H5	战略采购→供应链整合	0.419	3.127	0.002	支持
H6	供应链整合→快速响应	0.759	7.181	小于 0.001	支持

根据 t 值大于 1.96 标准，可知假设 H1、H3、H4、H5、H6 得到了验证，假设 H2 未能得到验证，结果如图 3.3 所示。

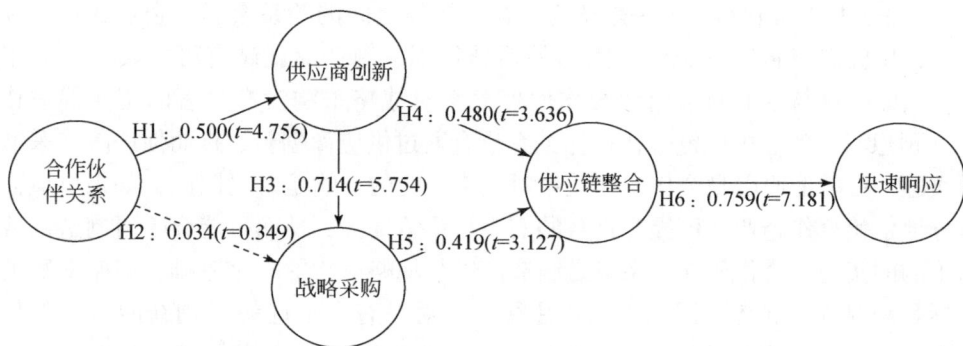

图 3.3　结构方程模型

假设检验结果 2 见表 3.11。

表 3.11　假设检验结果 2

模型假设	假设检验结果
H1：供应链合作伙伴关系对供应商创新有正向促进作用	支持
H2：供应链合作伙伴关系对战略采购有正向促进作用	不支持
H3：供应商创新对战略采购有正向促进作用	支持
H4：供应商创新对供应链整合有正向促进作用	支持
H5：战略采购对供应链整合有正向促进作用	支持
H6：供应链整合对装备制造供应链快速响应能力有正向促进作用	支持

3.5 分析与讨论

H1 和 H3 得到了支持。以往研究中主要将供应商创新和战略采购作为合作伙伴关系的前置因素（Su，2013；宋光等，2019），认为供应商创新和战略采购能够影响供应链的合作伙伴关系，而合作伙伴关系对供应商创新以及战略采购的影响的相关研究较少。本书通过实证研究表明，合作伙伴关系对供应商创新具有一定的影响，且供应商创新会对制造商战略采购产生影响，这意味着供应链合作伙伴关系的建立有利于供应商创新的实现，而供应商创新的实现会进一步推动制造商战略采购的实施。我们的结论符合资源基础理论和关系理论的观点，即企业可以借助良好的合作关系来组合自身与合作企业的资源，为企业内部建立某种能力（供应商创新或战略采购）以提升自身在市场中的优势。

但 H2 并未得到验证。一般认为，合作伙伴之间的关系会影响企业的行为和策略，供应商与制造商企业之间的关系越稳固，制造商就越有可能实施战略采购。然而，这与本书的结论"合作伙伴关系对战略采购没有显著的正向促进作用"预想不一致。供应链合作伙伴关系只有通过供应商创新，进而促进战略采购的实施。可能的原因是合作伙伴关系对战略采购的影响是有局限的，如果供应商过分地依赖合作企业，不提升自身的实力与竞争优势，反而可能会阻碍制造商战略采购的实施。合作伙伴关系只是制造商进行战略采购的一个基础，战略采购的目标是获取竞争优势，因而，企业往往在面对具有竞争优势（创新能力）的供应商时才会实施战略采购，本书的结论"供应商创新会正向促进战略采购"也验证了这一说法。此外，本书证明了合作伙伴关系对供应商创新有正向促进作用，因而合作伙伴关系对战略采购具有间接促进作用，其影响效应为 0.034。

H4、H5 和 H6 得到了支持，即供应商创新和战略采购都会促进供应链整合，而供应链整合会显著正向影响供应链的快速响应能力。这一结论丰富和完善了供应链整合前因研究以及快速响应的影响因素研究。通过供应链整合对供应商创新和战略采购获得的独特资源进行优化配置，促使企业以及企业所在的供应链具备独特的竞争资源优势，从而能够实现对不断变化的市场需求的快速响应。

3.6 结论与启示

本书通过实证研究分析制造企业的调查数据，根据资源基础理论和关系理论，基于制造商–供应商二元关系视角，探索了合作伙伴关系、供应商创新、战略采购和供应链整合因素对供应链快速响应能力的作用机理与影响路径。研究发现，合作伙伴关系会直接正向影响供应商创新，但对战略采购没有显著影响；而供应商创新对战略采购有显著正向影响，因此合作伙伴关系会通过供应商创新间接影响战略采购；此外，供应商创新和战略采购都会显著正向促进供应链整合，且供应链整合会对供应链快速响应能力产生显著的正向影响。基于实证研究的结果，合作伙伴关系对制造供应链的影响路径主要有两条：第一条路径是合作伙伴关系→供应商创新→战略采购→供应链整合→快速响应；第二条路径是合作伙伴关系→供应商创新→供应链整合→快速响应。

本书具有以下理论贡献：首先，研究结果揭示了上述因素在供应链快速响应能力形成和提升过程中发挥的作用，有利于为制造供应链实现对市场需求的快速响应提供理论借鉴。在认识因素对快速响应作用机理和影响路径的基础上，通过有关管理措施的制定，可以有效发挥各个因素的作用，从而形成和提升供应链的快速响应能力，促使供应链及其成员企业赢得市场竞争力。其次，研究揭示了合作伙伴关系对供应商创新以及供应商创新对战略采购的促进作用，为促使供应商创新和战略采购提供了理论指导。最后，研究丰富了供应链整合和快速响应的前因变量研究，以往有关供应链整合前置影响因素的研究主要集中在合作伙伴关系、信息技术能力和信任等方面，而从供应商创新和战略采购的视角开展的研究还比较少。

根据结论，本书对制造供应链实现对市场需求的快速响应有以下管理启示。

第一，供应链伙伴间的合作关系对企业在激烈的市场竞争下的生存和发展至关重要，制造商借助良好的战略合作伙伴关系，可以长期且稳定地与多家供应商进行合作和协调。各个供应商之间也可避免由于担心制造商更换供货商而带来的猜忌，从而在供应商之间也可以进行协作。因此，制造企业需与供应商建立战略合作伙伴关系来寻求共赢。无论是在个人之间，还是在企业与企业之间，信任都是双方之间交流的基础，也是双方展开下一步合作的关键；在供应链中，建立企业之间的信任机制可以简化协作过程，从而缩短业务时间，降低交易成本，增强企业之间的协作关系，并能为企业间提供更多的合作形式，进而提高企业内部资源的利用率和部署效率；通过建立完善的信任机制，可以简化供应链环节中的合作流程，缩短交易时间并减少交易成本；供应链中有许多不同类型的信任机制，如评估机制、利益分配机制、举报机制、推荐机制等，经济环境和社会环境也是主要的影响因素。通过构建信息共享和知识共享平台，制造商可以将获得的市场信息迅速传递给供应商，信息共享平台需要进一步标准化和规范化。每个企业的内部信息系统将信息传递到适当的共享平台，经过分析和处理后，都会在一些标准的基础上将它们公开，从而为每个节点企业提供一些参考。一旦如此，就可以促使供应商在最短的时间内备齐物料，同时企业之间还可以交流产品的研发和生产工艺，通过互相学习，促进思想源泉的迸发，从而开发出更加先进、更具市场竞争力的创新生产方式，进一步促使合作企业的关系，使其更加牢固，合作的形式更加多元化，这在一定程度上也可以提高供应链内部各种资源的配置和利用效率，使企业快速、准确地响应市场，并降低总成本，提高供应链的整体运营效率。通过供应链企业间的协同合作，供应商可借助制造商对其技术改造力量的投入和供应链成员之间共享的知识，实现自身创新能力的提高；制造商则能够更好地利用供应商的创新性，从而促使企业战略采购的实施。

第二，供应商创新和战略采购能够进一步加强合作双方的关系，促进供应链的整合。具有竞争优势（创新能力）的企业总能吸引别的企业与其进行合作，而战略采购的实施则能使制造商与供应商的联系进一步加强。供应链合作伙伴关系能够促进供应商创新和战略采购，而供应商创新和战略采购反过来又能进一步加强企业之间的合作关系。企业与供应链合作伙伴之间的战略合作能够提高供应商的创新能力并推动战略采购的实施，提升供应链的整体实力，进而提高供应链整合的效率。

第三，供应链整合对供应链快速响应能力有重要影响。整合是供应链管理的重要组成部分。通过整合，具有业务相关性或互补资源的多家公司可以建立合作关系，或者实现组织结构的一体化整合，从而增加企业的核心竞争力，降低企业的运营风险。供应链伙伴通过建立协同研发设计、制造、管理平台，共同管理企业内外部流程；通过把供应链上的各种资源集成到一起，再进行重新配置，从而使供应链上的各节点企业能充分发挥各自的核心业务能力，实现对产品、服务、资金和信息的有效管理，并以快速、低成本的方式为顾客提供最大化价值，实现对市场需求的快速响应。

3.7 研究展望

1）制造供应链的快速响应能力是以核心企业为主体展开的，由于组织样本的大量收集难度较大，样本量还有待扩充。

2）合作伙伴关系和供应链整合这两个变量都是作为单个变量进行考察的，削弱了变量的内部维度对快速响应过程的影响路径和作用机理，今后的研究可以进一步细化考察这两个变量各个维度的影响作用，使研究结果更加全面与科学。

|第4章| 信息共享、供应物流协同对装备制造供应链快速响应的影响研究

在以追求质量和效率为目标的市场竞争中，日益扩大的市场范围、个性化的顾客需求、逐渐缩短的产品提前期以及持续不断的创新，使得当今企业仅仅依赖自身能力已经无法应对市场环境的变化，而是需要整合供应链成员企业的能力，共同抵御外部的冲击，从而在竞争中占得先机。由于装备制造业生产模式的特殊性，装备制造企业所需零件品类繁多，且需求相关度高，在生产时零件需要准时且配套地送到生产线上，以便高效地生产，从而响应市场的需求。基于此，本章结合装备制造供应链自身的特点，针对企业间装备制造供应链快速响应影响因素的作用问题，考虑到企业间信息共享对供应物流协同的直接影响以及信息共享和供应物流协同对装备制造供应链快速响应的直接促进作用，采取理论研究与实证分析相结合的方式，构建了企业间有关因素对装备制造供应链快速响应的影响作用模型，并对问卷调研数据进行了统计分析，探讨了信息共享和供应物流协同对装备制造供应链的影响作用。

4.1 引　　言

制造企业的生产类型，按照工艺特性可以划分为两种主要形式：一种是连续型生产，即生产过程是按一定流程标准进行的，其中的生产材料按照规定的工艺流程有序地进行运动，一般应用于食品、金属、化工等行业中；另一种是加工装配型生产，即"离散式生产"，是指需要进行装配的零件先由供应商进行生产，再由制造商进行加工装配，这一形式主要应用于机床、船舶、航天器等制造业生产中。对于连续型生产，生产要素分布的地理位置较为集中，生产过程中自动化程度高，生产过程连续进行不能中断，各部门间的协作程度不高。而加工装配型生产所需零件的供应商往往地理位置较为分散，经常跨地区甚至跨国家进行协同供应，生产过程中涉及多种工艺、人员、设备和生产关系，各部门、企业之间协调任务十分繁重。

装备制造供应链一般是加工装配式供应链，主要是由上游多家供应商、核心制造商以及下游多家分销商或零售商所组成的链状组织，表现为 N-1-N 的形式。

装备制造供应链主要是围绕着核心制造商，从供应商生产所需零件开始，到制造商对零件进行加工装配，再通过分销渠道进行销售，最后到达终端客户的手中的过程。由于装备制造行业生产模式的特殊性，装备制造供应链主要表现为多家供应商同时为核心制造商供货，再由制造商进行组装和装配的模式；核心制造商和分销商之间的关系往往呈现一对多的形式：多家分销商组成的分销网络，制造商根据订单将产品发往各分销商或零售商。装备制造供应链结构和关系的复杂性，加之零件需求和产品销售的不确定性，以及对于产品供货期的严格要求，给核心制造商带来了更大的协调运作成本和供应不及时造成的停工风险。因此，供应链管理者和学者都关注在多因素交叉影响的环境下装备制造供应链的快速响应机制，以期把控影响因素，提高整个供应链的核心竞争力。

随着市场波动和经济发展速度的飞速加快，当今企业面临的竞争日益激烈，大多数企业的生存竞争模式都发生了很大的转变，即从以追求个体利益最大化的模式向上下游企业协同合作模式发展和转变，因而供应链的建设和管理在企业战略和战术层面上显得尤为重要。同时，装备制造业是国民经济的主体，强大而有竞争力的制造业是国家发展的坚实基石，并且"中国制造2025"这一制造强国战略的提出，对装备制造业提出了更高的要求，即要求中国的装备制造业通过"三步走"来实现制造强国的战略目的，这对装备制造业提出了不小的挑战。如今我国装备制造业不仅要追求产品的数量，更要追求产品的质量，使产品中创新因子的比率增大，同时快速响应市场的变化，这就对装备制造业以往单纯追求自身利益最大化的经营模式产生了不小的挑战。一家装备制造企业单枪匹马地依靠自身的资源和能力来应对市场竞争，已经无法满足企业当前追求的目标，因此需要加大建设和维护装备制造业上下游供应链，及众家之所长，齐心协力共同面对市场上的竞争。目前，许多装备制造业企业都已经认识到供应链建设和管理的重要性，并将供应链建设和管理放在了企业战略管理的层面上，但是如何更高效地提升供应链效率，企业并没有清晰的认知。企业在对其供应链的日常管理中，普遍认识到有效的信息共享、高水平的供应物流协同都对供应链快速响应产生了重要的影响。

对装备制造企业而言，在信息量爆炸式增长的今天，越来越多的信息充斥在企业经营环境中，这不仅包括市场竞争方面的信息，也包括供应链上所需要共享的信息。制造商在良好的合作伙伴关系的基础上进行更有效的信息共享和信息使用，打破企业之间信息屏障和信息孤岛，这可以在预测市场需求、生产调度和资源整合中做出更好的决策，促进提高制造供应链快速响应，增强供应链活力和影响力。同时有效的信息共享还可以降低企业的交易成本，减少不必要的浪费，最终实现供应链整体效益最大化，使链上所有成员个体利益也达到最优水平。

供应物流协同作为供应链管理的一项重要的组成部分,它需要建立在良好的合作伙伴关系和有效的信息共享的基础上。对于装备制造供应链,供应物流协同直接影响制造节拍,即是否能按计划生产。由于装备制造业生产的特殊性,往往需要几百或几千个零部件同时制造和组装,才能使生产线顺利运作。这就对装备制造供应链协同提出了很高的要求,不仅需要物流服务能力达到较高水平,即能够使用合适的运输方式将零部件安全、准确地送到生产流水线,还需要供应商与供应商之间、供应商与制造商之间进行协作,共同制定订单和生产计划。

综上所述,对于制造企业而言,企业间影响供应链竞争优势的因素有许多,其中占据主要地位的是有效的信息共享及高水平的供应物流协同。基于此,本书结合我国装备制造业现状,研究信息共享和供应物流协同对供应链快速响应的影响与内在机制结构,以期提高装备制造供应链整体效益和实现每个链上成员利润最大化。

相较于已有的理论研究,本章的创新点主要从以下几个方面体现:

第一,本章在以往研究的基础上,研究信息共享、供应物流协同等企业间变量对装备制造供应链快速响应的影响作用。

第二,本书采取实证研究的方法,结合统计分析得出结论。以往的研究主要集中在理论层面,缺乏实证验证。于是本书决定采取实证研究的方法,探究信息共享、供应物流协同对装备制造供应链快速响应的影响关系,并利用合适的统计分析软件,对所获得数据进行统计分析,从而得出科学性和合理性的结论。

4.2　研究假设与模型建立

4.2.1　研究假设

1. 信息共享对制造供应链快速响应的影响

供应链管理的一个重要研究内容是供应链上成员间信息共享问题。供应链信息共享指的是,通过诸如网络技术、物流信息系统、通信技术与通信设备以及数据库技术等相关供应链信息共享系统和技术,供应链合作企业之间交换需求、库存信息和服务信息,在供应链内外建立信任关系,从而实现供应链管理集成化和系统化以及企业合作的"双赢"与"多赢"。供应链信息共享的关键内容是通过共享和集成供应链信息资源（供应链管理功能之一）来降低库存与物流成本，提高交货速度和服务效率（Bok et al., 2002）。

然而在现实中，鉴于供应链组织之间企业的特点不同，供应链组织之间的协作基于动态联盟的战略合作，各个企业为了自身的利益往往会在一定的条件下有所保留其控制的那些信息，导致企业只共享部分信息甚至故意隐藏信息的情况非常普遍，因此供应链成员企业之间信息共享的完全实现面临着巨大挑战。供应链中的信息不能流畅传递对整个供应链的运行是有严重危害的。

信息共享对促进供应链中的协作与合作非常有用。信息共享使供应链企业之间建立了更好的伙伴关系，促进了供应链中供应商和制造商之间的集成，从而提高了企业绩效。Mentzer 等（2000）将公司所用信息作为核心竞争力的一种，供应链中各成员如果可以进行深层次的信息共享，会提升供应链整体竞争力和效益。Prajogo 和 Olhager（2012）指出，对装备制造供应链而言，制造商和供应商之间的信息共享对物流一体化的积极关系，特别是对库存管理起着积极的作用。冯长利和韩玉彦（2012）采取实证研究的方式，从信息共享意愿和沟通两个影响因素出发，构建影响信息共享效果的变量模型，表明信息共享意愿和沟通对信息共享效果都有着正向影响，进而正向影响企业绩效的提升。姜赛（2016）对供应链上企业间信任程度与供应链信息共享程度和供应链合作稳定性作用机制进行了研究，发现供应链成员只有在能力信任和善意信任的基础上，才能够进行准确的信息共享，从而提高供应链整体效益。吴婷婷（2015）就供应链上各成员的利益关系对信息共享的影响进行了研究，指出必须要以长远的目标进行供应链上的信息交换，增加信任，利用先进的信息共享技术，才可以促进装备制造供应链的稳健发展。

信息是指关于客观事实的具有时效性、事实性、不完全性、变化性及等级性的可通信的知识。在网络经济时代，"信息"是供应链管理中最重要的资源之一，不言而喻，供应链伙伴间有效的"信息共享"是供应链管理成功的关键。信息交换是协调供应链发展的重要内容，无论是制造过程中的准时生产过程，还是快速供应过程、零售环节的连续补货过程，都有必要向各个相关组织分发调度、发货或制造信息。信息交换可以有效减少整个供应链终端消费者需求信息波动的放大，有助于供应链企业根据共享数据安排生产运营计划和销售计划，并通过向各个供应链节点企业传播信息来控制发货的数量和方向，从而达到直接降低运营成本的目的。在供应链运作过程中，若能很好地运用信息共享，会帮助组织很大程度上解决委托–代理问题和"牛鞭效应"，从而促进供应链企业间的积极合作与顺畅沟通，使供应链总体效益达到最大化。国内动漫家具首创者酷漫居就通过与其他供应链成员共享信息，实现了对市场和客户需求的快速响应，具体表现如下：①快速响应供应链市场需求。酷漫居通过直接连接企业资源计划（enterprise resource planning，ERP）系统与主要供应商共享信息，实现了对客户需求的及时响应。消费者可以通过与互联网上的客户服务人员联系来创建适当的设计解决方案，并将其直接发送给供应商进行生产和分销。②快速更新市场知识。酷漫居通过挖掘消费者数据来估计市场需求，并与其核心供应商共享其预测信息，以帮助核心供应商为快速应对市场波动做好准备。基于以上分析，提出以下假设。

H1：信息共享对装备制造供应链快速响应有正向影响。

2. 供应链信息共享对供应物流协同的影响

在供应链管理中，必不可少的一部分就是物流管理，而且越来越多的管理者和学者都发现，供应链上的成员几乎不可能凭借一己之力出色地完成供应链物流的工作，而是需要与其他成员进行协同。德国物理学家赫尔曼·哈肯（Hermann Haken）在 1971 年提出了协同的概念，并在 1976 年系统阐述了协同理论，创立了协同学。协同学内涵包括两个层次：①从整体角度处理各个子部分之间的关系，最终导致整体水平上的协作；②鼓励跨学科交融协作。美国战略学家 Ansoff 首先在企业管理领域提出"协同"这一概念。Mentzer 等（2001）提出在供应链管理中运用协同的思想，这要求供应链上成员需要保持良好的合作关系，充分进行信息共享、风险和收益共同分担。Barratt（2004）将供应链协同分为纵向协同和横向协同。

（1）供应商与供应商协同

李娜（2016）的研究指出，在制造供应链中，核心制造商的上游往往有多家供应商共同提供生产所需的零件。而由于制造业生产本身的特性，制造商经常需要零件的配套送达，否则会面临停工风险。制造商会按照自身的生产计划对多家供应商制定零件供应计划，以保证所需零件可以在一定时间内以一定质量送达生产线上，否则制造商会选择更换供应商或供应链。因此，供应商之间已经由传统的竞争关系转变为协同关系，共同提高供应链的响应水平，为下游制造商营造更好的生产环境，进而提高经济效益。

（2）供应商与制造商协同

谢磊（2013）的研究指出，对于制造供应链而言，制造商在其中起着主导的作用。制造商需要预测市场需要，响应市场变化，并以此为基础向供应商提出不同要求。在此过程中，需要供应商与其下游的制造企业建立长期合作的关系，并以此为基础展开有效沟通。供应商与制造商两者应该是互为依存的关系，供应商需要积极回应制造商提出的需求，而制造商也应将市场的动态及时反馈给供应商，同时也需要考虑到供应商实际的生产能力，两者应协商展开物料供应计划和库存计划等。

（3）物流服务能力

马士华和陈习勇（2004）研究指出，供应链物流能力不仅包括实际操作层面，还包括概念层面。在制造供应链的物流活动中不仅包括采购、运输、装卸、搬运和加工流通等活动，还包括穿插在这些具体活动中的物流技术、信息系统以及管理模式等能力。此外物流管理者的素质和能力也包括在物流服务能力中。衡量供应链物流服务能力的指标主要是产品供应能力、产品交付能力和信息服务能力。此外，是否能够提供定制化物流则作为增值服务能力被纳入到衡量指标中来。

供应物流协同指的是基于供应链上资源的整合，借助组织管理以及技术方法，促使整条供应链中各个部件供应商的供应能够保持同步、产品装配能够保持匹配，减少因缺货而导致的交货延迟和库存成本的增加，从而提高供应链整体的响应速度，及时并准确地满足客户需求，进而实现供应链整体竞争力的提升。哈佛商学院的研究指出，供应物流协同是提高装备制造供应链快速响应的必要条件之一，而信息共享既是实现高质量供应物流协同的基础，也是重要媒介。装备制造供应链中的供应物流协同能力主要是跨组织的资源整合，与第三方物流公司不同，供应链中的物流协同需要建立在更有效、更高水平的信息共享基础上。供应链协同的实现离不开信息共享。为了提高供应物流协同水平，必须及时准确地对订单进行分解，对供应链合作伙伴的生产状况充分了解，同时具备良好的物流活动策划、组织和控制能力，而所有的这些都必须建立在充分有效的信息共享的基础上。供应链上的物流想要做到运作的无缝衔接、业务更加流畅，就需要进一步提高信息共享的范围和准度，将供应链视为一个有机整体。基于以上分析，提出以下假设。

H2：信息共享对供应物流协同有正向影响。

3. 供应物流协同对制造供应链快速响应的影响

杨瑾等（2007）认为合作协同能力是供应链快速响应能力的影响因素之一，这种能力包括与相关单位或组织的协调能力以及企业的整体协作水平。靳医兵和徐印州（2002）指出良好的协同合作关系是维持供应链管理的关键，也是确保供应链顺利运行的关键保障，同时也是帮助企业利用外部资源实现对市场需求快速响应的有效手段，从而在复杂的市场环境下保持并提升自身的市场竞争力。由此可见，企业间的协同合作关系会影响供应链的快速响应水平。

供应链企业之间的协同合作需要在业务生态系统发展的不同阶段进行供应链合作伙伴之间的高度集成和交互，最终创建一个良好的业务生态系统并与系统内的成员共谋发展、共同进步。装备制造供应链中运用协同理论来提升快速响应，这需要依赖供应链中各个成员企业之间的协作与配合，主要体现在供应商之间、供应商与制造商和物流服务能力的协同上。

在装备制造供应链中，供应商与制造商之间存在一系列供需关系，制造商是其所在供应链中多家供应商的客户，同时也是供应链上的核心企业，把握着主动权。但制造商的生产也依赖于供应商的供货，由于装备制造供应链上往往有多家供应商，制造商对于每家供应商提供的零件的需求是密切相关的，往往是多种零件同时进行装配和组装，这就要求供应商之间的协同配合。他们的配合所带来的聚集效应可以实现多种零件配套送达制造商流水线，减少制造商等待时间，同时也符合制造商追求的 JIT 方式。如果多家供应商之间相互猜忌，势必会影响零件到达生产线的时间以及无法做到配套送达，从而导致制造商无法按照既定的生产节拍进行组装生产。因此制造商与供应商、供应商与供应商之间应建立长期合作协同，以系统集成理论为指导，进行联合预测市场需求，准确信息共享，使整个供应链能够高效运作。此外，制造供应链协同是要求多家供应商生产的零件可以准确、快速地配送到制造商处，以便制造商进行集中装配组装，这对物流服务能力就有很高的要求。物流的传统定义涵盖仓储、运输、搬运等设备型和资源型物流活动，但在目前的研究中，由于科技的广泛应用和市场环境的瞬息万变，单一考虑传统意义上的物流作业远远不够，还需要考虑物流活动的整体计划、资源设备组织调用和意外事件控制的能力，从而提高供应链抵御外界风险和竞争的能力，这尤为强调上游供应商与其下游制造企业之间的协作与配合。基于以上分析，提出以下假设。

H3：供应商与供应商协同对装备制造供应链快速响应有正向影响。

H4：供应商与制造商协同对装备制造供应链快速响应有正向影响。

H5：物流服务能力对装备制造供应链快速响应有正向影响。

4.2.2 模型建立

根据本研究提出的假设，构建如图 4.1 所示的概念模型，主要探究影响装备制造供应链快速响应的企业间相关因素，包括信息共享、供应物流协同（分为供应商与供应商协同、供应商与制造商协同、物流服务能力三个维度）。

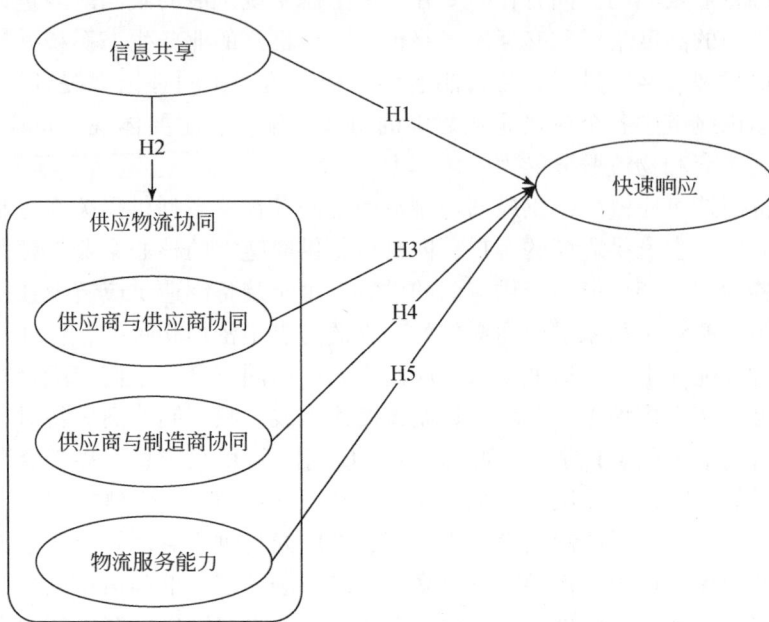

图 4.1　概念模型

4.3　量表分析与假设检验

4.3.1　问卷设计和数据收集

1. 问卷设计

为了验证上述假设，本章设计了一套详细的调查问卷。问卷由以下三部分构成：①问卷说明，包括基本概念说明和填写说明。为了方便调查对象填写，问卷对供应链和快速响应进行了概念界定，并给出了问卷填写说明。②问卷具体内容，包括信息共享、供应物流协同和快速响应量表。③基本资料，包括被调查对象的年龄、性别、学历和企业所处行业。

调查问卷的设计采用利克特五刻度评分法。对每个问题均给出五个描述性刻度（1，2，3，4，5），依次分别表示被调查对象非常不同意、不同意、中性、同意、非常同意五种选择形式，被调查对象根据自己态度进行选择。

（1）信息共享题项设计

基于不同的分类标准，能够将信息共享分为不同的内容：根据不同的信息层次，可以将供应链中共享的信息划分为作业层、管理层和决策层三种类型的信息层（孟园，2008）。作业层的信息是在供应链运作的微观层面上，一般是指一些相对具体的信息，包括产品的种类、定价以及具体的产品订单等，这些信息是供应链信息系统的基础，它反映在供应链的日常经营活动中；管理层的信息是指在供应链中每个企业的管理人员之间传播的信息，如企业的生产能力、仓库状态、物流能力和交货时间，供应链合作伙伴之间管理层信息的共享是为了改善运营的协调性；决策层的信息是指企业战略决策内容设计的信息，包括生产成本、企业营销计划、新产品设计信息等，该层的信息共享旨在实现快速响应，从而提高客户的满意度。

根据信息包含的具体内容不同，供应链中共享的信息主要包含库存信息、销售信息、生产信息、订单信息、产品信息、物流信息等（梁静等，2004）。库存信息共享是供应链信息共享最常用的共享方式，它的作用是有助于整个供应链库存水平的降低，更有益于库存管理；销售信息是市场情况的直接反映，供应链成员通过了解销售信息能够更好地理解顾客需求，从而最大限度地去贴合顾客需求实现个性化服务；上游企业如果主动与下游企业分享订单的实际执行情况（即订单信息），下游企业就能够针对出现的问题快速做出响应，从而提高企业的运营效率和顾客对产品服务的满意率；生产信息共享是有效降低生产盲目性、减少资源浪费的有力措施，它体现了供应链管理的实质；产品信息是连接供应链上下游企业的桥梁，产品信息共享是供应链管理的基础，为了使供应链合作企业亲密无间，客户需求得到最大满足，必须构建顺畅高效的产品信息共享机制；作为供应链运营成功的关键因素之一，物流配送的效率至关重要，物流信息共享使各分散的节点企业连接为统一的供应链。基于不同的分类标准，虽然信息共享的内容也有所不同，但不同的分类标准只是表现形式不同，并不影响它们在本质上的一致性。

信息共享是供应链有效管理和协调运作的基础，供应链中各节点企业能否实现信息共享是供应链伙伴联盟成败的关键。供应链上共享的信息很多而且分类标准复杂。Ellram 和 Hendrick（1995）指出，在供应链中，合作双方可以共享的信息包括销售预测信息、实际销售情况信息和信息技术系统的相关信息；常志平和蒋馥（2003）从信息共享的内容、目标和功能三个方面出发，认为信息共享可以划分为3个层级，即作业信息层（产品价格、产品种类、订单执行情况以及其他相关信息）、管理信息层（排产能力、生产能力、库存情况、供货提前期、送货时间等）、战略信息层（营销计划、生产成本、产品未来发展方向、市场情况的预测及相关的信息等）。

在信息共享方面，国内外的研究已较成熟，为保证量表的信度与效度，本书参考已有的量表来进行测量，结合本书研究，在 Li 等（2006）的研究结果上，总结并添加到新的题项，将信息共享视为单维度变量并对其进行测量，侧重考察在及时、准确、可靠、完整与核心程度方面的信息共享。

（2）供应物流协同题项设计

本书以谢磊（2013）的研究为基础，将供应物流协同分为供应商与供应商协同、供应商与制造商协同和物流服务能力三方面。

A. 供应商与制造商协同

Modi 和 Mabert（2007）在其有关电子商务技术、供应链组织协同、供应链组织绩效之间影响关系的实证研究中将"供应链组织协同"这一变量细分成"组织内部协同"和"组织之间协同"两个二维变量，并用"企业能够与其供应商及时地进行运营信息共享"、"企业能够与其供应商及时地实现跨职能业务流程的共享"和"企业能够激励其供应商进行协同计划的行为"等测量指标来度量"组织之间协同"这一变量。廖成林和刘学明（2008）利用"组织间协同"这一量表在国内展开了供应链管理对供应链组织的实证研究，在原有量表的基础上又根据我国企业的实际情况对问卷题项做了适当的调整和修改，最终确定的量表中主要包括 10 个测量题项。

B. 供应商与供应商协同

Modi 和 Mabert（2007）指出，组织的市场竞争力不仅会受到其产品/服务的价格或质量的影响，还会受到企业所在的供应网络的干扰。他们在研究中提供了如何提高供应商绩效的理论框架，并使用结构方程模型来验证组织间的沟通在提高供应商效率中起着重要作用这一结论。Mondragon 和 Lyons（2008）发现其接触的汽车制造商都十分看重能够稳定供需、减少库存、消除"牛鞭效应"并促进长期规划的供应链物流协同。于是他们对两个欧洲汽车制造基地进行了调查，研究了其供应链上游的组件调度问题，并将供应链协调计划从一个供应商扩展到了二级供应商。de Boeck 和 Vandaelee（2008）研究了由两个独立的供应商和单个生产商组成的供应链中的物流问题，他们的研究表明，两个供应商一起工作，将零件配对，然后再提供给制造商可以优化供应链绩效。龙跃和易树平（2010）分析了制造服务商和多个汽车零部件供应商之间合作的影响，指出不同的汽车零部件供应商提供自己的零部件，不仅分工更加明显，还能同时促进业务整合，如原材料的采购、生产过程、配送过程等。几种类型的备件供应商的组合可以降低总体运营成本并提高供应链的效率。除了探讨供应商协同和合作的问题外，上述文献还研究了供应商之间的网络优化和机构间协作。

C. 物流服务能力

Panayides 和 So（2005）、Panayides（2007）实证研究了在客户的委托下开展其物流服务业务的物流服务提供商与其下游客户之间的关系。他们的研究结果表明，组织的学习能力将对物流服务提供商与客户之间的关系定位产生积极影响，而这种影响会进一步作用于提供商的物流服务效率和企业绩效的提升。该研究主要是通过以下的测量题项来衡量提供商的物流服务效率："我们公司能够准时地进行运输服务"、"我们公司能够及时响应客户的需求"、"我们公司能够把客户记录准确地保留下来"、"我们公司能够准确获取、传递相关信息"和"我们公司能够提高设备的利用率"等。Kaynak 和 Hartley（2006）设计了准时制采购的测量量表，并将准时制采购的影响因素分为六个，其中就包含"运输能力和配送批量"，该变量的测量题项包括"我们公司的配送时间能够符合客户的时间表""我们会收集配送过程中的信息""我们公司采用准时制配送""我们公司使用多品种、小批量的配送方法"等。马士华等（2007）在物流能力对供应链绩效、财务绩效的影响研究中，将"匹配能力"和"设备设施能力"作为物流能力的测量要素。他们的研究表明，匹配能力对服务质量、响应性和物流绩效都会产生正向促进作用。同时他们在研究中采用"物料供应能力""物料流动线路""与运输系统的协调"等题项对匹配能力进行测量，而物流服务质量和绩效的测量题项主要包括"对关键客户需求的响应""企业的准时供货比率"等。Green 等（2008）分析了物流绩效对供应链环境中企业绩效的影响，发现物流绩效对供应链管理策略具有积极的影响，企业的市场营销绩效会受到供应链管理策略与物流绩效的正向影响，而市场营销绩效会进一步积极影响企业的财务绩效。该研究中设计的测量物流绩效的题项包括柔性、响应性、可靠性、订单的配送速度和满足能力。

结合本书研究，参照 Cao 和 Zhang（2011）、曾文杰和马士华（2010）的研究并加以修改，形成三个方面的量表。在供应商与供应商协同方面着重测量订单、供货、计划和匹配度，在供应商与制造商协同方面着重测量业务流程、生产情况、市场预测和制定计划，在物流服务能力方面着重测量 JIT 配送、物流信息和进度匹配。

（3）快速响应题项设计

本章考察装备制造供应链快速响应主要是看供应链企业是否充分利用各种资源，及时响应市场需求、快速应对环境变化，这对于企业在日益激烈的市场竞争取得战略优势地位极为重要。结合本章的研究，参照谢磊等（2012）关于供应链快速响应量表进行扩充和改进，主要在产品提前期、研发周期、创新频率、提高水平和相应时长等方面设置参量。

2. 数据收集

本研究的问卷调查采用电子问卷和纸质问卷两种方式同时进行，调研对象为装备制造供应链从业人员，主要涉及汽车、电子、机械与设备制造、金属制品及相关行业，受访人员均为企业负责采购、生产、销售、科研的中高层管理人员或关键员工。为了确保个人的回答能够充分体现公司的实际情况，并将个人的就业程度、工作满意度等因素的影响降到最低，每个企业的调查数量控制在 5～6 个。

（1）预调研分析

预调研问卷发放从 2018 年 5 月 7 日开始至 2018 年 7 月 13 日结束，历时约两个月，在某知名世界一流大学 EMBA 学员中发放了 100 份调查问卷，回收 50 份，其中有效问卷 50 份，有效回收率为 50%。预调研结果见表 4.1。

表 4.1　预调研问卷信度分析

变量	题项	CITC	删除项后 α 值	Cronbach's α 值
信息共享（IS）	与供应商信息共享及时（IS1）	0.573	0.727	0.776
	与供应商信息共享准确（IS2）	0.349	0.802	
	与供应商信息共享可靠（IS3）	0.471	0.760	
	与供应商信息共享完整（IS4）	0.701	0.688	
	与供应商共享核心信息（IS5）	0.586	0.731	
供应商与供应商协同（SS）	经常与其他供应商联合处理制造商订单（SS1）	0.573	0.674	0.749
	经常与其他供应商联合确定供货批量（SS2）	0.522	0.704	
	经常与其他供应商共享生产计划（SS3）	0.378	0.766	
	经常与其他供应商联合配套供应零件（SS4）	0.701	0.596	
供应商与制造商协同（SM）	充分了解供应商业务流程（SM1）	0.543	0.654	0.725
	充分了解供应商生产情况（SM2）	0.460	0.690	
	经常与供应商联合展开需求预测（SM3）	0.550	0.655	
	经常与供应商联合制定生产计划（SM4）	0.234	0.745	
	经常评价与供应商的关系（SM5）	0.480	0.685	

续表

变量	题项	CITC	删除项后 α 值	Cronbach's α 值
物流服务能力（LL）	实施进行 JIT 配送（LL1）	0.516	0.667	0.685
	充分掌握物流信息（LL2）	0.517	0.675	
	配送时间与生产进度匹配（LL3）	0.528	0.701	
快速响应（QR）	我们能缩短生产提前期（QR1）	0.547	0.722	0.8235
	我们能缩短产品研发周期（QR2）	0.628	0.691	
	我们能提高新产品的频率（QR3）	0.519	0.729	
	我们能提高服务水平（QR4）	0.464	0.749	
	我们能快速响应市场变化（QR5）	0.535	0.724	

由此数据得知，经过预测试后发现信息共享中 IS2、供应商与供应商协同中 SS3、供应商与制造商协同中 SM4 这三项不满足要求，加以剔除，调整后的量表中，信息共享共包括 4 个题项；供应商与供应商协同共包括 3 个题项；供应商与制造商协同共包括 4 个题项；物流服务能力共包括 3 个题项；快速响应能力包括 5 个题项。保留题项的 CITC 值均大于 0.4，且 Cronbach's α 达到 0.6。因此可以将最后保留的题项作为正式调查问卷大范围发放。

（2）正式调研

正式问卷发放从 2018 年 9 月 10 日开始至 2019 年 3 月 15 日结束，历时约七个月，共发放问卷 300 份，收回问卷 188 份。对于回收的问卷，基于以下原则进行筛选：①问卷中有多处缺答的；②问卷的填答呈现明显未经思考的，如都选择相同的选项等；③同一个企业回收的问卷，笔迹明显相同的。经过筛选，回收有效问卷 146 份，有效回收率为 48.7%。

4.3.2 数据分析与假设检验

1. 样本描述性统计分析

对有效问卷的样本描述性统计分析信息见表 4.2 ~ 表 4.4。

表 4.2 性别统计

性别	男	女
数量/人	109	37
比重/%	74.7	25.3

表 4.3　学历统计

学历	高中、中专及以下	本科、大专	硕士	博士
数量/人	5	96	43	2
比重/%	3.4	65.8	29.4	1.4

表 4.4　行业类别统计

行业类别	汽车	电子	机械与设备制造	金属制品	其他
数量/人	29	37	53	14	13
比重/%	19.9	25.3	36.3	9.6	8.9

由表 4.2~表 4.4 可知，本次调查问卷的描述性统计分析主要包括性别、学历和所在行业类别。其中男女比例约为 3∶1，较为符合我国装配制造业从业人员男女分布比例。同时，调研对象的学历主要分布在本科、大专及硕士中，学历分布符合现实情况且符合本次调研的需要。

2. 信度与效度分析

本书用 SPSS18.0 分别对信息共享、供应商与制造商协同、供应商与供应商协同、物流服务能力以及供应链快速响应指标体系进行信度分析，结果见表 4.5。本书研究变量的 CITC 值均大于 0.5，信度系数 Cronbach's α 的值均大于 0.7，量表的信度水平较高。此外，本书采用 SPSS18.0 对每个变量的所有题项进行因子分析，根据因子载荷和因子提取量来评价变量的收敛效度，由表 4.5 可以看出，模型中所涉及变量的 KMO 值均大于标准的 0.5，表明它们均适合做因子分析。其次经过因子提取和因子旋转之后，发现所有变量的因子载荷都大于 0.7，由于各变量都只生成一个因子，提取了一个主成分，且因子提取量都大于或接近 60%，满足了社科研究领域一般要求的 0.7 和 60%，所以本研究认为将它们作为单维度变量是合理的。

表 4.5　测量模型估计结果

变量	题项	CITC	因子载荷	KMO	累计贡献度/%	Cronbach's α
信息共享 （IS）	与供应商信息共享及时（IS1）	0.602	0.775	0.806	64.815	0.817
	与供应商信息共享可靠（IS3）	0.651	0.813			
	与供应商信息共享完整（IS4）	0.659	0.818			
	与供应商共享核心信息（IS5）	0.653	0.813			

续表

变量	题项	CITC	因子载荷	KMO	累计贡献度/%	Cronbach's α
供应商与供应商协同（SS）	经常与其他供应商联合处理制造商订单（SS1）	0.581	0.807	0.696	69.689	0.778
	经常与其他供应商联合确定供货批量（SS2）	0.632	0.840			
	经常与其他供应商联合配套供应零件（SS4）	0.656	0.857			
供应商与制造商协同（SM）	充分了解供应商业务流程（SM1）	0.533	0.729	0.776	60.969	0.775
	充分了解供应商生产情况（SM2）	0.624	0.801			
	经常与供应商联合展开需求预测（SM3）	0.645	0.823			
	经常评价与供应商的关系（SM5）	0.581	0.768			
物流服务能力（LL）	实施进行 JIT 配送（LL1）	0.596	0.819	0.697	69.364	0.777
	充分掌握物流信息（LL2）	0.599	0.824			
	配送时间与生产进度匹配（LL3）	0.650	0.856			
快速响应（QR）	我们能缩短生产提前期（QR1）	0.676	0.802	0.807	60.099	0.829
	我们能缩短产品研发周期（QR2）	0.604	0.757			
	我们能提高新产品的频率（QR3）	0.635	0.776			
	我们能提高服务水平（QR4）	0.649	0.788			
	我们能快速响应市场变化（QR5）	0.601	0.752			

　　本研究在进行收敛效度分析得到该研究适合做因子分析之后，为了在已收集的数据中探究各变量内在的结构关系，本研究又检验了数据的区别效度。本研究利用 SPSS18.0 软件中的主成分分析法，在选择因子时，采取特征值大于 1 的限制条件，配合运用极大方差法对因子载荷矩阵进行正交旋转，分析结果见

表4.6。

表 4.6　区别效度分析 1

潜变量	题项	因子				
		1	2	3	4	5
信息共享（IS）	IS1	0.198	0.537	0.542	0.138	0.017
	IS3	0.215	0.147	0.688	0.399	0.059
	IS4	0.088	0.174	0.779	0.064	0.234
	IS5	0.146	0.180	0.795	0.140	0.037
供应商与供应商协同（SS）	SS1	0.032	0.101	0.030	0.737	0.351
	SS2	0.028	0.080	0.110	0.858	−0.139
	SS4	0.166	0.021	0.293	0.770	0.096
供应商与制造商协同（SM）	SM1	0.106	0.573	0.215	0.490	0.001
	SM2	−0.003	0.741	0.201	0.133	−0.040
	SM3	−0.027	0.831	0.073	0.070	0.177
	SM5	0.285	0.713	0.179	−0.071	0.077
物流服务能力（LL）	LL1	0.379	0.496	0.023	−0.038	0.628
	LL2	0.189	0.018	0.359	0.104	0.741
	LL3	0.137	0.032	0.013	0.104	0.868
快速响应（QR）	QR1	0.671	0.319	0.218	−0.164	0.339
	QR2	0.802	−0.116	0.258	−0.080	0.054
	QR3	0.701	0.475	−0.150	0.118	0.112
	QR4	0.740	0.120	0.084	0.290	0.103
	QR5	0.712	0.030	0.179	0.167	0.161
特征值		6.332	2.314	1.896	1.406	1.369
总体累计贡献度/%		70.086				

通过分析结果可以看到，在每个因子特征值都大于 1 的条件下，可以看出所有因子的总体累计贡献度达到 70.086%，然而潜变量 IS1 在因子 1 和因子 2 间出现交叉负载，因此删去潜变量 IS1，对剩下的潜变量重新进行区别效度分析，结果见表 4.7。

表 4.7 区别效度分析 2

潜变量	题项	因子				
		1	2	3	4	5
信息共享（IS）	IS3	0.222	0.152	0.408	0.678	0.051
	IS4	0.096	0.182	0.073	0.779	0.222
	IS5	0.154	0.197	0.145	0.804	0.018
供应商与供应商协同（SS）	SS1	0.032	0.093	0.737	0.024	0.355
	SS2	0.028	0.084	0.858	0.104	−0.142
	SS4	0.168	0.019	0.773	0.284	0.094
供应商与制造商协同（SM）	SM1	0.113	0.580	0.491	0.212	−0.002
	SM2	0.008	0.737	0.144	0.174	−0.029
	SM3	−0.020	0.844	0.067	0.083	0.172
	SM5	0.292	0.728	−0.074	0.194	0.067
物流服务能力（LL）	LL1	0.386	0.473	0.031	0.004	0.643
	LL2	0.188	0.030	0.099	0.394	0.722
	LL3	0.137	0.018	0.106	0.016	0.874
快速响应（QR）	QR1	0.676	0.314	−0.161	0.218	0.337
	QR2	0.803	−0.115	−0.079	0.263	0.046
	QR3	0.704	0.467	0.117	−0.157	0.118
	QR4	0.741	0.108	0.293	0.070	0.108
	QR5	0.714	0.020	0.171	0.168	0.163
特征值		5.906	2.294	1.838	1.369	1.347
总体累计贡献度/%		70.859				

通过分析结果可以看到，以每个因子特征值都大于 1 的条件下，可以看出所有因子的累计贡献度达到 70.859%，并且每个潜变量之间没有出现交叉负载。因此，本研究的潜变量之间存在较好的区别效度。

3. 结构方程模型与假设检验

本研究采用 AMOS24.0 软件对结构方程模型进行建立和假设检验。结合 SPSS18.0 软件的已有分析数据，利用 AMOS24.0 软件进一步测量和探究多个变量之间的相关关系，尤其是可以利用 AMOS24.0 软件处理多个变量同时影响一个变量的模型，并且对于模型进行拟合效果分析和假设检验。

本研究假设具有多重特性，无法在一个结构模型中进行全部的假设检验，因此决定采取部分与整体建模结合的方式，建立 AMOS 结构模型后进行模型修正，修正后的模型如图 4.2 和图 4.3 所示。

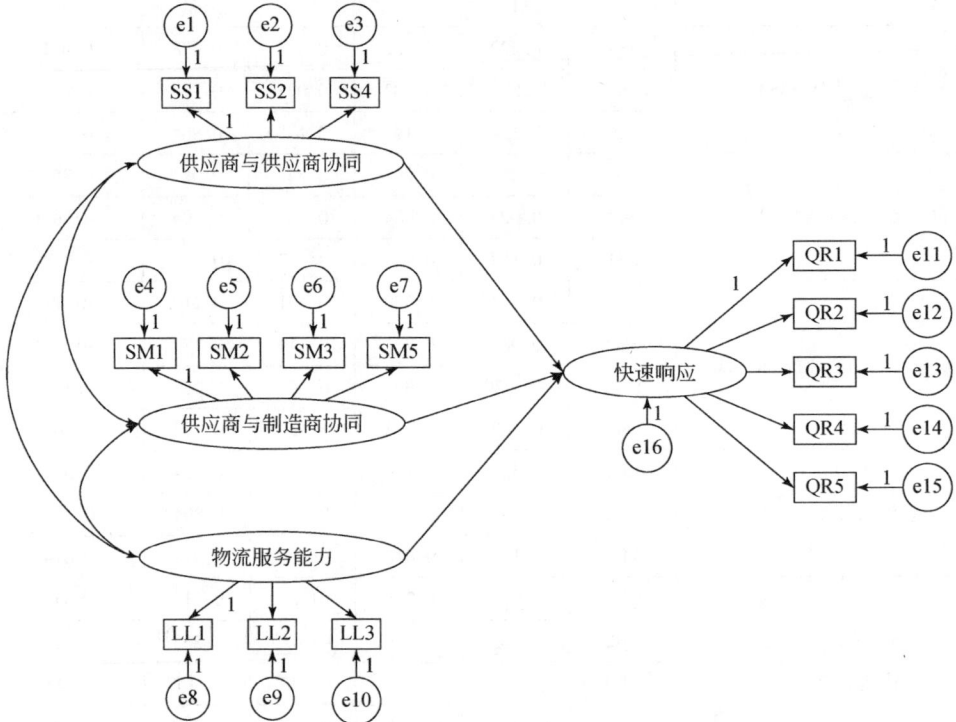

图 4.2　AMOS 结构模型一

图中 e1～e16 表示误差项；箭头上数字 1 表示路径，下同

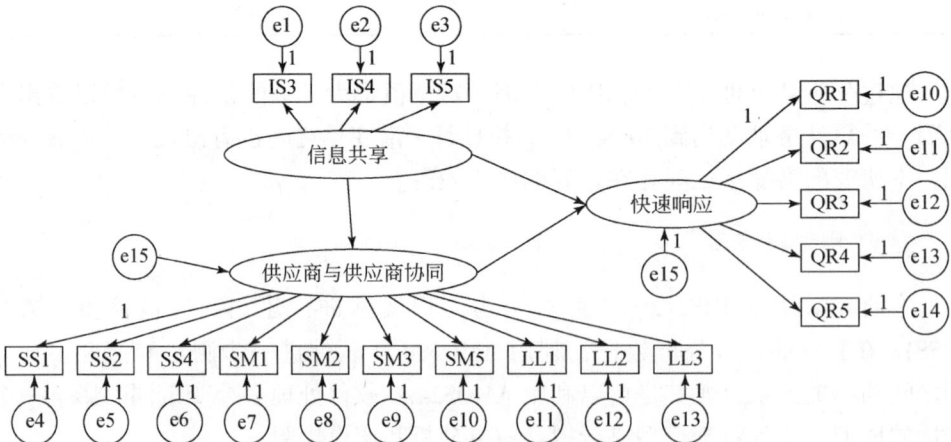

图 4.3　AMOS 结构模型二

（1）供应物流协同对供应链快速响应的关系

本研究采用 AMOS24.0 进行结构方程的构建和假设检验，相应的测量模型和变量之间的 Estimate 如图 4.4 所示。

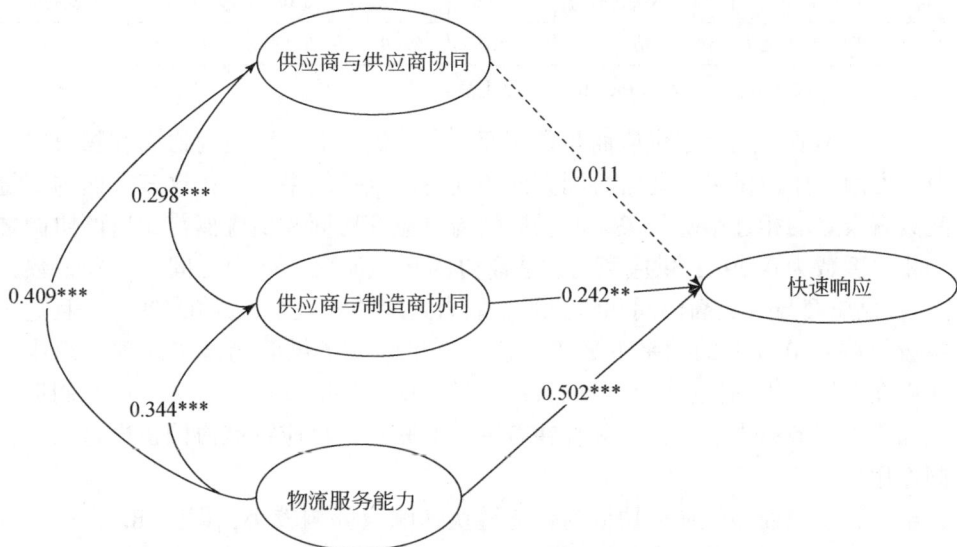

图 4.4　供应物流协同模型 Estimate
＊＊＊表示 $P<0.001$，＊＊表示 $P<0.01$ 的水平上显著

接下来，本研究对模型的整体拟合效果进行评价，使用 AMOS24.0 软件，采用极大似然估计法来分析本研究的概念模型的影响关系。模型的具体拟合指标数据见表 4.8。其中 χ^2/df 数值介于 1~3，GFI、TLI、CFI、IFI 的数值大于 0.8 且达到 0.9 的最佳水平；RMR、RMSEA 的数值小于 0.08。将以上数据结合潜变量之间的关系和测量值的数量，可以认为本模型拟合度良好。

表 4.8　供应物流协同模型拟合指标

指标	χ^2/df	CFI	IFI	TLI	GFI	RMR	RMSEA
参考值	1~3	>0.9	>0.9	>0.9	>0.8	<0.08	<0.08
实际值	1.868	0.940	0.943	0.906	0.902	0.028	0.077

本研究的重要统计数据包括 Estimate、S. E. 、C. R. 和 P，其中，Estimate 的绝对值的大小表示各变量之间影响关系的强弱，且在本研究中 C. R. 需大于 1.96、P 需小于 0.05 方可认为假设通过检验，以此标准的检验结果见表 4.9。

表 4.9　供应物流协同假设检验结果

假设	路径	Estimate	S. E.	C. R.	P	假设检验结果
H3	供应商与供应商协同→快速响应	0.011	0.065	0.174	0.622	不支持
H4	供应商与制造商协同→快速响应	0.242	0.122	2.083	＊＊	支持
H5	物流服务能力→快速响应	0.502	0.098	5.133	＊＊＊	支持

＊＊＊表示 $P<0.001$，＊＊表示 $P<0.01$ 的水平上显著。

第一，本研究立足于供应商与供应商协同、供应商与制造商协同和物流服务能力三方面共同衡量供应物流协同方面的问题，统计结果表明，这三方面的变量之间具有很好的相互影响的关系，供应商与供应商协同和供应商与制造商协同之间的相关系数为 0.298，供应商与制造商协同和物流服务能力之间的相关系数为 0.344，供应商与供应商协同和物流服务能力之间的相关系数为 0.409，并且这三个系数都在 $P<0.001$ 的水平下显著。这一结果验证了供应物流协同理论组成因素和内在结构的正确性，并且可以看出在供应商与供应商协同、供应商与制造商协同和物流服务能力三方面之间存在着密切的联系，供应物流协同也由这三方面共同作用。

第二，供应商与供应商协同对供应链快速响应影响较小，即 C. R. 没有达到 1.96，P 大于 0.05，故没有达到显著水平，因而不支持原假设 H3；供应商与制造商协同对供应链快速响应有着直接影响，即 Estimate 为 0.242，在 $P<0.01$ 的水平上显著，从而支持原假设 H4；物流服务能力对供应链快速响应有着显著的直接影响，即路径系数为 0.502，在 $P<0.001$ 的能力上显著，从而支持原假设 H5。

（2）供应链快速响应的其他影响因素及关系

接下来借助 AMOS24.0 检验信息共享与供应物流协同和快速响应之间的关系，得到 Estimate，如图 4.5 所示。

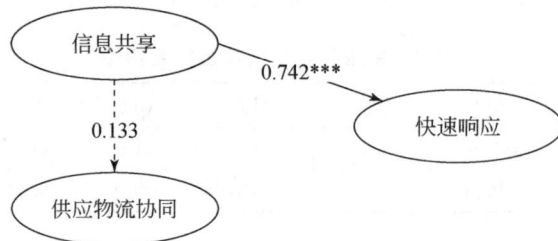

图 4.5　信息共享与供应物流协同和快速响应 Estimate

＊＊＊表示 $P<0.001$

模型的具体拟合指标数据见表 4.10。其中 χ^2/df 数值介于 1～3，GFI 的数值虽然没有达到 0.9 的最佳水平，但超过了 0.8 的可接受水平；IFI、TLI、CFI 的数值均超过 0.9 的最佳水平；RMR、RMSEA 的数值均小于 0.08 的可接受水平。结合统计数据和测试变量的数量分析，认为模型拟合度较好。

表 4.10　供应链快速响应模型拟合指标

指标	χ^2/df	CFI	IFI	TLI	GFI	RMR	RMSEA
参考值	1~3	>0.9	>0.9	>0.9	>0.8	<0.08	<0.08
实际值	1.603	0.919	0.935	0.921	0.811	0.062	0.050

本研究的重要统计数据包括 Estimate、S. E.、C. R. 和 P，其中，Estimate 的数值绝对值的大小表示各变量之间影响关系的强弱，且在本研究中 C. R. 需大于 1.96、P 需小于 0.05 方可认为假设通过检验，以此标准的检验结果见表 4.11。

表 4.11　供应链快速响应假设检验结果

假设	路径	Estimate	S. E.	C. R.	P	假设检验结果
H1	信息共享→快速响应	0.742	0.095	7.824	* * *	支持
H2	信息共享→供应物流协同	0.133	0.072	1.852	0.151	不支持

* * * 表示 $P<0.001$。

第一，信息共享对供应链快速响应具有显著影响，即 Estimate 为 0.742，在 $P<0.001$ 的水平下显著，故支持原假设 H1；第二，信息共享对供应物流协同的影响不显著，即 C. R. 为 1.852，没有达到 1.96 的标准，且 $P>0.05$，故不支持原假设 H2。假设检验结果见表 4.12。

表 4.12　假设检验结果

模型假设	假设检验结果
H1：信息共享对装备制造供应链快速响应有正向影响	支持
H2：信息共享对供应物流协同有正向影响	不支持
H3：供应商与供应商协同对装备制造供应链快速响应有正向影响	不支持
H4：供应商与制造商协同对装备制造供应链快速响应有正向影响	支持
H5：物流服务能力对装备制造供应链快速响应有正向影响	支持

4.4　分析与讨论

在供应物流协同方面，供应商与供应商协同、供应商与制造商协同和物流服务能力三方面对于供应物流协同都具有影响。若想提高供应物流协同水平可以考虑从这三方面入手，如果精力或资金不够，可以从其中一方面进行改进，也可以提高整个供应物流协同的水平。

H4 和 H5 得到了支持，这表明供应商与制造商协同以及物流服务能力都会对供应链快速响应产生直接的正向促进作用。但 H3 并未得到验证。从供应商与供应商协同、供应商与制造商协同和物流服务能力对供应链快速响应的角度来看，供应商与供应商协同对供应链快速响应的影响不够显著，这可能是由于现实生产过程中，多家供应商提供的零件之间差异性较小，可取代性较大，导致供应商之间存在激烈的竞争，无法做到共同协作为制造商服务从而提升供应链快速响应的效果；而供应商与制造商协同和物流服务能力都对供应链快速响应有着正向影响。

H1 得到了支持。从信息共享的角度来看，信息共享正向影响着供应链快速响应；研究还发现 H2 并未得到验证，信息共享水平并没有显著正向促进供应物流协同，在现实的供应物流协同作业中，信息涵盖多个方面，包括订单信息、生产信息、库存信息和销售信息等，信息种类繁多，很难做到及时准确共享，即使提高信息共享水平，就目前生产实践现状来看也很难提升供应物流协同水平。

4.5 结论与建议

随着生产实践中高科技的运用和产品更新换代的速度加快，产品从研发到生产再到销售的生命周期正不断被缩短，同时，为了满足消费者日益增长的需求，产品种类也在大幅度增加，这就迫使制造企业进入了以效率和质量为标准的生产环境中，快速、准确地响应市场需求成为企业进行竞争的一大利器。为占得市场先机，单一的制造企业很难面对错综复杂的竞争环境，这就需要企业结合供应链的力量，集多家企业的优势，形成自身的竞争优势。那么如何合理有效地进行供应链管理就成为企业面临的一大难题。在解决这个问题之前，首先要将影响供应链快速响应的影响要素和作用机制都进行梳理，然后再进行下一步的管理工作。

本研究在理论假设的基础上，采取实证的研究方法，主要包括各变量之间的量表设计和问卷设计以及发放收集相关数据。具体实施过程包括通过预调研进行量表的修正，以及正式调研。然后利用 SPSS18.0 软件对所收集的数据进行信度和效度分析，结果表明，本研究具有较好的信度和效度，从而利用 AMOS24.0 软件进行结构方程的构建和假设检验。结果表明，在供应物流协同方面，供应商与供应商协同、供应商与制造商协同和物流服务能力三方面共同影响着供应物流协同水平，其中供应商与制造商协同和物流服务能力正向影响着供应链快速响应，因此企业可以从这三方面同时入手改善供应物流协同水平，也可以在某一方面重点关注。在信息共享方面，信息共享可以正向影响供应链快速响应，但对于供应物流协同的影响并不显著，因此企业可以在信息共享的内容和范围上进行把握，在不触及各成员企业的核心利益和竞争力的情况下进行深层次的信息共享。

本研究具有以下贡献：首先，本研究结合当前装备制造供应链管理现状，探究供应链企业间影响装备制造供应链快速响应的关键因素。其次，装备制造供应链管理理论的实践主要是企业根据自身情况，套用已经存在的理论模型，在操作层面主要集中于计划、生产、技术和创新等战略层面。然而，随着科技的快速发展和市场竞争的迅速变化，装备制造企业所处的经营环境已经与以往有很大的不同，以往的科学研究难以支撑现在的生产实践。本书通过大规模发放调查问卷以收集所需数据，并对收集数据进行科学的统计学分析，保证数据和结构的可靠性，分析信息共享、供应物流协同与供应链快速响应之间的相互影响关系，为装备制造业企业在其供应链管理方面提供可靠的建议。

基于本研究所得到的主要结论，给出如下建议：

第一，制造企业需与供应商进行协同。供应商与制造商协同在制造供应链管理中占据着极为重要的地位，通过协同，制造商可以长期且稳定地与多家供应商进行合作和协调。各个供应商之间也可避免由于担心制造商更换供货商而带来的猜忌，从而在供应商之间也可以进行协作。基于此，制造商可以与供应商联合展开需求预测，根据供需双方实力制定生产计划并实时掌握供应商的生产进展，从而提高供应物流协同水平，达到共赢的目的。

第二，装备制造供应链应借助信息技术，开发安全、有效且快捷的信息共享平台。在当前供应链生产实践中，供应链上的节点企业一方面由于担心核心信息泄露而丧失竞争力，另一方面没有合适的渠道进行信息共享。为此，装备制造供应链应借助信息技术，构建合适的信息共享平台，规范信息共享的内容和范围，在保证核心信息不外泄的情况下，打消企业的顾虑，最大程度上进行信息共享，同时借助互联网，降低供应链信息共享成本。

4.6 研究展望

虽然已有的关于供应链管理的理论和研究十分丰富，但随着社会的快速发展，企业面临的环境已经和以往大不相同，尤其是在信息技术快速发展的今天，消费者对产品的质量和更新换代的速度要求越来越高，供应链管理面临着许多具有特定社会特点的问题，以往的研究很难再指导如今的供应链管理实践。基于此，本研究进行了相关的研究并得出一些结论。但仍有许多问题并没有完全深入研究，如未通过的假设检验中的各个变量之间的具体作用机制等问题没有得到深入的研究和探讨。

1）在调研样本的选择上，由于本次研究对象具有较强的地域性，样本取材范围不够广泛，主要集中在大连、沈阳等地区，没有进行全国范围内的大范围采集数据，且数据来源的企业大多集中在每条供应链上的一家企业，即某一条供应链上的一家节点企业。后续的研究可以着重在更大的范围内取材，且可以研究每条供应链上的多家企业对上下游企业的评价，从而得到更加全面的结论。

2）在量表设计方面，本研究主要是在已有研究的量表基础上，结合本研究的内容进行扩展、补充和删减，从而形成本次调查问卷的量表。但随着科技的进步、市场环境的变化，有些量表很难适用于当今的制造业生产实践情况，因此在后续研究中需根据企业所处具体环境进行量表的设计，以保证量表的科学性和适用性。

|第 5 章| 企业内因素对装备制造供应链快速响应的影响研究

本章结合装备制造供应链自身的特点，考虑到装备制造企业内部可能影响供应链快速响应的因素，包括 IT 能力、战略柔性、组织学习、智能交互能力以及数字化集成能力等因素，采取理论研究与实证分析相结合的方式，构建了制造企业内部有关因素对装备制造供应链快速响应的影响作用模型，并对问卷调研数据进行统计分析，探讨 IT 能力等企业内部相关因素对装备制造供应链的影响关系。

5.1 引　　言

动荡的商业环境和日渐激烈的全球市场竞争使得当今的制造企业面临着各种各样的挑战，例如，产品越来越多样化和个性化、产品生命周期不断缩短以及用于产品开发的成本不断增加等。IT 是一种用于收集、传输和利用信息的工具，它已经渗透到诸如研发、生产和销售等经济活动中，并且成为管理企业创新的工具。因此，建设 IT 能力是企业信息化的关键问题。IT 能力能够提高企业的业务绩效，这是行业与学术界之间的共识。近年来，IT 的飞速发展和在各个行业的广泛应用，已经使得复杂产品公司可以在 IT 平台的支持下快速、高效地进行产品设计、生产、管理、测试和运营。

但是，随着市场环境和技术环境的快速变化，组织对市场进行预测的风险不断增加，因此，组织还必须通过提升自身学习能力和战略柔性来应对环境的动态发展，从而促使企业绩效得到提升。战略柔性是组织通过内部协调和变化，灵活分配和重新配置资源、流程和战略以响应动态环境变化的能力。作为一种重要的动态能力，战略柔性受到了战略和组织研究人员的高度重视，并被认为是改变公司绩效的战略（Shimizu and Hitt，2004），同时战略柔性也被认为是克服组织惯性和快速对市场需求做出反应的重要工具（Zhou and Wu，2010；林亚清和赵曙明，2013）。与此同时，战略柔性还能够帮助企业有效应对市场机遇和挑战，通过开发新产品和新工艺来满足客户的多样化需求，获得市场竞争优势并加强产品或服务的创新（Augier and Teece，2009）。

此外，组织学习作为组织本身具有的能力能够促使企业环境洞察和应对能力提升。动荡的商业环境以及日益激烈的全球市场竞争使得企业只有进行持续的组织学习才能获取和提升其自身的竞争优势（Fiol and Lyles，1985；Morgan and Turnell，2003；周俊和薛求知，2014）。因此，供应链成员企业可以通过在企业内部推行组织学习策略来培育和提升自身的核心竞争能力，并实现稳定的长期的价值增长。组织学习和学习组织的重要性在当今复杂多变的社会环境中已得到广泛认可，同时相关的实证研究也表明组织的绩效会受到其学习能力的正向影响（陈国权，2007，2009）。学习型企业擅长寻找和选择机会，它们善于通过知识获取、知识生成以及知识共享来确保其组织发展的可持续性。

对于装备制造商来说，智能交互能力贯穿于产品从进入市场到退出市场整个周期的各个阶段，产品设计的弹性和准确性都可以通过产品设计阶段的交互作用（包括新的成像模型、多传感器建模等过程）得到提高；产品生产过程之间的交互主要体现在产品自身与生产该产品的设备之间的数据交换以及生产设备与后端管理平台之间的数据交换，生产过程的智能制造效率离不开企业内部高水平的交互能力。与此同时，大多数组织对其企业内部的业务进行管理的时候信息交换不畅通、不及时，此类问题的主要原因是大多数制造企业采用分级管理同时缺乏数字集成的能力，无法进行不同层次之间的快速、高效信息共享，甚至还会导致"信息孤岛"的产生，从而限制了企业提升其自身的智能制造的效率和竞争力。

基于此，本研究结合我国装备制造业现状，研究 IT 能力、战略柔性、组织学习、智能交互能力以及数字化集成能力等装备制造企业内部有关变量对其供应链快速响应能力的影响作用，以期从装备制造企业内部得出提高装备制造供应链快速响应能力的有效途径。

相较于已有的理论研究，本章的创新点大致包括以下两个方面：第一，本研究在以往研究的基础上，研究 IT 能力、战略柔性、组织学习、智能交互能力以及数字化集成能力等装备制造企业内部有关变量对装备制造供应链快速响应能力的影响作用。第二，本研究采取实证研究的方法，结合统计分析得出结论。以往所涉及的研究主要集中在理论层面，缺乏实证验证。因此本研究决定采取实证研究的方法，探究 IT 能力、战略柔性、组织学习、智能交互能力以及数字化集成能力对装备制造供应链快速响应的影响关系，并利用合适的统计分析软件，对所获得数据进行统计分析，从而得出科学性和合理性的结论。

5.2 研究假设与模型建立

5.2.1 研究假设

1. IT 能力与快速响应

IT 通常是指与计算机终端、计算机硬件和软件、数据库和网络设备及平台形式呈现的信息（文字、图片、声音等）的收集、处理、存储和传播相关的传感、通信和计算机技术。鉴于信息在当今全球市场中日益重要（Glazer，1991），以及在用于管理信息的工具和专业方面取得竞争力已呈现出新的紧迫性，企业可以使用 IT 来提升企业信息收集、处理、交换、共享和存储的效率（张涛等，2010）。从资源基础的角度来看，能力是无法模仿的，因为资源的特殊性发展已经在特定公司的背景之外点燃了价值。这种不可模仿性可以形成竞争优势的基础（Lei et al.，1996）。因此，达到较高 IT 能力水平的公司被认为在管理创造市场领导地位的"无形资产"方面处于优势地位。然而，IT 软件和设备仅提供企业可以塑造或改善其 IT 能力的条件，企业真正较高水平 IT 能力的拥有还离不开企业内部其他方面与 IT 能力相匹配（张涛等，2010）。以下观点得到了学术界的普遍认同：IT 能力既包括"物"的要素，也包括"人"的要素，如计算机、应用软件和网络设备等都是"物"的要素（Byrd and Turner，2000），而 IT 人员的专业知识、能力和精通使用 IT 设备的现场技能都是"人"的要素。"物"的要素和"人"的要素都是必不可少的。我们把"物"的要素称为 IT 设备能力，而把"人"的要素称为 IT 人员能力（张涛等，2010）。

基于市场营销、战略、信息科学与技术等方面的文献，我们将 IT 能力定义为企业对 IT 的了解程度，以及有效利用 IT 管理企业内部信息的程度。在这个概念中包含的假设是公司也拥有 IT 对象，包括设备（软件和硬件）和 IT 人员。总的来说，IT 竞争力的两个维度代表了共同的专业资源，这些资源显示了组织理解和利用 IT 工具与流程的能力，这些工具与流程是管理市场和客户信息所必需的。此外，IT 对象之间虽然是独立的，但为了实现 IT 能力，所有三个组件（即软件、硬件和 IT 人员）都必须存在。例如，虽然许多公司拥有大量的 IT 对象，但是由于缺乏有效利用这些对象所需的知识，这些公司无法实现 IT 能力。

（1）IT 知识

鉴于知识是"与经验、背景、解释和反思相结合的信息"，它拥有一个难以量化的隐性成分。与其他特定的知识领域一样，IT 知识可以作为更一般的知识概念的子集加以区分（Capon and Glazer，1987）。技术知识是"一系列有助于实现预期目标变革的原则和技术"。技术知识也被描述为基于环境的专有技术。也就是说，在某些特定情况下，正确的行动顺序和适当决策规则的管理可以产生可预测的结果。在本研究中，IT 知识被概念化为一个公司拥有关于对象（如基于计算机的系统）的大量技术知识的程度。

（2）IT 操作

技术操作，或技术，包括为达到特定目的而进行的活动，可以被认为是完成一项重点任务所需的方法、技能和过程。Nelson 和 Kalachek（1967）认为技术由异构过程组成，这些过程主要针对经济商品和服务的生产。这种定义与 Capon 和 Glazer（1987）的过程技术思想相对应，过程技术是一组用于达到目标（如成品）的思想或步骤。技术操作也被认为是技术知识的表现，因为技术知识的实现导致了技术操作或技能。在拥有高级 IT 知识的情况下，这些技能可能会变成技术型，也就是说，这些技能不仅代表了对某个特定"知识领域"的深刻理解，还反映了将知识输出到其他不一致操作的能力（Leonard-Barton，1992）。在本研究中，IT 操作被概念化为企业利用 IT 管理市场和客户信息的程度。

（3）IT 对象

正如许多早期的 IT 相关研究指出的，IT 对象作为"推动者"，对当前信息生产和传播的增加负有主要责任（Glazer，1991）。作为一种工具，技术对象指的是辅助"获取、处理、保存、传播和使用"信息的工件。在本研究中，IT 对象的概念化代表了基于计算机的设备和支持人员。

有的学者指出，拥有高水平 IT 能力的公司能够通过决策过程的加快和有效的沟通来改善其自身的市场响应能力（Sambamurthy and Grover，2003）。还有的学者认为，IT 能力造成的系统架构的固化可能会造成企业响应速度的下降（Oosterhout et al.，2006）。类似地，在供应链管理中使用信息技术可以增强供应链上游和下游企业之间的联系，但也可能对公司的市场需求的反应产生出乎意料的负面影响（Bi et al.，2013）。例如，Gosain 等（2004）指出，在动态、竞争激烈的市场环境中，向特定合作企业或提供产品的 IT 基础架构进行的过多投资可能会使公司陷入被套牢的困境从而失去自身的弹性。因此，对 IT 能力影响供应链快速响应能力的内部机制的学术理解仍不清晰，需要进一步研究。

知识管理文献（Brown and Magill，1998）已经认识到信息处理和共享的重要性。企业处理信息输入的 IT 能力可以促进知识和智力资本的创造，使企业能够做出明智的决策并采取有效的行动（Lai et al.，2008）。这种能力反映了企业在利用信息技术支持企业内部的信息共享、处理信息输入和利用知识产生有价值的产出以提高绩效方面的成熟程度，是有效地将其信息输入转换为有价值输出（如决策和行动）的组织能力（Tanriverdi and Venkatraman，2005）。在这方面，一个公司高水平的 IT 能力对于改进其业务流程和供应链管理的组织能力（Venkatraman and Tanriverdi，2004）、提高运营效率、降低成本的协调和改善经济交流等具有重要意义。

具有强大 IT 能力的企业拥有出色的 IT 设备和系统软件以及经验丰富的 IT 人员的技术支持。IT 能力不仅可以提高供应链流程的可见性和连通性，推动供应链整合，还可以帮助企业更高效地接收、处理和传输相关管理信息，促使整个企业信息处理能力的提高，进而能够以更快的速度识别市场机会、做出响应并改善供应链敏捷性（Swafford et al.，2008）。企业提升 IT 能力，不仅能够促进企业成本的降低，还能增加利润率。例如，ERP 软件能够帮助企业减少研发成本，并促进企业业务流程实现重组，发挥企业上下游业务的协同效应，优化库存管理效果，推动企业对外部环境变动性的反应能力实现提升。动态能力视角下的 IT 能力包含重新配置、让渡、整合以及获取资源的能力，能够帮助企业应对市场需求的变化，为企业在新市场需求背景下取得竞争优势。

IT 能力使公司能够响应市场变化。模块化信息系统可以快速地重新设计公司之间的协作流程，以创建可应对市场变化的业务流程（Liu et al.，2013；DeGroote and Matx，2013）。高效、准确和高质量的信息共享可以促进供应链上的成员更轻松、准确地捕获当前市场趋势，然后及时识别市场变化（Liu et al.，2013；DeGroote and Matx，2013）；与此同时，IT 能力还使合作企业有能力完成各种复杂的协作活动，做到对市场需求的快速响应。最后，模块化信息系统使组织可以基于集成的合作伙伴系统和流程快速设计新的业务流程（Gosain et al.，2004；Liu et al.，2013），帮助企业快速响应需求、提升绩效、不断发展。基于上述分析，提出以下假设。

H1：IT 设备能力对装备制造供应链快速响应有显著的直接正向促进作用。

H2：IT 人员能力对装备制造供应链快速响应有显著的直接正向促进作用。

2. 组织学习与快速响应

组织学习在 20 世纪 70~90 年代受到学术界和实践者的极大关注，因为组织面临的压力越来越大，变革的步伐越来越快。早期关于组织学习的文献是沿着两条截然不同的路线发展起来的。其中一个学派强调的概念是员工在组织中不断地从日常实践和日常互动中学习。另一个学派将组织学习定义为一个收集信息和融合所学知识的过程。在此之后，组织学习被认为与知识管理密切相关（Nonaka，1994；Andrews and Delahaye，2000）。有研究提出，组织学习过程是一种社会的、集体的、处于实践中的学习过程，包括知识获取、分配、解释和编纂（Huber，1991；Sinkula，1994；Santos-Vijande et al.，2012）。后来 Bartsch 等（2013）、Nieves 和 Haller（2014）、Liu（2018）主要认为组织学习的标志之一是使用新获得的知识。这种对管理知识过程的认识，潜在地增强了我们对组织学习如何发生的了解。此外，这种组织学习的认知化已经在酒店业和旅游业的研究中得到了应用（Lemmetyinen and Go，2009；Thomas and Wood，2015）。

Simon（1991）认为组织学习是对组织决策有影响的个体学习。Jones（2000）将组织学习定义为管理者试图提高组织成员的能力以更好地管理组织及其环境的过程。根据 March（1991）的研究，有两种性质不同的学习活动——探索和开发，组织经常在这两种活动之间划分注意力和资源。探索反映了以搜索、变异、冒险、实验、游戏、灵活性、发现和创新为特征的组织行为，而开发则反映了以细化、选择、生产、效率、实施和执行为特征的组织行为。

然而，组织并不需要在这两种不同的学习活动之间做出选择，某种程度的双重性往往是期望的结果（Gilson et al.，2005；Beckman，2006）。Levinthal 和March（1993）认为，组织面临的基本问题是进行充分的开发以确保其目前的生存能力，投资足够的精力探索以确保将来的生存能力。从事更多探索但较少开发性学习的组织更有可能承受实验的成本，却没有获得许多好处；相反，那些从事更多开发但探索性学习较少的组织可能会发现自己陷入次优稳定平衡（March，1991）。因此，在探索和开发之间保持适当的平衡是组织生存与繁荣的首要关切及目标。一个能够同时进行探索和开发的灵巧的组织很可能比那些以牺牲一个为代价发展另一个的组织获得更好的性能（Raisch et al.，2009）。

组织学习是一种十分重要的组织行为，可以帮助公司适应环境变化并实现可持续发展。通过组织学习，企业能够挖掘、创造、利用和共享新知识，从而形成并增强自身的动态能力（Easterby-Smith and Prieto，2010）。通过组织学习对知识的不断创造、发展和积累，企业可以适应外界环境变化，不断提升自身的优势（陈国权等，2018）。资源基础理论认为，组织学习是组织重要的行为模式，它能帮助企业获取外部知识，从而发展企业自身的核心能力。而根据动态能力理论，企业动态能力的生成和更新发展也受到组织学习的支持（蒋建华等，2014）。面对转型经济环境中不断变化的市场条件，公司必须不断创建、发展和积累知识以提高竞争力。组织学习是公司获取创新知识和技能并建立知识库的基础，公司可以在其中适应不断变化的环境并获得竞争优势。一方面，组织学习使公司能够不断改进和优化其现有产品，逐步积累成功经验，减少错误，降低生产成本并提高创新效率。另一方面，公司可以向其他公司学习新产品的知识和技能，从而缩短产品开发周期、加速新产品上市、促进竞争优势的提升，并形成企业自身的可持续发展能力。

实施组织学习可弥补中国低技术和低创新装备制造业的不足，并鼓励装备制造业积极适应外部技术环境的变化。同时，组织学习作为组织本身具有的能力能够为企业带来异质性资源，促使企业环境洞察、应对能力提升（Zhao et al., 2016）。

利用式组织学习强调现有知识的开发和集成，可以协调现有知识和流程，以帮助公司适应市场和技术的变化（Kane and Alavi，2007）。这种组织学习的成本相对较低并且易于控制。利用式组织学习也是具有"筛选、生产和效率"功能的学习方式（March，1991），它可以帮助新企业结合现有经验来改善资源转换，降低转换成本并提高效率。此外，企业还可以借助利用式学习协调形成整合能力，使企业能够更灵活地进行资源组织和整合，并能够更快地调整业务流程和组织结构（许晖和李文，2013），以实现战略的快速协调。

探索式组织学习能够促进新企业不断寻找新知识并增加企业的知识量，从而能够帮助企业形成建立战略柔性的良好基础和条件。伴随着新信息、新知识的不断增加，新企业预测环境变化的能力和处理外部信息的能力也将增强，适应战略和组织系统变化的决策效率也将不断提高（王永健等，2012）。同时，探索式组织学习使新企业能够更好地发现使用现有资源的新方法和组合资源的新途径，并通过开发和应用新知识来提高资源使用率；企业可以获取和分析外部有用的信息或知识，更好地检测市场变化，根据市场变化有效地调整策略，并灵活地组织和运用资源来开发新产品与开展新业务。基于上述分析，本书提出以下假设。

H3：组织学习对装备制造供应链快速响应有显著的直接正向促进作用。

3. 战略柔性与快速响应

战略柔性是企业生存的关键因素（Genus，1995；Grewal and Tansuhaj，2001；Shimizu and Hitt，2004；Sanchez，1995，1997）。战略柔性是组织对不断变化的环境做出反应的能力（Sanchez，1997；Shimizu and Hitt，2004）。Leonard-Barton（1992）认为，由于知识和技术密集性的本质，复杂装备制造企业只有在复杂且不断变化的技术和市场环境中不断动态更新核心能力，才能保持企业的竞争力；随着外部环境的变化，企业若仅侧重于"静态"结构，则其核心竞争力将逐渐消失，甚至成为企业发展的弱点。在能力方面，战略柔性与动态能力密切相关。Teece 等（1997）将动态能力定义为应对动荡环境的集成和重构能力。

"动态能力"将现有资源和知识转化为优于竞争对手的产品或服务,从而在瞬息万变的环境中实现独特且可持续的竞争优势(Amit and Schoemaker,1993)。动态能力理论认为,在模棱两可和不可预测的市场环境的压力下,组织可以通过动态整合和重置内部及外部资源与知识来获得长期竞争力(Teece et al.,1997;Wu,2010)。具有高水平动态能力的复杂装备制造企业可以动态地发现变化中的装备产品价值链中的趋势,抓住发展机会,并通过创新的生产服务外包快速实现先进装备产品的"模块化"设计(Schilling,2000;刘维林,2012),形成自身优势;同时,高动态能力的复杂装备制造企业通过外包高效的生产服务,并将外包的服务嵌入到装备产品模块网络中,可以增加上游和下游组织的垂直知识溢出,并提高各个公司的竞争力、提高效率并快速响应客户需求(郭立新和陈传明,2010)。动态能力是企业整合、构建和重新配置企业内外部资源以响应快速变化的环境的能力,动态能力依赖于公司配置资源的例程。因此,战略柔性应被视为强调资源灵活重新配置的动态能力(Teece et al.,1997)。

在动态环境中,资源和能力是战略柔性的决定因素。具体来说,战略柔性不仅取决于组织资源的固有柔性,而且还取决于灵活使用这些资源的能力。因此,从资源和能力的角度来描述战略柔性是合适的。战略柔性包括资源柔性和协调柔性(Sanchez,1995)。资源柔性侧重于稀缺资源的获取和控制(Grewal and Tansuhaj,2001)。资源柔性表示特定组织可以识别资源的多少种替代用途,以及如何降低将资源从一种用途切换到另一种用途的成本、难度和时间。协调柔性反映了定义、配置和部署现有资源的能力(Sanchez,1997)。

一个企业可以在动态环境中通过发展战略柔性来获得竞争优势,这种柔性的形式是可选择的行动路线,这是管理风险和不确定性的基本方法(Sanchez,1993)。快速变化的产品市场具有高水平的竞争和众多的不确定性,并且在不稳定的环境中运行(Moon et al.,2014)。Lau(1996)假设,战略柔性通过在卓越知识和能力的支持下调整目标,提高了企业应对这种动态环境的能力。Sanchez(1995)认为战略柔性不仅仅是敏捷的一个操作层面的前提。在实践中,当资源柔性可持续性很高时,企业可以通过减少所需资源的搜索时间来确保快速的新产品生产以获得市场领先优势。此外,企业可以通过协调柔性来整合、构建和重新配置内部和外部资源,从而减少改变资源组合和使用资源的成本、时间和精力(Sanchez,1997)。另外,通过提高资源柔性和协调柔性,企业可以实现一定程度的灵活性,使其能够以更有效的方式执行战略部署(Li X et al.,2008)。由此可见,战略柔性是组织在不断变化的环境中获得并保持竞争优势的重要途径。通过改善现有资源的覆盖范围并发现新的资源使用方法,公司可以充分利用有限的资源,并通过灵活地配置、整合和应用资源来支持企业的战略柔性,从而快速响应市场需求。基于上述分析，提出以下假设。

H4：资源柔性对装备制造供应链快速响应有显著的直接正向促进作用。

H5：协调柔性对装备制造供应链快速响应有显著的直接正向促进作用。

4. 智能交互能力与快速响应

智能交互能力主要包括设备和设备、设备和员工以及设备和管理平台三种不同的交互能力，智能交互涉及通过互联技术连接人员、机器和服务，以实现智能转换和升级。设备的智能交互主要表现为借助智能技术，企业能够实现各个设备以及各个系统之间的连接，借助设备之间的连接，企业能够记录和把握各类生产信息，并有效、准确地控制生产活动的运行；设备和员工的智能交互基本上是借助传感等技术通过设备和员工之间的即时互联来实现的，员工可以即时接收设备操作数据，设备还可以及时获得员工的指令或要求，及时提供服务，这有助于增加员工与设备之间的互动；设备和管理平台之间的交互实质上是企业中各种生产设备以及管理系统之间的有效连接，如制造执行系统（manufacturing execution system，MES）、产品数据管理系统等可以及时获取生产信息并指导这些服务的计划与实施，设备与管理系统之间的相互联系确保了企业能够对管理系统的生产活动进行及时的控制，从而保证了企业的各种业务活动都是系统且灵活的（苏贝，2018）。因此，本书基于上述分析，提出以下假设。

H6：智能交互能力对装备制造供应链快速响应有显著的直接正向促进作用。

5. 数字化集成能力与快速响应

企业的数字化集成能力是指组织利用各种类型的智能管理系统来整合各种组织业务活动和企业信息的能力。组织生产管理的过程中不可避免地会生成和交换大量信息与数据，通过有效地集成各种管理系统，企业可以实现数据的有效管理并推动管理活动的有效执行。数字集成主要从企业内部管理系统的垂直集成以及内部和外部管理系统的水平集成两个方面体现。企业内部管理系统的垂直集成，一方面是企业 MES 和 ERP 的有效集成，在确保企业资源与制造活动之间协同作用的同时，还确保了制造活动的实时控制和调度；另一方面它还表现在生产子系统（如生产控制系统、产品数据管理系统、生产计划和调度系统、生产管理系统、订单管理系统等）的有效集成，以确保企业能够智能、准确地执行其生产活动，非生产活动与生产活动之间的有效协作可以通过在企业内集成各种管理系统并形成整体来提高企业自我控制、自我组织和自我决策的水平。同时，内部和外部管理系统的水平集成体现在公司充分利用外部资源的能力上。例如，外部管理系统可以有效地控制企业对外部资源的获取，并弥补企业智能流程的缺陷，这提高了企业智能制造的效率和效益。作为高级别的智能转换，数字集成是企业智能管理的关键影响因素，是基于公司高级信息化建设的进一步升级（苏贝，2018）。基于上述分析，提出以下假设。

H7：数字化集成能力对装备制造供应链快速响应有显著的直接正向促进作用。

5.2.2　模型建立

根据本研究提出的假设构建如图 5.1 所示的概念模型，主要探究影响装备制造供应链快速响应的企业内相关因素，包括 IT 能力（IT 人员能力、IT 设备能力）、战略柔性（资源柔性、协调柔性）、组织学习、智能交互能力和数字化集成能力。

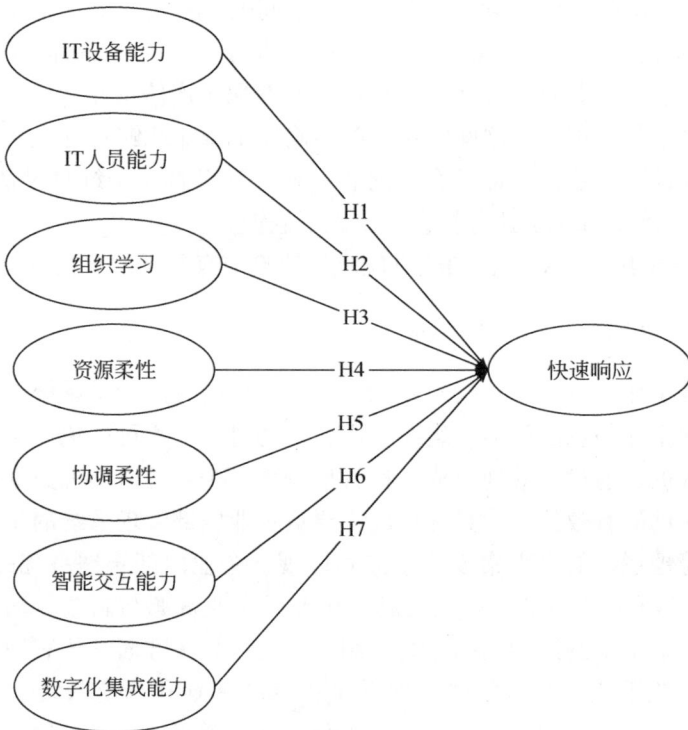

图 5.1　概念模型

5.3 量表分析与假设检验

5.3.1 问卷设计和数据收集

1. 问卷设计

为了验证上述假设，本章设计了一套详细的调查问卷。问卷由以下三部分构成：①问卷说明，包括基本概念说明和填写说明。为了方便调查对象填写，问卷对供应链和快速响应进行了概念界定，并给出了问卷填写说明。②问卷具体内容，包括 IT 能力、战略柔性、组织学习、智能交互能力、数字化集成能力和快速响应量表。③基本资料，包括被调查对象的性别、年龄、学历、企业性质及所处行业。

调查问卷的设计采用利克特五刻度评分法。对每个问题均给出五个描述性刻度（1，2，3，4，5），依次分别表示被调查对象非常不同意、不同意、中性、同意、非常同意五种选择形式，被调查对象根据自己态度进行选择。

（1）IT 能力题项设计

大多数学者已经对 IT 能力的组成进行了分类和评估，以加深对信息技术能力的了解。例如，Bharadwaj（2000）指出企业 IT 能力主要表现为协调基础的资源与其他资源的能力，并以 Grant 对资源的分类为基础，从 IT 基础设施、IT 人力资源和 IT 激活的无形资产三个方面对企业 IT 能力进行了描述。Peppard（2007）回顾了有关企业信息技术能力的相关研究，然后将企业技术归纳为三个关键要素，即 IT 技术设施、IT 管理能力和 IT 业务匹配能力。国内学者张嵩和黄立平（2003）对资源进行了划分，认为其是由 IT 基础设施、IT 人力资源、IT 组织文化资源以及 IT 激活的无形资源组成的。庄贵军等（2016）在研究 IT 能力、合同治理及渠道关系质量时，从 IT 设备能力和 IT 人员能力两个维度对 IT 能力进行测量。

参考以上文献，本书认为 IT 能力是通过使用信息技术和相关系统来增强公司竞争力的能力，因此借鉴庄贵军等（2016）的研究，从 IT 设备能力和 IT 人员能力两个维度对 IT 能力进行测量。

（2）战略柔性题项设计

Sethi 和 Sethi（1990）基于功能的角度考察了战略柔性的划分，并在此基础上建立了相应的分析框架。Ansoff（1965）认为战略柔性既包括内部柔性也包括外部柔性，且内外部柔性的有机结合可以帮助企业应对环境的不确定性，在此基础上，学者们在之后的研究中主要从前瞻和反应、资源、能力的角度对战略柔性进行划分。

1）前瞻和反应。Evans（1991）基于权变理论，使用反应柔性和前瞻柔性两个维度对战略柔性进行测量，反应柔性是指组织在环境变化后迅速做出响应并做出变化的能力。前瞻柔性意味着企业可以在环境变化前采取行动，能够在一定程度上积极预测环境变化并通过自己的资源采取早期行动准备和策略的能力。

2）资源。Penrose（1959）认为企业是资源的结合体，在此基础上，Sanchez（1997）将战略柔性分成资源柔性和协调柔性两个维度，资源柔性指的是企业对资源的转换能力，而协调柔性则进一步体现在合理分配现有资源以实现最有效的价值开发和利用上。这种分类方法已为学者普遍认可，大多数后续研究都基于此讨论和维度扩展。

3）能力。Li Y 等（2008）基于动态能力理论将战略柔性划分为资源柔性和能力柔性，资源柔性反映在对企业资源的有效配置和转换中，而能力柔性则是基于协调柔性增加了对新机会和资源的探索。

国内学者也对战略柔性的划分进行了研究。汪应洛等（2003）认为战略柔性由资源、结构、能赋、文化以及产出柔性五方面组成。侯玉莲（2004）从研发、产品、供给和产值四个方面来衡量战略柔性。郭海等（2007）则用资源柔性、能力柔性来衡量战略柔性。杨智等（2010）、刘兵等（2014）支持了资源柔性、能力柔性这一分类，而王铁男等（2010）进一步提出了这一分类的测量标准。范志刚和吴晓波（2014）将战略柔性划分为前瞻柔性和反应柔性。张振刚等（2018）则用资源及协调柔性对战略柔性进行测量。

参考上述研究，本书主要参照 Li 等（2017）的研究，从资源柔性和协调柔性两个方面来测量战略柔性。

（3）组织学习题项设计

对于组织学习的测量有多种方式，有的学者从学习导向的三个维度：学习承诺、共同愿景和开放心智对组织学习进行研究量表设计（Baker and Sinkula，1999；Rhee et al.，2010）。另有学者根据企业的专利数据计算企业探索式学习和利用式学习（Katila and Ahuja，2002；Wang et al.，2017）。例如，根据进程间通信（interprocess communication，IPC）四位代码（部、大类、小类、大组或小组），若某一技术分类在企业以往的 IPC 分类号中未出现，而在观察年份内出现，则视为探索式学习，除去新的技术分类以外的 IPC 分类视为利用式学习（Gilsing et al.，2008；Wang et al.，2014）。本研究考虑到量表本身的适用范围以及与我国企业供应链管理的实践特点，最终参考杨建君和徐国军（2016）、Baker 和 Sinkula（1999）的研究对组织学习变量进行测量。

（4）智能交互能力题项设计

智能交互能力主要包括设备和设备、设备和员工以及设备和管理平台三种不同的交互能力，智能交互涉及通过互联技术连接人员、机器和服务，以实现智能转换和升级。赵升吨和贾先（2017）指出，智能制造系统之间的互联主要取决于数据链管理，数据链的完整性可以衡量内部智能制造系统的互通性。尹峰（2016）指出，智能交互包括人机交互以及设备之间的交互。

参考以上研究，本书借鉴苏贝（2018）的研究，将智能交互能力视为单维度变量进行测量。

（5）数字化集成能力题项设计

企业的数字化集成能力是指其利用各种类型的智能管理系统来整合各种组织业务活动和企业信息的能力。《智能制造评价办法》（浙江省 2016 年版）中数字化集成能力变量的测量指标包括制造执行系统 MES 与企业资源计划 ERP 系统的集成、制造过程控制系统与制造执行系统 MES 的集成。

参考以上研究，本书借鉴苏贝（2018）的研究，将数字化集成能力视为单维度变量进行测量。

（6）快速响应题项设计

结合本书研究，借助 Xavier（2016）的研究将快速响应视为单维度变量并对其进行测量。

2. 数据收集

本研究的问卷调查采用电子问卷和纸质问卷两种方式同时进行，调研对象为装备制造供应链从业人员，主要涉及汽车、电子、机械与设备制造、金属制品及相关行业，受访人员均为企业负责采购、生产、销售、科研的中高层管理人员或关键员工。为了确保个人的回答能够充分体现公司的实际情况，并将个人的就业程度、工作满意度等因素的影响降到最低，每个企业的调查数量控制在 5~6 个。

（1）预调研分析

预调研问卷发放从 2019 年 7 月 1 日开始至 2019 年 8 月 5 日结束，历时约一个月，在某知名世界一流大学 MBA（工商管理硕士）/MEM（工程管理硕士）/EMBA（高级工商管理硕士）/EDP（高级经理人发展课程）学员中发放了 100 份调查问卷，回收 60 份，其中有效问卷 57 份，有效回收率为 57%。

预调研结果如表 5.1 所示。调整后的量表中，IT 设备能力由 4 个题项构成；IT 人员能力由 6 个题项构成；组织学习由 6 个题项构成；资源柔性由 4 个题项构成，协调柔性由 3 个题项构成，智能交互能力由 3 个题项构成；数字化集成能力由 2 个题项构成；快速响应能力由 5 个题项构成。

表 5.1 预调研问卷信度分析

变量	题项	CITC	删除项后 α 值	Cronbach's α 值
IT 设备能力 (ITE)	与同行业的竞争对手相比，我们公司拥有先进的计算机设备（ITE1）	0.748	0.707	0.791
	我们公司的计算机设备的性能令人满意（如数据处理速度快，打开程序速度快）（ITE2）	0.691	0.723	
	我们公司的网速令人满意（ITE3）	0.609	0.743	
	我们公司的外部分支机构和临时外出人员都可以通过 Internet 方便地连接到公司总部（ITE4）	0.343	0.751	
	我们公司拥有企业级应用软件系统（如 Lotus Notes、自主研发的管理信息系统）（ITE5）	0.330	0.804	
	我们公司每年都会花费许多资金来购买新的计算机软件和硬件（ITE6）	0.573	0.808	
IT 人员能力 (ITS)	我们公司的 IT 人员善于诊断和发现计算机软硬件问题（ITS1）	0.794	0.887	0.910
	我们公司的 IT 人员善于管理和维护计算机网络（ITS2）	0.761	0.892	
	我们公司的 IT 人员能把握并跟随 IT 的发展趋势（ITS3）	0.771	0.890	
	我们公司的 IT 人员经常给我们进行计算机相关知识与技能的培训（ITS4）	0.803	0.885	
	在我们有需要时，公司的 IT 人员能够给予我们技术上的指导和帮助（ITS5）	0.644	0.908	
	我们公司的 IT 人员能够根据我们工作上存在的问题来制定相应的技术解决方案（ITS6）	0.722	0.897	
组织学习 (OL)	公司的学习能力是我们的竞争优势（OL1）	0.618	0.823	0.847
	将学习视为改进工作的主要方法是公司的最主要价值观之一（OL2）	0.693	0.810	
	公司将员工的学习和培训视为一项投资而不是成本（OL3）	0.578	0.831	
	公司将学习视为组织生存的必要条件（OL4）	0.750	0.800	
	公司内部经常共同分析失败的原因和分享成功的经验（OL5）	0.606	0.826	

变量	题项	CITC	删除项后 α 值	Cronbach's α 值
组织学习（OL）	公司鼓励员工突破成规，创意性的思考问题（OL6）	0.557	0.839	0.847
资源柔性（RF）	我们公司在开发、生产和销售不同产品和售后服务方面利用相同资源的程度很高（RF1）	0.145	0.878	0.797
	我们公司可以轻松找到资源的新用途（RF2）	0.711	0.719	
	我们公司改变资源的用途的难度很低（RF3）	0.711	0.714	
	我们公司改变资源的用途的成本很低（RF4）	0.697	0.720	
	我们公司改变资源的用途所用的时间很短（RF5）	0.698	0.719	
协调柔性（CF）	我们公司经常发现现有资源的新用途和/或新组合（CF1）	0.646	0.599	0.705
	我们公司经常发现外部资源的新用途和/或新组合（CF2）	0.641	0.601	
	我们公司通过组织系统和流程将资源快速部署到目标用途（CF3）	0.572	0.621	
	我们公司经常妥善处理突发问题，从不断变化的环境条件中获益（CF4）	0.285	0.709	
	我们公司内部各单位之间在资源的使用上能够达成高度的共识（CF5）	0.241	0.731	
	我们公司内部各单位之间资源的共享程度较高（CF6）	0.303	0.701	
智能交互能力（IIA）	我们公司的数据链完备程度高（IIA1）	0.698	0.795	0.844
	我们公司人员与装备、零件有效地实现信息互联互通（人机交互）（IIA2）	0.797	0.697	
	我们公司生产设备之间有效地实现信息互联互通（设备与设备间交互）（IIA3）	0.656	0.836	
数字化集成能力（DIC）	我们公司制造执行系统 MES 与企业资源计划 ERP 系统的集成程度高（DIC1）	0.677	0.789	—
	我们公司制造过程控制系统与制造执行系统 MES 的集成程度高（DIC2）	0.677	0.789	
快速响应（QR）	我们的供应链能够预测市场需求并响应真实的市场需求（QR1）	0.689	0.866	0.884

续表

变量	题项	CITC	删除项后 α 值	Cronbach's α 值
快速响应（QR）	我们的供应链能够缩短产品开发周期（QR2）	0.761	0.850	0.884
	我们的供应链能缩短产品制造周期（QR3）	0.809	0.838	
	我们的供应链能提高产品定制水平（QR4）	0.780	0.845	
	我们的供应链能快速调整配送能力（QR5）	0.572	0.892	

（2）正式调研

正式问卷发放从 2019 年 8 月 10 日开始至 2019 年 11 月 1 日结束，历时约三个月，主要是在新松机器人自动化股份有限公司、大连佳林设备制造有限公司、大连华信计算机技术股份有限公司、中国航天科工集团第二研究院（25 所、699 厂、23 所、283 厂）、航天云网科技发展有限责任公司、中国航空工业集团有限公司 [中国空空导弹研究院、中航金网（北京）电子商务有限公司]、中车四方车辆有限公司（大连、长客、唐山等）、中国人民解放军 4810 工厂、大连船舶重工集团有限公司、上海江南长兴岛造船厂、中国一汽大众国际物流、大众一汽发动机（大连）有限公司、梅思安（中国）安全设备有限公司、聚龙集团、江阴海虹铝业有限公司、忠旺铝业有限公司等装备制造企业发放问卷，共发放问卷 200 份，收回问卷 151 份。对于回收的问卷，基于以下原则进行筛选：①问卷中有多处缺答的；②问卷的填答呈现明显未经思考的，如都选择相同的选项等；③同一个企业回收的问卷，笔迹明显相同的。经过筛选，回收有效问卷 151 份，有效回收率为 75.5%。

5.3.2　数据分析与假设检验

1. 样本描述性统计分析

对有效问卷的样本描述性统计分析信息见表 5.2 ~ 表 5.4。

表 5.2　学历统计

学历	专科及以下	本科	硕士及以上
数量/人	4	92	55
比重/%	2.65	60.93	36.42

表 5.3 企业性质统计

企业性质	国有企业	私营企业	外资企业
数量/人	93	38	20
比重/%	61.59	25.17	13.24

表 5.4 行业类别统计

行业类别	汽车	电子	机械与设备制造	金属制品	其他
数量/人	25	15	83	20	8
比重/%	16.56	9.93	54.97	13.24	5.30

由表 5.2~表 5.4 可知，本次调查问卷的描述性统计分析包括学历、企业性质和企业所在行业类别，其中男女比例约为 3:1，较为符合我国装配制造业从业人员男女分布比例。

2. 信度与效度分析

本书用 SPSS18.0 分别对 IT 设备能力、IT 人员能力、组织学习、资源柔性、协调柔性、智能交互能力、数字化集成能力以及供应链快速响应指标体系进行信度分析，结果见表 5.5。本书研究变量的 CITC 值均大于 0.5，信度系数 Cronbach's α 的值均大于 0.7（表 5.5），量表的信度水平较高。此外，本书采用 SPSS18.0 对每个变量的所有题项进行因子分析，根据因子载荷和因子提取量来评价变量的收敛效度，由表 5.5 可以看出，模型中所涉及变量的 KMO 值均大于标准的 0.5，表明它们均适合做因子分析。其次经过因子提取和因子旋转之后，发现所有变量的因子载荷都大于 0.7，由于各变量都只生成一个因子，提取了一个主成分，且因子提取量都大于或接近 60%，满足了社科研究领域一般要求的 0.7 和 60%，所以本研究认为将它们作为单维度变量是合理的。

表 5.5 测量模型估计结果

变量	题项	CITC	因子载荷	KMO	累计贡献度/%	Cronbach's α 值
IT 设备能力（ITE）	与同行业的竞争对手相比，我们公司拥有先进的计算机设备（ITE1）	0.757	0.882	0.755	68.454	0.845
	我们公司的计算机设备的性能令人满意（如数据处理速度快，打开程序速度快）（ITE2）	0.782	0.897			
	我们公司的网速令人满意（ITE3）	0.655	0.808			

变量	题项	CITC	因子载荷	KMO	累计贡献度/%	Cronbach's α 值
IT 设备能力（ITE）	我们公司每年都会花费许多资金来购买新的计算机软件和硬件（ITE6）	0.540	0.710	0.755	68.454	0.845
IT 人员能力（ITS）	我们公司的 IT 人员善于诊断和发现计算机软硬件问题（ITS1）	0.840	0.896	0.888	73.550	0.927
	我们公司的 IT 人员善于管理和维护计算机网络（ITS2）	0.810	0.873			
	我们公司的 IT 人员能把握并跟随 IT 的发展趋势（ITS3）	0.816	0.876			
	我们公司的 IT 人员经常给我们进行计算机相关知识与技能的培训（ITS4）	0.797	0.863			
	在我们有需要时，公司的 IT 人员能够给予我们技术上的指导和帮助（ITS5）	0.708	0.791			
	我们公司的 IT 人员能够根据我们工作上存在的问题来制定相应的技术解决方案（ITS6）	0.770	0.843			
组织学习（OL）	公司的学习能力是我们的竞争优势（OL1）	0.683	0.795	0.847	61.013	0.869
	将学习视为改进工作的主要方法是公司的最主要价值观之一（OL2）	0.709	0.816			
	公司将员工的学习和培训视为一项投资而不是成本（OL3）	0.631	0.754			
	公司将学习视为组织生存的必要条件（OL4）	0.736	0.833			
	公司内部经常共同分析失败的原因和分享成功的经验（OL5）	0.659	0.763			
	公司鼓励员工突破成规，创意性的思考问题（OL6）	0.604	0.721			

续表

变量	题项	CITC	因子载荷	KMO	累计贡献度/%	Cronbach's α 值
资源柔性（RF）	我们公司可以轻松找到资源的新用途（RF2）	0.710	0.839	0.810	72.069	0.871
	我们公司改变资源的用途的难度很低（RF3）	0.715	0.843			
	我们公司改变资源的用途的成本很低（RF4）	0.721	0.846			
	我们公司改变资源的用途所用的时间很短（RF5）	0.751	0.867			
协调柔性（CF）	我们公司经常发现现有资源的新用途和/或新组合（CF1）	0.710	0.870	0.710	76.285	0.843
	我们公司经常发现外部资源的新用途和/或新组合（CF2）	0.762	0.904			
	我们公司通过组织系统和流程将资源快速部署到目标用途（CF3）	0.656	0.840			
智能交互能力（IIA）	我们公司的数据链完备程度高（IIA1）	0.733	0.882	0.724	79.192	0.868
	我们公司人员与装备、零件有效地实现信息互联互通（人机交互）（IIA2）	0.797	0.916			
	我们公司生产设备之间有效地实现信息互联互通（设备与设备间交互）（IIA3）	0.717	0.872			
数字化集成能力（DIC）	我们公司制造执行系统 MES 与企业资源计划 ERP 系统的集成程度高（DIC1）	0.805	0.950	0.500	90.245	0.892
	我们公司制造过程控制系统与制造执行系统 MES 的集成程度高（DIC2）	0.805	0.950			
快速响应（QR）	我们的供应链能够预测市场需求并响应真实的市场需求（QR1）	0.628	0.760	0.834	64.487	0.862

续表

变量	题项	CITC	因子载荷	KMO	累计贡献度/%	Cronbach's α 值
快速响应（QR）	我们的供应链能够缩短产品开发周期（QR2）	0.711	0.827	0.834	64.487	0.862
	我们的供应链能缩短产品制造周期（QR3）	0.748	0.852			
	我们的供应链能提高产品定制水平（QR4）	0.689	0.809			
	我们的供应链能快速调整配送能力（QR5）	0.633	0.764			

　　下面通过比较 AVE 的算术平方根与变量间的相关系数来评价变量的区别效度。

　　如表 5.6 所示，各个变量的 AVE 的算术平方根都大于它与其他变量的相关系数，说明这些变量间存在良好的区别效度。

表 5.6　区别效度分析

变量	IT 设备能力	IT 人员能力	组织学习	资源柔性	协调柔性	智能交互能力	数字化集成能力	快速响应
IT 设备能力	0.828							
IT 人员能力	0.766	0.858						
组织学习	0.515	0.563	0.769					
资源柔性	0.536	0.520	0.548	0.849				
协调柔性	0.502	0.533	0.573	0.765	0.872			
智能交互能力	0.694	0.722	0.502	0.501	0.503	0.890		
数字化集成能力	0.594	0.584	0.455	0.439	0.440	0.732	0.950	
快速响应	0.472	0.600	0.558	0.633	0.589	0.638	0.547	0.803

3. 结构方程模型与假设检验

（1）参数估计

首先使用 AMOS24.0，运用结构方程模型进行路径系数和载荷系数的显著性检验，结果见表5.7和表5.8。

表 5.7　初始模型显著性检验结果

变量	Estimate	S. E.	C. R.	P
IT 设备能力→快速响应	−0.321	0.106	−3.040	0.002
IT 人员能力→快速响应	0.246	0.109	2.263	0.024
组织学习→快速响应	0.111	0.106	1.041	0.298
资源柔性→快速响应	0.575	0.217	2.655	0.008
协调柔性→快速响应	−0.185	0.200	−0.921	0.357
智能交互能力→快速响应	0.369	0.138	2.675	0.007
数字化集成能力→快速响应	0.000	0.100	0.001	0.999
IT 设备能力→ITE1	1.000			
IT 设备能力→ITE2	0.977	0.065	14.924	***
IT 设备能力→ITE3	0.793	0.081	9.834	***
IT 设备能力→ITE6	0.593	0.076	7.782	***
IT 人员能力→ITS1	1.000			
IT 人员能力→ITS2	0.886	0.056	15.774	***
IT 人员能力→ITS3	1.052	0.075	13.988	***
IT 人员能力→ITS4	1.123	0.082	13.729	***
IT 人员能力→ITS5	0.774	0.074	10.496	***
IT 人员能力→ITS6	0.889	0.074	12.005	***
组织学习→OL6	1.000			
组织学习→OL5	1.121	0.148	7.578	***
组织学习→OL4	1.232	0.166	7.437	***
组织学习→OL3	1.154	0.180	6.396	***
组织学习→OL2	1.226	0.182	6.751	***
组织学习→OL1	1.376	0.204	6.732	***
资源柔性→RF2	1.000			
资源柔性→RF3	0.991	0.093	10.695	***
资源柔性→RF4	0.954	0.097	9.791	***
资源柔性→RF5	1.040	0.099	10.474	***
协调柔性→CF1	1.000			

续表

变量	Estimate	S. E.	C. R.	P
协调柔性→CF2	0.971	0.083	11.722	***
协调柔性→CF3	0.924	0.093	9.980	***
智能交互能力→IIA3	1.000			
智能交互能力→IIA2	1.018	0.090	11.364	***
智能交互能力→IIA1	1.106	0.099	11.160	***
数字化集成能力→DIC2	1.000			
数字化集成能力→DIC1	1.011	0.072	14.051	***
快速响应→QR5	1.000			
快速响应→QR4	1.147	0.139	8.241	***
快速响应→QR3	1.142	0.143	7.974	***
快速响应→QR2	1.102	0.138	7.992	***
快速响应→QR1	1.009	0.124	8.160	***

***表示小数点后三位均是0。

表5.8 非标准化回归系数

变量	Estimate
IT设备能力→快速响应	−0.480
IT人员能力→快速响应	0.353
组织学习→快速响应	0.103
资源柔性→快速响应	0.706
协调柔性→快速响应	−0.229
智能交互能力→快速响应	0.492
数字化集成能力→快速响应	0.000
IT设备能力→ITE1	0.899
IT设备能力→ITE2	0.880
IT设备能力→ITE3	0.742
IT设备能力→ITE6	0.577
IT人员能力→ITS1	0.869
IT人员能力→ITS2	0.827
IT人员能力→ITS3	0.858

续表

变量	Estimate
IT 人员能力→ITS4	0.849
IT 人员能力→ITS5	0.723
IT 人员能力→ITS6	0.787
组织学习→OL6	0.559
组织学习→OL5	0.656
组织学习→OL4	0.811
组织学习→OL3	0.714
组织学习→OL2	0.787
组织学习→OL1	0.809
资源柔性→RF2	0.815
资源柔性→RF3	0.787
资源柔性→RF4	0.740
资源柔性→RF5	0.778
协调柔性→CF1	0.821
协调柔性→CF2	0.848
协调柔性→CF3	0.748
智能交互能力→IIA3	0.819
智能交互能力→IIA2	0.830
智能交互能力→IIA1	0.900
数字化集成能力→DIC2	0.905
数字化集成能力→DIC1	0.889
快速响应→QR5	0.703
快速响应→QR4	0.743
快速响应→QR3	0.723
快速响应→QR2	0.719
快速响应→QR1	0.734

　　由运算结果可知，参数的显著性检验中，除了组织学习到快速响应、协调柔性到快速响应、数字化集成能力到快速响应这三条路径外，IT 人员能力到快速响应、资源柔性到快速响应、智能交互能力到快速响应这三条路径的路径显著性检

验系数都小于 0.05，即表明有足够的理由认为这三条路径系数在 95% 的置信度下与零存在显著差异，即表示原假设该路径系数为零是应当被拒绝的，也表示假设的路径是可以通过的。IT 设备能力到快速响应的路径显著性检验系数也小于 0.05，然而其非标准化回归系数为负，表明 IT 设备能力会对供应链快速响应能力产生负向影响。

接下来，本研究对模型的整体拟合效果进行评价，使用 AMOS24.0 软件，采用极大似然估计法来分析本研究的概念模型的影响关系。模型的具体拟合指标数据见表 5.9。其中 χ^2/df 数值介于 $1 \sim 3$，GFI 的数值虽然没有达到 0.9 的最佳水平，但超过了 0.8 的可接受水平；IFI、TLI、CFI 的数值均超过 0.9 的最佳水平；RMR、RMSEA 的数值均小于 0.08 的可接受水平。结合本书统计数据和测试变量的数量分析，认为模型拟合度较好。

表 5.9　模型拟合指标

指标	χ^2	df	χ^2/df	CFI	IFI	TLI	GFI	RMR	RMSEA
参考值	—	—	$1 \sim 3$	>0.9	>0.9	>0.9	>0.8	<0.08	<0.08
实际值	695.332	457	1.522	0.933	0.934	0.922	0.801	0.047	0.059

（2）假设检验结果

假设检验结果 1 见表 5.10。

表 5.10　假设检验结果 1

假设	关系	Estimate	C. R. (t)	P	假设检验结果
H1	IT 设备能力→快速响应	−0.480	−3.040	0.002	不支持
H2	IT 人员能力→快速响应	0.353	2.263	0.024	支持
H3	组织学习→快速响应	0.103	1.041	0.298	不支持
H4	资源柔性→快速响应	0.706	2.655	0.008	支持
H5	协调柔性→快速响应	−0.229	−0.921	0.357	不支持
H6	智能交互能力→快速响应	0.492	2.675	0.007	支持
H7	数字化集成能力→快速响应	0.000	0.001	0.999	不支持

根据 t 值大于 1.96 标准，可知假设 H2、H4、H6 得到了验证，假设 H1、H3、H5、H7 未能得到验证，结果如图 5.2 所示。

假设检验结果 2 见表 5.11。

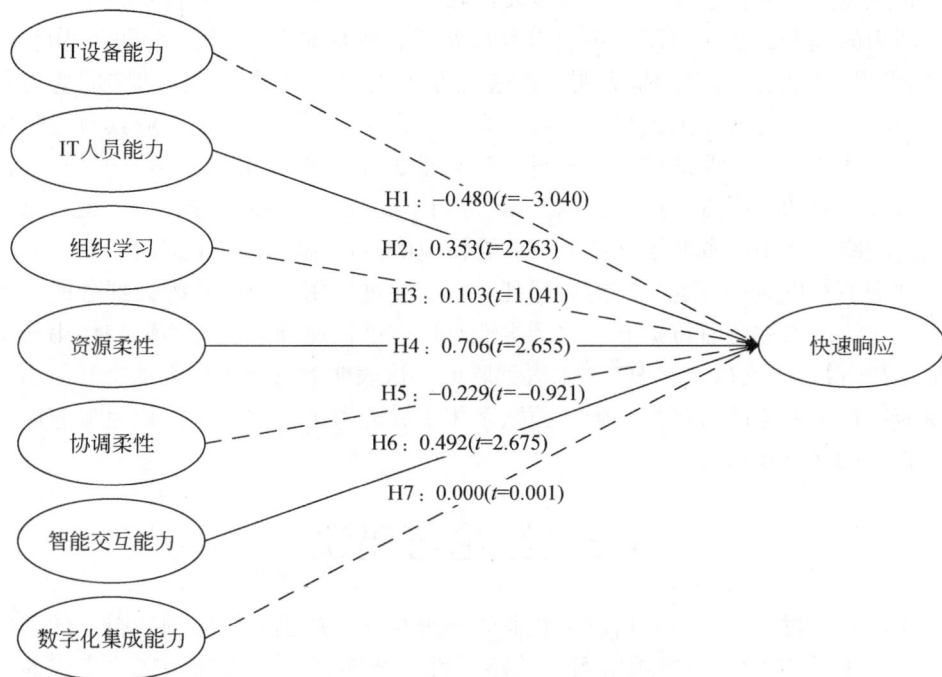

图 5.2 结构方程模型

表 5.11 假设检验结果 2

模型假设	假设检验结果
H1：IT 设备能力对装备制造供应链快速响应有显著的直接正向促进作用	支持
H2：IT 人员能力对装备制造供应链快速响应有显著的直接正向促进作用	支持
H3：组织学习对装备制造供应链快速响应有显著的直接正向促进作用	不支持
H4：资源柔性对装备制造供应链快速响应有显著的直接正向促进作用	支持
H5：协调柔性对装备制造供应链快速响应有显著的直接正向促进作用	不支持
H6：智能交互能力对装备制造供应链快速响应有显著的直接正向促进作用	支持
H7：数字化集成能力对装备制造供应链快速响应有显著的直接正向促进作用	不支持

5.4 分析与讨论

H2 得到了支持，这表明 IT 人员能力会对供应链快速响应能力产生直接的正向促进作用，而 H1 并未得到验证，研究结果表明，IT 设备能力会对供应链快速响应能力产生负向影响而非正向作用，可能的原因是当企业 IT 设备能力足够好时，企业过多地依赖于先进的计算机硬件和软件，而忽视了企业自身战略柔性等动态能力的提升，从而阻碍了企业自身以及所在供应链对市场需求的快速响应。H3 也未得到验证，研究结果表明，制造企业组织学习对供应链快速响应能力并无直接影响，可能的原因是组织学习行为需要将知识资源转化成企业具有竞争优势的能力才能促进企业的绩效，此外，当企业的学习行为聚焦于不同的领域时，会对企业绩效的不同方面产生影响。H4 得到了支持，但 H5 并未得到验证，这表明企业战略柔性中的资源柔性会对供应链快速响应市场需求产生正向影响，而协调柔性则不对供应链快速响应能力起到直接的促进作用，当前我国大部分的装备制造企业协调柔性还有待提升，协调柔性对供应链快速响应能力的影响作用还不明显。H6 得到了支持，但 H7 并未得到验证，这表明制造企业的智能交互能力会对供应链快速响应能力产生影响，而数字化集成能力则不对供应链快速响应能力起到直接的促进作用。

5.5 结论与建议

本研究通过实证研究分析制造企业的调查数据，从供应链中制造企业的角度出发，探索了 IT 能力、组织学习、战略柔性、智能交互能力和数字化集成能力等因素对供应链快速响应能力的影响作用。研究发现，IT 设备能力会对供应链快速响应能力产生负向影响，IT 人员能力、资源柔性、智能交互能力都会对供应链快速响应能力产生正向促进作用，而组织学习、协调柔性和数字化集成能力对供应链快速响应能力无直接的影响效果。

本研究具有以下贡献：首先，本研究结合当前装备制造供应链管理现状，探究供应链核心企业内部影响装备制造供应链快速响应的关键因素。其次，本研究通过大规模发放调查问卷以收集所需数据，并对收集数据进行科学的统计学分析，保证数据和结构的可靠性，分析 IT 能力、组织学习、战略柔性、智能交互能力和数字化集成能力等因素对供应链快速响应能力的影响作用，为制造企业在其供应链管理方面提供可靠的建议。

基于本研究所得到的主要结论，给出如下建议：首先，制造企业应努力加强对 IT 设备操作员工的技术管理和业务知识水平的有效管理，促进 IT 员工与其他业务部门成员之间的沟通，并提高 IT 员工在 IT 解决方案中的应变能力和创新能力；其次，制造企业需要具备一定柔性的资源储备，特别是稀缺资源的获取和控制；最后，为了提升供应链快速响应能力，制造企业还需加大智能制造技术的开发和利用，不断提升企业的智能交互能力。

5.6 研 究 展 望

1）在调研样本的选择上，由于本次研究对象具有较强的地域性，样本取材范围不够广泛，主要集中在我国北方地区，没有进行全国范围内的大范围采集数据，且制造供应链快速响应能力是以核心企业为主体展开的，组织样本的大量收集难度较大，因而样本量还有待扩充。

2）本研究主要是考虑 IT 能力等企业内变量对供应链快速响应能力的直接影响，未来可深入探索这些变量对供应链快速响应能力的间接影响效果及影响机理。

第6章 云平台环境下制造供应链快速响应绩效提升途径研究

6.1 云平台环境下制造供应链快速响应体系

20个世纪80年代起，由于通信网络和信息科技的快速发展，制造业迎来了数字化转型期，也为21世纪的智能化迈进打下了基础，进一步为制造供应链快速响应赋能，同时也诞生出了一系列突破性的创新应用，如工业互联网、云计算、信息物理系统，使得制造智能化和服务化成为可能。融合新一代信息技术与制造技术的云制造模式深刻改变了现有的生产方式，促进了新工业业态的产生。美国、英国、德国、日本等制造业强国为了在新一轮工业变革中更具竞争力与话语权，均先后发布了符合本国产业实践的制造业发展战略规划方案。与此同时，中国政府同样期望牢牢抓住制造业产业升级的这新一轮契机，不断推出相应的目标，国家"十二五"规划中，中央政府重点提出要振兴制造业，并逐步做大做强；国务院出台的"中国制造2025"中也对我国制造业提出了更高的发展目标。

改革开放以来，我国逐步发展成为制造业大国，但离制造业强国仍有差距。近年来我国制造业取得不断进步和发展，已从低端制造逐步迈向高端，但与发达国家相比，在某些方面仍有不足，如在资源利用效率、创新能力、产业结构等方面仍缺乏核心竞争力。我国制造业所面临的问题，不仅是因为我国制造业技术水平参差不齐的现状，更是由于中国与其他发达国家在有关制造模式和生产水平上的差异。所以，为了促进我国制造业往更高层次的提升，一方面要持续推进生产制造技术的升级换代和普及应用，另一方面要探寻并落实符合我国制造业转型升级发展需要的先进制造业管理模式与运行轨迹，进而达到制造资源的高效利用及优化配置。

为了实现在变幻莫测的市场环境与竞争激烈的产业环境背景下赢得市场这一目标，面向市场需求并以其作为最终目标，核心为生产制造与质量管理的快速响应制造网络——制造供应链应运而生（Yang et al., 2015）。由此改变了制造企业的相互竞争模式，从制造企业产品的竞争升级为制造供应链之间的竞争。制造供应链更加注重对市场需求的整体快速响应能力。但在供应链实际运作中，制造供应链中仍存在着资源短缺与闲置共存的矛盾，这一问题严重阻碍了制造供应对整体市场需求快速响应效率。为解决该问题，制造供应链上下游企业之间在合作中不断进行信息共享和资源整合。企业间资源共享的实现，直接优化了供应链中的资源配置，同时也将打破制造供应链节点间资源分布不均而导致的整体制造生产能力短缺这一瓶颈。

云制造是在深度融合云计算、工业互联网和智能科学等诸多前沿信息技术与制造技术上产生的一种新型制造模式。这种新型制造模式基于统一经营管理思想，将虚拟化、服务化后的各种制造资源和制造能力进行封装，形成云资源池，然后通过云平台实现资源需求方和供应方之间的按需精准匹配，最终使企业制造的全生命周期活动得到更精确地完成，从而使资源和能力的大规模共享成为可能。目前，云制造的理论研究不单局限于其实现技术的探索进而寻求在管理模式上的转变，新的研究方向已经转变为利用云制造模式促使制造供应链整体的运行效率的搭配提升。

6.1.1 制造供应链资源共享云平台

制造能力、制造资源的服务化和按需匹配是云制造的标志性特点之一。这种新型制造模式通过云资源池收集海量资源并进行集中管理，进而通过拥有的自组织、自适应柔性云平台对资源和服务能力进行松紧耦合的协同配置，并将参与其中的制造供应链节点企业构建出不同模式的虚拟联盟（李伯虎等，2010），进而实现规模化的共享资源和能力。Liu 等（2015a）通过 Gale-Shapley 算法搭建云制造的资源共享模型，解决不同主体间在云平台环境下的资源共享问题，并结合资源利用率、需求满足率、供需双方的效用和绩效等进行分析，进而展开对资源供需不确定情况时该模型动态性的分析。Tao 等（2014）阐释了 CCIoT-CMfg 及技术体系结构，通过云计算与物联网的构建以实现对 CCIoT-CMfg 技术体系的支持，从而实现各种制造能力和资源的自由流通、充分共享、按需匹配以及优化配置。

云制造模式是制造供应链资源共享云平台的基础，依托平台能力把实体世界企业所拥有的物理制造资源虚拟成互联网世界里的可柔性配置资源，并且可以动态感知有关企业制造资源和活动的各种状态，然后可视化供应方资源实时状态以及动态传递需求方需求变动情况，同时将两者进行适当匹配，从而实现处于分散位置的供应链企业成员间有关过程数据、技术流程、生产设备等各种软硬制造资源的共享（程幼明等，2017）。

在云平台资源共享实践方面有诸多成功的案例。较为著名的是美国制造能力共享交易平台 MFG.COM，它可共享其平台上的锻造、装配、成型等制造能力和资源，且共享流程主要是通过订单来完成，然后供需双方可在该平台通过招投标、询盘报价等方式进行交易，而且互相之间根据满意与否进行评价，整个流程都是基于平台进行，使供应链企业的制造能力得到飞速的提升。近几年我国的制造资源共享平台层出不穷，"航天云网"国家工业互联网平台中可作为其中的佼佼者，制造型企业依托"航天云网"可进行企业间的制造要素与资源服务共享。由国家信息中心分享经济研究中心发布的《中国制造业产能共享发展年度报告（2018）》中可看出，我国共享制造模式在近几年来已经得到逐步发展并达到一定的规模，2017 年数据显示，我国共有超过 20 万家制造企业参与了共享制造，形成 4120 亿元的产能共享市场规模。

国内外学术界也针对制造资源共享领域进行了很多研究。Nayak 等（2016）借用图论结合社会福利函数构建 CPS 框架，它的核心框架主要是基于资源共享，进而探讨了共享资源系统中的调度问题。Li 等（2018）提出并设计了 SCNP，进而构建出一种分布式制造资源共享环境下的双层多智能体系统调度模型。Liu 等（2015b）搭建的共享建模框架对于云制造模式内进行资源共享企业间的复杂业务交互问题提出了解决方案，同时详细描述了建模过程。张会福等（2005）充分考虑了制造资源具有的种种特征，依托对制造资源特征的理解构建制造网络规范模型及其资源管理系统，从而达到对制造资源进行全生命周期管理及动态共享的效果。俞春阳（2016）汇总前人文献，将其他先进制造模式从不同层面与共享制造对比，进而精炼出共享制造定义，以生产计划体系的角度分析了共享制造模式下我国制造业的发展路径，并且提出四项关键技术来实现并搭建共享制造的计划体系，从而优化制造生产的服务匹配。鲍世赞和蔡瑞林（2017）为了研究用户在共享过程中的体验，将沈阳机床作为共享制造范例，总结出沈阳机床的共享模式，并就搭建智能生产共享平台问题总结归纳出强调客户体验的四大关键要素。

6.1.2　供应链合作伙伴时间敏感供应中断恢复

供应中断是在供应链的日常运作中，影响合作伙伴间的快速响应的最大阻碍之一，突发事件作为一个代表，可导致供应链中的供应商产能丧失进而引起供应中断情况的发生。Tomlin 和 Wang（2015）研究分析了多策略部署价值，并总结出管理者对于供应中断的缓解策略设置及实施中需要重点考虑的关键因素。孔繁辉和李健（2018）提出了为了增强供应链弹性，可引入深度学习方法，他们同时对OEM 供应链成员间出现供应中断风险时协调运营的定价问题进行了研究。汪传旭和许长延（2015）探讨了当发生一定概率的供应中断时，由单零售商–双供应商构成的两级供应链如何协调运作，当中断事件发生时，零售商应对的方法就是向具有正常生产能力的其他供应商进货从而满足市场需求，但是需要付出一定的转运成本。Tomlin（2006）研究的问题是双源采购如何在单一产品环境下进行；研究主要针对以下假设：供应链中存在一个拥有无限产能却会偶然发生供应中断的不可靠供应商和另一个可靠但价格昂贵而且不具有柔性的供应商。研究结果为风险中性供应链成员企业提供能有效缓解中断采购影响的混合策略。Yang 等（2009）探讨了供应商从制造商处使用设备或向其支付差额费用，从而在供应链可能存在中断风险、信息可靠却不对称的情况下进行生产时满足客户需求的策略选择问题。Parlar（1997）探讨了发生随机供应中断情况下企业如何选择库存策略。Vlachos 和 Tagaras（2001）构建出双供应模式的定期库存查看系统——主供应模式与应急供应模式，并利用该系统防范供应中断，当供应中断发生时，应急供应模式启动，进而可采取紧急预订和提前预订两种策略。不难发现，企业在应对供应中断时常采取的策略包括库存管理、备用生产、紧急运输、多源采购等。

在实际运作中，考虑到供应商地位的唯一性以及与其进行长期合作的可能性，供应链其他节点企业可采取一些手段在发生供应中断后帮助供应商快速恢复产能，如激励或者协助。针对制造商通过各种方式激励供应商进行产能中断恢复的研究不在少数，基于相关研究可以发现，制造商在激励过程中常常用到的手段包括提高订货量和批发价格，分担回收成本等。Ivanov 等（2017）整理汇总了十年间对于供应链结构搭建的文献研究，提出未来供应链的研究热点之一可能是供应链在面对中断事件时应该采取何种恢复策略。姜丽宁等（2011）探讨了在规避风险情况下如果供应商发生供应中断，制造商如何选择激励策略来恢复产能的问题，并将企业如何应对供应中断方法视作应急管理的范畴。盛方正和季建华（2007）研究发现供应链可在中断前采取相应的预防措施从而削弱供应中断对供应链快速响应的影响，同时表明可替代性存在于产能中断恢复成本和中断预防成本两者之间，并且两种成本都对供应商的策略选择产生影响。Hu 等（2013）通过对比分析两种不同的策略下制造商可获利润的多少来解决供应中断后制造商该如何进行策略选择的问题，提到的策略主要是指：第一，供应商的产能中断恢复需要被激励，通过价格优惠和多订货量来促使其完成生产任务；第二，选择比较可靠的备用货源来应对中断风险。Tang 等（2014）提出一种制造商激励决策模型，在需求给定的条件下，当出现两种不同程度风险的中断，即供应完全中断和部分中断时，制造商该如何进行激励。Li 等（2017）对单制造商-双供应商构成的两级装配供应链模型进行了中断恢复研究，由于双供应商一个可靠一个不可靠，出于供应链整体协调考虑，该研究探讨了制造商与可靠供应商是否分担中断恢复成本以及分担的比例，从而激励不可靠供应商尽快恢复产能中断。Hishamuddin 等（2014）提出一个有关回收供应链发生生产中断的实时恢复机制，构建出两级供应链并将缺货成本和供应链供应中断程度作为主要考量点。

同时，面对需求方对服务质量的持续关注和不断加剧的市场竞争，对市场需求快速响应的时间要素显得越发重要，需求响应时间成为供应链合作伙伴间战略竞争的落脚点，同时需求响应时间也是供应链绩效评价系统中的一个关键考量因素（Stalk，1988；Perry and Sohal，2001）。在一定的市场需求量下，交货提前期越早，越可以招揽到更多的客户，得到的市场份额就越大（桂华明和马士华，2007）。需求随时间而变化的特点，使得供应链整体显示出对时间的敏感性。

邵建军等（2007）研究的主要内容是，当供应链产品拥有替代性，并且市场需求对时间和价格都敏感时，企业如何选择最优的定价策略和决定最优的交货提前期，进而探讨市场竞争程度的差异对所在供应链的最优决策影响。董毓芬等（2011）探讨了供应链在分散和集中两种决策方式中，对时间较敏感的两级供应链如何进行组合契约决策的优化问题。谢祥添和张毕西（2015）根据排队理论对时间敏感市场需求环境中供应链成员企业的交货提前期及其产能分配等决策进行优化。周雄伟和马费成（2010）主要探讨了产品效用和零售成本对时间比较敏感的情况，固定供应链的供给能力，进而探讨易逝品的预售和现售两阶段策略选择问题。

供应链企业（尤其是面向客户企业）在与客户签订交易合同时往往会向其承诺预定的交货时间（guarantee a uniform delivery lead time），以此来达到取得更大市场份额的目标，并且招揽更多的顾客，从而为企业带来更可观的收益（Soab，1998）。但实际运作中，当发生干扰事件（如供应中断等）时，企业承诺的交货提前期会可能无法兑现，这样当供应中断后，订单的不能及时交付会对那些对时间较敏感的企业甚至供应链整体的利润产生不利影响。

虽然一些学者研究了在供应链对时间敏感的情况下发生中断时的恢复策略，但专注于此的研究还是比较少。Iyer等（2005）基于单供应商-多制造商的两阶段供应链，研究了如何在信息不对称情况下进行供应中断恢复；同时假设需求方对时间的敏感性不一，建立了一个容量恢复模型（模型中恢复成本和恢复速度挂钩），最后从供应商角度出发分析了最优合同结构。Ivanov等（2016）基于澳大利亚的乳制品供应链，研究了时间敏感供应链运作下乳品发生供应中断时的连锁反应（ripple effect）状况。同时指出，以往对供应中断的研究主要聚焦在事前，即对供应中断的预测、预防方面，缺乏对供应中断发生事后恢复的研究。

供应链对市场需求快速响应的时间是供应链整体的竞争优势之一，供应商需要在发生中断时迅速重建生产能力，以便供应链系统能够尽快恢复正常运作，但这种快速恢复很难单独依靠供应商来实现，存在设备和技术等方面的资源限制。

依托云制造模式中的资源共享云平台，供应链中制造商可直接将资源共享给上游发生产能中断的供应商，打破供应商资源性的限制，解决资源短缺与闲置资源的矛盾，进而缓解或消除突发供应中断对整条供应链快速响应能力的消极影响，恢复供应链的快速响应能力及效率。

6.2 云平台环境下制造供应链快速响应研究方法

本章内容以"信息与资源共享"和"合作伙伴关系"这两个供应链快速响应重要影响因素为主要分析对象，基于云制造模式下供应链成员企业的运营战略决策演变，以及在制造供应链中上下游合作伙伴关系间关于制造资源共享激励机制等，鉴于制造供应链成员的有限理性特征和群体模式，以及供应中断时产能的快速恢复，构建制造供应链因突发事件导致产能供应中断的量化模型，分析云平台环境下供应链间通过资源共享快速恢复中断的援助合作以及激励机制。具体研究内容及方法如下：

1）强调制造供应链的资源和信息在云平台环境下的共享，兼顾供应链成员有限理性的特征和云平台的群体模式，构建出云平台环境下运营管理演化博弈模型，其中平台主导者是制造商，供应商作为参与者积极参与平台活动。本节内容主要面向供应链节点企业对于如何选择共享战略的影响因素和影响效果问题，找出了四种资源共享合作模式。研究发现，供应链各企业存在的投机行为使得供应链的共享合作很难自发进行，所以为了促进供应链成员间资源信息的共享合作，建立超额收入分配机制。然后，考虑供应链各企业对自身利益追求的最大化以及在可用收入边界制约的环境下，构建起关于收入分配比例系数以及有关成功合作概率的对应关系，进而应用数值模拟进行验证。

2）解决供应链合作伙伴中断恢复快速响应问题，旨在恢复对时间比较敏感的供应链系统在云平台环境下的生产能力。通过构建施塔克尔贝格（Stackelberg）模型来解决两阶段供应链产能恢复问题，并探讨产能恢复所用时间对供应链成员决策的影响，提出供应商在分散和集中决策的模式下不同的最佳恢复时间以及针对制造商所采取的最佳市场定价手段和整个供应链的预期效益，同时在云平台框架下构建有关资源共享的援助机制，更深入地探讨这种援助机制下两种不同激励模式的使用条件，其一是供应商通过提供资源使用费来激励制造商，其二是制造商通过补贴来激励供应商。最后采取数值模拟，以验证该机制的效用。

6.2.1　信息与资源共享下的有限理性

在传统的经济研究中，运用经典博弈论时决策者往往被认为是一个完全理性的人，他们假定决策者可以充分把握其所处的市场环境的不同状态、后果和收益，并最大化自己的利润。然而，在实际的运行中，对市场环境完全把握的假设是不可能的，因此一些市场行为会偏离有关的理论研究甚至出现相悖的现象。Simon（1991）提出的"有限理性"假说打破了上述传统博弈理论的局限性，以更清晰和准确的理论描述了人们在市场环境中的不同决策行为以及合理地解释了各种现实中存在的社会经济现象。当制造供应链以整体快速响应市场需求为目标时，云平台环境可以最大限度地提高信息共享的效率，供应链合作伙伴在完全共享信息的平台上做出有限的理性决策，如产能和价格，将更符合实际生产情况。

演化博弈论中对人的假设是"有限理性"，它是在经典博弈论的基础上进行的改进。通常当人们面临复杂的问题或环境的不确定性时，自己的行动会凭借直觉来引导，或者会学习他人的成功策略（谢识予，2002），如图 6.1 所示，各种因素的存在使得不论是个人决策还是集体决策都不可能制定出最佳的策略，或者因为短视而选择次优策略。基于上述考虑，演化博弈论从生物化学的角度，将决策者身体作为一个有机体，认为人们不仅存在相互竞争，而且在竞争中相互学习，最终完成自己的策略演进，演化博弈论这一理论更加接近现实。

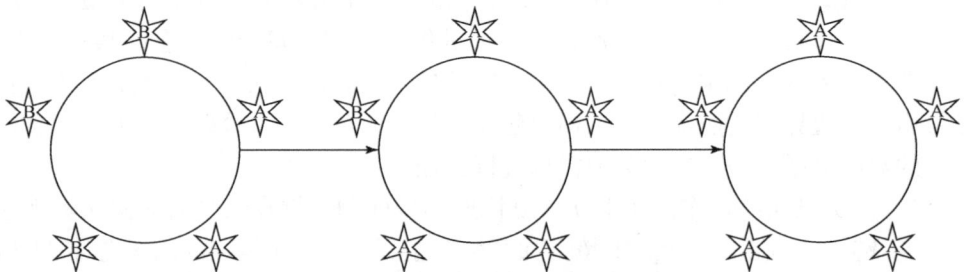

图 6.1　最优反应动态模拟示意

A、B 表示不同的局中人

资料来源：谢识予（2002）

（1）有关演化博弈论的研究

黄凯南（2009）阐释并分析比较了演化经济学与演化博弈论在基本理论结构中的关系与异同，探讨了未来演化博弈的研究方向。Hofbauer 和 Sigmund（2003）指出，所有的静态平衡观点均无法解释决策主体根据环境变换改变其策略以期将其利益最大化的长远行为，他们还将生物种群动力学理论在经济学博弈中的结合应用视为构成演化博弈论的基础。Roca 等（2009）指出，如果忽略非平均场效在演化复制动态方程中的作用，可能会对种群演化产生影响，然后探讨了时间波动，进而对线性假设和演化策略更新规则与线性假设之间的关系进行了研究。Melbinger 等（2010）指出当前大多数的演化博弈仅关注种群中具有相对优势的突变个体，而忽略了整体种群的群态演化行为，且他们构建出一般性随机模型，该模型结合种群整体增长动力学和种群内部演化，进而用人口增长的困境案例对提出模型进行了有效性验证。

（2）进化博弈论在各个领域的应用研究

陈真玲和王文举（2017）在污染监管和税收监管问题上构建了污染企业、中央政府和地方政府的三方演化博弈模型，并分析了两种不一样的机制——税率调整和政府监管之间的替代性与互补性。宋彪等（2018）对我国的"一带一路"倡议实施进行研究时，把它与演化博弈论进行结合，分析了"一带一路"沿线国家的企业决策中的投机行为和集群特点，并且探讨了监管机构在企业合作过程中所起到的作用。Jiang 等（2014）提出一种新型演化博弈模型，为了解决驾驶员在交通系统中的有限理性和信息获取不完全的问题，结合累积前景理论方法分析了车辆行驶路径，论述了驾驶员受交通信息影响，怎么样在不同交通条件下进行路线调整，从而达到稳定状态，通过设计双可选路径及信号可变标志的交通模拟网对构建模型的出行效率优化有效性进行验证。Chen 等（2018）面向我国的生活垃圾源头分类领域，构建出受个人因素与政策监督影响的垃圾源头分类网状合作机制，进而运用演化博弈论研究了生活垃圾源头分类过程中的个人合作机制及其达成条件。刘伟和夏立秋（2018）针对网上金融借贷市场频繁违约问题，构建投资者与监管者、网贷平台三方的演化博弈模型，进而讨论作为监管者的金融监督机构实施不同惩罚力度对网贷平台自发的自律行为的促进影响程度。由此可见，演化博弈论的应用范畴广泛，包括但不限于交通管理领域、环境保护领域、金融市场监管等。

（3）有关供应链运行优化的演化博弈方法的研究

王玉燕等（2008）探讨了逆向供应链受政府干预的影响，运用演化博弈方法研究了在市场机制下，逆向供应链如何实现自主发展的收益条件，给出了两种不同的激励方式（包括财政补贴与政府惩罚）要达到效果所需的临界阈值，并用数值模拟验证了该阈值。Babu 和 Mohan（2017）探讨了可持续供应链系统如何达到平衡，结合演化博弈论，从经济、市场环境、社会等多维度考虑，针对供应链可持续性的可解释性以及供需预测方面构建出理论框架，研究了供应链节点企业种种行为对整体供应链系统产生的级联效应以及对其可持续平衡性的影响程度。Yu 等（2009）综合分析了 VMI 模式，并搭建了演化博弈模型用于分析该模式内在的策略演化过程，解释了 VMI 模式对供应链整体的长期益处以及影响因素。Min 等（2008）通过对比非合作博弈与演化博弈论方法对集群供应链的协调分析结果，针对供应链路径依赖问题提出三种摆脱策略选择，同时为集群供应链长远的整体发展进行了有效预测和帕累托优化。由此可见，策略行为有限理性以及博弈过程的动态性是供应链节点企业合作模式的研究特征。

6.2.2　供应链合作伙伴间激励机制

现实中的供应链合作成员企业均为目标独立的利益主体，它们的管理目标不同，甚至彼此之间相互冲突，成员之间难以形成合作局面，最终会导致供应链失衡，整体收入下降。市场环境日益复杂的今天，供应链作为市场竞争的整体单元，越来越强调其构成成员之间的协调与合作，采取一定的激励机制可以实现引导并增强供应链成员企业间合作协调的作用。对于供应链激励机制，学术和产业界均有广泛又深入的研究与应用。

苏菊宁和陈菊红（2005）为应对经销商的潜在库存风险，构建了供需双方利益协调模型随机条件下需求价格折扣激励机制。孟炯等（2018）考虑到产品安全责任，对产品的批发价格进行了激励条件研究，并得出过度激励反而对整体供应链造成收益降低后果。王文宾和达庆利（2009）分别对闭环供应链信息对称/不对称两种情况下的回收补偿机制开展研究，并为整体闭环供应链实现协调分别设计了不同的补贴额度。王磊和但斌（2015）提出了"价格调整+成本分担"双重合同激励机制，以促使供应商在两级生鲜产品供应链中努力保持新鲜度水平，提高供应链整体预期利润。林志炳等（2010）考虑了供应链成员的不同喜好，构建出供应链收益共享契约下的批量订单协调模型。Kong 等（2013）主要解决了两家零售商在竞争条件下为了追求高额利益从而导致可能发生的信息泄露和防范问题。这两家零售商的上游是同一家供应商，其中一家零售商拥有市场信息，供应商的动机是追求最大的利益，为了获取其他收入，供应商可能将此市场信息泄露给另一家零售商。此外他们还进一步探讨了收益共享契约对供应链信息共享以及信息泄露的减少等方面的正向激励效果。

除此之外，外部的政府监管作为增进供应链节点成员企业之间合作效用的高效激励举措也越发常见，特别是在一些有利于提高整个社会效益的新型供应链，如创新型、绿色型供应链。朱庆华和窦一杰（2011）探讨了绿色制造供应链由于政府补贴而产生的促进作用。王文宾等（2016）对闭环供应链中政府严格限制碳排放及回收奖惩并行策略时制造商的供应链协同决策选择进行了研究。姜宁和黄万（2010）通过分析中国五大高技术细分行业的五年行业数据，探讨了政府补贴在提高企业研发水平过程中的激励作用。

6.3　云平台环境下制造供应链资源共享模式分析

本章主要讨论云平台环境下制造供应链快速响应中的供应链合作伙伴之间的信息与资源共享（图6.2）。合作伙伴关系的建立使得信息与资源得到共享，而共享行为又促进供应链合作伙伴关系的维持和稳定，并且在某些情况下，信息与资源共享的援助机制可以最大限度地弥补合作伙伴之间的损失，从而使制造供应中断后得到快速恢复。总结国内外有关信息与资源共享发展的文献研究，发现信息与资源共享有以下特点。

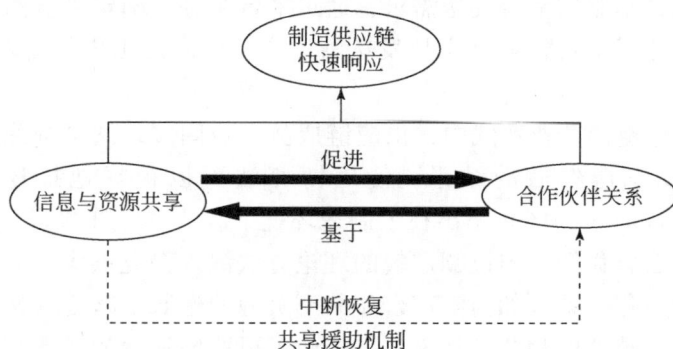

图6.2　云平台环境下制造供应链下共享与合作伙伴关系

（1）平台性

以新一代网络信息技术为基础支持、资源纽带的云制造共享平台，各参与主体包括制造资源提供方、资源需求方、资源转移与交易网络平台。在云平台上，资源与信息的供应链供需方聚集形成柔性资源共享池，依托云平台的技术手段实现制造资源与信息在供应链中的集中和匹配。

（2）分离性

供应链中制造信息与资源的拥有者可根据需求实现在平台上的发布，信息资源需求方可根据实际需要获取和选择信息资源，实现信息所有权与使用权的分离，进而实现双方信息与资源共享。

（3）效率性

信息与资源共享使个人闲置资源社会化（Hamari et al., 2016），并将信息与资源需求精确匹配。借助云平台共享技术，资源在供需之间的共享打破了空间物理限制，充分发挥出资源的集聚效应与规模效应，从而使交易成本大幅降低，实现资源与信息的高效配置。也就是说，信息与资源拥有者可通过共享平台得到超额收益，信息与资源的共享需求方能够以更低的资金与时间成本享受高效便捷的产品价值，实现供需双赢。

信息与资源共享对许多传统产业产生了影响，越来越多的传统制造企业开始向共享制造模式进行转型升级。共享制造的普及与推广体现了共享经济在制造业的适应与发展，是网络通信技术快速发展、消费者意识不断增强、协同制造社会化与制造服务化等多种趋势融合发展的结果（郑志来，2016）。

与现有的协作或网络制造模型不同，共享制造模型使"所有事物都可以共享"，着重突出不同供应链节点企业间各类资源与制造能力的共享和互联，不同于云制造更专注于技术实现手段，共享制造通过制造服务化，更偏向于研究经济问题与管理模式的落地实现。因此，云环境制造供应链简化实施流程总结如下：用户到共享制造平台发送需求，通过平台服务，确定供应商进行精确供需匹配，然后通过平台将最终产品发送给用户，以满足用户的需求（俞春阳，2016）。

在制造供应链的产业实践中，供应链成员企业间实现共享资源取决于各成员企业参与动态博弈后的结果，使用博弈法可以很好地描述这一过程。Argoneto 和 Rennna（2016）指出在云制造环境下制造供应链的核心是要满足客户需求，并结合合作博弈与模糊逻辑的理论方法深入探究供应链的成员企业之间应如何构建合作关系、如何实现合作共享资源的选取。赵道致等（2015）研究了存在两个制造商的物联网环境，并构建了可双向流通的制造资源共享博弈模型，指出制造商应该采取资源共享与合作协调的方式来进行生产。赵道致和杜其光（2017）对云环境中供应链信息的实时采集与企业间传递进行研究，并得出其对制造能力单向共享模式的决策影响，进而提出基于市场需求预测信息的供应链产能水平预备方案。齐二石等（2017）基于企业"有限理性"和期望长期合作的特点，将云制造资源共享企业种类划分为软硬制造资源，并就软硬制造资源共享行为搭建两方演化博弈模型，分析出"搭便车"行为会在制造资源共享过程中普遍存在。

供应商、制造商、经销商等众多参与者一起参与了制造供应链的经营过程，协调管理复杂多变，通过对以往文献汇总以及产业实际案例分析可知，制造商一般作为供应链协调系统的核心，并通过其主导构建整体供应链成员企业间的高效合作伙伴关系，形成"利益共同体"（曾丽萍等，2005）。

以汽车供应链为例，整车厂（制造商）作为供应链核心，由于需要数以万计的汽车零部件，上游存在多家供应商为整车厂提供零部件供应，整车厂可以建立云制造平台，发挥平台带动作用，从而引导并强化制造供应链合作伙伴间的资源共享，进而提高汽车供应链整体零部件供应的研发制造水准，不断增强产品市场竞争力（李天博，2015）。类似的航空制造供应链中，欧洲航空四巨头达索、空中客车、赛丰及泰雷兹共同搭建出欧洲国防航空工业的 BoostAeroSpace 云平台，并吸纳了一千多家航空制造的零配件供应商参与其中，协同效应在航空供应链网络的作用得到加强；中航西安飞机工业集团股份有限公司建立运行的云协同制造平台，促进了制造资源的共享，使航空配件生产商与其上游供应商的异地协同不再成为难事，从而实现了服务、设计和制造的联合协调（王海龙等，2017）。可见，制造供应链核心企业建立云平台进行资源共享，并且承担管理责任，可以有效促进制造资源的开放共享和实现资源互补整合。然而，已有研究主要侧重供应链各企业之间资源共享的博弈行为，没有考虑到制造供应链中平台主导者与参与者之间的相互关系，导致供应链资源共享的竞争关系无法进行准确描述。与此同时，在时间竞争策略下，通过云平台进行资源共享可以降低干扰事件对供应链整体效率的影响。供应链成员追求的自身利益最大化而引发的产能恢复和资源共享援助博弈等问题还需要进一步研究。

6.4 云平台环境下制造供应链资源共享决策演化研究

实际生产中还存在着许多严重制约制造供应链的运行效率上升的因素。供应链中制造资源分布不均衡仍是供应链产生产能制约瓶颈的关键问题。在技术工艺、设备资源及其生产制造效率等方面，供应链各节点企业之间存在着很大的差异，然而制造供应链的各个成员企业间的利益相关性、产能连续性联系使得任意一个企业产能的不足都会造成整个供应链效率的降低。目前已经有了解决该问题的有效途径，基于云平台环境的资源共享为此提供了可能。供应链的成员都是理性的，即他们都追求利益最大化，因此他们相互之间也会有决策目标相悖的情况，由此看来成员间博弈普遍存在，故在这种情况下解决资源和产能短期瓶颈问题以实现共享合作对提高供应链整体的运作效率有十分重大的意义。

本研究以制造供应链为出发点，在有限理性的前提下，充分考虑供应链节点企业共同的利益一致性，以单制造商（平台领导者）-单供应商（共享参与者）两阶段制造供应链为研究对象，搭建出可实现制造资源共享的制造供应链演化博弈模型。该模型系统地分析了制造商与供应商的策略选择演化进程及其影响决策的因素，并基于两者的策略选择演化设计供应链利润分配机制，从而促成制造供应链资源共享的演化稳定合作。

6.4.1　制造供应链资源共享演化博弈

1. 模型构建

在制造供应链中，处于领导地位的制造商组织建立制造资源共享平台，以此来提升竞争力。供应商要对此选择是否加入该平台，将自身制造资源与其他供应链成员企业共享。在这些前提下，本章提出的假设如下。

1）制造商与供应商为博弈的双方主体，都以使自身利益最大化为目标。两者的有限理性体现在不会于博弈刚开始的阶段就制定出最优策略，而会在博弈的过程中不断学习，进而不断调整自身策略。这是一个多阶段的动态博弈过程。

2）制造商和供应商各有两种策略可以选择。制造商可以是积极管理的，也可以是消极管理的。积极管理的制造商会加大自身的共享程度、努力提高资源匹配率来吸引更多的供应商群体参与到平台中来；消极管理的制造商可能会考虑到管理平台和供应链的过程中成本过高、影响自身的经营状况而希望供应商能主动加入平台，形成资源共享效应，从而降低自身的运营成本。制造商的这两种策略形成策略集可简述为（积极管理，消极管理）。类似地，供应商会基于同样的思考来决定参与或不参与，就形成策略集（参与，不参与）。因此，（积极管理，参与）这个策略组合就可以称为资源共享合作策略；（消极管理，不参与）这个策略组合就可以称为资源共享投机策略。

3）对于制造商而言，选择积极管理策略的概率设为 x，故其选择消极管理策略的概率则为 $1-x$；对于供应商而言，选择参与资源共享策略的概率设为 y，故其选择不参与资源共享策略的概率则为 $1-y$。其中 $0 \leqslant x \leqslant 1$，$0 \leqslant y \leqslant 1$。

影响制造供应链资源共享策略选择的双方参数设置见表6.1。

表6.1　模型参数与意义

参数	意义
U	制造商单独生产经营时的净收益
R	供应商单独生产经营时的净收益
D	制造商组建制造资源共享云平台需投入的人力、资源、技术等成本
G	制造商积极策略下需额外付出的云平台管理成本
C	供应商为参与平台进行软硬件升级或购置时所需投入的成本
ΔU_1	制造商积极管理且供应商参与时供应链的超额收益增量
ΔU_2	制造商消极管理且供应商参与时制造商的投机收益增量

参数	意义
ΔR_1	供应商参与资源共享平台且制造商积极管理时供应商的收益增量
ΔR_2	供应商参与资源共享平台但制造商消极管理时供应商的收益增量
W	制造商积极管理，供应商不参与但可获得的平台外溢收益
α	制造商积极管理且供应商参与时供应链超额收益增量分配系数

在制造商的积极管理策略和企业选择参与策略的情况下，制造商既要承担资源共享平台建设的成本 D，同时需支出平台日常运维、优化提升平台资源供需匹配效率等方面的积极管理成本 G。假设供应商参与到平台涉及软硬件升级或收购的成本 C，并从平台参与中获得增量收益 ΔR_1，依托平台提供的制造资源及制造服务信息从而满足自身业务需要，也能向平台出售自身闲置资源等。制造供应链依托云平台对共享资源的优化配置，整体技术水平和创新能力均可得到提升，进而拥有更大的整体竞争优势，从而快速响应市场需求，使制造商可以单独从生产经营中获得净收益 U，也可以获得供应链超额利润的增加 ΔU_1。此外，因为供应商的加入使得供应链产生超额收益，为提升平台对供应商参与资源共享的吸引力，制造商会与供应商共享利益并按 α 的分配系数来进行收益分配。同时利用平台进行制造资源共享也需要制造商与供应商各自承担合作成本，体现为制造商积极管理成本 G 和供应商参与平台成本 C。

当双方不同且选择正向策略时，也有相应的参数设置。制造商消极管理但供应商仍参与共享时，制造商只付出资源共享平台的建设成本 D，但是制造商对平台的消极管理导致资源共享存在低效率、缺资源等问题，此时制造商的超额收益增量降低为 ΔU_2，且制造商不会同供应商分享这一收益。供应商仍然需要投资软硬件升级或收购 C，并以增量形式获得平台参与收益 ΔR_2，但收益低于制造商积极管理时所能获得的收益，即 $\Delta R_2 < \Delta R_1$。

在制造商选择积极管理策略但供应商选择不参与策略的情况下，制造商支付资源共享平台建设成本 D 和积极管理成本 G，但是由于供应商不参与资源共享平台，制造商没有递增利润。对供应商来说，虽然不涉及资源共享平台，但由于制造商选择积极管理，最大限度地通过平台分享其拥有的诸如生产技术、设备、工艺等制造资源，使供应商在自主生产运营中也可以获得净收益 R，也可以获得部分平台溢出收入，如平台外溢收益 W，且无需额外费用。制造商消极管理从而获得的来自供应链收益增量 ΔU_2，以及未参与平台的供应商的外溢收益 W，对双方而言都是投机性收益。

如果制造商选择消极管理策略，而供应商仍选择不参与策略，则制造商将只获得独立生产运营的净收益 U，并支付平台的建设成本 D，供应商只能从自主生产经营中获得收益 R。表 6.2 显示了在上述假设以及供应商和制造商相互之间策略的依存性的基础上所建立起来的支付博弈矩阵。

表 6.2　制造商和供应商支付博弈矩阵

博弈方	制造商积极管理	制造商消极管理
供应商参与	$U + (1 - \alpha)\Delta U_1 - D - G$ $R + \alpha\Delta U_1 - C + \Delta R_1$	$U + \Delta U_2 - D$ $R - C + \Delta R_2$
供应商不参与	$U - D - G,\ R + W$	$U - D,\ R$

制造商积极管理策略的收益是

$$E_{M1} = y\left[U + (1 - \alpha)\Delta U_1 - D - G\right] + (1 - y)(U - D - G) \tag{6.1}$$

制造商消极管理策略的收益是

$$E_{M2} = y(U + \Delta U_2 - D) + (1 - y)(U - D) \tag{6.2}$$

制造商总体的策略期望收益是

$$E_M = xE_{M1} + (1 - x)E_{M2} \tag{6.3}$$

同理，供应商选择参与资源共享平台策略收益 E_{S1}、不参与策略收益 E_{S2} 以及混合策略期望收益 E_S 分别为

$$E_{S1} = x(R + \alpha\Delta U_1 - C + \Delta R_1) + (1 - x)(R - C + \Delta R_2) \tag{6.4}$$

$$E_{S2} = x(R + W) + (1 - x)(R) \tag{6.5}$$

$$E_S = yE_{S1} + (1 - y)E_{S2} \tag{6.6}$$

通过计算可得出两方演化博弈参与主体的复制动态方程如下：

$$\begin{cases} F(x) = \dfrac{\mathrm{d}x}{\mathrm{d}t} = x(1 - x)\left[y(1 - \alpha)\Delta U_1 - y\Delta U_2 - G\right] \\ F(y) = \dfrac{\mathrm{d}y}{\mathrm{d}t} = y(1 - y)\left[x(\Delta R_1 + \alpha\Delta U_1 - \Delta R_2 - W) - C + \Delta R_2\right] \end{cases} \tag{6.7}$$

令 $F(x) = 0$，$F(y) = 0$，求解得 $(0, 0)$、$(0, 1)$、$(1, 1)$、$(1, 0)$ 和 (x^*, y^*) 为系统 5 个局部均衡点，其中 $x^* = \dfrac{C - \Delta R_2}{\Delta R_1 + \alpha\Delta U_1 - \Delta R_2 - W}$，$y^* = \dfrac{G}{(1 - \alpha)\Delta U_1 - \Delta U_2}$。

2. 模型求解

通过对演化博弈复制动态方程的雅可比矩阵进行局部稳定性分析可以计算出整体系统的演化稳定策略（ESS）。由式（6.7）计算得出整体的雅可比矩阵（J）

如下：

$$J = \begin{bmatrix} \dfrac{\partial F(x)}{\partial x} & \dfrac{\partial F(x)}{\partial y} \\ \dfrac{\partial F(y)}{\partial x} & \dfrac{\partial F(y)}{\partial y} \end{bmatrix} = \begin{bmatrix} a_1 & a_2 \\ b_1 & b_2 \end{bmatrix} \tag{6.8}$$

其中，

$$a_1 = (1 - 2x)[y(1 - \alpha)\Delta U_1 - y\Delta U_2 - G]$$
$$a_2 = x(1 - x)[(1 - \alpha)\Delta U_1 - \Delta U_2]$$
$$b_1 = y(1 - y)(\Delta R_1 + \alpha\Delta U_1 - \Delta R_2 - W)$$
$$b_2 = (1 - 2y)[x(\Delta R_1 + \alpha\Delta U_1 - \Delta R_2 - W) - C + \Delta R_2]$$

将各个均衡点取值代入上述式子可得到 a_1、a_2、b_1 和 b_2 在（0，0）等 5 个均衡点处的具体数值，见表6.3。

表 6.3　局部均衡点取值

均衡点	a_1	a_2	b_1	b_2
（0，0）	$-G$	0	0	$\Delta R_2 - C$
（0，1）	$(1 - \alpha)\Delta U_1 - \Delta U_2 - G$	0	0	$-(\Delta R_2 - C)$
（1，0）	G	0	0	$\Delta R_1 + \alpha\Delta U_1 - W - C$
（1，1）	$G + \Delta U_2 - (1 - \alpha)\Delta U_1$	0	0	$W + C - \Delta R_1 - \alpha\Delta U_1$
(x^*, y^*)	0	A	B	0

注：$A = \dfrac{(C - \Delta R_2)(\Delta R_1 + \alpha\Delta U_1 - U - C - W)[(1 - \alpha)\Delta U_1 - \Delta U_2]}{(\Delta R_1 + \alpha\Delta U_1 - \Delta R_2 - W)^2}$；

$B = \dfrac{G[(1 - \alpha)\Delta U_1 - \Delta U_2 - G](\Delta R_1 + \alpha\Delta U_1 - \Delta R_2 - W)}{[(1 - \alpha)\Delta U_1 - \Delta U_2]^2}$。

根据矩阵行列式 $\det J > 0$，且矩阵的迹 $\text{tr} J < 0$ 的系统稳定策略判断方法，讨论 $\Delta R_2 - C$、$(1 - \alpha)\Delta U_1 - \Delta U_2 - G$ 和 $\Delta R_1 + \alpha\Delta U_1 - W - C$ 不同数值情况下该系统均衡点的稳定性。

（1）$\Delta R_2 - C > 0$

当满足条件 $\Delta R_2 - C > 0$ 时，表明当制造商选择消极管理时，如果供应商选择参与策略，得出减去成本后供应商依然可得到大于 0 的净收益，从表6.4可以看出，该情境下（0，0）点不能满足 $\det J > 0$ 的判别条件，故（0，0）点不能作为整体的 ESS。根据 $(1 - \alpha)\Delta U_1 - \Delta U_2 - G$ 和 $\Delta R_1 + \alpha\Delta U_1 - W - C$ 在不同情况的大小对比对其他均衡点的稳定性进行下一步的分析，结果见表6.4。

表 6.4　$\Delta R_2 - C > 0$ 条件下 4 种情形系统均衡点稳定性分析

均衡点	情形 1			情形 2			情形 3			情形 4		
	$\det J$	$\mathrm{tr} J$	稳定性	$\det J$	$\mathrm{tr} J$	稳定性	$\det J$	$\mathrm{tr} J$	稳定性	$\det J$	$\mathrm{tr} J$	稳定性
$(0, 0)$	−	N/A	鞍点	−	N/A	鞍点	−	N/A	鞍点	−	N/A	鞍点
$(0, 1)$	+	−	ESS	+	−	ESS	−	N/A	鞍点	+	+	不稳定点
$(1, 0)$	+	+	不稳定点	−	N/A	鞍点	+	+	不稳定点	−	N/A	鞍点
$(1, 1)$	−	N/A	鞍点	−	N/A	鞍点	+	−	ESS	−	N/A	鞍点

注：N/A 为 not applicable，表示不适用，下同。

情形 1：$(1 - \alpha)\Delta U_1 - \Delta U_2 - G < 0$ 且 $\Delta R_1 + \alpha \Delta U_1 - W - C > 0$。

在供应商确定参与共享策略时制造商对平台进行积极管理的收益比消极管理时低；同时当制造商积极管理平台时，供应商选择参与策略的收益会比不参与时高，故此时 (0，1) 点是系统的演化稳定策略。

情形 2：$(1 - \alpha)\Delta U_1 - \Delta U_2 - G < 0$ 且 $\Delta R_1 + \alpha \Delta U_1 - W - C < 0$。

在供应商确定参与共享策略时制造商对平台进行积极管理的收益比消极管理时低；同时当制造商积极管理平台时，供应商选择参与策略的收益会比不参与时低，故此时 (0，1) 点是系统的演化稳定策略。

情形 1 和情形 2 显示了无论是制造商还是供应商对其自身利益最大化的追求：当制造商选择参与积极策略，并在扣除额外成本投入后获得负净收益时，即 $(1 - \alpha)\Delta U_1 - \Delta U_2 - G < 0$，无论供应商参与与否，制造商都会倾向于选择消极策略；当供应商选择参与策略，并在扣除成本投入后获得正净收益时，即 $\Delta R_2 - C > 0$，即使制造商消极管理，供应商也会趋向于选择参与策略，因此系统长期演化后收敛于 (0，1) 点。

情形 3：$(1 - \alpha)\Delta U_1 - \Delta U_2 - G > 0$ 且 $\Delta R_1 + \alpha \Delta U_1 - W - C > 0$。

在供应商确定参与共享策略时制造商对平台进行积极管理的收益高于消极管理时收益；同时当制造商积极管理平台时，供应商选择参与策略的收益也会高于不参与时收益，故此时 (1，1) 点是系统的演化稳定策略。在该情形下，供应链双方通过长期演化博弈，制造商偏向积极管理平台，供应商偏向参与共享策略，制造供应链两方参与主体可获得长期稳定合作。

情形 4：$(1 - \alpha)\Delta U_1 - \Delta U_2 - G > 0$ 且 $\Delta R_1 + \alpha \Delta U_1 - W - C < 0$。

在供应商参与的情况下，如果制造商通过选择积极管理策略获得的利润大于选择消极管理策略的利润，但在该条件下，供应商参与资源共享平台的利润小于选择不参与策略的利润，系统就会没有稳定的策略，合作关系就会呈现周期性的波动。此时，如果供应商选择参与策略，制造商可以选择更为有利的积极管理；但是，如果制造商选择积极管理，在该条件下，对供应商而言，平台技术溢出效益大于参与平台获得的净效益，即由于参与收益增量与成本承担的差异，供应商会选择不参与策略，这将使制造商无法获得供应商参与带来的供应链超额收益增量。因此，他们之间的博弈将呈现周期性变化，策略选择将不稳定，系统演化也将不稳定。

（2）$\Delta R_2 - C < 0$

当 $\Delta R_2 - C < 0$ 条件被满足时，从表 6.5 中可以看出，（0，0）点满足 $\det \boldsymbol{J} > 0$ 且 $\mathrm{tr} \boldsymbol{J} < 0$ 的判别条件，为系统的演化稳定策略。但对（0，1）和（1，0）点来说，因 $G > 0$ 且 $-(\Delta R_2 - C) > 0$，故两点不能满足 $\mathrm{tr} \boldsymbol{J} < 0$ 的判别条件，不可能为系统的演化稳定策略。同时，当出现 $G + \Delta U_2 - (1-\alpha)\Delta U_1 < 0$ 且 $W + C - \Delta R_1 - \alpha \Delta U_1 < 0$ 时，（1，1）点也会有可能成为系统演化稳定策略。上述 $(1-\alpha)\Delta U_1 - \Delta U_2 - G$ 和 $\Delta R_1 + \alpha \Delta U_1 - W - C$ 四种不同数值情形下各均衡点的稳定性也会发生变化，结果见表 6.5。

表 6.5　$\Delta R_2 - C < 0$ 条件下 4 种情形系统均衡点稳定性分析

均衡点	情形 1			情形 2			情形 3			情形 4		
	$\det \boldsymbol{J}$	$\mathrm{tr} \boldsymbol{J}$	稳定性	$\det \boldsymbol{J}$	$\mathrm{tr} \boldsymbol{J}$	稳定性	$\det \boldsymbol{J}$	$\mathrm{tr} \boldsymbol{J}$	稳定性	$\det \boldsymbol{J}$	$\mathrm{tr} \boldsymbol{J}$	稳定性
（0，0）	+	−	ESS	+	−	ESS	+	−	ESS	+	−	ESS
（0，1）	−	N/A	鞍点	−	N/A	鞍点	−	N/A	鞍点	−	N/A	鞍点
（1，0）	−	N/A	鞍点	+	+	不稳定点	+	+	不稳定点	+	+	不稳定点
（1，1）	−	N/A	鞍点	+	+	不稳定点	+	−	ESS	−	N/A	鞍点
(x^*, y^*)							−	0	鞍点			

综上，表 6.6 总结了不同数值条件下系统演化稳定策略成立的不同条件。

表 6.6　不同数值条件下系统演化稳定策略情况

均衡点	条件
（0，0）	$\Delta R_2 - C < 0$
（1，0）	无
（0，1）	$\Delta R_2 - C > 0$，$(1-\alpha)\Delta U_1 - \Delta U_2 - G < 0$，$\Delta R_1 + \alpha \Delta U_1 - W - C > 0$
	$\Delta R_2 - C > 0$，$(1-\alpha)\Delta U_1 - \Delta U_2 - G < 0$，$\Delta R_1 + \alpha \Delta U_1 - W - C < 0$
（1，1）	$\Delta R_2 - C > 0$，$(1-\alpha)\Delta U_1 - \Delta U_2 - G > 0$，$\Delta R_1 + \alpha \Delta U_1 - W - C > 0$
无	$\Delta R_2 - C > 0$，$(1-\alpha)\Delta U_1 - \Delta U_2 - G > 0$，$\Delta R_1 + \alpha \Delta U_1 - W - C < 0$
（0，0）或（1，1）	$\Delta R_2 - C < 0$，$(1-\alpha)\Delta U_1 - \Delta U_2 - G > 0$，$\Delta R_1 + \alpha \Delta U_1 - W - C > 0$

6.4.2 参数分析

根据表 6.6，当制造商消极管理时，供应商选择参与策略扣除成本投入后会出现亏损（$\Delta R_2 - C < 0$）、供应商选择参与策略的条件下制造商选择积极策略的收益大于相反选择的收益［即$(1 - \alpha)\Delta U_1 - \Delta U_2 - G > 0$］、制造商积极管理时供应商选择参与策略收益大于不参与策略收益［即$\Delta R_1 + \alpha \Delta U_1 - W - C > 0$］三个条件同时满足时，系统出现两个演化稳定策略（0，0）或（1，1），即（积极管理，参与）和（消极管理，不参与）。博弈演化相图如图 6.3 所示。

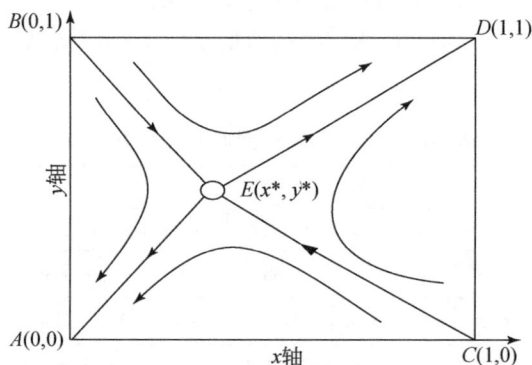

图 6.3　博弈演化相图

在图 6.3 中，根据系统中每个不稳定点和鞍点的折线 *BEC*，将系统中合作的收敛趋势分为两类：①当初始状态为图中的四边形 *ABEC* 时，最终收敛点为 *A*（0，0），即在长期博弈中，制造商倾向于消极管理，供应商倾向于不参与云平台，资源共享合作难以实现。②当初始状态为图中的四边形 *CDBE* 时，最终收敛点为 *D*（1，1），制造商倾向于积极管理，供应商倾向于参与云平台，形成稳定的供应链合作。这说明此时双方都会互相学习对方的策略，根据对方的选择调整自己的策略。演化结果的趋势取决于双方不同策略之间的关系以及供应链超额收益增量分配的合理程度。

通过对图 6.3 中影响四边形 *ABEC* 面积因素分析，可对影响系统演化趋势的因素及其影响效果进行间接研究。四边形 *ABEC* 的面积公式为

$$S_{ABEC} = \frac{1}{2}\left[\frac{C - \Delta R_2}{\Delta R_1 + \alpha \Delta U_1 - \Delta R_2 - W} + \frac{G}{(1 - \alpha)\Delta U_1 - \Delta U_2} \right] \tag{6.9}$$

进一步分析可得到以下命题。

命题 6.1：在其他参数确定的条件下，积极管理和参与平台需要投资的合作

成本越高，制造商选择消极策略和供应商选择不参与策略的可能性越高，系统收敛于 A（0，0）的可能性越大。

证明：将 S_{ABEC} 分别对 G、C 求偏导，得 $\dfrac{\partial S_{ABEC}}{\partial G} = \dfrac{1}{2} \times \dfrac{1}{(1-\alpha)\Delta U_1 - \Delta U_2} > 0$，$\dfrac{\partial S_{ABEC}}{\partial C} = \dfrac{1}{2} \times \dfrac{1}{\Delta R_1 + \alpha \Delta U_1 - \Delta R_2 - W} > 0$，故 S_{ABEC} 是关于 G 和 C 的增函数。因此，制造商积极管理承担的额外成本 G 越大，供应商参与平台投入成本 C 越大，S_{ABEC} 越大，系统收敛于 A（0，0）的可能性越大。证毕。

在实际决策时，企业首要考虑的问题就是成本的投入。过高的成本投入，会减少制造供应链企业可获得的利润，甚至可能导致企业发生亏损，从而减少企业参与资源共享的动力，因此制造商会更可能选择消极管理策略，供应商会更可能选择不参与策略。

命题 6.2：供应商在其他参数一定的情况下，当参与制造资源共享平台可获得的收益增量越大时，其选择参与策略的可能性越大。

证明：将 S_{ABEC} 分别对 ΔR_1 和 ΔR_2 求偏导，得 $\dfrac{\partial S_{ABEC}}{\partial \Delta R_1} = -\dfrac{1}{2} \times \dfrac{1}{(\Delta R_1 + \alpha \Delta U_1 - \Delta R_2 - W)^2} < 0$，$\dfrac{\partial S_{ABEC}}{\partial \Delta R_2} = \dfrac{1}{2} \times \dfrac{C - \Delta R_1 - \alpha \Delta U_1 + W}{(\Delta R_1 + \alpha \Delta U_1 - \Delta R_2 - W)^2} < 0$，故 S_{ABEC} 是关于 ΔR_1 和 ΔR_2 的减函数。因此供应商选择参与策略的收入增加得越多，供应商进行资源共享的动机就越大，经过长期博弈后，供应商选择参与策略的概率也就越大。证毕。

命题 6.3：在其他参数确定的条件下，制造商从积极管理中获得的超额利润越大，消极管理可获得的投机收益越小，则制造商选择积极策略的概率越大。

证明：将 S_{ABEC} 分别对 ΔU_1 和 ΔU_2 求偏导，得 $\dfrac{\partial S_{ABEC}}{\partial \Delta U_1} = -\dfrac{1}{2} \times \dfrac{\alpha(C - \Delta R_2)}{(\Delta R_1 + \alpha \Delta U_1 - \Delta R_2 - W)^2} - \dfrac{1}{2} \times \dfrac{(1-\alpha)G}{[(1-\alpha)\Delta U_1 - \Delta U_2]^2} < 0$，$\dfrac{\partial S_{ABEC}}{\partial \Delta U_2} = \dfrac{1}{2} \times \dfrac{G}{[(1-\alpha)\Delta U_1 - \Delta U_2]^2} > 0$，故 S_{ABEC} 是关于 ΔU_1 的减函数，但关于 ΔU_2 是增函数。

对制造商而言，如果它选择积极策略所能带来的收入增加越大，那它就越有动力对资源共享平台进行管理；对供应商而言，当制造商选择积极管理策略时，它也可以分配到利益，因此长期博弈系统越有可能收敛到（1，1）。但是，如果供应商对云平台的介入能使处于消极管理状态的制造商受益，制造商必然更倾向于选择消极策略。因为这种情况下制造商无需额外的积极管理成本。

对制造商而言，通过选择积极策略获得的收益增量越大，主动管理资源共享平台的欲望就越大；对供应商而言，制造商在主动管理的同时也可以获得收益分配，因此长期博弈系统越有可能收敛到（1，1）。但是，如果在制造商被动管理的状态下，供应商独立参与云平台也能给制造商带来利益，制造商一定会选择消极策略。因为在这种情况下制造商无需自己投资。证毕。

命题 6.4：在其他参数条件下，供应商从平台技术溢出中获得的收入越大，供应商就越有可能选择不参与策略。

证明：将 S_{ABEC} 分别对 W 求偏导，得 $\dfrac{\partial S_{ABEC}}{\partial \Delta U_1} = \dfrac{1}{2} \times \dfrac{C - \Delta R_2}{(\Delta R_1 + \alpha \Delta U_1 - \Delta R_2 - W)^2} > 0$，故 S_{ABEC} 是关于 W 的增函数。因此供应商可获得的平台技术外溢收益越大，长期博弈后供应商选择不参与策略的可能性也就越大。证毕。

此时，如果供应商通过投机获得足够的收益，而不必投入成本，则其更有可能选择不参与策略。对制造商而言，不仅要注意优化平台运行和提高资源匹配效率，同时还要注重加强平台技术等知识产权的安全管理。

6.4.3 最优供应链超额收益分配

在实际操作中，如果制造商积极管理，同时供应商选择加入促进资源共享的平台，形成资源共享的稳定合作，那么就可以实现价值创造，产生资源共享协同效应，获得供应链的超额利润，尤其是当供应链中存在某个成员企业的生产进度受其他成员企业的资源影响，无法按时完成的情况时，通过资源共享，可以迅速打破这种资源约束，有效提高对客户需求的响应速度。但是，供应链中的每个成员都是一个独立的经济体，他们都会追求各自利益的最大化，合理的供应链超额利润分配比例的制定对促进资源共享非常必要。

命题 6.5：在其他参数确定的条件下，供应链中存在超额收益的最优分配系数 α^*。然而，由于追求最大化供应链成员的利益和可用收入边界的限制，分配系数的值不是唯一的。

证明：将 S_{ABEC} 分别对 α 求一阶导数和二阶导数，得 $\dfrac{\partial S_{ABEC}}{\partial \alpha} = \dfrac{1}{2}\left[-\dfrac{\Delta U_1(C - \Delta R_2)}{(\Delta R_1 + \alpha \Delta U_1 - \Delta R_2 - W)^2} + \dfrac{\Delta U_1 G}{[(1 - \alpha)\Delta U_1 - \Delta U_2]^2} \right]$，$\dfrac{\partial^2 S_{ABEC}}{\partial^2 \alpha} = \dfrac{1}{2}\left[\dfrac{\Delta U_1^2(C - \Delta R_2)}{(\Delta R_1 + \alpha \Delta U_1 - \Delta R_2 - W)^4} + \dfrac{\Delta U_1^2 G}{[(1 - \alpha)\Delta U_1 - \Delta U_2]^4} \right] > 0$，故存在一个 α_1 可使 $\dfrac{\partial S_{ABEC}}{\partial \alpha} = 0$，且 S_{ABEC} 在 α_1 处可取得极小值，系统最有可能演化至（1，1）。

此时，$\alpha^* = \alpha_1 = \dfrac{\sqrt{C - \Delta R_2}\,(\Delta U_1 - \Delta U_2) + \sqrt{G}\,(\Delta R_2 + W - \Delta R_1)}{\Delta U_1\sqrt{C - \Delta R_2} + \Delta U_2\sqrt{G}}$。

同时，根据情形 3 可知，制造供应链资源共享可获得的收益需满足 $(1 - \alpha)\Delta U_1 - \Delta U_2 - G > 0$，$\Delta R_1 + \alpha\Delta U_1 - W - C > 0$，故 α 取值范围为 $\dfrac{W + C - \Delta R_1}{\Delta U_1} < \alpha < \dfrac{\Delta U_1 - \Delta U_2 - G}{\Delta U_1}$。因各收益参数数值不确定，$\alpha_1$ 不一定在边界范围内。当 $\dfrac{W + C - \Delta R_1}{\Delta U_1} < \alpha_1 < \dfrac{\Delta U_1 - \Delta U_2 - G}{\Delta U_1}$ 时，S_{ABEC} 在 $\alpha^* = \alpha_1$ 处取得最小值；当 $\dfrac{\Delta U_1 - \Delta U_2 - G}{\Delta U_1} < \alpha_1$ 时，S_{ABEC} 在 $\alpha^* = \alpha_2 = \dfrac{\Delta U_1 - \Delta U_2 - G}{\Delta U_1}$ 处取得最小值；当 $\dfrac{W + C - \Delta R_1}{\Delta U_1} > \alpha_1$ 时，S_{ABEC} 在 $\alpha^* = \alpha_3 = \dfrac{W + C - \Delta R_1}{\Delta U_1}$ 处取得最小值。三种收益条件下，供应链超额收益最优分配比例系数 α^* 出现三种不同取值。证毕。

为了鼓励供应商参与资源共享平台，制造商通常与供应商分享参与该平台所带来的供应链增值收益。然而，作为一个独立的经济实体，制造商也会追求自身利润的最大化，即制造商将供应链的超额利润分配给供应商，而剩余的利润可以弥补自身的积极管理成本，而制造商在分配后的净收益需大于消极管理的情况，即需要满足 $(1 - \alpha)\Delta U_1 - G > \Delta U_2$。否则，选择消极管理更有利于制造商；同时，对供应商而言，在获得分配收入后，参与平台的净收益增量也高于平台技术溢出的净收益，也就是说需要满足 $\alpha\Delta U_1 + \Delta R_1 - C > W$。否则，作为一个独立的经济体，供应商往往会选择不参与平台策略，以最大化收益。有限理性的供应链成员追求自身利益最大化和可用收入边界的限制使得分配系数收入分配比例出现了三种不同的情形。在实践中，应根据不同的收入情况，合理分配超额利润，促进供应链资源共享，形成稳定的合作关系。

6.4.4　数值仿真与小结

以某装备制造供应链为例，通过数值仿真，分析供应链成员不同收益状态下系统演化趋势。不妨假设 $U = 50$，$R = 20$，$D = 5$，$G = 2$，$C = 2$，$\Delta U_1 = 10$，$\Delta U_2 = 5$，$\Delta R_1 = 4$，$\Delta R_2 = 3$，$W = 4$。

当 $\alpha = 0.1$ 时，系统演化如图 6.4（a）所示。这时，对制造商和供应商而言，当对方选择合作策略时，它自身的投机行为使其获得的利润大于合作行为获得的利润，但当对方选择另一个策略即非合作策略时，合作利润又高于投机行为利润。所以，制造商和供应商都希望另一方能选择合作策略，而其自身又希望通过投机获取利润，这会导致资源共享合作模式出现周期变化的状态，演化稳定策略很难出现在整个供应链系统中。

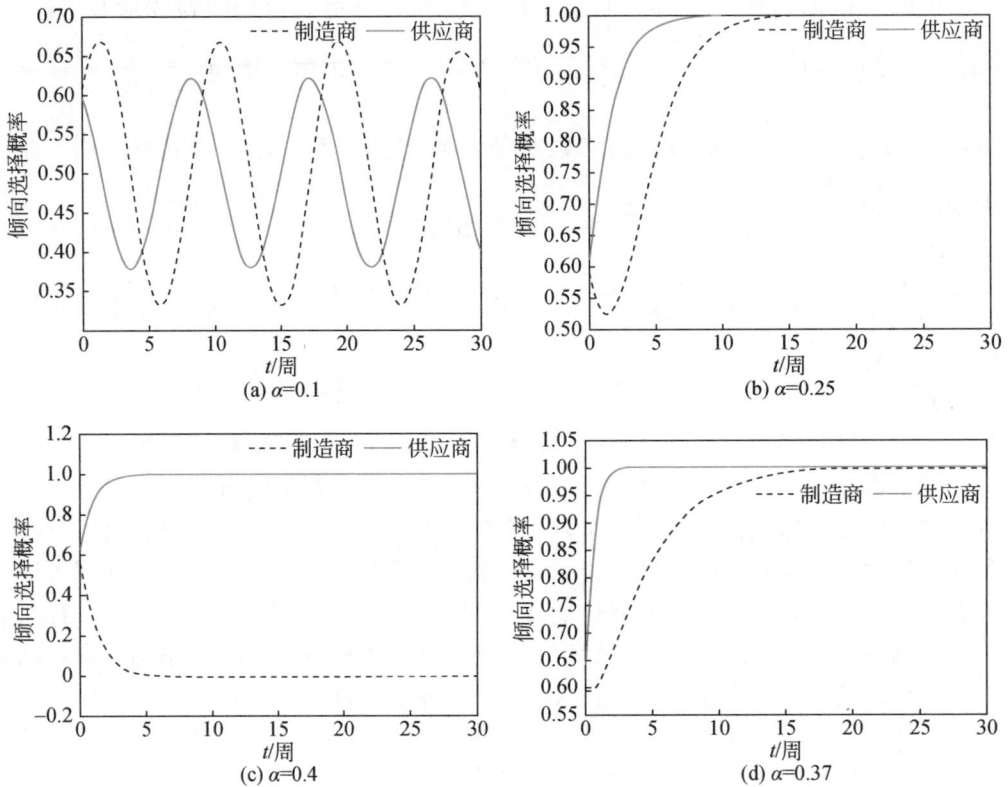

图 6.4 分配系数 α 对系统演化趋势的影响

制造商为了促进供应链资源共享合作可以适当地调整分配系数，图 6.4（b）展现了当分配系数增大至 $\alpha = 0.25$ 时的系统演化。这时，制造商通过增加对供应商的收入分配，使供应商的投机策略的利润低于合作策略的利润，并确保自己的合作策略利润与投机策略利润之间的差额为正。经过长期演进，系统将向（1,1）收敛，即制造商倾向于选择主动管理，供应商倾向于选择参与云平台，供应链中可成功地实现资源共享与合作。但是，如果分配系数过大，制造商选择合作策略的利润将降低到低于选择投机策略的利润，那么系统的进化均衡解将继续变化，如图 6.4（c）所示。当系统收敛到（0,1）时，也就是制造商在经过长期博弈后会倾向于选择被动管理，而供应商则会因为分配利润价值的增加而倾向于选择参与策略。

若 $\Delta R_2 = 1$，$G = 1$，$W = 1.5$，则 $\Delta R_2 - C < 0$，根据命题 6.5 可计算得 $\alpha_1 \approx$

0.37，$\alpha_2 = 0.4$，$\alpha_3 = -0.05$，因此，最优供应链超额收益分配比例系数 $\alpha^* = \alpha_1 = 0.37$，供应链系统演化如图6.4（d）所示，系统演化稳定均衡为（1，1），经过长期博弈，成员间会形成一种稳定的制造资源共享合作关系。

为了分析云平台环境信息与资源共享对制造供应链快速响应的影响和演变，本研究分析了云平台的共享决策演变过程和影响因素，采用演化博弈方法，研究供应链中超额收益的分配情况，得出以下结论：①当制造商选择积极策略时，在扣除额外成本投入后获得负净收益时，供应商选择参与策略在扣除成本投入后获得正净收益，那么两个策略选择都不取决于其他策略选择，制造商更喜欢消极管理，供应商更喜欢参与云平台。②当制造商参与消极管理时，供应商选择参与策略的收益大于相反选择的收益，但制造商积极管理的收益比不参与策略的收益少。当供应商参与资源共享平台时，制造商选择主动管理策略的收益大于选择消极管理策略的收益，系统没有稳定的策略，就会有周期性的冲击。为了避免这种情况，制造商应加强平台中相关知识产权的管理。③从制造商的角度考虑，如果其选择积极管理所获得的收益比消极管理带来的净收益高，那么制造商越倾向于积极管理；同样，对供应商而言，如果参与平台的成本较高，且可用平台技术溢出收益增加，则供应商参与平台的意愿较小。④要想更好地建立制造供应链资源合作共享关系，采取合理的超额利润分配比例至关重要。但如上文所说，供应链成员都是有限理性的经济实体，他们都会追求自身利益的最大化，加上可得收益的限制，供应链整体超额收益的最优分配系数有三种不同的取值。那么在实际供应链运行中，为了促进供应链资源共享长期稳定地运行，制定最优的分配系数需要根据供应链成员的实际收益进行选择。

6.5 云平台环境下时间敏感制造供应中断恢复决策研究

整体市场背景的随机不确定性、供应链系统的高复杂程度和供应链成员企业间的紧密联系，突发紧急事件所引起的供应中断不仅会对当事企业的正常生产造成破坏，而且会对当事企业的供应链上下游节点企业原生产计划产生影响，其中制造资源是阻碍供应链生产能力快速恢复的最主要阻碍。所以有必要研究如何快速有效地应对突发事件下的供应中断，找出供应链节点成员间的最优恢复策略，这对于改进供应链风险管理和产业实践都有重要意义。

本研究对两级经典制造供应链系统（单制造商-单供应商）进行分析，考虑市场需求的时间敏感特征，搭建制造商-供应商之间应对供应中断产能恢复的施塔克尔贝格模型，分析紧急突发事件导致制造供应中断情形下的最优恢复策略，并构建出基于云平台环境的制造资源共享援助机制，研究制造供应链节点企业间的最优资源共享恢复策略，进一步为产业实践中存在供应中断风险的制造供应链系统产能恢复决策提出理论建议。

6.5.1　问题描述

1. 模型假设

由一个制造商和一个供应商组成的经典两级制造供应链系统具有很高的学术认可度，以该两级制造供应链系统为研究对象，将供应商不可靠情形纳入考虑，在正常供应期内假设一定发生概率的紧急突发事件，进而导致产能停滞、供应中断。对该两级制造供应链系统做出以下假设：

1）由制造商主导资源共享云平台的搭建，在云平台上制造供应链节点成员企业可共享其他成员的市场需求、运行状态、产能状态、中断时间等信息，以及节点企业的技术设备、工艺知识等软硬制造资源。

2）制造商拥有根据市场需求调整订单量的主动权，在供应商发生供应中断后能配置资源进行产能恢复，以达到中断前的生产能力状态，在此产能恢复的不确定性损失不予考虑。

3）制造供应链所生产的产品具有市场替代性，产品的市场总需求由产品价格和交货提前期决定，意味着越早进入市场产品的竞争越小、市场需求量越大，以此体现事件敏感性。

4）出于对供应商核心技术等不可替代性考虑，供应商提供的零件具有独一性，即制造商不能独自生产供应商的供应零件，意味着当供应中断出现时，制造商只能通过采取对供应商的激励措施来敦促供应商尽早恢复产能。

5）制造商的生产成本全部由对供应商零件的采购成本构成，不考虑其他成本。

在以上假设的两级制造供应链系统中，制造商和供应商分别为领导者和跟随者，这代表着供应链系统中制造商优先决策，供应商根据制造商的决策再进行自身决策。具体领导-跟随决策过程描述如下：

制造商优先采集云平台上的供应链数据和市场信息，以及供应商的生产情况，向市场客户承诺出交货提前期 L，同时向上游的供应商发出订货通知。订货通知包含两个重要信息，首先是总订单量 Q 和所需零件的批发价格 w，总订单量满足市场所有需求量，故总订单量 Q 等于总市场需求量 D；其次是制造商与供应商约定交货提前期 T_m。在云平台上收到订货通知后，供应商根据订单给定的

批发价格 w、交货提前期 T_m 和自身的单位生产成本 C，拟定自身最优生产计划。当突发事件发生使供应中断后，上游供应商丧失自身产能，下游制造商同时因零件供应缺失导致停产，该两级制造供应链系统需要供应商及时恢复产能来确保供应链系统恢复正常运行。然而供应商需要一段时间的整修才能达到产能恢复正常状态，这段中断恢复时间将导致两级制造供应链系统不能按照事先约定的交货提前期 T_m（或制造商向客户承诺的交货提前期 L）完成交货，且供应商进行产能中断恢复重建需要承担成本投入，产能恢复速度与投入成本成正比。中断恢复情形的发生顺序如图 6.5 展示。

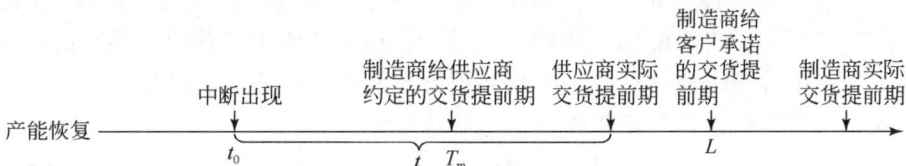

图 6.5　中断恢复情形的发生顺序

2. 参数设置

本研究涉及的参数含义如下：

ρ 代表紧急事件发生从而引发供应中断产生的概率。

P 代表制造商的单位销售价格，即产品终端的市场定价。

z 代表供应商产品残值，并假设 $z < w$（产品残值小于批发价格）。

D 代表总市场需求，是关于销售价格和交货提前期的函数，假设 $D(P, T_m) = C - \alpha P - \beta T_m$，其中 C 为潜在的市场规模，α 为市场需求价格弹性，β 为市场需求时间弹性，满足 $C > 0$，$\alpha > 0$，$\beta > 0$（桂华明和马士华，2007）。

t_0 代表供应中断出现时刻，简化模型设 $t_0 = 0$。

t 代表中断恢复后供应商的实际交货提前期，有 $t \geqslant T_m$。

l 代表制造商的生产时间。

L_C 代表未发生中断制造商生产完工给客户的交货提前期，$L_C = T_m + l$。

L_S 代表中断恢复后制造商生产完工给客户的交货提前期，$L_S = t + l$。

$C(t)$ 代表供应商产能恢复重建至正常生产状态所投入的成本，参照盛方正和季建华（2007）、Hu 等（2013）的研究，产能恢复速度与投入成本成正比，且随产能恢复用时越短，投入成本增加速度越快，即 $\dfrac{\partial C(t)}{\partial t} < 0$，$\dfrac{\partial^2 C(t)}{\partial t^2} > 0$，在此假设 $C(t) = t^2 - 2Ht + F$，其中 H 代表制造商可容忍的供应商中断恢复最长期限；F 代表供应商以最快时间恢复中断（恢复时间为 0）时的成本投入，相当于供应商在事先预备好完全产能相同的备用生产线的成本。

Π_S 代表供应商的期望收益。

Π_M 代表制造商的期望收益。

Π_G 代表整条两级制造供应链的期望收益。

参考 Li 等（2017）的研究，按照前文描述与问题假设，在没有任何外部激励时，上游供应商的期望收益为

$$\Pi_S = (1-\rho)(w-c)D(P,L_C) + \rho\{(w-c)D(P,L_S) \qquad (6.10)$$
$$+ (z-c)[D(P,L_C) - D(P,L_S)] - C(t)\}$$

式中，$1-\rho$ 是供应商正常生产的概率；$w-c$ 是供应商供应零件的单位收益；$z-c$ 是零件单位损失。式（6.10）中前一项等于供应链正常生产状况下供应商的预期收益，后一项等于供应商在发生中断并进行产能恢复后的预期收益。

同样，下游制造商的期望收益为

$$\Pi_M = (1-\rho)(P-w)D(P,L_C) + \rho(P-w)D(P,L_S) \qquad (6.11)$$

式中，$P-w$ 是制造商的终端产品单位收益。式（6.11）中前一项等于供应链正常生产状况下制造商的预期收益，后一项等于制造商在发生供应中断并进行产能恢复后的预期收益。

6.5.2 模型求解

1. 供应链分散决策

由于市场总体需求的时间价格敏感特征，制造商通过决策产品的最优市场价格以及订货时最优批发价格来实现自身收益的最大化。当供应链发生中断时，供应商通过决策最优恢复时间从而使恢复投入实现最优。决策博弈的整个流程构建出了三级主从博弈模型，求解方法使用逆向归纳法，首先求解供应链分散决策情况下制造商和供应商的最优策略。

命题 6.6：针对供应商，其实现收益最大化时的中断恢复时间为 t_1^*。

证明：对式（6.10）关于 t 求一阶导数：

$$\frac{\partial \Pi_S}{\partial t} = \rho[(z-w)\beta - 2t + 2H] \qquad (6.12)$$

再求二阶导数：$\frac{\partial^2 \Pi_S}{\partial t^2} = -2 < 0$，因此收益函数 Π_S 是关于中断恢复时间 t 的凹函数。令式（6.12）等于 0，得 $t_1^* = H + \frac{(z-w)\beta}{2}$，则供应商收益函数在 t_1^* 处可取到最大值。证毕。

更短的恢复时间代表着需要投入更大的恢复成本，然而更长的恢复时间会导致更少的制造商订货量，使制造商承担订货量减少而带来的收益损失。所以供应商需要跟制造商协商，使其实现自身的收益最大化。

命题6.7：针对制造商，其实现收益最大化时的市场价格为 P^*。

证明：对式（6.11）关于 P 求一阶导数：

$$\frac{\partial \Pi_M}{\partial P} = (1 - \rho)D(P, L_C) + \rho D(P, L_S) - \alpha(P - w) \qquad (6.13)$$

再求二阶导数：$\frac{\partial^2 \Pi_M}{\partial P^2} = -2\alpha < 0$，因此收益函数 Π_M 是关于产品价格 P 的凹函数。令 $\frac{\partial \Pi_M}{\partial P} = 0$，并将 t_1^* 的取值代入式（6.13）中，可求得 $P^* = \frac{C - \beta T_m - \beta l + \rho \beta(T_m - H)}{2\alpha} + \frac{w}{2} - \frac{\rho \beta^2(z - w)}{4\alpha}$，此时收益函数 Π_M 可取得最大值。证毕。

综合式（6.12）和式（6.13），可以得出供应链分散决策时的纳什（Nash）均衡解 (t^*, P^*)。

命题6.8：对于制造商来说，改变其指定的批发价格可影响供应商的决策，具体方式为增大批发价格，给予供应商更大恢复产能投入的动力，从而更快地恢复中断产能，满足制造商需求。

证明：结合命题6.5可知，$\frac{\partial t_1^*}{\partial w} = -\frac{\beta}{2} < 0$，因此，$t_1^*$ 是关于 w 的减函数。制造商确定批发价格 w，致使供应商根据批发价格更改其产能中断恢复的计划。这意味着此时供应商在决策博弈中处于被动劣势地位，制造商可以改变批发价格从而使供应商不得不相应增加其终端中断产能恢复成本，加速中断恢复节奏。证毕。

云平台环境下信息对称，供应商状态信息能反映给制造商，故可推断出供应商最优终端产能恢复策略中的参数间关系，制造商通过改变批发价格从而间接改变供应商的产能中断恢复时间决策，自身的最大化收益得以实现。

2. 供应链集中决策

在时间敏感的市场需求环境下，供应链参与成员意识到市场间的竞争不仅局限在各个成员企业间，更是在于所处供应链与其他供应链之间，制造供应链整体对于市场需求的快速响应已作为供应链成员自身及与其同在一个供应链中其他企业提升自身市场竞争力的重要保障，故供应链的集中决策形式显得尤为重要。基于前述问题及假设，制造供应链整体的期望收益 Π_G 为

$$\Pi_G = (1-\rho)(P-c)D(P,L_C) + \rho\{(P-c)D(P,L_S) \tag{6.14}$$
$$+ (z-c)[D(P,L_C) - D(P,L_S)] - C(t)\}$$

对式（6.14）关于 t 求一阶导数：

$$\frac{\partial \Pi_G}{\partial t} = \rho[(z-P)\beta + 2H - 2t] \tag{6.15}$$

再求二阶导数：$\frac{\partial^2 \Pi_G}{\partial t^2} = -2\rho < 0$，因此收益函数 Π_G 是关于中断恢复时间 t 的

凹函数。令 $\frac{\partial \Pi_G}{\partial t} = 0$，得 $t^\# = \frac{(z-P)\beta}{2} + H$。

对式（6.14）关于 P 求一阶导数：

$$\frac{\partial \Pi_G}{\partial P} = (1-\rho)D(P,L_C) + \rho D(P,L_S) - \alpha(P-c) \tag{6.16}$$

再求二阶导数：$\frac{\partial^2 \Pi_G}{\partial P^2} = -2\alpha < 0$，因此收益函数 Π_G 是关于产品价格 P 的凹

函数。令 $\frac{\partial \Pi_G}{\partial P} = 0$，并将 $t^\#$ 代入式（6.16）中，得 $P^\# = $

$\dfrac{2[C + \alpha c - \beta T_m - \beta l + \rho\beta(T_m - H)] - z\rho\beta^2}{4\alpha - \rho\beta^2}$。再将 $P^\#$ 代入式（6.15），可得 $t^\# = $

$\dfrac{[2\alpha z - C - \alpha c + \beta T_m + \beta l - \rho\beta(T_m - H)]\beta}{4\alpha - \rho\beta^2} + H$。

通过以上得出制造供应链整体期望收益 Π_G 在 $(t^\#, P^\#)$ 处存在二阶连续偏导数，为证明该点的最优性，构建出黑塞（Hessian）矩阵，并将 $t^\#$ 和 $P^\#$ 分别代入，从而得到黑塞矩阵的一阶顺序主子式为负，当满足 $C - \beta(l + T_m) + \alpha(c - 2z) + \rho\beta(T_m - H) > 0$ 时的二阶顺序主子式为正，黑塞矩阵整体负定，则 $(t^\#, P^\#)$ 是极大值点。结合研究问题的实际，$(t^\#, P^\#)$ 也为集中式决策下期望收益 Π_G 的最大值点。

以制造供应链整体达到协调为目标，可令制造商通过资金援助的方式协助上游供应商来达到对供应商产能中断恢复投入策略的改变（盛方正和季建华，2007），此时令制造商资金援助额为 S，改变后的供应商收益函数对时间求一阶导数，变为 $\frac{\partial \Pi_S}{\partial t} = \rho[(z-w)\beta - 2t + 2H] + \frac{\partial S}{\partial t}$，与式（6.13）对比可知，当 $\frac{\partial S}{\partial t} = \rho(w-P)\beta$ 被满足时，供应链分散决策情况下供应商产能中断恢复的时间与供应链集中决策情况下的产能中断恢复时间相等，此时供应链整体达到协调状态。该情况表明，制造供应链中出现供应中断时，制造商通过资金援助供应商的产能恢复行为，可促进供应链整体达到最优状态。

6.5.3 考虑资源共享援助的供应中断恢复

当制造供应链中供应商发生突发事件导致供应产能中断，无法快速响应制造商的订单需求时，不仅会导致自身收益受损，耽误约定交货提前期，还会导致制造商无法快速响应市场需求，进而降低整条供应链的快速响应能力与收益。所以供应商的快速产能中断恢复对制造商而言至关重要，在高时间敏感性的市场需求背景下，供应链产能中断恢复时间的缩短意味着制造商收益损失的减少。然而在供应商看来，提高产能中断恢复的速度需要其更大的恢复投入成本，这也意味着供应商期望收益的降低，尤其是受技术能力、资源制约的供应商难以承受产能中断恢复的高成本投入，"雪上加霜"的供应商境遇导致其单靠自身实力无法实现快速恢复。此时制造供应链的云平台共享环境可支持突破供应链企业的单体能力瓶颈，下游的制造商通过云平台资源共享进行供应商中断恢复援助，基于云平台的共享援助成本投入实现整体的产能快速重建。

假设 K 代表云平台资源共享下制造商提供产能中断恢复援助的成本帮助系数，作用效果相当于供应商接受制造商共享资源援助后产能中断恢复的时间变化程度，施行援助后供应商的交货时间变为 $(1-K)t$，因此制造商实际交货提前期为 $L_G(1-K)t+L$，其中 $0 \leq K \leq 1$；N 代表下游制造商对供应商中断恢复的资源共享援助成本，此时 K 是关于 N 的函数，供应商的共享援助程度与共享援助成本成正比，即 $K'(N) > 0$，可设 $K(N)$ 的二阶导数可微且为负，即 $K''(N) < 0$，同时制造商不投入任何共享援助成本时供应商维持原有的自身中断产能恢复时间，即 $K(0) = 0$。

本研究涉及的参数含义如下：

Π_{S2} 代表制造商进行资源共享援助时供应商的期望收益；

Π_{M2} 代表制造商进行资源共享援助时自身的期望收益；

Π_{G2} 代表制造商进行资源共享援助时制造供应链整体的期望收益。

在供应链达成资源共享援助时中断恢复情形的发生顺序如图 6.6 所示。

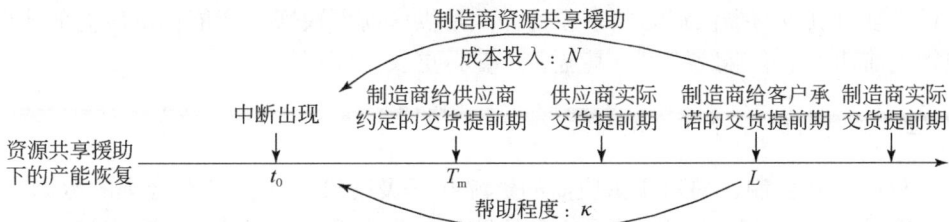

图 6.6 资源共享援助下中断恢复情形的发生顺序

可得出此时供应商的期望利润 Π_{S2} 为

$$\Pi_{S2} = (1-\rho)(w-c)D(P,L_C) + \rho\{(w-c)D(P,L_G) \quad (6.17)$$
$$+ (z-c)[D(P,L_C) - D(P,L_G)] - C(t)\}$$

制造商的期望利润 Π_{M2} 为

$$\Pi_{M2} = (1-\rho)(P-w)D(P,L_C) + \rho[(P-w)D(P,L_G) - N] \quad (6.18)$$

接下来需要找出契合实际且符合制造供应链两成员最优决策的解，从而使制造供应链进行快速中断产能恢复时整体收益与投入资源共享成本的矛盾得到协调。施行资源共享援助后，供应商与制造商策略变化如下所述。

1. 供应商的产能恢复决策

命题 6.9：资源共享援助只有当帮助系数 K 满足 $K > 2 + \dfrac{2H}{(z-w)\beta}$ 时，对于供应商中断产能恢复的缩短才能起到激励效果，否则共享援助机制无效。

证明：过程同命题6.6的证明，对式（6.17）中 t 变量先求一阶导数再求二阶导数，可得 $\dfrac{\partial \Pi_{S2}}{\partial t} = \rho[(1-k)(z-w)\beta - 2t + 2H]$，$\dfrac{\partial^2 \Pi_S}{\partial t^2} = -2 < 0$。令 $\dfrac{\partial \Pi_{S2}}{\partial t} = 0$，易得 $t_2^* = H + \dfrac{(1-K)(z-w)\beta}{2}$，此时供应商的利润达到最大。由于 $0 \leqslant K \leqslant 1$，显然 $t_2^* \geqslant t_1^*$，这说明在制造商进行产能共享援助后供应商的最优中断恢复时间变大，然而此时的实际交货提前期变为 $(1-K)t_2^* = (1-K)H + \dfrac{(1-K)^2(z-w)\beta}{2}$。

为比较共享前后实际交货提前期的变化，令 $A = (1-K)t_2^* - t_1^*$，代入实际交货提前期得 $A = K\left[\dfrac{(K-2)(z-w)\beta}{2} - H\right]$，则当 $K > 2 + \dfrac{2H}{(z-w)\beta}$ 时，有 $A < 0$，即共享前后恢复时间短缩，这说明，在制造商对供应商的供应中断进行资源共享援助起到一定程度的帮助作用后，资源共享援助机制才能起到缩短恢复时间的激励作用。若 $K \leqslant 2 + \dfrac{2H}{(z-w)\beta}$，则 $A \geqslant 0$，意味着达到该条件时哪怕制造商愿意继续对供应商提供资源共享援助以激励供应商更快恢复产能，供应商的实际交货提前期也不会继续缩短，甚至相反变得更长。证毕。

2. 制造商的资源共享决策

命题 6.10：制造商对于供应商的资源共享援助投入应保持在合理的范围内，成本投入过高或过低都会导致供应商的期望收益下降，从而遭到供应商拒绝接受援助。

证明：对式（6.18）的 N 变量求一阶导：

$$\frac{\partial \Pi_{M2}}{\partial N} = \rho \{ (P-w)[H+\beta(1-K)(z-w)]\beta K'(N)-1 \} \qquad (6.19)$$

若 $K < 1 + \dfrac{H}{\beta(z-w)}$，即 $H+\beta(1-K)(z-w)<0$，则 $\dfrac{\partial \Pi_{M2}}{\partial N}<0$ 恒成立，则此时 Π_{M2} 为关于 N 的单调减函数，制造商对供应商投入的资源共享援助越多，可得收益越少。

若 $2 + \dfrac{2H}{\beta(z-w)} > K > 1 + \dfrac{H}{\beta(z-w)}$，对式（6.19）关于 N 求二阶导数：

$$\frac{\partial^2 \Pi_{M2}}{\partial N^2} = \rho\beta(P-w)\{[H+\beta(1-K)(z-w)]K''(N)-\beta(z-w)[K'(N)]^2\}$$

但根据命题6.9可知，相对于资源共享援助前，供应商此时的实际交货提前期更长，导致时间敏感的市场需求下降，进而导致下游制造商的收益降低，故制造商在该情形下不会对供应商进行资源共享援助。这意味着在制造商的资源共享援助程度不显著时，制造商宁可不进行共享援助。

若 $K > 2 + \dfrac{2H}{\beta(z-w)}$，且满足 $K < 1 + \dfrac{H}{\beta(z-w)} - \dfrac{[K'(N)]^2}{K''(N)}$，有 $\dfrac{\partial^2 \Pi_{M2}}{\partial N^2} < 0$，所以收益函数 Π_{M2} 是关于援助成本 N 的凹函数。

综上可知，当 $1 + \dfrac{H}{\beta(z-w)} - \dfrac{[K'(N)]^2}{K''(N)} > K > 2 + \dfrac{2H}{\beta(z-w)}$ 的条件可被满足时，制造商的资源共享援助成本存在唯一最优解，可实现期望收益最大化，令 $\dfrac{\partial \Pi_{M2}}{\partial N}=0$，可得 $K^* = 1 + \dfrac{H}{\beta(z-w)} - \dfrac{1}{\beta^2(z-w)(P-w)K'(N)}$。

资源共享援助下，对制造商的期望收益 Π_{M2} 求关于 P 的一阶和二阶偏导数，可求得此时制造商的最优市场价格应满足 $P_2^* = \dfrac{C-\beta T_m-\beta l+\rho\beta[T_m-(1-K)H]}{2\alpha} + \dfrac{w}{2} - \dfrac{\rho\beta^2(1-K)^2(z-w)}{4\alpha}$。

因为 $0 \leqslant K \leqslant 1$，显然 $P_2^* \geqslant P_1^*$，意味着在对供应商实施资源共享援助后，制造商的最优决策会将产品的市场价格提高，以便得到更高的单位收益。

3. 策略选择

当供应商达到最优的恢复时间策略时，进行资源共享援助后与援助前的期望收益差 U_1 满足 $U_1 = \Pi_{S2}(t_2^*) - \Pi_{S1}(t_1^*)$，把 t_1^* 与 t_2^* 先后代入前式中，可求得 U_1。这时有以下两种情况：

1）当 $U_1 > 0$ 时，意味着制造商对供应商资源共享援助下，供应商产能中断恢复后能得到更高的收益，故供应商此时会接受制造商的资源共享援助，且供应商愿意主动付出共享资源使用费 E 来反向刺激制造商继续投入资源共享援助力度，且该笔共享资源使用费最高额度应等于供应商使用共享资源前后的最优策略收益差，即 $E^* = U_1$。

2）当 $U_1 \leqslant 0$ 时，意味着供应商在接受制造商的资源共享援助后相比于不接受时并没有获得更多的收益，故供应商此时会拒绝接受制造商的资源共享援助。相应地，制造商为使供应商接受援助进而降低中断恢复时间，可通过补贴供应商形成激励，促进其接受资源共享援助来实现快速中断恢复响应市场，激励金额为 F，并应满足 $F + U_1 \geqslant 0$。

接下来讨论制造商。制造商借助云平台向供应商提供资源共享援助后虽然可缩短供应中断时间从而快速满足市场需求并增加收益，但根据命题 6.9 和命题 6.10 的分析，最优恢复时间会随着资源共享援助的帮助程度不同产生不确定性，且存在共享成本 N，故对制造商而言，即使施行资源共享援助策略也不一定使自身收益增加。下面将对制造商的不同最优策略选择进行讨论。

当制造商达到最优策略时，其对于供应商的资源共享援助前后期望收益差为 $U_2 = \Pi_{M2}(P_2^*, N^*) - \Pi_{M1}(P_1^*)$，把最优解代入即可求得制造商的资源共享援助收益 U_2。同上文 U_1 的分析，此时也存在两种情况讨论：

1）若 $U_2 > 0$，意味着制造商对供应商施行资源共享援助后自身所获收益会比自身共享投入大，故制造商会选择施行资源共享援助策略，同时这部分超额收益还可以为供应商因接受共享援助收益降低时提供激励补贴，从而促进供应链共享合作，最高补贴金额满足 $F^* = U_2$。但若制造商提供了最大激励补贴后仍无法弥补供应商的产能中断恢复成本，即 $F^* + U_1 < 0$，则供应商仍不会接受制造商的资源共享援助。

2）若 $U_2 \leqslant 0$，意味着制造商对供应商施行资源共享援助后自身投入成本将大于自身收益，若此时供应商有超额收益则可支付制造商共享资源使用费，进而激励制造商继续施行资源共享援助，使用费金额需满足 $E + U_2 \geqslant 0$。但若制造商收取供应商的共享资源使用费后仍无法弥补投入损失，即 $E^* + U_2 < 0$，那么制造商仍会拒绝施行资源共享援助策略。

根据以上分析对制造商与供应商的策略选择条件进行汇总，结果显示见表 6.7。

表 6.7　四种收益变化情形下的激励策略

激励情形		激励约束	激励策略
$U_1 > 0$	$U_2 > 0$	共享	无

续表

激励情形		激励约束	激励策略
$U_1 < 0$	$U_2 > 0$	$F + U_1 \geqslant 0$，且 $F^* = U_2$	制造商提供补贴
		$F^* + U_1 < 0$	供应商拒绝接受资源共享
$U_1 \geqslant 0$	$U_2 < 0$	$E + U_2 \geqslant 0$，且 $E^* = U_1$	供应商支付资源使用费
		$E^* + U_2 < 0$	制造商拒绝提供资源共享
$U_1 < 0$	$U_2 < 0$	不共享	无

可以看出，市场需求的时间敏感特征与产能中断恢复成本和时间缩短成正比特征叠加后，导致产能中断恢复时间变化的不确定性，制造商对于中断恢复的资源共享援助计划不一定对结果发生正向激励作用。其中，对供应商而言，当资源共享援助程度较低时，供应商不会接受制造商的共享援助；对制造商而言，若资源共享援助成本过高，同样也不会采取援助策略。

以上是本节内容的全部博弈模型与参数分析过程，然而对参数表达的收益函数与最优解表达式缺乏直观感受，下面将用数值仿真对结果进行具体阐释。

6.5.4 数值仿真与小结

现在假设有一条云平台环境下单制造商和单供应商构成的市场需求时间敏感制造供应链，其中供应商由于紧急突发事件而发生产能供应中断，分别讨论制造商通过云平台进行资源共享援助和不参与援助前提下，制造供应链分散和集中决策模式，计算供应商的最优恢复时间和期望收益、制造商的最优产品定价和期望收益，以及制造供应链的整体期望收益。考虑到本研究的前提假设，现设置相关参数为 $\rho = 0.2$，$\alpha = 8$，$\beta = 0.1$，$c = 8$，$w = 9$，$z = 3$，$C = 100$，$H = 5$，$F = 30$，$l = 5$，$T_m = 3$。

首先，制造商不提供产能共享援助时供应链分散决策模式下，制造商的最优产品定价 P^* 可通过式（6.13）计算得到；同时供应商可根据制造商确定的批发价格按照式（6.16）计算得出最优恢复时间；两者分别的期望收益通过式（6.10）及式（6.11）计算得出。其次，供应链集中决策模式下的整体最优恢复时间通过式（6.15）和式（6.16）联立计算得到，进而通过式（6.18）可求得制造供应链的整体最大期望利润。将以上计算结果通过表格汇总方式得到如下优化结果，见表6.8。

表 6.8　供应链优化结果

分散决策					集中决策		
t^*	P^*	$\Pi_S{}^*$	$\Pi_M{}^*$	$\Pi_G{}^*$	$t^\#$	$P^\#$	$\Pi_G{}^*$
4.65	11.20	17.98	11.48	29.46	4.64	10.20	31.39

　　从表 6.8 可以看出，供应链的分散决策模式中最优中断恢复时间长于集中决策模式中整体最优中断恢复时间，同时前者的产品市场价格更高，更短的中断恢复时间使得整体供应链获得更多的市场份额与订单，集中决策模式的供应链整体收益更高。在供应链分散决策模式下，制造商的高产品报价会导致总体市场需求量减少，即使分散决策中供应商与制造商均可实现各自的最优期望收益，但对整体供应链而言并没有实现总体最优。

　　结合命题 6.6 可知，制造商对批发价格的调整可间接改变供应商的中断产能恢复时间，可根据分散决策模式下制造商批发价格的不同设定来讨论批发价格 w 对供应链两成员各自的决策影响。

　　通过图 6.7 和图 6.8 可以看出，随着制造商决策的批发价格 w 的增大，对供应商而言，其供应中断恢复时间随之减少，而期望收益反而不断增大；对制造商而言，其期望收益却随之减少。因制造供应链整体处于云平台环境下，供应链成员间信息对称，制造商可根据供应商对自身中断恢复时间的决策进一步推断出各供应链参数间的关系，同时适当提高对供应商的批发价格 w 以激励供应商尽量缩短供应中断恢复时间，进而使供应链整体能快速响应市场需求。但提高批发价格

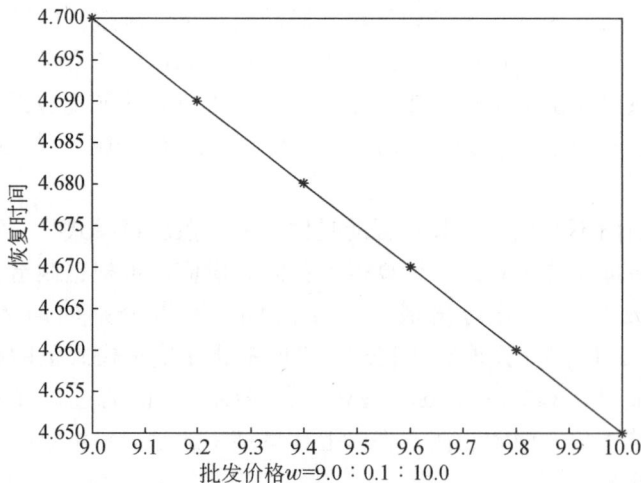

图 6.7　批发价格 w 对中断恢复时间的影响

$w=9.0:0.1:10.0$ 表示 9.0 到 10.0 以 0.1 递增，下同

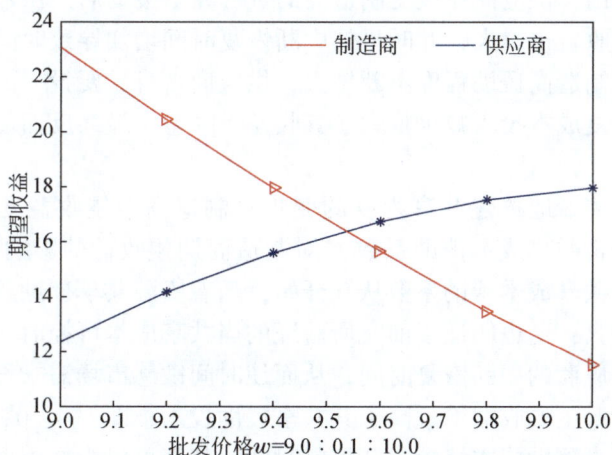

图 6.8　批发价格 w 对期望收益的影响

w 对制造商来说等于增大了自身的生产成本,其期望收益会随之降低,此时供应商在获得激励后得到的部分超额收益可用作支付共享资源使用费用从而部分弥补制造商损失,这意味着供应商反过来通过收益共享激励制造商提高批发价格从而实现整体供应链收益增大。

供应链在云平台环境下实施资源共享援助机制,假设 $K(N) = \dfrac{1}{2} - \dfrac{1}{2(N+1)}$,满足 $K'(N) > 0$, $K''(N) < 0$ 的约束,且 $K(0) = 0$ 。其他供应链参数的数值设定不变,供应链两成员的期望收益变化如图 6.9 所示。

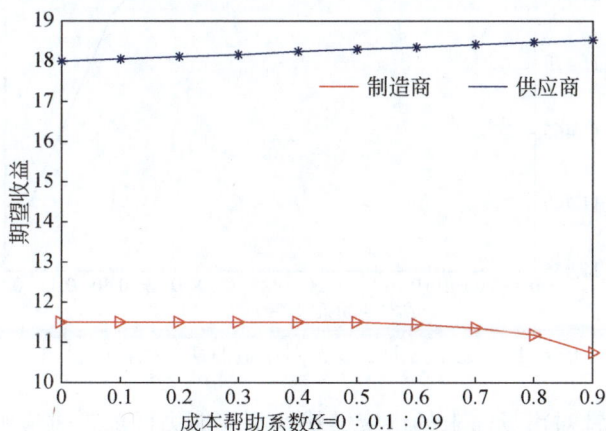

图 6.9　成本帮助系数 K 对供应链成员期望收益的影响

由图 6.9 得出，供应商在接受制造商的资源共享援助后，虽然其最优恢复时间增大，但期望收益也增大，此时虽然中断恢复时间增加导致时间敏感的市场需求降低，但由于制造商援助程度不断增大，供应商自身需要投入的中断恢复成本逐渐减少，其恢复成本投入减少量大于其收益下降量，最终反而使供应商的总体收益增加。

图 6.9 不能清晰地描述共享程度的变化对制造商期望收益变化的影响和效果，进而单独分析共享成本帮助系数 K 对制造商期望收益的影响，如图 6.10 所示。可以看出，共享成本帮助系数从 0 开始，随着资源共享援助程度增大，制造商的期望收益增大，这也印证了前文所验证的当共享成本可控时，资源共享援助机制可以缩短供应商的中断恢复时间，从而使时间敏感市场需求增加、产品定价增大，对制造商产生的收益增量高于其共享援助投入，即 $U_2 > 0$，该时段制造商愿意主动投入共享援助成本缩短中断恢复时间，甚至可以为供应商提供激励金额 F 从而激励供应商更快地恢复产能。然而随着成本帮助系数的不断增大，制造商援助成本节节攀升，直到出现援助投入成本超过收益增量，制造商的收益还不如共享援助之前，达到 $U_2 < 0$ 的状况。此时，供应商为了能获得持续的制造商资源共享援助，需要拿出一部分自身的超额收益用作共享资源使用费用 E 来弥补制造商提高成本帮助系数而损失的收益，但这笔使用费不能超出供应商获得援助后的收益增加额，即需满足 $U_1 + U_2 > 0$。

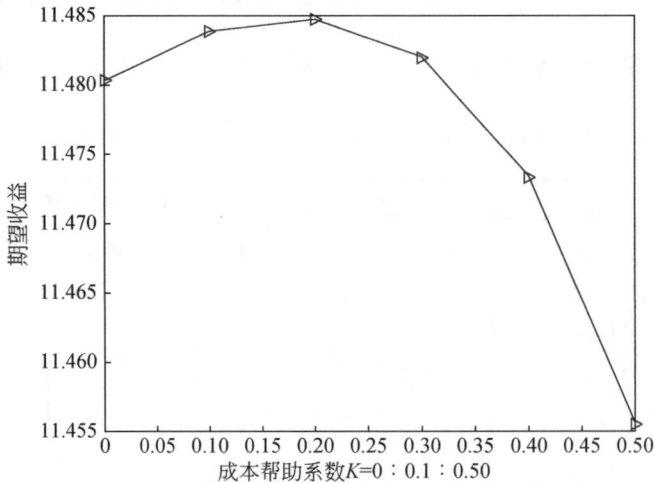

图 6.10　成本帮助系数 K 对制造商期望收益的影响

整体而言，针对市场需求的供应链快速响应能力已成为供应链系统取得整体竞争优势的关键要素之一。充分考虑市场需求以及供应链的时间敏感性特征，以上内容基于云平台环境下制造供应链资源共享模式，提出一种制造供应链应对供应中断的资源共享援助策略，为供应链应对突发事件后供应中断恢复、快速响应市场需求的问题提供了可借鉴的策略思路。分析结果可看出：①基于云平台环境的制造供应链信息对称，处于主导地位的制造商可根据自身决策推断出上游供应商的决策参数关系，并通过增大对供应商的批发价格激励供应商对中断恢复的成本投入，进而减轻供应中断对整条供应链快速响应市场需求的影响。②供应链集中决策模式下的供应商最优恢复时间、制造商的产品定价均低于供应链分散决策模式，但前者的市场需求总量、产生的制造供应链整体收益却大于后者。③制造商对供应商施行资源共享援助，当援助程度较低时，中断恢复时间的不确定性将导致资源共享援助机制的激励起不到应有的作用，甚至出现援助后供应商的中断恢复时间增加的状况。④云平台环境下供应链双方达成资源共享援助的条件如下，对供应商而言，接受援助后其收益增加时愿意向制造商支付资源使用费，但该费用应小于其援助前后收益增加量，同时保证制造商接受费用后能弥补收益损失；对制造商而言，实施援助后供应商收益减少时需向其补贴激励以达到缩短中断恢复时间目的，同时激励额度大于供应商接受援助后的收益差，也需确保制造商快速响应的收益增量大于其援助投入与激励之和。

6.6　云平台环境下制造供应链快速响应绩效评价体系的构建

　　绩效评价体系的构建是制造供应链实现快速响应必不可少的成果以及实施状况评估与检测的环节，失去绩效评价的完整体系意味着无法对制造供应链的实施活动进行反馈与调整。云平台环境下制造供应链除了具备传统供应链完整的价值流、资金流、物料流、产品流等流程外，更加细化了供应商、制造商、云平台与用户之间的相互作用，当然在理论研究层面本研究对其进行了相应的简化，着重探知云平台环境下考虑制造流程的制造商与供应商之间的核心联系。相应地，云平台环境下制造供应链快速响应的绩效评价体系也将重心放在云平台环境下制造供应链节点企业的信息与资源共享、援助机制、时间效率等方面，并对其实施活动的表现进行体系化的绩效评价。

6.6.1　云平台环境下制造供应链快速响应绩效评价指标体系设计原则

　　中国虽然已成为制造业大国，但远不能被称为制造业强国。即使我国的制造业近几年已从中低端向高端逐渐发展，也取得了一些喜人的进步成果，然而与德国、美国或日本这些发达国家相比，我们在创新能力、产业结构、资源利用效率等方面仍有很大差距，整体竞争力不在一个量级。我国制造业的相对落后，不仅体现在先进制造技术层面，也体现在生产制造模式与生产制造管理层面。处在云平台环境下的制造型供应链所发展出来的快速响应模式，对于供应链节点企业间的信息共享、资源整合配置等方面做出了很大贡献，随着工业互联网和云制造技术的发展，制造服务与资源的无缝衔接也将不再是难事。通过制造供应链企业间的资源共享优化了资源配置，使资源分布不均衡所引起的供应链制造能力短期瓶颈现象得以缓解，并使得制造供应链整体能更加快速响应市场需求。市场需求的多变性与复杂性导致产品需求兼具价格敏感性与时间敏感性，供应链对产品需求的高响应速度已然变成了供应链保持竞争优势的重要条件之一，此时供应链中的突发事件所引发的供应产能中断就会造成供应企业乃至整条供应链严重的效益损失。

同时，制造供应链源自于传统供应链，是供应链在制造业中的垂直细分，对其快速响应绩效评价体系的构建依然是复杂的系统工程，因供应链在制造业中快速响应的特性无法覆盖到供应链的方方面面，只能在规定的原则下通过对关键指标的提取与检测来尽可能精确地描述并评价云平台环境下制造供应链快速响应的实施状况，并且这些关键指标是一个动态发展的多维度体系，结构关系较为复杂，因此构建这一绩效评价体系的客观、全面且准确的原则制定必不可少。本研究通过长期对制造供应链节点企业间相互协同合作状况的跟踪与信息采集分析，辅以学术性的理论研究，针对云平台环境下制造供应链快速响应绩效评价指标体系的设计总结概况出以下五个原则。

（1）系统性原则

供应链概念自被提出以来一直是一个结构与运作复杂的系统工程，本章研究的云平台环境下的制造供应链虽是供应链体系的一个子集细分，但仍继承了供应链研究的系统性特点，云平台运营方、制造商、供应商等节点企业自身的企业运作及协同时的交互运作，以及云平台环境下制造供应链为快速响应市场需求而充分调动的信息流、物流、资金流、时间流等不同维度的显性或隐性的指标，都反映出云平台环境下制造供应链快速响应活动自有的系统性，故其绩效评价指标体系的设置毋庸置疑需要将系统性原则作为首要原则。

（2）代表性原则

根据云平台环境下制造供应链的特点分析，理论研究需要对实际生产活动进行相应的简化，在参与角色分析中将传统的两阶段制造供应链——即制造商和供应商进行保留，同时加入云平台运营方，构建出符合信息资源共享的云平台环境下制造供应链。选择传统两阶段制造供应链的原因在于已有文献对其结构进行了深刻的理论和实际代表性研究，相关理论基础成熟，通过角色聚类可以将云平台环境下制造供应链的核心参与企业归为制造商与供应商，且便于对这两类核心企业进行数据和资料的采集；具有代表性的制造供应链节点企业因其信息、资源、资金等优势，对整条供应链的控制和影响力也具有代表性，代表性供应链节点企业的快速响应能力可作为云平台环境下制造供应链整体的快速响应能力。故保留并简化复杂的供应链系统，仅聚类其中基础的制造商、供应商及云平台运营方即可拥有最大化的制造供应链代表性，其快速响应的绩效评价指标体系也将以此为原则进行设置。

（3）指标关键性原则

快速响应能力的绩效指标评价需要对云平台环境下制造供应链的表现与运作状况进行客观、全面又准确地概括，但由于节点企业众多、供应链系统过于庞大与复杂，及时进行代表企业的角色聚类和简化仍有大量可供选择的宏微观指标，为了能更加具体地描述制造供应链的快速响应状况，需要尽可能多的囊括云平台环境下制造供应链的表现指标，从多维度综合评价。在此需要注意的是，快速响应能力的指标评价过程需要耗费成本，过多追求全面的能力评价必然导致成本的升高；且过多的指标会导致评价体系异常复杂，分析起来会有诸多不便，无法兼顾灵活多变的快速响应能力动态性。故云平台环境下制造供应链快速响应的绩效评价指标需遵循指标选取的关键性原则，权衡评价实施过程的成本与收益，尽量使用最简单的评价指标体系反映出制造供应链在云平台环境下快速响应的真实状况。

（4）可量化原则

快速响应能力的客观评价更多程度会反映在包括时间量、资源量等量化的综合指标中，且可量化的评价指标更加便于体系的构建和数据采集，如到货时间、发货时间、物流时间等时间量均可通过企业系统或云平台数据库中直接导出进行评价，也便于计算机软件进行运算处理；同时，可量化的指标可以尽量克服主观因素带来的非客观、非公正的影响，用采集到的真实数据来客观真实地反映制造供应链的快速响应情况。即使一些无法直接获取的评价因素（如制造商柔性系数、云平台信息共享程度等），仍可以通过基础采集的数据进行公式运算，从而得出可量化的柔性系数、信息共享程度等综合指标。

（5）可比性原则

根据可量化原则，当云平台环境下制造供应链快速响应绩效评价体系的所有绩效指标均为可量化指标时，不同时段、不同行业的制造供应链之间就可以通过量化指标进行对比分析，进而得出进一步结论，同时也可将对比结果存储在云平台上，便于制造供应链各节点企业共享查看，并根据对比结果进行优化改善。故本研究将指标的可比性作为制造供应链快速响应绩效评价指标体系设置的原则之一。

6.6.2 云平台环境下制造供应链快速响应绩效评价指标体系要素

通常绩效评价指标类型可分为风险型指标、效益型指标、递延型指标和效率型指标四大类。其中风险型指标用以量化被测评结构组织取得目标过程中的不确定性，可视为一种惩罚性指标，顾名思义风险型指标的因素和量值越多其越大，被评估的结构组织需要承担的风险就越多、遇到不确定性情形时损失值也就越大；效益型指标用以判断和量化被评估结构组织达到目标过程中所产生的价值，即判断和量化被评估组织达成目标的程度，该类型的指标不仅在于易于采集和统计的硬性指标（如资金量、人员数量等），也在于常规意义上不易于量化的软性指标（如知识产权、信息化程度等），对效益型指标量化和选取的关键在于选用时如何定义内容及适用范畴；递延型指标主要用以量化和判断当前被评估结构或组织的运行状况及其效益程度对其未来发展或达到目标的影响程度，大体可将该范畴下的指标因素划分为正向（促进）和反向（恶化）两种，其重要性在于分析现阶段被评估组织或结构运行状态中对未来有潜在价值或未知损害的因素，将其显性量化出来，递延型指标与风险型指标、效益型指标最大的区别在于其着重于评估当前潜在的因素对被评估组织或结构未来发展中的正负向影响；效率型指标用以量化和判断被评估组织或结构在达到总体目标过程中产出价值与投入成本之间的比值，区别于效益型指标单纯着重的产出价值，效率型指标更能反映出被评估组织或结构的资源利用效率，这也是管理者在组织运行过程中重点要了解的指标，效率越高，组织达到目的所投入的直接/间接成本越少，实现目标越轻松。

根据以上指标类型的理论依据，并结合本章对云平台环境下制造供应链快速响应研究的特点和关键要素，在制造供应链为实现快速响应的总体目标下，构建包括信息资源共享水平、中断恢复水平和供应链合作水平三大一级指标的体系。

信息资源共享水平。在云平台环境下制造供应链中，着重突出的就是云平台环境下资源与产能的服务转型及按需配置能力。通过云平台的共享资源池，可针对供应链的不同情况进行统一管理与柔性调配，使供应链实现松紧耦合协同，构建出灵活的虚拟联盟以实现资源和信息的共享。相对于以往的制造供应链，这是加入云平台环境最大的不同之处也是优势之处。所以，在该环境下的信息资源共享水平决定了制造供应链使用云平台环境程度以及效率的优势，以便制造供应链能更高质量地快速响应市场需求。

中断恢复水平。制造供应链的中断恢复水平体现在云平台环境下供应链整体快速有效的应对供应中断，形成供应链成员的最优恢复策略，实现产能的快速恢复以重新满足市场需求。相较于以往的制造供应链，云平台环境下通过信息与资源共享援助机制以及供应商与制造商协同决策进行供应链合作伙伴激励等方式，能更加快速地完成中断的恢复，从而在特殊情况发生供应中断时较以往有更快的响应及恢复水平，因此对云平台环境下制造供应中断恢复水平的评估能在供应中断这一特殊情况发生时反映制造供应链的快速响应水平。

供应链合作水平。基于前两种一级指标，供应链合作水平可以更加综合地体现云平台环境下制造供应链中合作伙伴间的协同决策、信息资源共享以及成本/收益分配等合作水平，通过该指标的评估能使供应链节点企业的管理者和理论研究人员对制造供应链快速响应目标产生整体性合作能力的把握。

6.6.3 云平台环境下制造供应链快速响应绩效评价指标体系确定

为了整体评估云平台环境下制造供应链快速响应绩效评价指标体系，本章参考国内外诸多相关文献，并结合前文对共享策略演化及中断恢复决策的研究，以制造供应链快速响应为总目标，提炼出信息资源共享水平、中断恢复水平和供应链合作水平 3 个一级指标以及细分的 9 个二级指标。

（1）信息资源共享水平

1）信息化程度系数：反映制造供应链在云平台环境下整体应用信息技术的水平，包括信息系统数据共享水平（信息共享）、云制造特有的制造资源信息共享水平（资源共享）。

2）供应链柔性系数：反映制造供应链按不同品种、不同批量等市场需求的柔性调整水平，包括供应可靠性、过程可靠性、订货满足情况、供应响应时间、制造生产柔性度、供应链资金流转时间、供应周转库存天数、资产周转率等多维度综合集成指标。

3）云平台投入成本：反映云平台运营方对自身基础设施、工业网络等共享条件的投入成本水平，间接反映不同投入成本下云平台共享能力的高低水平。

（2）中断恢复水平

1）中断供应占比：反映制造供应链中发生特殊供应中断情况占总供应单数的比值，间接反映该制造供应链的可靠性和鲁棒性。

2）恢复准时交货率：反映制造供应链在发生供应中断后，利用云平台环境信息资源共享援助机制补偿时能够准时恢复交货时间的订单占比，是供应中断情况下快速响应市场需求的一个重要指标。

3）恢复成本与时间比：反映制造供应链在发生供应中断后进行共享援助恢复的成本与时间比值，该指标可分为两种目标，一种以固定恢复成本为目标，在中断恢复成本固定前提下尽可能最小化恢复时间（即比值越大越好）；另一种以固定恢复时间为目标，在中断恢复时间固定前提下尽可能最小化恢复成本（即比值越小越好）。

（3）供应链合作水平

1）信息/资源开放系数：反映在云平台环境下制造供应链节点合作企业间的相互信息/资源开放程度，各自企业系统和企业资源中可开放共享的占比。

2）收益分配系数：反映在云平台环境下制造供应链共同决策产生超额收益时制造商与供应商对收益的再分配情况，目的是长期维系供应链良好合作水平。

3）信息/资源共享合作成本：反映云平台环境下制造供应链节点合作企业为信息/资源开放共享程度而付出的提升基础设施投入、技术/收益外泄风险等综合成本，是向供应链开放共享信息和资源的前提。

经过以上筛选指标的提炼与描述，得到如表 6.9 所示的评价指标体系。

表 6.9 云平台环境下制造供应链快速响应绩效评价指标体系

目标	一级指标	二级指标
制造供应链 快速响应	信息资源共享水平	信息化程度系数
		供应链柔性系数
		云平台投入成本
	中断恢复水平	中断供应占比
		恢复准时交货率
		恢复成本与时间比
	供应链合作水平	信息/资源开放系数
		收益分配系数
		信息/资源共享合作成本

6.7 本 章 小 结

云制造理论与技术的发展打破了空间的约束，让分散的制造设备、工艺技术知识和优质管理经验等软硬制造资源得到了平台式的共享，封闭的生产制造环境变得更加开放与互联。为了取得更大的竞争优势，不断提高资源配置水平和效率、实现对市场需求的快速响应能力成为制造供应链现阶段的目标。本章以此为研究背景,搭建出制造供应链在云平台环境下资源共享的演化博弈模型来分析有限理性的制造供应链资源共享问题;接着围绕供应链供应中断管理和市场需求快速响应两个中心,搭建出单制造商–单供应商的两级制造供应链施塔克尔贝格模型,进而分析云平台环境下制造供应链中突发事件导致供应中断时供应链资源共享的援助策略,并探讨其在产能中断恢复中的适用界限,丰富云平台环境下制造供应链快速响应的理论研究。本章主要研究结果如下:

1)将制造供应链各节点成员间的利益一致性特征及单独决策过程的有限理性特征纳入考虑,阐明云平台环境下资源共享的制造供应链群体策略选择模式以及供应商/制造商的上下游不平等地位,从而精确描述制造供应链资源共享与快速响应过程中的竞合关系。

2)对于有限理性特征的制造供应链,采用演化博弈方法分析云平台环境下制造商与供应商群体共同参与时的供应链资源共享策略选择演化流程,得出两方博弈模型的演化稳定策略并对其进行稳定性分析,研究供应链中节点企业间的状态信息与制造资源共享博弈过程中的影响因素和效果,并基于上述结论设计验证资源共享时的收益分配机制,同时提出收益分配系数的不唯一性,为进一步探讨供应链快速响应行为做铺垫。

3)面向价格与时间双敏感的产品市场需求,搭建单制造商–单供应商的两级制造供应链系统模型,探讨由突发事件导致供应中断发生、供应商产能丧失时的制造供应链产能供应中断恢复问题,通过施塔克尔贝格主从博弈分析出供应链分散决策和集中决策两种模式下的供应商最优恢复时间以及制造商最优市场定价。

4)在云平台环境下提出并验证了以快速响应市场需求为最终目标的制造供应中断恢复共享援助策略,进而得出制造供应链上下游成员达到供应链协调与资源共享的共享援助合作条件,探讨制造供应链合作伙伴关系的相关因素。

5)在以上对云平台环境下制造供应链快速响应不同层面的研究中,归纳总结关键指标,以制造供应链快速响应为总目标,提炼出信息资源共享水平、中断恢复水平和供应链合作水平 3 个一级指标以及细分的 9 个二级指标,为今后制造供应链快速响应影响因素更加深入的研究做出理论铺垫。

|第7章| 服务型制造供应链干扰管理及快速响应绩效提升途径研究

7.1 背　　景

　　当今时代经济全球化和市场个性化不断发展，服务和制造的融合推动了制造业向着服务化发展的新一轮转型，新的变革在制造业中兴起。多年来，在经济环境、技术环境、市场环境和政策环境等因素的推动下，柔性制造、准时制造、批量生产等模式逐渐在制造业中出现，极大地提高了制造企的生产效率。虽然制造技术不断创新，但是公司拥有的相同或相似产品的差异逐渐缩小。客户需求的个性化、多样化，使得其产品的选择不仅取决于外部的物理特性，还取决于内部的无形服务，因此制造商将客户的参与过程逐渐前移，通过客户的充分参与提高对需求变化的感知和发现能力，企业重点也慢慢从产品转向以产品为基础的集成解决方案，也就是说提供给消费者定制的、系统的"产品+服务"。随着市场竞争的不断加剧，产品生命周期得以不断缩短，将部分业务外包至一些更专业化的企业成为越来越多制造企业的选择，通过相互合作，制造企业的资源优势得以提高，并且可以专注于自己的核心业务，从而实现生产成本的降低，生产效率的提高，使得企业竞争优势得以增强。综上所述，以客户全程参与为导向，以汇集供应链多方制造资源和凝聚各自竞争优势为手段，以提供满足市场多样化、定制化特征的"产品+服务"为结果的制造与服务融合制造模式应运而生。

　　随着市场竞争的日益激烈，企业的重心逐渐从自身转移到供应链上。早期阶段，企业的目的是在产业链中寻求更多的利益，伴随着业务的不断扩展，主要是利用投资或并购"市场内部化"战略，以捕获更多的产业链上的业务链（垂直整合），实现对产品需求预测，原材料供应，生产和分销链的整体控制。但是，随着客户需求的个性化、多样化和技术更新迭代速度的逐渐加快，企业的柔性低，供应链管理复杂度高，企业间能力不平衡等弊端逐渐显现出来，导致供应链无法适应市场环境的动态多变。企业开始将自身非核心业务外包给专业企业来完成，逐渐形成横向一体化的发展战略。在此基础上，企业之间相互协作以降低成本、缩短周期、增强市场应变能力、提高整体竞争力，这些相互联系的企业也日益形成网络的功能形式，即供应链。面向服务的制造模式，除了包括资金流和物流的流通外，还包括客户充分参与和反馈的服务流与信息流，这导致供应链内部制造环境动态性和不确定性的进一步加剧。供应链将聚集每个企业节点的竞争优势，共同应对新挑战。

行为因素的频繁干扰给供应链调度带来巨大的影响和困难。反生产行为的出现，会严重损害企业经济利益和正常运营，据相关调查显示，有33%~75%的员工出现了消极怠工、窃取公共财产等反生产行为，公司年度损失高达几百亿元，甚至10%~30%的企业因此破产，影响了整个供应链的正常运作。反生产行为具有很强的潜力和动态变化能力。因此，如何把握其影响因素的脉络并追溯其源头就成为企业发展的关键。目前，大多数学者都是基于静态环境对反生产行为进行经验性研究。然而，人类行为倾向于随着时间的积累而变化，且是非线性的。静态的研究方法在描述动态的瞬息万变的内部和外部环境方面有着巨大的困难，也很难演化出影响因素之间是如何交互影响的。如何动态描述反生产行为的非线性机制以及前因变量之间的相互作用和动态演化出系统的行为变量是"系统动力学"试图解决的问题。此外，在以服务为导向制造模式中，除了资金流和物流以外，信息流和服务流还涉及客户的充分参与和反馈，这使得供应链中制造环境的动态性和不确定性得到进一步加强。在以服务为导向的制造模式下，制造企业不仅需要向客户提供产品，而且还需要提供完整的产品和服务。该模式主要针对产品结构复杂、生产周期长、生产耦合度高的大型装备制造业，在市场需求趋向于更加多样化和个性化、企业制造的动态性和不确定性不断加剧的环境中，制造过程将不可避免地出现各种"不确定性"干扰事件，包括新工件、设备维护/故障、资源短缺等，这些干扰会影响加工系统，然后传播到企业和整个供应链。因此，在动态的制造环境中，如何提高快速响应能力，减少各种干扰事件对制造企业自身及整个供应链的负面影响，并考虑人为因素的影响以实现制造商之间的协同调度将更具有实际的意义。

7.2 服务型制造供应链干扰管理

7.2.1 反生产行为

1. 反生产行为的定义

早在20世纪初的科学管理时期就有学者研究了反生产行为。科学管理之父泰勒（Taylor）观察到钢铁工人"磨洋工"的行为。科学管理的应用成功地提高了生产效率，但是它基于"管理者集中权力而工人遵循"的原则。这导致劳动者产生诸如盗窃、破坏和旷工等的"行为异常"，并给公司造成巨大损失。因为没有系统的概念系统，所以这些行为研究是相互分离的。20 世纪 70 年代，Mangione 和 Quinn（1975）首次在组织行为领域研究反生产行为（counterproductive work behavior，CWB），指出这是员工工作消极怠工，从而损害了雇主的利益，违背了价值理念的生产行为。Spector 等（1999）把组织和利益相关者的有意或无意的损害定义为非生产性生产行为。Vivian 和 Wing（2003）从运营管理角度来看，反生产行为并不能促进组织的正常运作。张建卫和刘玉新（2009）认为，这是对组织的承诺和破坏。根据上面对非生产性生产行为的定义，总结出反生产行为的特征有以下几点：①有意行为，是主体的自主行为；②有害行为，反行为对组织及其利益相关者均有害。反生产行为反映了员工的绩效，并与组织的整体利益紧密相关，目前已成为干扰管理领域的一个热点问题。

2. 反生产行为的影响因素

从"无形但无处不在的行为问题"到反生产行为的基本理念被相关学者和管理者所认识，对反生产行为影响因素的研究成为重点。目前，最受关注的影响因素是工作不满、承诺感、不公平感等。

在实际工作中，员工的心理方面的不满可以有效地诱导反生产行为的产生。基于对 6106 组数据的调查和统计分析，Dalal（2005）认为员工对工作是否满意和反生产行为是否产生之间的相关性系数为 -0.28，在不同样本中均具有显著性，组织内部的不公正也是影响员工的一个重要因素。面临组织不公正待遇的个人经常采取报复行动，以适应心理失衡。组织的承诺感反映了员工的忠诚度。承诺减少，员工不愿遵守自己的目标并继续为他们服务和工作。Meyer 等（2002）通过对 3543 个样本数据的统计，发现组织承诺与反生产行为之间存在显著的负相关，相关系数为 -0.15。Trevino 等（2006）指出在不同的环境氛围下，员工会表现出不同类型的反生产行为：在团队环境氛围呈现积极的状态时，员工变得被动和迟钝的可能性较小。其他学者研究了员工个人特征与反生产行为之间的关系，如男人的反生产行为的频率高于女性。与上一代员工相比，新一代员工更有可能表现出消极怠工的行为。

7.2.2 行为运作管理

行为科学指的是一门研究如何从心理学角度来探讨人类行为决策的学科。行为科学首先应用于经济学理论，用"有限理性"的人代替传统经济学中"完全理性"的人并解释经济学。

实际上，在从生产、服务到供应链系统的大多数系统组成中，参与者或决策者都是系统的重要组成部分，而作为重要的参与者，人们的主观行为会对系统产生一些影响。随着行为和经济学的结合，人们已经认识到考虑系统中人类决策行为是十分重要的。

在传统经济理论的影响下，传统管理总是针对"完全理性"的人。这意味着无论内部或外部环境如何变化，决策者始终可以保持中立态度。例如，生产者的生产计划可以将制造过程参与者大致分为三类：管理者、员工和客户。"完全理性"体现的是管理者总是努力使生产成本最小化。尽管我们始终努力在交货日期之前交货，但作为真实的人具有认知和判断能力。信息、环境、思维方式等时间因素限制了个体的理性决策行为，具体表现为对公平的关注、对损失的厌恶、对框架的依赖以及心理锚定等。将行为科学引入到运营管理领域，使人们可以在不同的心理因素下做出满意的决策，弥补了理论研究与实际应用之间的差距，这已成为近年来的研究热点。

Bendoly 等（2006）系统回顾了行为运作管理，通过许多实验表明，理论得出的结果往往和现实生活中的决策结果相互对立，因为它们忽略了"人们对行为的偏好"概念，并把行为因素分为两大类：个人决策偏好和社会偏好。

当前，学者们已经将行为管理领域取得的成果成功应用在诸多领域。例如，在库存管理领域，Schweitzer 和 Cachon（2000）使用实证研究的方法对报童问题的最优批量问题进行探讨，与传统的最佳批量处理理论进行对比后发现，采用传统理论做出的决策和实际决策之间存在差异，结果表明个体对损失规避的敏感度越高，最优订货量减少的就越少。柳键等（2012）以损失厌恶零售商为对象，研究了其最优订货决策问题，在构造数量优化模型的情况下考虑了损失的不足，分析了最优订货量，且损失程度规避系数变化的大小不确定，可能会成正比，也可能会成反比，表明零售商的决策会受到损失厌恶情绪的影响。在供应链协调研究领域，Wang 和 Webster（2009）建立收益共享合同调整模型，分析了由一个供应商和多个零售商构成的两阶段供应链中，行为偏好对收益共享协调的影响，其中供应商是完全理性的，零售商是损失厌恶的，研究发现零售商具有特定的最佳总产品数量以最大化效用函数，并且订单数量与风险规避成反比。杜少甫等（2010）研究了由单一完全理性的供应商和单一公平关切的零售商组成的两阶段供应链，研究发现，供应链收益共享/批发价/回购协议调整并未受到公允行为的影响。赵道致和吕昕（2013）研究了需求确定情况下的 VMI 问题，考虑了具有公平偏好的供应商对供应链各个成员以及整个供应链的影响，通过建立供应商之间的施塔克尔贝格模型，发现了供应商公平偏好行为的作用边界和市场的销售价格具有相关关系。在应急管理领域，樊治平等（2012）以前景理论为基础，对应急响应的风险决策问题进行了研究，研究表明，决策者风险感知的水平不但和突发事件本身，也与自身的心理有着密切的关联，并在这个基础下，从情景权重、情景综合价值和成本三个角度测算出应急预案的综合前净值，从而根据结果确定最终的有效解决方案。在生产管理领域，姜洋等（2013）针对机器扰动情形下的单机调度问题展开了研究，运用前景理论来衡量行为主体对加工系统的不满意以及对目标函数的不满意，构建了干扰管理调度模型，并提出了一种混合蚁群算法，通过算法求解出系统的最小扰动调度方案。

7.2.3　前景理论

1979 年，Kahneman 和 Tversky 首次提出了前景理论的概念，指出前景理论是用以描述人们在面对风险决策时，个体对效用价值和事件发生概率的认识的理论方法。该理论的具体体现是，在个体面对损失或收益时，往往会呈现出不同的决策态度，即前者倾向于规避风险，而后者倾向于追求风险。前景理论指出，面对风险决策的人的心态包括框架和评估两个过程，在框架阶段，决策主体把和决策相关联的行为、突发事件等纳入框架；在评估阶段，决策者根据框架涉及的内容对每个前景的价值进行评估，并做出相应的选择。前景理论符合实际情况，因此大多数文献使用前景理论来对人们的主观行为进行描述。

王剑等（2019）在研究应急风险决策问题时，将决策者行为因素的影响纳入其中，通过使用前景理论动态化地描述了决策者面对风险时对风险的感知水平，并建立了主体行为模型。高建伟和郭奉佳（2019）开发了一种改进的评估方法，针对具有不同偏好诉求的决策者来建立前景决策矩阵，并构建了二次偏差优化权重模型来评估每种方案的综合效用。史文强等（2018）针对由制造商和零售商组成的两级供应链，其中制造商是风险中立类型，零售商是损失厌恶类型，在市场需求受到广告费和信息不对称环境的影响下，建立订货量和广告费的联合决策模型，以前景理论为基础分析了最优订货数量和定价决策。

由此可见，行为运作管理作为运营管理和行为科学相结合的交叉学科，将人的行为因素整合到了运作系统的优化与决策中，减小了传统运营管理理论与实际应用之间的偏差，其次前景理论在描述人们的主观行为方面具有独特的优势，因此已成功地应用于许多领域。

7.3　考虑反生产行为的干扰管理体系框架构建

根据对文献资料的整理归纳，我们建立了反生产行为存在的干扰管理体系框架。如图7.1所示，体系框架以"问题来源？→方法来源？→如何解决问题？"

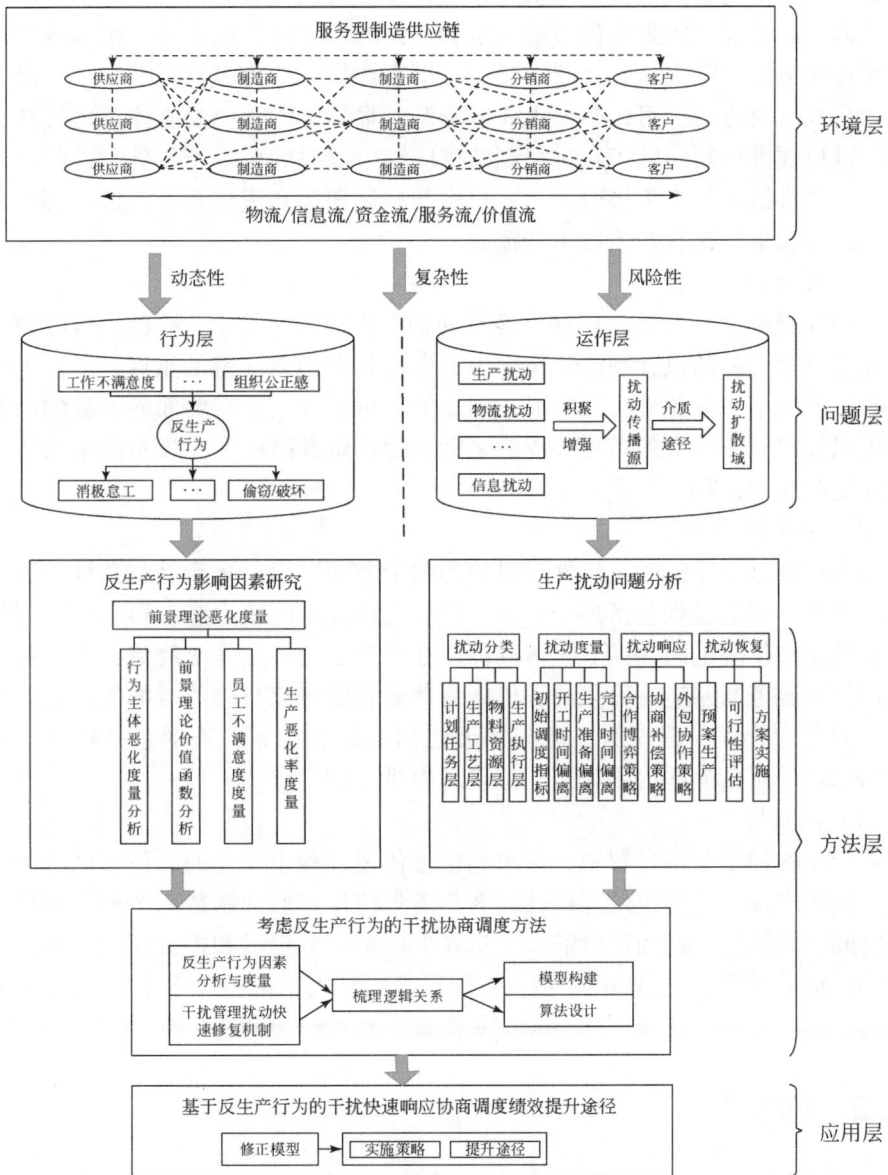

图 7.1　考虑反生产行为的干扰管理体系框架

为指导，帮助我们准确把握基于参与主体影响的干扰快速响应管理的内涵和普遍规律，主要包括环境层、问题层、方法层和应用层。

7.3.1　环境层

面向服务的制造供应链是围绕复杂的拓扑层次网络结构构建的，其核心重点是制造商，制造商汇集来自供应链上游和下游的信息流、现金流、服务流和价值流，积极探索客户需求，主动感知价值和动态协作，并为客户提供整个产品生命周期的集成解决方案，可以确保供应链资源的最佳分配并提高整体竞争优势，实现供应链模式的创新。除了在传统制造供应链中流通的单一产品外，以服务为导向的制造供应链还具有无形服务、客户参与、认知和知识整合等，这些都会使供应链的结构和运作流程产生以下特征。

（1）动态性

主动性服务（积极探索市场中客户的动态需求，并使用一些激励措施鼓励客户参加到自身产品的设计制造过程中）是服务性制造供应链的重点，但是人的主观和心理波动不可避免地会加剧需求信息的不确定性，这需要面向服务的制造供应链可以针对复杂多变的市场环境，来动态地调整其结构，实现对需求的快速多样化和定制化。

（2）复杂性

服务型制造供应链的复杂性可以分为两个方面：第一是产品复杂性，这意味着产品的生产制造过程包括多个环节、多个主体和跨区域生产。第二是管理复杂性，传统制造供应链因为涉及实体载体，在管理上的核心是对物流、业务流的管理，但是在服务与制造一体化的环境中，伴随着服务流与价值流的流通，如何衡量无形服务与管理，建立服务流与物流之间的耦合关系，连通包括物流、业务流、信息流、服务流在内的渠道，是管理中难点和重点。

（3）风险性

在产品的加工制造过程中，考虑到信息传递过程中存在的各种不确定的情况和产品在生产加工过程中的复杂性，客户需求信息获取与制造两个环节间存在时间和空间上的偏差，从而导致需求信息在供应链上的延迟和扩大现象、决策主体分布和模糊的现象，造成负载效应在各节点的出现，使得每个节点都有很大的风险。

7.3.2　问题层

由于经济全球化和市场的动态化发展，客户的需求已经从以往狭义的产品

（物质对象）转变为更加广义的产品（实体+服务），并且消费者的充分参与导致制造商可以更具针对性地满足客户的需求。此外，随着市场竞争环境的不断加剧、产品生命周期的日益缩短日益，制造业产品在加工制造过程中的动态性和不确定性也得以加剧。由于行为的主观因素的存在，生产系统也会影响生产环境，下面从行为层和操作层两个方面分析存在的问题。

（1）行为层——反生产行为现象

作为重要参与者，人类行为会通过计划，现实中人往往是"有限理性"而非"完全理性"，受环境、组织和心理因素影响，个体做出的令自身满意的决策和实施可能会影响供应链的正常运作，这些决策和行动有时会影响群体的利益。例如，反生产行为，在影响因素的影响下，反生产行为可能会导致破坏性行为，如消极工作、故意破坏、骚扰他人等，要解决的第一个主要问题是研究影响反生产行为的因素并衡量这种行为的结果。

（2）运作层——扰动事件影响

供应链的各个成员企业在供应链内部不断运作过程中会有诸如生产扰动、物流扰动、信息扰动等扰动事件的频繁出现，它们存在时间延迟，随着时间的流逝形成复合扰动事件，通过不断积累和增强，当供应链节点或链路中不足以承受冲击时，干扰传播的源头就会产生。干扰传播源附着在诸如物流、业务流和服务流之类的通信介质上，并通过供应链的价值链、内部业务流程以及其他路径在供应链中传播开来，给供应链的各个节点企业的日常运作带来影响，并逐渐构成扰动扩散区域，扰动事件不仅仅会对系统的节点产生影响，还会对供应链整体产生严重的影响，最终造成整个供应链的严重损失。干扰事件会使员工在心理层面产生不满的情绪，从而导致一系列恶化效应的产生，因此探索快速应对干扰事件的方法是本章要解决的第二个关键问题。

7.3.3 方法层

1. 系统动力学

美国麻省理工学院教授 Jay W. Forrester 在 20 世纪中叶创立了系统动力学这一交叉性学科，系统动力学不仅仅继承了系统科学理论，还融合了计算机领域的仿真思想，主要应用于探索系统内部的反馈结构和行为。Forrester 认为系统动力学是以系统内部变量之间存在的因果关系为基础，通过建模仿真、综合推理研究系统动态发展规律的方法。系统动力学的主要步骤如图 7.2 所示，主要可以分为以下三个步骤。

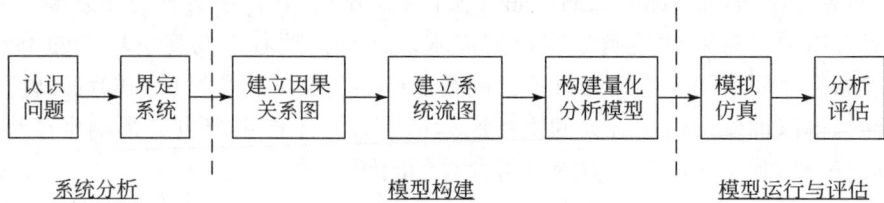

图 7.2　系统动力学主要步骤

（1）系统分析

应用系统动力学求解问题的首要步骤便是对系统的分析，首先要对研究的问题有所认识，明确研究的对象和目的等，之后对系统进行进一步的界定，以建模目的为根据，明确系统内部的主要变量。

（2）模型构建

模型是使用系统动力学方法解决问题的重要步骤之一，首先，从系统内部进行分析，将系统分解为几个子系统，分析每个子系统的反馈机制、变量关系分析系统、变量类型等。其次，建立反馈回路以构造因果图，将系统流程图构造为逻辑链接。尽管使用因果关系图可以对变量之间存在的基本逻辑关系进行描述（正效应和负效应），但它不能代表具有不同属性的变量之间的关系（延迟效应和累积效应），而系统流程图可以更直观地描述逻辑。最后，建立表达方程式来表达变量之间的数学关系。

（3）模型运行与评估

系统动力学后续的操作是模型的运行与评估，一般来说，构建的任何模型都不可能完全一致地体现出真实系统的变化，其有效性只要能在特定约束下得到证明即可。在证明完之后，以构建的模型为依据，借助软件来对模型进行动态模拟，不断对参数进行修正来使其接近现实系统，从而得到有现实意义的决策。

2. 前景理论价值函数

前景理论作为描述性范式的分析决策模型，表述了人们面对得失的具体行为表现是不同的，其核心思想是：①参考点，其价值函数是具有主观性的函数，参考点处于什么位置由人的主观印象所决定，即自己的得失大小是相较于心里的参考点的，人们主要注意与参考点值相比的价值的变动而非最终的价值；②对损失比面对收益更敏感；③对于收益或损失，边际效用递减。图 7.3 是价值函数的效用曲线图，假设参照点为 0 点，即当 $x=0$ 时，价值为 0；当 $x \in [0, +\infty)$ 时，代表面对收益时价值的变化，且价值为收益的凹函数；当 $x \in (-\infty, 0)$ 时，代表面临损失时的价值变化，且价值为损失的凸函数。由图 7.3 可知，价值曲线在

$x \in (-\infty, 0)$ 比在 $x \in [0, +\infty)$ 具有更大的斜率。式（7.1）表示的是价值函数，其中用参数 α 来表示决策者面对收益时对风险厌恶程度，参数 β 表示决策者面对损失时对风险偏好程度，通常 $0 < \alpha$，$\beta < 1$；λ 表示风险厌恶系数，相关研究结论证明，λ 通常取值为 2，即相对于相同大小的收益，损失造成的影响是收益的两倍。

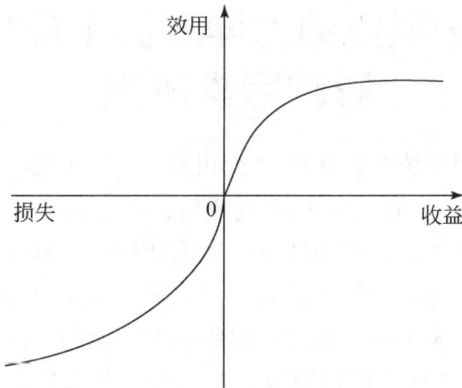

图 7.3　前景理论价值函数曲线

$$V(x) = \begin{cases} x^{\alpha} & x \geqslant 0 \\ -\lambda(-x)^{\beta} & x < 0 \end{cases} \tag{7.1}$$

3. 干扰管理

干扰管理是一个动态的过程，包含扰动分类、扰动测量、扰动响应及扰动恢复四个阶段。其中干扰管理的第一阶段是扰动分类。在这个阶段，企业应首先对干扰事件进行分级和分类，准确识别干扰发生的根源，从原因中追踪影响，为以后采取有效措施打下基础。扰动响应是指干扰事件发生和扩散期间在组织内部展开的各种处理工作。根据扰动测量目标，以应对策略（包括谈判补偿、外包合作、合作博弈等）为指导，改进计划。扰动恢复是指发生干扰事件后的各种维修工作。在评估了干扰计划后，它将启动计划以控制情况的发展并在动态环境中恢复系统的正常运行。

7.3.4　应用层

以反生产行为的影响因素分析为基础，融合干扰管理快速修复机制，将两者之间的逻辑关系梳理出来，根据"反生产行为影响因素动态仿真→行为主体恶化度量→扰动分类判定→干扰管理扰动修复→动态调度优化"的思路，在反生产行为存在的背景下，研究了服务型制造供应链干扰管理协调调度方法，并构建了对应的模型，提出了求解该问题的智能优化算法。这有利于完善考虑行为主体因素的生产配置理论体系，完善面向服务的制造供应链系统的科学有效的动态调度方法的科学性和有效性。根据服务型制造供应链的不同应用环境，可以对模型进行修改，并提出具体的供应链成员动态调度策略和动态调度绩效改进方法。

7.4　基于系统动力学的员工反生产行为影响因素研究

实际的生产和处理系统是经典的"人机系统"。在先前的研究中，人们常常忽略人类的"有限理性"，使理论和实践脱轨，并且随着工作的进行，人们受到许多因素的影响，如个人、组织和环境，这就使得组织利益的最大化已不是决策者在进行行为决策时所追求的目标。我们把决策者根据自身对生产情况、组织环境等方面因素的理解来做出的可能会对组织利益有所损害决策的行为称为"反生产性工作行为"。反生产行为包括消极怠工、窃取公共财产、欺凌和侮辱等，对流水线的运行有重大影响。本章将系统动力学作为研究方法，对反生产行为的影响因素展开深入研究。

7.4.1　应用系统动力学可行性分析

系统动力学自 1956 年产生以来，作为一种基于系统内部变量的因果反馈，定性和定量组合以及对系统进行全面动力学研究的模拟方法，已成功地应用到经济、公司战略制定等多个领域。它被证明是一种与现实相符合的仿真方法，可以为决策分析提供支持。下面将说明该方法在对反生产行为研究中的应用是有充分根据的和可行的。

1）企业的生产加工过程本身就是不断变化的，反生产行为指的是组织内的员工在感知到外界环境、风险等信息后，通过利用自身知识、经验做出判断后予以实施的表现，也是周期性的和易变的。通过设置参数和环境，能够对反生产行为的动态化演变进行模拟。

2）基于行为难以量化这一因素，反生产行为系统经常具有数据不足和数据准确性低的特点，而系统动力学将研究重点放在了探讨系统内部的因果关系，其优点是可以通过系统结构和内部关系来完成估计与预测。

3）生产系统是一个复杂程度较高的因果关系反馈系统，一些对系统有影响的因素的变化会造成系统内员工满意度、组织的公正性等状态变量变动，系统内部多种变量之间的因果关系适合通过系统动力学来处理。

4）生产行为通常是非线性的，影响因素的影响存在时间延迟，很难用一般的静态数学研究方法对其进行描述，系统动力学这一研究方法很适合解决此类具有延迟和动态变化特征的问题，也可以根据进化过程优化控制进行调整，达到"低成本，高控制"的效果。

综上所述，系统动力学适用于研究影响反生产行为的因素。它能把真实的反生产行为系统通过系统动力学模型的方式描述出来，对其内部影响因素之间的因果关系进行分析、模拟，并观察其动态变化，然后在此基础上分析当影响因素存在时，反生产行为受到的影响。

7.4.2　反生产行为的影响因素

对反生产行为领域的相关文献进行整理归纳后，发现反生产行为的影响因素可以分为以下六种：工作满意度、组织公正感、监管水平、团队氛围积极性、群体规范水平、组织关注度。

1）工作满意度是指员工对工作本身的积极心理状态（包括工作的内容、周围环境、组织中的人际关系等），低工作满意度会导致反生产性的工作行为有所增加。从社会交换理论或互惠准备的角度来看，当员工因其他因素而感到不满时，他们会自动抵制或报复（即回到负的工作状态）。工作自主度和工作内容复杂度决定了工作满意度对反生产行为影响的程度。

2）组织公正感是指组织内部的员工在与自身情况相关的人际、互动和分配方面所体会到的公正感，当组织成员在正常工作中感到组织存在不公正的现象时，为了减轻不公正感，他们更有可能在工作中抱有负面情绪或者对组织实施报复行为，这是诱导反生产行为产生的一个重要因素。组织公正感对反生产行为具有负面影响，它通过组织公正的程度（包括分配公平、互动公平、程序公平和人际公平）来对反生产行为进行遏制。

3）监管水平是指通过在组织的内部设立监管部门，明确职责和业务有效地实现不正当行为监管目标的能力。组织对反生产行为的监管能力越强，组织内部的监管机制越完备，员工反生产行为就越不能产生。因此反生产行为能够被组织监管水平有效地抑制，行为纠正次数与巡查次数是组织监管水平主要的观察变量。

4）团队氛围积极性作为组织文化建设的一个重要组成部分，是员工与员工之间以及员工与领导者之间不断沟通所造成的对支持、奖励和期望的行为影响。领导者的更多支持和员工之间更紧密的互动会提高团队气氛的活动水平，从而使员工的工作热情和创造力得以激发。积极的团队气氛能够有效地降低反生产行为的产生次数，我们选择领导支持水平和组织承诺感作为影响因素。

5）群体规范水平是指员工遵守既定体系，通过在组织内部建立相关政策和措施的标准体系，使得组织的团队规范水平得以提高，员工之间的关系更加紧密，合作更加协调，制造过程更加标准化，从而造成反生产行为在组织内部产生。这里，选择群体规范行为次数作为观察变量。

6）组织关注度是指领导是否关注下属以及关注的程度，管理者有意愿花费一定时间和下属交流沟通，以了解他们在生活和工作中遇到的问题与需求，并做出相应的改进，这将提高员工的对组织的承诺和忠诚度，从而充分激发员工的主观能动性的力量，我们将领导–员工互动的频率确定为观察变量。

7.4.3 动力学模型构建

1. 主要反馈关系

考虑影响因素和相关影响因子的概念，选择一个强关系和边界来确定系统影响反生产行为的因素模型的边界。基于7.4.2节中对影响因素的分析，本节定义了一个复杂的动态系统，该系统建立在监管水平、组织公正感和工作满意度等各种因素之间的相互作用之上，并构建了一个影响反生产行为因素的系统的动态模型。该反馈系统包括工作满意度、组织公正感和监管水平等子系统，各个影响因素之间的因果关系绘制成图，如图7.4所示。表示因果关系的箭头用于连接每个影响者，其中正号（+）表示因素之间存在正向因果关系，负号（–）表示因素之间存在负向因果关系。

主要反馈关系如下。

（1）工作满意度 $\xrightarrow{-}$ 反生产行为 $\xrightarrow{-}$ 群体规范行为次数 $\xrightarrow{+}$ 群体规范水平 $\xrightarrow{-}$ 工作倦怠水平 $\xrightarrow{-}$ 工作满意度

上述所示是一个正反馈过程。在员工工作满意度提高的同时其反生产行为的发生概率有所降低。作为具有不当行为的负相关因素，组织的团队规范水平增加，而工作厌恶程度也有一定程度的降低，使得员工的工作满意度有所提高。

（2）组织公正感 $\xrightarrow{+}$ 工作满意度 $\xrightarrow{-}$ 反生产行为 $\xrightarrow{+}$ 组织关注度 $\xrightarrow{+}$ 组织公正感

上述所示是一个负反馈过程，员工对工作的满意程度伴随着员工所感知的组织公正感的提高而有所增加，由于员工工作压力的逐渐降低，员工反生产行为在

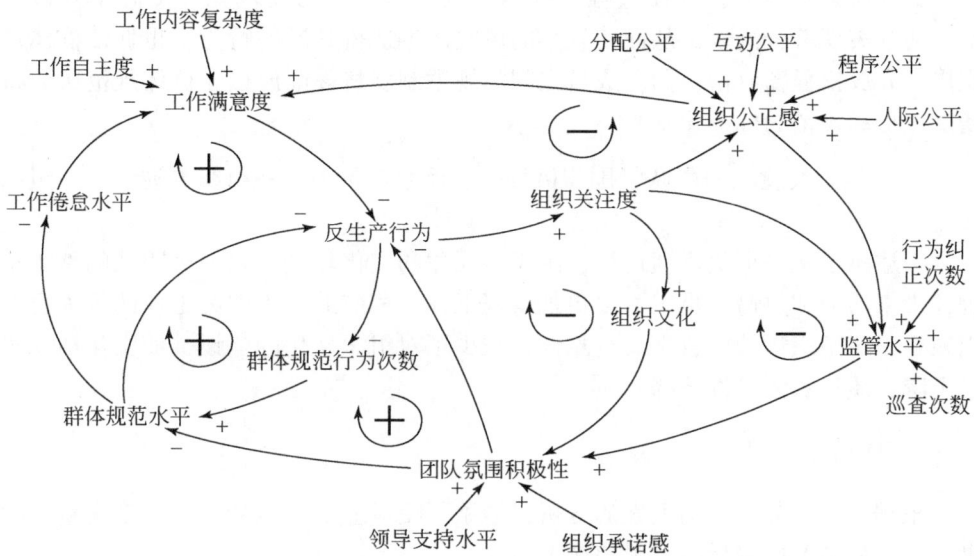

图 7.4　反生产行为影响因素之间的因果关系

组织中发生的概率也有所减少，反生产行为的减少而导致的组织所产生的工作懈怠，对组织的关注度和公正感有着负面的影响。

（3）监管水平———$\xrightarrow{+}$团队氛围积极性———$\xrightarrow{+}$反生产行为———$\xrightarrow{+}$组织关注度———$\xrightarrow{+}$组织公正感———$\xrightarrow{+}$监管水平

上述所示是一个负反馈过程，随着组织不断完善对反生产行为的监督机制，员工工作的主观能动性和积极性以及对自身不当行为的纠正率也有所提升，员工的反生产行为发生概率会随之减小，组织关注度和组织公正感随之降低，对组织的监管水平有负面影响。

（4）团队氛围积极性———群体规范水平———工作倦怠水平———工作满意度———反生产行为———$\xrightarrow{+}$组织关注度———$\xrightarrow{+}$组织公正感———监管水平———$\xrightarrow{+}$团队氛围积极性

上述所示是一个正反馈过程，随着团队氛围积极性的提高，群体规范行为次数也随之减少，伴随而来的是成员的关系疏远、工作冲突不断增多、工作满意度降低，导致反生产行为发生的概率变大，组织开始关注事态的动态演化，给予强力的监督力度，以促进同事之间的协作。

（5）群体规范水平———$\xrightarrow{-}$反生产行为———$\xrightarrow{+}$组织关注度———$\xrightarrow{+}$监管水平———$\xrightarrow{+}$团队氛围积极性———$\xrightarrow{-}$群体规范水平

上述所示是一个正反馈过程，群体规范使员工行为规范化并提高了约束水平，使其表现符合法规，从而使较小的风险产生适得其反的行为，也促使群体意识提高和放松程度放松，团队成员之间的规章制度将逐渐放松，群体规范次数将增加以提高规范的标准化水平。

（6）组织文化$\xrightarrow{+}$团队氛围积极性$\xrightarrow{-}$反生产行为$\xrightarrow{+}$组织关注度$\xrightarrow{+}$组织文化

上述所示是一个负反馈过程，组织多元化的文化建设可以促进团队的整体氛围，带来活力和热情，员工可以更加重视工作，相应的员工偏离工作的行为也可以减少，对组织运作的管理有所怠惰，减少了对组织文化的建设，使文化活动水平下降，质量和多样性下降。

2. SD 模型构建

根据 7.4.2 节对影响因素的分析，增添了相对应的状态变量、速率变量、辅助变量，所涉及的变量信息见表 7.1。

表 7.1　变量集

变量类型	变量名称及表示
状态变量	工作满意度（L_1）、组织公正感（L_2）、团队氛围积极性（L_3）、监管水平（L_4）、群体规范水平（L_5）、组织文化建设水平（L_6）、行为纠正次数（L_7）、监督机制完善度（L_8）、反生产行为（L_9）
速率变量	满意度增加速率（R_1）、满意度减少速率（R_2）、公正感水平增加速率（R_3）、公正感水平减少速率（R_4）、氛围积极水平增加速率（R_5）、氛围积极水平减少速率（R_6）、群体规范水平增加速率（R_7）、群体规范水平减少速率（R_8）、文化建设水平增加速率（R_9）、行为纠正增加速率（R_{10}）、机制完善增加速率（R_{11}）
辅助变量	工作满意度影响系数（F_1）、组织公正感系数（F_2）、组织氛围积极性影响系数（F_3）、组织监管水平影响系数（F_4）、群体规范水平影响系数（F_5）、文化建设水平影响系数（F_6）、工作自主度（F_7）、工作任务量（F_8）、工作复杂系数（F_9）、人际公平（F_{10}）、程序公平（F_{11}）、分配公平（F_{12}）、互动公平（F_{13}）、纠正调节时间（F_{14}）、纠正偏差（F_{15}）、领导支持水平（F_{16}）、组织承诺感（F_{17}）、组织关注度（F_{18}）、氛围积极响应时间（F_{19}）、行为纠正响应时间（F_{20}）等

对系统中的各变量及性质进行明确之后，利用 Vensim 仿真软件来绘制 SD 模型流程图，具体如图 7.5 所示，其中状态变量用实线方框标识，变量之间的关系用单实线箭头标识。

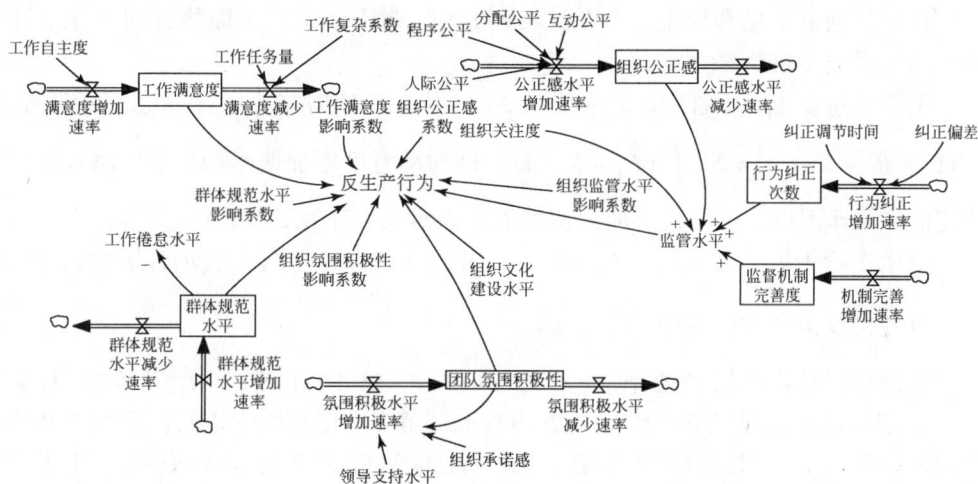

图 7.5　反生产行为影响因素 SD 模型流程图

3. 模型方程构建

通过观察变量间的关系，建立变量之间的数学表达式，并设置好相关的参数，主要表达式见表7.2。

表7.2　数学关系方程式

序号	变量名	方程式
1	工作满意度（L_1）	$L_1 = \text{INTEG}(R_1 - R_2, 2)$
2	组织公正感（L_2）	$L_2 = \text{INTEG}(R_3 - R_4, 1)$
3	团队氛围积极性（L_3）	$L_3 = \text{INTEG}(R_5 - R_6, 1.5)$
4	监管水平（L_4）	$L_4 = L_2 \times A_1 + L_6 \times A_2 + L_7 \times A_3 + L_8 \times A_4$
5	群体规范水平（L_5）	$L_5 = \text{INTEG}(R_5 - R_6, 1.5)$
6	组织文化建设水平（L_6）	$L_6 = \text{INTEG}(R_9, 2)$
7	行为纠正次数（L_7）	$L_7 = \text{INTEG}(R_{10}, 2)$
8	监督机制完善度（L_8）	$L_7 = \text{INTEG}(R_{10}, 2)$
9	反生产行为（L_9）	$L_9 = L_1 \times F_1 + L_2 \times F_2 + L_3 \times F_3 + \cdots + L_6 \times F_6$
10	满意度增加速率（R_1）	$R_1 = F_7 \times A_5$
11	满意度减少速率（R_2）	$R_2 = F_8 \times A_6 + F_9 \times A_7$
12	公正感水平增加速率（R_3）	$R_3 = F_{10} \times A_8 + F_{11} \times A_9 + F_{12} \times A_{10} + F_{13} \times A_{11}$
13	氛围积极水平增加速率（R_5）	$R_5 = \text{DELAY1}(F_{16} \times A_{12} + F_{17} \times A_{13} + L_3 \times A_{14}, F_{19})$

其中，辅助变量和权重系数（A_i）通过实际调研得出，下面将针对表 7.2 中的不同方程类型进行举例解释。

工作满意度 $L_1 = \text{INTEG}(R_1 - R_2, 2)$，其中 INTEG 函数表示状态变量方程，$\text{INTEG}(R_1 - R_2, 2) = 2 + \int_{t_0}^{t}(R_1 - R_2)\mathrm{d}t$，即对满意度增加速率和满意度减少速率的差值做关于时间 t 积分，再加上初始值，表示在 t 时刻工作满意度的值。

反生产行为 $L_9 = L_1 \times F_1 + L_2 \times F_2 + L_3 \times F_3 + \cdots + L_6 \times F_6$，表示各影响因素的值乘以各自权重之和，其中 $\sum_{i=1}^{6} F_i = 1$。

氛围积极性水平增加速率 $R_5 = \text{DELAY1}(F_{16} \times A_{12} + F_{17} \times A_{13} + L_3 \times A_{14}, F_{19})$，表示氛围积极性在受到领导支持水平、组织承诺感因素以及团队氛围积极性的影响下，其产生及持续需要经过一段时间的迟滞才会有效果。其中用 DELAY1 来表示一阶延迟函数，F_{19} 表示氛围积极响应时间，在其之前表示输入量。

4. 模型检验

系统动力学模型是一个简化的模型，是从实际情况中抽象出来的，不可能存在一个和实际系统完全一致的仿真模型，因此需要对其进行检查和测试，该模型是否正确？它能否将模型的因果关系真实的反映出来？内部因素变量之间的关系正确与否？这些是模型测试试图解答的问题。下面，主要从量纲一致性与结构检验、敏感性分析和极端条件检验来测试模型的适用性。

（1）量纲一致性与结构检验

量纲一致性检验第一步要确定量纲是否具有实际意义，然后需要确保所构造的变量方程式中量纲的一致性。结构检验的目的在于验证模型内部变量之间的逻辑关系和整体结构，利用 Vensim 仿真软件的单位检查和模型检查模块来验证方程的量纲一致性与结构的合理性，结果表明，方程内部的量纲是统一的，并且其结构具备合理性。

（2）敏感性分析

敏感性测试目的在于测试系统中各个变量的变化对系统所产生的影响敏感与否。如图 7.6 所示，测试表明，工作自主度增加 10% 之后，工作满意度也相应地、适度地增加。这表明工作满意度变量已通过敏感性测试分析，模型对变量变化的敏感性为中等，满足了变化的要求。

（3）极端条件检验

极端条件检验用于测试模型在极端条件下是否保持稳定，如将极端值分配给模型中的各个变量，以及模型是否仍忠实地反映现实的发展规律。例如，将团队

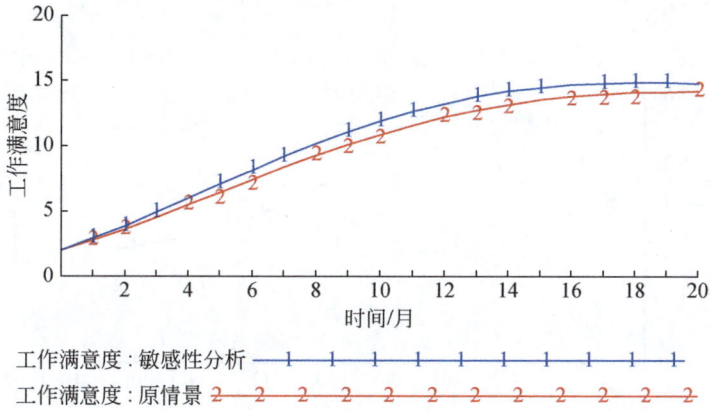

图 7.6　敏感性测试结果

氛围积极性的极值指定为 0，并且反生产行为保持不变，这与系统的实际情况一致，如图 7.7 所示。

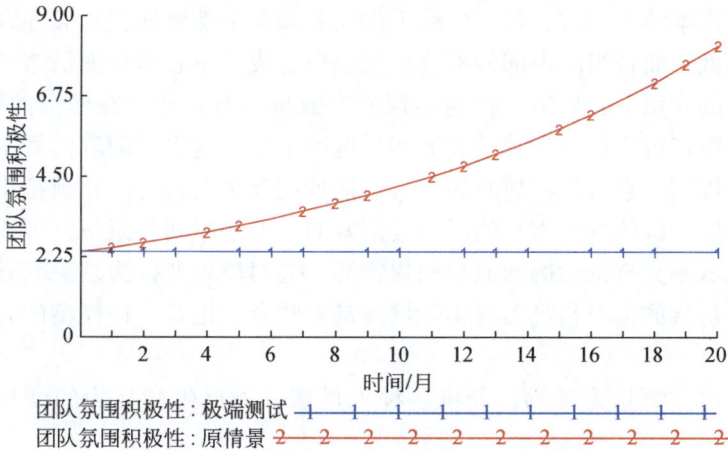

图 7.7　极端条件检验

7.4.4　仿真运行与分析

1. 仿真运行

设置参数如下：时间单位设置为月，把初始时间设置为 0，把结束时间设置为20，仿真步长设置为1。对系统模型进行仿真实验，仿真结果如图7.8所示。

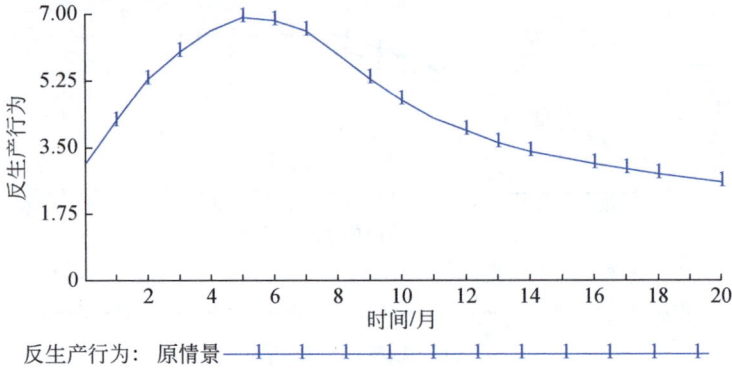

图7.8　反生产行为影响因素系统运行

在开始阶段，员工遵循规则并按部就班的工作，反生产行为的发生率处于较低水平。在模拟开始时，随着时间的推移，工作环境的不断变化和干扰事件的发生破坏了生产系统的正常运行，导致工作任务和复杂性增加，从而导致员工的工作满意度降低，而且组织内部的不公正现象也造成员工心理负面情绪的加剧，在这两种因素的作用下，反生产行为出现的次数呈上升趋势。在模拟的中间阶段，适得其反的生产行为趋势达到最大值然后迅速下降，这表明随着监管水平和群体规范水平的提高，它可以在短时间内有效地抑制反生产行为。在模拟中，即使监督机制完善度和群体规范水平的影响逐渐减弱，但是时间对组织氛围积极性和组织文化建设水平具有深远的影响与积累特征，会对反生产行为现象起着长期性的抑制作用。仿真的情况与员工的实际情况基本吻合，检验了该模型的合理性和科学性。

接下来以原情景为基础，分析多种干扰情景下反生产行为的变化情况，如图7.9所示。

由图7.9可知，反生产行为的变化程度在不同的情景条件下有所差异，时间的变化导致反生产行为不断的随之变化，在仿真开始阶段，反生产行为出现的频次处于逐渐增大的趋势，随后以很快的速度降低，之后下降的速度逐渐变小。其中最重要的影响因素是工作满意度，其次是组织公正感，然后是团队氛围积极性，之后是监管水平、组织关注度，最后是群体规范水平和组织文化建设水平。

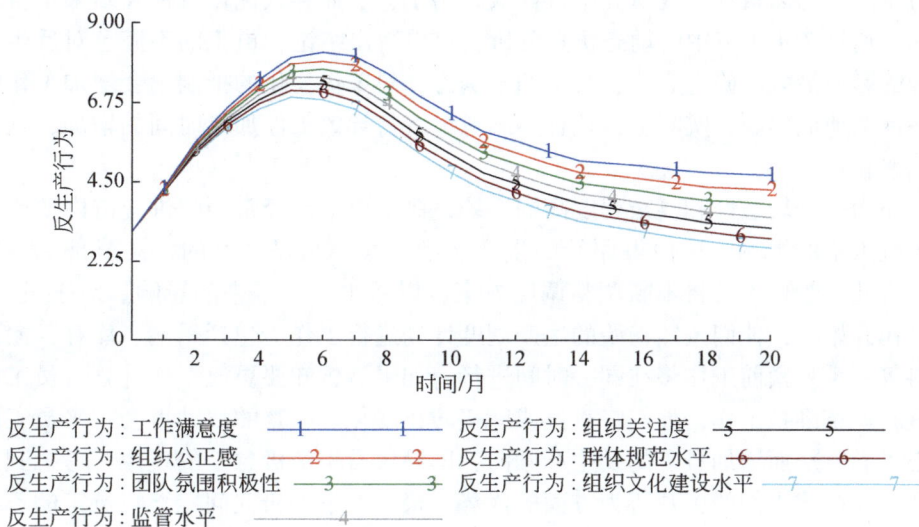

图 7.9 多情景对比分析图

2. 仿真分析

通过模拟仿真和情景对比，我们可以得出如下结论：

1）在动态系统中，工作满意度和组织公正感的降低会有效地增加反生产行为发生的频率；监管水平、群体规范水平、团队氛围积极性和组织文化建设水平抑制反生产行为，监管水平和群体规范水平具有显著的短期影响，而团队氛围积极性和组织文化建设水平则具有更显著的长期影响。

2）各种因素对反生产行为的影响是不同的，当工作不满和组织不公平的相互促进作用比其他因素的相互抑制作用的要大时，员工的反生产行为将继续上升，与之相反，反生产行为的现象继续下降，因此关注点应该根据系统运行的周期性状态动态变化。此外，工作不满在促进反生产行为中起着最重要的作用，应该重点关注。

7.4.5 考虑行为主体的恶化度量

1. 考虑行为主体的恶化度量分析

加工系统主要包含人、设备、技术、资金等，是典型的"人机系统"，人的行为因素（包括决策、动作、情感等）会对系统的运行和状态产生影响，但是参与主体行为因素在调度研究中大都被忽略了，从而导致优化目标和结果不符合实际。通过 7.4.4 节中的动态仿真分析，可以得出结论，员工的不满意对反生产行为的影响最大。研究表明，员工的不满意和对工作变化的抵制，会增加工作时间并促使他们辞职，实际上，这种不满意最终将导致工件加工时间的增加，这会引发恶化效果。

作为一个动态性和复杂程度高的系统，制造供应链经常面临供应链内部或外部干扰因素的影响，这使得原始的生产调度方案不再是最优的，甚至是不可行的。因此，管理人员将不断调整调度方案，以减少干扰带来的影响。对于员工，在工作开始时，他们按照初始的生产调度计划进行工作，包括采购、库存、搬运物料等一系列紧前工作将在同一时间进行，如果被告知要更改工作计划，员工需要重新调整准备工作，他们将直接或间接防止变化。频繁的波动也会带来员工的内心不满，从而增加员工的反生产倾向，即导致员工消极怠工的现象。考虑到前景理论在描述人们的主观行为方面的优势，根据本书的研究问题，将员工的不满用于描述恶化率，然后进一步测量发生干扰后用于加工工件的时间。

2. 考虑行为主体的恶化度量

把员工的价值参考点设置为初始调度方案，员工可以根据预定的计划正常工作，没有任何不满或喜悦，当干扰事件对系统造成干扰而需要重新安排方案时，员工将对组织感到不满意。对于行为主体，只有当发生的变化超过一定时间通过积累而达到心理期望时，人类感知的变化才是显著的，即人类对扰动的感知是累积的和模糊的。因此，价值曲线上能够观察到的值不能直接表现出干扰事件对员工满意度的影响，因此有必要对其进行模糊化处理。

把干扰造成的价值损失函数进行一定处理，转化为不满意隶属度函数，把员工的不满意度用 0 ~ 1 的数来表示，如 0 代表此时员工的不满意度最小，也就是处于初始状态，1 代表此时员工的不满意度最大。选择初始调度方案作为参照点 O_i，设 R_i 的不满意值为 $Q(R_i)$，基于价值函数损失部分 $(x_i < 0)$ 可得

$$Q(R_i) = -V(-R_i + O_i) = -\{-\lambda[-(-R_i + O_i)^\beta]\} = \lambda(R_i - O_i)^\beta \quad (7.2)$$

当 $Q(R_i) = 1$ 时，可知 $R_i = O_i + (\frac{1}{\lambda})^{\frac{1}{\beta}}$，此时不满意度函数 $Q(x_i)$ 可表示为

$$Q(x_i) = \begin{cases} 1 & x_i \geqslant R_i \\ \lambda(x_i - O_i)^\beta & O_i \leqslant x_i \leqslant R_i \quad i = 1, 2, \cdots, n \\ 0 & 0 \leqslant x_i \leqslant O_i \end{cases} \quad (7.3)$$

不满意度函数如图 7.10 所示，生产系统受到细微的干扰时，会造成初始最优调度方案产生一定的变动，此时员工的不满意度处于较低的水平，但随着扰动

量不断增大，会导致员工的不满意情绪快速上升，最终不满意度达到最大且保持平稳。

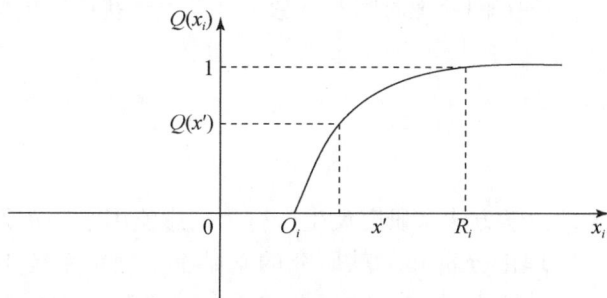

图 7.10　不满意度函数

干扰事件的发生，可能使得初始最优调度方案不是当前最优方案，甚至是不可行的，按照指定的约束条件得到的调度方案必然改变初始排序，进而度量干扰后工件的加工时间，可以使用加工位置变化量来测量干扰的大小。

已知最优初始调度计划中工件 J_j 的加工位置为 l_j^0，假设新调度计划里工件 J_j 的加工位置为 l_j，以该工件在初始调度中的加工位置为参考点，这时员工的不满意度处于最低水平，则工件 J_j 的相对位置扰动为 $g_j(\pi) = |l_j - l_j^0|/n$，记为 g_j，所有工件的位置扰动量记为 $G = \sum_{j=1}^{n} g_j$，其不满意函数为

$$Q(g_j) = \begin{cases} 1 & g_j > R_1 \\ \lambda_1 g_j^{\beta_1} & 0 \leq g_j < R_1 \end{cases} \tag{7.4}$$

式中，λ_1 代表面对收益时的对风险的厌恶程度；β_1 代表面对损失时对风险的偏好程度；$R_1 = (\lambda_1^{-1})^{\beta_1^{-1}}$ 代表不满意的容忍极限，因此，员工的不满意度可以用 $Q = \sum_{j=1}^{n} Q(g_j)/n$ 表示。

恶化率函数：工件加工时间表的改变会使员工产生不满情绪，员工情绪的不满会带来消极怠工的现象，从而增加工件的加工时间，最终影响恶化率。把初始调度当作参考点，员工的不满意度可以用 $Q(g_j)$ 表示，对应的恶化率函数如式（7.5）所示：

$$\mu(g_j) = \begin{cases} 1 & g_j > R_1 \cdot R_2 \text{ 且 } g_j > R_1 \\ \lambda_2 Q(g_j)^{\beta_2} & 0 \leq g_j < R_1 \cdot R_2 \text{ 且 } 0 \leq g_j < R_1 \end{cases} \tag{7.5}$$

式中，$R_2 = (\lambda_2^{-1})^{\beta_2^{-1}}$，则作业时间的恶化率为 $\mu = \sum_{j=1}^{n} \mu(g_j)/N$。

车间工人心理产生的不满和反抗性会对恶化率产生作用，导致车间工人的加

工时间有所增加。这说明如果工件的初始加工时间为 p'_j，在调度方案受到改动的情况下，该处理时间也会随之增加，增加函数为 $\bar{p'}_j = f(p'_j, r, \mu)$。其中 $\bar{p'}_j$ 是在中断和调整安排后作业 J_j 的处理时间，参数 r 是发生干扰中断的频次，μ 是作业时间的恶化率。

7.4.6　小结

本节使用系统动力学方法来研究反生产行为的影响因素。首先，基于反生产行为的认知机理，在理论分析和文献研究的基础上，确定系统中的主要影响因素。通过逻辑推理，分析要素之间的反馈关系，建立动力学模型。其次，使用 Vensim 软件模拟了反生产行为的动力学模型的动态演化过程，总结出以下结论：第一，在各因素的影响下，反生产行为的演变过程呈现出阶段性的特征。第二，工作不满和组织不公将提高反生产行为的发生频率。监管水平、团队氛围积极性、群体规范水平和组织文化可以显著抑制反生产行为。第三，影响反生产行为的各因素的影响和持续时间存在差异，员工满意度对反生产行为的影响最大。

另外，考虑到人们"有限理性"动态特征和生产系统的影响，本节对"工作满意度"进行衡量，以"出现干扰—生产计划方案变动—任务增加—员工不满意—反生产行为出现—加工时间增加"为主要内容，基于前景理论和模糊计算方法的效用函数分析工作满意度下降引发的恶化率，构造恶化率和加工时间表达式，并将其应用于干扰管理调度模型。

7.5　考虑行为的制造供应链干扰管理调度模型

7.5.1　问题描述

考虑一条由一个制造商（M）和一个服务提供商（S）组成的服务型制造供应链，制造商和供应商需要合作完成一批作业任务，根据客户的需求，服务商向制造商下达订单，制造商根据交货时间安排生产，假设该作业任务为由 n 个工件组成的加工工件集 $J = \{J_1, J_2, \cdots, J_j, \cdots, J_n\}$（$n > 1$），供应链中的零件需要由制造商和服务提供商进行处理，其中，服务提供商在供应链中占据主导地位，这意味着制造商需要满足服务提供商的订单要求。在制造商和服务提供商处理环境中：任何一台机器一次只能处理一个工件，机器中的每个工件只能对每个工作程序处理一次，供应商或制造商中的每个工件必须直接通过 L 道加工工序，如果工件加工过程由于某种原因而中断，需要重新加工。服务提供商和制造商中工件的开始时间分别为 s_j 和 s'_j，加工时间分别为 p_j 和 p'_j，完工时间分别为 C_j 和 C'_j，权重系数分别为 ω_j 和 ω'_j。

（1）初始调度方案

在加工系统中，为实现生产效率的提高、在制产品库存成本的降低，服务商选择最小化工件加权完工时间和 $\sum \omega_j \cdot C_j$ 作为自身的初始调度优化目标，服务商在此时的初始调度为 π_0^s，基于此得到客户的交付期 d_j 和制造商的最迟交付时间 r_j；制造商在安排调度排产时，将各个作业的释放时间当作最晚交付时间的约束，也就是必须在 r_j 时刻前向服务商交付工件 J_j，并把最小化工件加权完工时间和 $\sum \omega'_j \cdot C'_j$ 这一目标作为优化目标，π_0^m 为工件集在制造商处的调度时间表。

（2）干扰中断状况

在实际的制造环境中，经常发生诸如机器停机和临时订单插入等干扰事件，这将导致相对于初始计划的系统干扰，进而导致初始的最优生产计划方案不再是最优的，甚至是不可行的。在这种情况下，当优势方的服务提供商由于内部生产干扰的影响在一定时期内停止生产时，服务提供商可以与制造商协商并更改订单的交货日期以适应其新的生产计划。当非优势方的制造商因生产扰动而发生中断时（假设制造商在 $t_1 \sim t_2$ 时间内发生扰动事件，表示为 $\Delta M \mid [t_1, t_2]$），制造商需要针对具体的扰动情况对调度安排进行一定的调整和处理，以形成同时考虑自身目标和服务提供商的干扰管理与调度方案。

（3）干扰管理

当干扰事件出现时，制造商需要兼顾初始调度方案的目标以及双方的合作收益目标，从而尽量实现最大化供应链的整体收益（或称最小化供应链整体的损失）。制造商实施扰动修复方案的同时，需要考虑初始调度方案的优化目标 $f_{\mathrm{I}}(\pi') = \sum \omega'_j \cdot C'_j$；考虑新调度方案与初始调度方案之间的偏差最小，即工件加权滞后时间和最小化目标 $f_{\mathrm{II}}(\pi') = \sum \omega'_j \cdot \overline{\Delta t'}_0$（其中，$\overline{\Delta t'}_0 = \max\{C'_j - \overline{C}'_j, 0\}$，$\overline{C}'_j$ 表示制造商在初始调度方案中工件 J_j 的完工时间）；以及两人合作总收益最大化指标 $f_{\mathrm{III}}(\pi') = V_m \cdot V_s$（$V_m$ 和 V_s 分别表示受到扰动后，制造商和服务商的收益），假设对于第 i 人（$i = m, s$），单位时间内，加工一个工件获得 b_i（$i = m, s$）的收益。工件的加工成本用工件的最小化最大完工时间 $\min C_{\max}^i = \min\max\{C_j \mid j \in J\}$，那么第 i 人（$i = m, s$）的收益函数可定位为 $\theta_i = b_i(\sum P_j - \min C_{\max}^i)$。

7.5.2　问题建模

初始调度：　　$\min\{f(\pi_0^S) = \sum_{j=1}^{n} \omega_j \cdot C_j, f(\pi_0^m) = \sum_{j=1}^{n} \omega'_j \cdot C_j{}'\}$　　　　(7.6)

干扰管理：$\min\{f_{\mathrm{I}}(\pi') = \sum_{j=1}^{n} \omega'_j \cdot C'_j, f_{\mathrm{II}}(\pi') = \sum_{j=1}^{n} \omega'_j \cdot \overline{\Delta t'_0}\}$　　(7.7)

合作收益：　　　　$\min\{f_{\mathrm{III}}(\pi') = -V_m \cdot V_s\}$　　　　　　　(7.8)

s.t.　if $S'_j, C'_j \notin [t_1, t_2]^M (s'_j \leqslant t_1 \wedge C'_j > t_2) \longrightarrow s'_j = t_2$　(7.9)

$s_j > C_{j-1}, s'_j > C'_{j-1}$　$j = 2,3,\cdots,n$　　　　(7.10)

$s'_j \leqslant r_j \wedge C'_j \leqslant r_j$　　　　　　(7.11)

$C_j = s_j + p_j, C'_j = s'_j + p'_j$　　　　(7.12)

$C_j \geqslant C'_j$　　　　　　　(7.13)

$(\overline{S}_a \geqslant \overline{C}_b) \vee (\overline{S}_b \geqslant \overline{C}_a)$　　$\forall a, b \in J$　　(7.14)

其中，式（7.6）表示干扰前调度方案的优化目标，这是为了最大限度地减少服务提供商和制造商所有工件的加权完成时间；式（7.7）表示发生干扰后调度的优化目标，即最小化制造商所有工件的完成时间和延迟时间及这一目标；式（7.8）表示基于干扰管理的供应链合作的收入目标，式（7.9）表明，当制造商由于机器故障而停机时，不允许在停机期间对机器进行处理，且原来在 $t_1 \sim t_2$ 这个时间段内加工的工件将被推迟到 t_2 时刻后加工；式（7.10）表示由服务提供商和制造商生产的工件在开工之前应该确保其紧前工件已加工完成；式（7.11）表示制造商的工件需要在服务提供商建议的最晚交货时间之前完成；式（7.12）表示服务提供商处理的工件的完成时间；式（7.13）表示同一工件，且制造商的完成时间不晚于相应服务提供商的完成时间；式（7.14）表示在加工系统中，两个工件不允许同时开工。

7.5.3　算法设计

1. 算法概述

本章中研究的"服务型制造供应链干扰管理及快速响应绩效提升途径"问题，是一个典型的多目标优化问题。为了在尽可能短的时间内求解出最优的解决方案，需要制定一个效率高、合理性强的元启发式算法。PSO 算法具有自组织、自适应、自学习和快速收敛等优势，但其局部搜索能力较差，求解结果的精度不高。基于此，本节利用混合 PSO 算法来对模型进行求解，该算法与可变邻域搜索算法强大的局部精细搜索能力和遗传算法的相关突变交叉理论相结合。

2. 算法初始化

微粒初始化：在 PSO 算法中，工件的加工次序由微粒表示，调度方案中的可行解也可由其进行表示。加工时，需满足一段时间内只能加工一种工件且不能中断的前提条件，因此工件的加工顺序用 $1 \sim n$ 不重复正整数集合来表示。

微粒初始化的方式：在种群中，用一个 n 维实数向量 $X_i = [x_{i,1}, x_{i,2}, \cdots, x_{i,n}]$ 来表示粒子的位置，且 $x_{i,n}$ 为正整数。假设向量 $x = [1, 2, 3, \cdots, n]$，则在连续空间中通过两两位置随机互换的方法来随机生成初始值 X_i，也就是说随机选取向量 x 中的不同的两个位置来完成 n 次交换操作。

微粒位置初始化：在 n 维搜索空间内，将第 k 个微粒的位置向量和速度向量分别记作 $X_i = [x_{i,1}, x_{i,2}, \cdots, x_{i,n}]$ 和 $V_i = [v_{i,1}, v_{i,2}, \cdots, v_{i,n}]$。在时间 t 处，用 $P_{i,\text{best}}^n = [p_{i,1}, p_{i,2}, \cdots, p_{i,n}]$ 表示当前微粒的最优位置，微粒会在空间内不断搜索移动，在 $t+1$ 时刻，微粒的速度和位置迭代公式表示为

$$v_{i,j}(t+1) = \omega v_{i,j}(t) + c_1 r_1 [p_{i,j} - x_{i,j}(t)] + c_2 r_2 [p_{g,j} - x_{i,j}(t)] \quad (7.15)$$

$$x_{i,j}(t+1) = x_{i,j}(t) + v_{i,j}(t+1), j \in \{1, 2, \cdots, n\} \quad (7.16)$$

3. 交叉和变异操作

在设计 PSO 算法时，把遗传算法中的交叉和变异搜索引入其中，可以有效地提高算法的效率和准确性。在 PSO 算法中，通过把微粒自身的最佳位置 p_{best} 和种群的最佳位置 g_{best} 传递给搜索空间内的其他微粒来实现信息共享。单个粒子之间没有信息交互，种群的搜索更新也基于单个粒子的最佳位置来实现的。遗传算法的交叉和变异操作可以使 PSO 算法中的单个粒子共享信息，从而促使粒子飞到新的搜索空间，并防止搜索过程陷入本地搜索。

具体操作如下：对粒子的历史最优位置 p_{best} 和总体的当前最优位置 g_{best} 分别以相应的概率形成两个新的粒子，进行如图 7.11 所示的变异操作，然后对从变异获得的两个粒子执行如图 7.12 所示的交叉操作。

变异操作：对 p_{best} 和 g_{best} 分别实施变异操作，对被选出来的微粒用同样的概率随机选择一种变异算子，即交换、插入和反转。对于微粒的位置向量 $X_i = [x_1, x_2, \cdots, x_p, \cdots, x_q, \cdots, x_n]$，交换变异指的是在微粒中任意选择两个位置 p 和 q（$1 \leq p \leq q \leq n$），互换 x_p 和 x_q 的位置。插入变异指的是在微粒中任意选择两个位置 p 和 q 并对 x_p 和 x_q 值的大小进行比较，将较大的值插到较小值之后，也就是说如果 $x_p < x_q$，则实施变异操作后的微粒向量为 $X_i = [x_1, x_2, \cdots,$

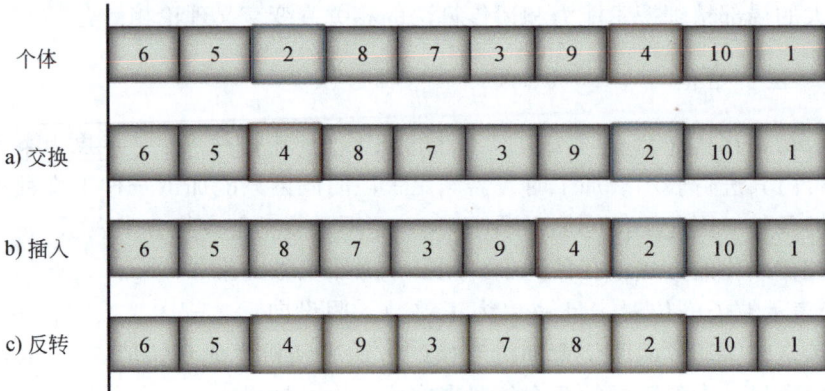

图 7.11　变异操作示意

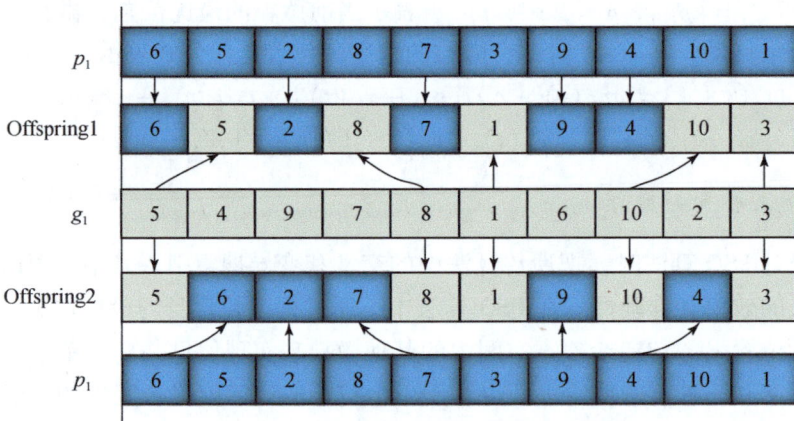

图 7.12　交叉操作示意

x_q，x_p，$\cdots$，x_n]。反转变异指的是任意选择微粒向量中的两个位置 p 和 q，将 [x_p，x_{p+1}，$\cdots$，x_{q-1}，x_q] 片段进行反转互换位置变为 [x_q，x_{q-1}，$\cdots$，x_{p+1}，x_p]。

　　交叉操作：把 p_{best} 和 g_{best} 经过变异后的微粒用 p_1 和 g_1 来进行表示，并把它们当作父代来实施基于工序编码的交叉算子（preserving order- based crossover，POX）。首先从 p_1 中任意选出 n'（$n' < n$）个位置的数，组成数组 O_1，把它们在 p_1 中的原始位置复制到第一个子代个体（Offspring1）中，然后在 g_1 微粒中把与数组 O_1 相等的数删除，其余基因按照在 g_1 中从左到右的顺序组成数组 O_2，将 O_2 中的数依次落入 Offspring1 的空余位置，由此便得到了 Offspring1。第二个子代（Offspring2）可通过同样的方式得到，把数组 O_2 中的数根据它们在 g_1 的原始位

置复制到 Offspring2 中，接着在 p_1 微粒中删除与数组 O_2 相等的数，剩下的基因位按照其在 p_1 中从左到右的依次位置组成数组 O_3，将 O_3 中的数按依次落入 Offspring2 的空余位置形成第二个子代。

4. 局部搜索机制

许多仿真研究结果表明，流水线调度问题的求解空间的形状与大峡谷地貌很接近，最优解通常集中在峡谷底部。插入操作（insert operator）具有很强的随机性和灵活的邻域结构，可以引导粒子快速搜索到峡谷底部。交换操作（swap operator）易于将粒子从峡谷底部引出。在此基础上，提出了一种基于随机邻域结构的局部搜索策略，包括 insert(π，k_1，k_2)（插入邻域结构）、swap(π，k_1，k_2)（交换邻域结构）和 blockswap(π，B_1，B_2)（块交换邻域结构），并将该结构的混合 PSO 算法定位为 HPSO-R。邻域结构示意如图 7.13 所示。

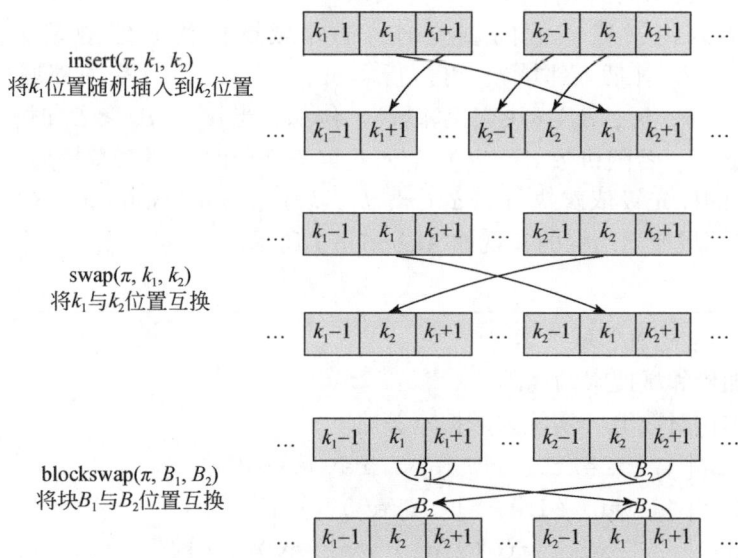

图 7.13　邻域结构示意

（1）insert(π，k_1，k_2)邻域结构

随机确定调度方案 π 中工件 k_1 的位置，并随机选择工件 k_2，把前者插入到后者之后。

（2）swap(π，k_1，k_2)邻域结构

随机选择出调度方案 π 两个工件：工件 k_1 和 k_2，并将两者的位置互换。

（3）blockswap(π, B_1, B_2) 邻域结构

随机将排产调度方案 π 中 B_1 和 B_2 块进行位置互换，其中 $B_i(i \in \{1, 2\}$ 且 $B_1 \cap B_2 = \varnothing)$ 是相邻两个工件组成的集合"块"。

以随机邻域结构为基础的局部搜索机制通过一个随机的概率来实施上述一种或多种邻域操作，用 $f_N[M \oplus (c_{p_{\text{III}}} \otimes X_{\text{best}(g)})]$ 表示结构公式，用概率 $c_{p_{\text{III}}}$ 来实现执行步长为 M 的局部搜索，可表示为式（7.17），$c_{p_{\text{III}}}$ 包含三个概率区间：$c_{p_{\text{III}}}[\alpha_1, \beta_1]$、$c_{p_{\text{III}}}[\alpha_2, \beta_2]$ 和 $c_{p_{\text{III}}}[\alpha_3, \beta_3]$。

$$c_{p_{\text{III}}} = \begin{cases} (\alpha_1 \leqslant \text{rand}() \leqslant \beta_1) & \Rightarrow & \text{insert}(\pi, k_1, k_2) \\ (\alpha_2 \leqslant \text{rand}() \leqslant \beta_2) & \Rightarrow & \text{swap}(\pi, k_1, k_2) \\ (\alpha_3 \leqslant \text{rand}() \leqslant \beta_3) & \Rightarrow & \text{blockswap}(\pi, B_1, B_2) \end{cases} \qquad (7.17)$$

式（7.17）中，rand（）为（0, 1）随机分布数，当随机数落入不同的概率区间中时，就执行相应的邻域搜索操作。用 COM < I, S, BS > 定义概率区间重叠的情况 I 表示 $c_{p_{\text{III}}}[\alpha_1, \beta_1]$，$S$ 表示 $c_{p_{\text{III}}}[\alpha_2, \beta_2]$，BS 表示 $c_{p_{\text{III}}}[\alpha_3, \beta_3]$。当随机数落入定义概率区间重叠时，把邻域操作优先级规定为：先执行 insert(π, k_1, k_2)（插入邻域），再执行 swap(π, k_1, k_2)（交换邻域），最后执行 blockswap(π, B_1, B_2)（块交换邻域）。例如，当 $\alpha_3 < \beta_2 < \beta_3$ 时，存在重叠区间 $[\alpha_3, \beta_2]$，若随机数 rand（）落入此重叠部分时，那么微粒局部搜索操作便按照规定的优先级依次执行 swap(π, k_1, k_2) 和 blockswap(π, B_1, B_2) 邻域操作。随机邻域搜索结构的实现如 Algorithm 1 所示。

Algorithm1：随机邻域搜索
//功能：随机邻域搜索伪代码
//说明：本例对数组 a 实施邻域搜索策略

```
Static int [] Insert (int [] array) {…}
Static int [] Swap (int [] array) {…}
Static int [] Blockswap (int [] array) {…}
Static void main (string [] args)
{
  Int [] a =new int [] {X, X, ··; X};
  Int [] b =new int [a.Length];
Random rd =new random ();
Int conter =0;
Do
  {
```

```
   If (α₁ ≤ rd ≤ β₁) && rd ∉ COM<I, S, BS>
      { Insert (a) .CopyTo (b, 0);}
   else if  (α₂ ≤ rd ≤ β₂) && rd ∉ COM<I, S, BS>
      { Swap (a) .CopyTo (b, 0);}
   else if (α₃ ≤ rd ≤ β₃) && rd ∉ COM<I, S, BS>
      { BlockSwap (a) .CopyTo (b, 0);}
   else
      {Insert (a) .CopyTo (b, 0) || Swap (a) .CopyTo (b, 0)
|| BlockSwap (a) .CopyTo (b, 0)}
   } while (conter<n)
}
```

本章选用 GA_TOM 算法作为比较算法进行实验验证，GA_TOM 算法的一般算法框架描述如 Algorithm 2 所示。

Algorithm 2：GA_TOM 算法框架

步骤 1：（初始化）随机生成种群作为初始种群。

步骤 2：（适应度）计算种群中每个基因个体的适应度。

步骤 3：（选择）使用锦标赛法模型选择父代基因个体。

步骤 4：（变异）算法包括四种变异算子，即交换变异（swap mutation）、移位变异（shift mutation）、插入变异（insertion mutation）和反转变异（inversion mutation）。

步骤 5：（交叉）算法包括两种交叉算子，即两点有序交叉（OX）和部分匹配交叉（PMX）。

步骤 6：（终止）如果满足终止条件，算法终止；否则转向步骤 3。

最终 HPSO-R 算法由基本 PSO、变异操作、交叉操作和随机邻域结构构成。在 GA_TOM 算法中，采用锦标赛法选择，两点有序交叉，多类型变异和精英模型来演化个体基因，本章通过两种算法的比较实验来检验所提出的 HPSO-R 算法的优良特性。

（4）算法流程框架图

HPSO-R 算法流程如图 7.14 所示。

步骤1：以随机方式生成规模为P的初始种群

步骤2：根据编码规则确定微粒对应的工件排序，并计算种群所有微粒的适应度

步骤3：将微粒当前个体最优位置和目标值存于p_{best}，将种群中微粒的最优位置和目标值存于g_{best}

步骤4：采用PSO算法的位置和速度更新公式更新各微粒的位置和速度

步骤5：对微粒执行变异、交叉操作，根据适应度值更新微粒个体最优位置p_{best}及种群的群体最优位置g_{best}

步骤6：基于随机策略的邻域搜索计算

初始化邻域算子$f_N[M \oplus (c_{p \text{III}} \otimes X_{best(g)})]$，最大步数$M$

随机多邻域搜索概率判断

$c_{p \text{III}}[\alpha_1, \beta_1]$ | $c_{p \text{III}}[\alpha_2, \beta_2]$ | $c_{p \text{III}}[\alpha_3, \beta_3]$ | 概率重叠

insert搜索 | swap搜索 | blockswap搜索 | COM<I, S, BS>

判断是否达到最大搜索步数M，比较微粒邻域搜索后的适应度值与个体历史最优p_{best}，并更新p_{best}；比较所有微粒p_{best}与群体最优g_{best}的目标值，并更新g_{best}

否 ← 算法终止准则 → 是

输出混合PSO算法的g_{best}及目标值并停止算法

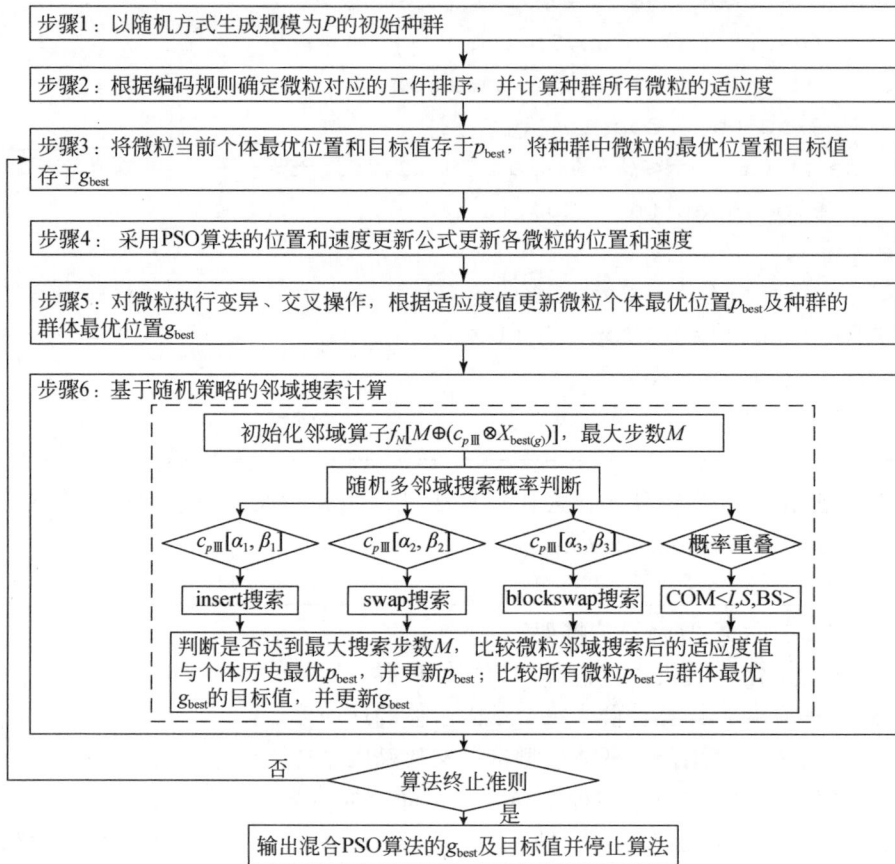

图7.14 HPSO-R算法流程

7.5.4 算例仿真

1. 实验设计

在实验仿真中参数设置如下：10个待加工工件；服务商和制造商加工这10个工件所需的时间和加工权重见表7.3；为了体现员工的风险态度以及损失敏感程度，根据决策个体试验的结果，取$\beta_i = 0.88$，$\lambda_i = 2.25$，其中$i = 1, 2$；由于发生中断后工件的加工时间会有所增加，干扰后工件的完工时间用$\overline{p}'_j = p'_j(1 + r)^\mu$表示；单位时间内，加工工件所获得的收益为$b_i = 0.6$。在上述参数设置的基础上，机器干扰时间窗通过随机的方式生成两种，为A工况 [100, 125] 和B工

况［125，150］，也就是说，在 A 工况下，供应商（S）由于干扰的出现会在 $t_1 =$ 100 时刻停机，在 $t_2 = 125$ 时刻恢复生产；在 B 工况下，供应商由于干扰的出现会在 $t_1 = 125$ 时刻停机，在 $t_2 = 150$ 时刻恢复生产。

表 7.3 工件加工时间与权重参数

类别	工件号	0	1	2	3	4	5	6	7	8	9
服务商	ω_j	1	1	3	3	1	3	2	3	2	1
	p_j	35	29	32	40	38	45	20	48	50	55
制造商	ω'_j	1	1	1	1	3	1	1	3	1	1
	p'_j	21	22	29	24	13	27	15	26	28	10

HPSO-R 算法的参数设置如下：种群规模 $N = 40$，更新次数为 100 次，粒子群位置和速度更新表达式中 $\omega = 0.2$，$c_1 = c_2 = 2$；变异概率为 0.2，交叉概率为 0.8；邻域搜索概率 $c_{p \text{III}} = \{[0，0.75]，[0.55，0.95]，[0.8，1]\}$，执行步长 $M = 20$。

2. 结果分析

评价指标选择进行算法评价时通常从多样性、收敛性等方面对提出的 HPSO-R 和 GA_ TOM 算法进行综合评价，包括 ONVG、CM、Dav 和 Dmax、TS、AQ 和 MS，具体指标见表 7.4。

表 7.4 算法评价指标

类别	绝对指标值	指标含义	方向
多样性指标	ONVG	表示所求得非劣解的数量	最大值
	TS	表示非劣解分布的均匀性	最小值
收敛性指标	CM	反映两个非劣解集中解的支配比例	最大值
	Dav 和 Dmax	表示非劣解集中解和最优帕累托前沿 R 之间的平均距离和最大距离	最小值
平均指标	AQ	展现非劣解的分散性和邻近性	最小值
	MS	展现非劣解对帕累托边界的覆盖性	最大值

在仿真实验中，因干扰而发生中断的时间为［100，125］和［125，150］，在这两种工况下分别进行 10 次独立试验，两种算法的指标对比结果见表 7.5 和表 7.6。

表7.5 ΔM | [100, 125] 情况下 HPSO-R 算法和 GA_TOM 算法的性能指标对比

类别	ONVG		CM		Dav		Dmax		TS		MS		AQ	
	HPSO_R	GA_TOM	HPSO_R	GA_TOM	HPSO_R	GA_TOM	HPSO_R	GA_TOM	HPSO_R	GA_TOM	HPSO_R	GA_TOM	HPSO_R	GA_TOM
1	13	11	0.140	0.400	3.802	3.812	3.946	3.946	6.300	4.970	0.610	0.400	601.287	602.491
2	13	10	0.222	0	3.331	3.341	3.461	3.461	7.471	1.367	0.607	0.180	601.723	601.819
3	13	11	0.140	0	6.460	6.472	6.681	6.681	1.843	3.400	0.628	0.511	601.048	601.933
4	13	11	0.222	0	3.501	3.510	3.636	3.636	7.088	1.778	0.607	0.190	601.714	601.819
5	14	12	0.812	0.089	3.052	3.057	3.176	3.176	5.591	2.098	0.606	0.210	601.355	600.849
6	12	10	0.162	0.111	3.316	3.325	3.444	3.444	7.521	3.876	0.607	0.287	601.337	601.975
7	12	11	0.253	0	2.505	2.500	2.600	2.600	9.700	1.778	0.604	0.124	600.581	601.819
8	11	11	0.400	0	6.450	6.472	6.593	6.681	1.454	1.778	0.570	0.383	601.252	601.819
9	12	10	0.162	0	4.313	4.326	4.470	4.470	4.098	1.810	0.613	0.191	600.767	602.753
10	10	10	0.111	0	8.030	8.030	8.276	8.276	1.770	1.500	0.638	0.501	601.942	602.333
平均值	12.3	10.7	0.262	0.060	4.476	4.485	4.628	4.637	5.284	2.436	0.609	0.298	601.300	601.961
最大值	14	12	0.812	0.400	8.030	8.030	8.276	8.276	9.700	4.970	0.638	0.511	601.942	602.753
最小值	10	10	0.111	0	2.505	2.500	2.600	2.600	1.454	1.367	0.570	0.124	600.581	600.849

表7.6 ΔM | [125, 150] 情况下 HPSO-R 算法和 GA_TOM 算法的性能指标对比

类别	ONVG		CM		Dav		Dmax		TS		MS		AQ	
	HPSO_R	GA_TOM	HPSO_R	GA_TOM	HPSO_R	GA_TOM	HPSO_R	GA_TOM	HPSO_R	GA_TOM	HPSO_R	GA_TOM	HPSO_R	GA_TOM
1	11	9	0	0.240	3.013	3.022	3.105	3.105	3.541	5.563	0.602	0.622	591.888	592.420
2	9	10	0	0	3.364	3.365	3.455	3.455	5.321	1.901	0.603	0.156	592.273	594.203
3	10	9	0	0.124	3.347	3.350	3.438	3.438	10.500	7.143	0.603	0.589	592.779	593.261
4	11	10	0.300	0	3.746	3.747	3.848	3.848	5.833	1.808	0.667	0.604	593.257	592.251
5	10	9	0.111	0	3.108	3.112	3.195	3.195	9.508	8.814	0.602	0.489	592.363	593.625
6	9	9	0	0	2.716	2.720	2.792	2.792	2.526	1.794	0.601	0.059	593.407	595.101
7	10	9	0.222	0	3.016	3.026	3.105	3.105	7.709	1.769	0.602	0.087	591.833	594.622
8	11	11	0.400	0.200	2.986	2.987	3.076	3.076	3.549	7.851	0.602	0.652	592.386	592.255
9	11	8	0.100	0.043	3.122	3.131	3.210	3.210	6.809	12.260	0.603	0.626	591.892	593.795
10	12	9	0	0	2.602	2.609	2.682	2.682	6.025	10.460	0.600	0.512	593.319	593.707
平均值	10.4	9.3	0.113	0.067	3.102	3.107	3.191	3.191	6.132	5.936	0.609	0.440	592.540	593.524
最大值	12	11	0.400	0.240	3.746	3.747	3.848	3.848	10.500	12.260	0.667	0.652	593.407	595.101
最小值	9	8	0	0	2.602	2.609	2.682	2.682	2.526	1.769	0.600	0.059	591.833	592.251

如表7.5和7.6所示，HPSO-R算法和GA_TOM算法有以下区别：就非劣解的数量而言，根据指标ONVG，HPSO-R算法的数量比GA_TOM算法的数量略多；就优势而言，非劣解集之间的关系，根据指标CM，可以知道HPSO-R算法获得的非劣解集可以更好地支配GA_TOM算法。指标Dav和Dmax表明，HPSO-R算法优于GA_TOM算法及其非劣解集更接近于理想帕累托的边界。就非劣解分布的均匀性而言，GA_TOM算法根据指标TS表现出更好的分布均匀性。解决方案中，指标MS表示HPSO-R算法的非劣解集覆盖了更理想的帕累托边界。在色散和逼近方面，HPSO-R算法优于GA_TOM算法。

综上所述，HPSO-R算法在ONVG、CM、Dav和Dmax、MS和AQ方面优于GA_TOM算法，而GA_TOM算法在TS中仅稍好一点，因此HPSO-R算法在求解时更有效干扰管理调度问题。

7.6　服务型制造供应链快速响应绩效评价体系确定

为了整体评估服务型制造供应链快速响应绩效评价体系，本节参考国内外诸多相关文献，并结合前文对考虑行为的干扰管理调度的研究，围绕制造供应链快速响应总目标，提炼出服务质量、服务效率2个一级指标以及细分的6个二级指标。

（1）服务质量

1）完工时间：反映服务型制造供应链整体生产、运输等水平，反映服务型提供企业利用自身设备等能力最大效率完成生产任务的能力。

2）非劣解均匀性：反映服务型提供企业在发生不可避免的生产扰动后，利用自身信息技术等能力，快速进行重调度和重调度质量的能力。

3）拖期时间：反映不可避免的干扰等原因，服务型提供企业利用自身设备、人员等最大限度减少因干扰带来的损失，从而更好地服务制造企业的能力。

（2）服务效率

1）求解时间：反映制造供应链中自然灾害、设备异常等原因而无法按原生产计划完成生产任务时，快速进行重调度以减小损失的能力。

2）顾客满意度：反映在服务型制造供应链中，服务型提供企业利用自身设备、人员等资源来高效、低成本、低拖期的完成制造企业的任务需求，进而提升制造企业满意度的能力。

3）结果可靠性：反映在服务型制造供应链中，因不可抗因素而发生干扰后，服务型提供企业为减少自身及制造企业损失，而重新安排的生产调度方案可靠性，即服务型提供企业自身调度算法，在面对多样的生产扰动时，仍能高效做出损失最小化的重调度方案的能力。

经过以上筛选指标的提炼与描述，得到如表7.7所示的评价指标体系。

表7.7　服务型制造供应链快速响应绩效评价指标体系

一级指标	二级指标
服务质量	完工时间
	非劣解均匀性
	拖期时间
服务效率	求解时间
	顾客满意度
	结果可靠性

7.7　本章小结

本章将制造模式变革、供应链兴起、反生产行为突显和供应链调度面临各类扰动影响作为研究背景，以反生产行为影响因素分析和干扰管理快速响应调度机制相融合的思想为基础，按照"反生产行为影响因素动态仿真→行为主体恶化度量→扰动分类判定→动态调度优化"的思路，从"行为因素分析度量"和"扰动快速修复"相结合的角度出发，对反生产行为影响因素分析和服务型制造供应链在机器故障情况下的调度问题开展分析。本章主要研究成果如下：

1）以"环境—问题—方法应用"为指导思想，构建了一种考虑反生产行为的扰动管理系统框架，以根据影响准确把握扰动响应管理的内涵和普遍规律。

2）基于系统动力学方法对生产线现象进行动态分析，首先从行为的认知机制出发，通过逻辑推理，确定梳理主要反馈关系的主要影响因素，然后根据系统动力学模型，利用仿真软件演化并对相关管理策略进行分析，最后提出有效的控制策略。

3）从生产系统行为主体的角度出发，考虑干扰事件对员工心理的消极影响，这一影响引发的反生产行为给生产过程带来恶化效应。基于有限理性的行为，使用前景理论的效用函数来衡量恶化率并构造方程式。

4）在两个面向服务的制造供应链环境中，面对由机器故障引起的制造商生产效应，基于干扰管理的思想，研究服务型提供商与制造商之间的调度问题，并考虑心理恶化的员工，构造初始目标为多干扰因素存在情况下供应链总收入最大化干扰管理调度模型。

5）考虑 PSO 算法的局部搜索能力差、搜索精度低的问题，结合遗传算法的相关变异交叉理论以及局部精细搜索，提出求解干扰管理调度模型的 HPSO-R 算法。

在行为因素影响的研究中，尽管得出了测量方法，但是参数的选择直接基于现有文献中的值，未来的研究可以通过对不同企业和环境的实证研究来获得。在供应链调度中，供应链成员企业作为独立的经济主体，具有不同的利益目标。实际上，它们之间的谈判策略更加复杂和多变，需要进一步研究。

|第8章| 复杂产品 MRO 服务执行过程管理及快速响应绩效提升途径研究

8.1 制造业服务化快速响应研究背景

制造业作为国家与区域的支柱性产业，其强大与否会直接影响到国家的经济甚至是安全。尤其在全球化的大环境中，我国作为正在高速发展的国家，为进一步提高国力，需要重视制造业的发展。前人在制造业的研究与发展过程中，将设计与制造作为重点研究内容，如何快速高效地生产产品是主要研究目的与研究内容，而忽视了在供应链末端的服务环节。随着科技水平的提高与时代的进步，先进的信息技术与制造手段使得制造企业生产效率大幅提高，但随之而来的是产品同质化问题越来越严重，制造行业竞争也日益激烈。同时，越来越普及的大规模定制生产方式让客户有机会选择更多类型的产品，降低了人们对制造本身的重视程度，因此，为维持企业市场竞争力，许多制造企业开始突破创新，服务业成为企业创造更多价值的新的突破口。在后工业时代中，服务成为其核心内容，企业发展的每个阶段都渗透着制造企业生产部门的服务性业务，推动着企业新型技术的创新与发展（顾乃华等，2006）。换言之，制造企业的主要业务已经不再只是传统的生产制造环节，而是慢慢转移到更有附加价值的服务环节（杨慧等，2014）。

长期以来，制造业都是衡量国家工业水平的指标之一，其中，复杂装备制造业又一直是制造行业关注的重点之一。复杂产品是具有使用寿命长、零部件多、结构与功能复杂等特点的产品。因其独有的特点，在较长的运行阶段会面临更加复杂与艰难的使用情景，导致维护维修的难度加大。PLM 概念的提出后，MRO 服务被定义为复杂产品生命周期的中后期阶段中的各种维护、维修、大修等制造性服务活动。MRO 服务概念提出后，许多学者开始深入探究此领域，特别是如何发展与创新 MRO 服务的实际应用和技术方法。前人的大量研究表明，制造业服务化转型必会经历 MRO 服务这一环节，而成功实现并高速发展 MRO 服务的重点是要提供高水平、高收益、高效率的 MRO 服务。

制造业服务化转型是服务增值转型的过程，其以客户为导向，在转型升级过程中最重要的部分是对制造业 MRO 服务的良好运作与管理。因为复杂产品需要较高技术水平、拥有较为复杂的结构等特性，很少有用户可以只依靠自身资源解决运维过程中的所有故障问题，所以需要寻找外部资源的帮助，如制造商或服务提供商。而现存的"（指定）制造商/服务提供商–用户"一对一联系的工业服务模式会存在如下一系列问题：①复杂产品的 MRO 服务过程所涉猎的内容与环节众多，若只有单一制造商或服务提供商来提供 MRO 服务则需要应用到太多资源，降低了 MRO 服务的效率与水平；②从较为经典的"经济人"理论中可以推断出，当制造商或服务提供商仅根据自身利益做决策时，就会形成不当竞争，使客户利益受到损害，行业整体的发展受阻；③由于客户位置分散，（指定的）维修人员不能立刻获得所有客户的故障维修任务，做到完全快速响应服务，这种情况既会增加维修成本，又会降低客户满意度。因此，为快速响应 MRO 服务，满足供需者要求的同时加快制造型服务业的发展，新的 MRO 服务模式的提出势在必行。

对此，本章拟解决问题如下。

1）问题一：构建一个 MRO 服务供应链的协调模型，模型的构建根据复杂产品自身以及生产的特点，同时，加入利他偏好行为概念，以服务环节为纽带的供应链整体为研究对象，研究如何提升服务快速响应速度与企业收益。

2）问题二：面向服务供应链中能够提供 MRO 服务的部分节点，企业服务数据为一致的和可追溯的，为避免造成 MRO 服务信息孤岛的情况，利用区块链技术实现多场景、大量需求情况下的快速响应服务。

8.2　复杂产品 MRO 服务执行过程相关理论

8.2.1　MRO 服务定义及其发展

在大型产品以及一些复杂装备（如汽车、高铁和航空器件等）维修领域中，制造服务活动的总称是以检修业务为主的 MRO 环节（维护、维修、大修），同时也是客户、制造商和服务提供商与其他利益相关者最密切相关的环节。早期的 MRO 服务方式多为手工管理数据，随着数据规模的扩大以及技术的发展，MRO 服务的数据管理方式慢慢从部门内部的服务数据管理、发展的 MRO 服务管理，转换为如今大多数人熟知的以 PLM 为主的 MRO 服务阶段。与此同时，复杂产品市场日益扩大，制造企业服务化转型越来越普遍，关注 MRO 服务的人群不再局限于现实操作中的企业，很多学者也对这个方向进行了理论研究。MRO 服务阶段是复杂产品全生命周期中后期也是较长、较重要的阶段，生产系统的可靠性、可用性、高收益与社会可持续性等特性的提高成为 MRO 服务的主要目的。

为了快速响应维修任务需求，从而更好地服务客户，MRO 服务会向客户提供多样又个性化的服务，而支撑此类服务需要大量数据信息（Sivusuo and Takala，2016）。2004 年 Jun 为有效管理产品生命周期信息，尤其是产品交付客户后的数据信息，提出了一个闭环 PLM 模型（Jun et al.，2007）。这是第一次从 PLM 角度来统一管理产品售后服务数据信息。此后，在 Jun 的理论基础上，学者们又对更多领域展开研究，主要是面向服务管理模式的研究及服务管理技术的研究。

8.2.2 社会偏好定义及其分类

Güth 等首次提到最后通牒博弈模型（陈叶烽等，2012），当拒绝分配方案中参与者与提议者收入和付出差异过大时，参与者一般会不支持分配额大于零的提议。Forsythe 等比较独裁者实验结论和最后通牒实验结论，发现独裁者一般情况会分给对方一部分利润，即使在有权利占有全部物质收益时，同时响应者会努力回报独裁者的慷慨给予（侯如靖，2014）。同样，Fehr 等在礼物交换博弈实验中认为员工会通过更加努力的方式来报答高薪工作的雇主（陈叶烽等，2012）。从上述实验可知，不同于通常情况下的"理性经济人"的逻辑，生活中的非理性个体经常会有一些亲社会行为，实验经济学家将其定义为社会偏好。根据前人的研究结果可知，社会偏好概念最早提出是在 1840 年左右，其中普遍认为 Camerer（1997）在学术性文章中第一次提出并详细阐述了"社会偏好"这一概念。尽管到目前为止在学术界还没有统一的社会偏好定义，但是学者们普遍认为，社会偏好的本质是人们不仅关心自己的利益，而且愿意关心社会利益，人们在实际选择中与普通的自利偏好背道而驰。

详细而言，社会偏好可以分为互惠偏好、不公平厌恶和利他偏好等多种类型。互惠偏好意味着人们即使愿意付出代价，也仍然愿意以善良报答和以不良行为惩罚不良行为。不公平厌恶，也被称为差异厌恶偏好，是指人们在关注对方收益的同时会比较彼此收益的差距，当一个人觉得自己的利益不公平时，将会产生多效用损失。利他偏好又称为社会福利偏好，意思是人们一般不只是关心自己的收益，而且还考虑其他处境不利者的利益以及整个社会福利的规模。Loch 和 Wu（2008）在供应链绩效研究领域引入了社会偏好，并进行实验来证明这些因素如何影响到供应链决策，即具有社会偏好可以使合作效果更好，并改善个人和整个供应链的绩效。韩姣杰等（2012）通过建立不同主体的项目团队、多主体委托-代理模型等对相互偏好行为因子的主体进行了研究，并对完全理性时和利他情况下代理人做出的行为进行了比较，发现利他偏好虽然对团队合作和绩效的促进与提高作用并不明显，但会在一定范围内产生使利润提高的鼓励成果。杜少甫等（2010）研究了公平关切行为对两阶段供应链的影响，研究显示，在不稳定的和随机的市场中，当零售商倾向于公平关注时，不可能仅通过批发价格合同来协调供应链。马利军（2011）使用施塔克尔贝格博弈方法研究了制造商提供给零售商的批发价格合同将如何在具有分配公平偏好的简单两阶段供应链中影响供应链的整体绩效。许民利和沈家静（2014）在供应链质量管理研究中第一次加入了有关公平关切偏好行为的元素，发现尽管供应商的质量投入和制造商的固定补贴不会被本身的公平关切偏好行为影响，但制造商预期的效用将同时受到双方公平偏好行为的影响。黄辉等（2018）分析了在产品绿色度的闭环供应链中公平偏好对供应链最优策略的影响，认为公平偏好不仅影响零售价、批发价、绿色度和废品的回收率，而且还改变了制造商和经销商的收益与效用，以及供应链的总利润。

8.2.3　BOM 研究现状

从 PLM 的层面来看，复杂的产品会有非常多的数据，因此构建一个结构优良且功能强大的数据管理平台非常重要。BOM 是产品（Orlicky et al.，1972）的重要结构文件。近年来，许多制造业企业家使用 BOM 来全面收集、统计、分析和输出产品数据信息。BOM 是制造最终产品所需的原材料、子组件、中间组件、零部件和数量的列表，也是描述产品构成的技术文件。不同的 BOM 表述方式应用于不同的 PLM 阶段和产品应用领域，如设计 BOM、制造 BOM、订单 BOM、销售 BOM、成本 BOM、质量 BOM 等。尽管 BOM 的概念已经被提出了很多年（Chung and Fischer，1994），但 MRO 服务阶段的数据结构研究最近才慢慢被学者重视。Mannisto 在早期给一些要素结构下定义来描述与售后服务有关的内容（Candell et al.，2005），并提出为优化数据与知识库，可以在 MRO 服务中使用 BOM 来处理复杂的 MRO 过程，同时降低 MRO 服务成本。其他研究人员提出将更多日常维修数据或相关文档添加到 BOM 中，以获取实际维修活动的及时数据反馈（Rachuri et al.，2008），这在某些文献里被称为维修 BOM（Liu et al.，2004）。维修 BOM 是维护过程中设备所需的维修服务的产品结构清单，可以视为维修视图中的 BOM，它有单元信息、待维修的结构信息、维修技术信息、状态信息和其他用于设备维护过程的数据。为了与 MBOM 区分开，本研究的 SBOM 被定义为数据结构。每个 BOM 存储各个生产阶段应用或产生的各类数据或信息。

XBOM 是多视图 BOM 的集合术语，BOM 前的 X 代表对生产制造不同阶段 BOM 的描述。

保证数据的一致是复杂产品全生命周期的关键。BOM 数据集成技术应用在每种环境中都会提高业务支持、数据集成、多视图管理和变更管理等方面的性能，可以适应产品全生命周期管理的需求，因此 XBOM 用于建立有效、一致的转换模型是十分必要的，尤其是被忽视的 EBOM 转换为 SBOM 的过程，可以为实现 MRO 活动达到更好的效果。至今已经有很多关于 BOM 转换和 BOM 视图转换过程与方式的研究。刘晓冰等（2005）提出了一种算法用于 EBOM 到 MBOM 的转换过程，同时为了解决以特征识别为基础的工程转换变更问题，制定了新的 BOM 转换映射规则。Matías 等（2008）提出了一种特定方法，该方法可以在面向客户的生产环境中以不一样的规范属性模式自动形成 BOM，以实现正确代码的自动创建和完整的树状结构。Xu 等（2008）开发了一种基于 BOP 的将 EBOM 转换映射为 MBOM 的快速精确方法。He 等（2014）提出了基于 SSPD 技术的一致 BOM 模型，并构建了部分分类映射模型与规则，从而实现了 EBOM 的结构转换为 MBOM 的结构。尽管他们用数学模型实现了 BOM 模型的映射转换，却缺少从 MBOM 映射到 SBOM 的内容。Liu 等（2004）在特征识别方法与规则的基础上，研究了如何从工程 BOM 转变到维修 BOM，该过程研究了 MRO 服务中 BOM 的作用。Zhou 等（2018）建议使用 BOM 树对 MRO 数据信息进行整合与管理，并使用数学模型阐述其转换映射的过程。

从以上研究中可知，从前的研究重点是 PLM 早期从设计阶段到制造阶段数据如何保持一致，并且近年来转移到对 PLM 末期数据问题的关注。所以，从 EBOM 到 SBOM 的数据一致性转换映射过程的数学建模研究可以弥补研究空白。

8.2.4 区块链原理及研究现状

1. 区块链技术基本原理

在一次密码学小组讨论中，Nakamoto（2008）发表的一篇《比特币：一种点对点的电子现金系统》论文首次提出区块链技术。论文中作者写到应该建立一套电子支付系统，这套系统是基于密码学原理而非信用，当两方达成一致时便可以进行交易，不再需要第三方的介入与担保（唐文剑，2016）。所描述的这种系统的主要原理便是应用区块链技术。狭义角度来看，区块链是一种链式数据结构，其以发生时间记录顺序将装有数据的区块有序连接在一起；广义角度来看，区块链是一种分布式账本，拥有分布式的基础架构与不可篡改和伪造的特殊功能，通过链式数据结构对过程中的数据进行验证和存储，产生并更新数据后利用分布式节点共识算法，同时，为保证数据的传输与访问的安全，应用非传统密码学的加密方式，编程与操作数据应用智能合约（袁勇和王飞跃，2016）。2011 年后，人们逐步接受比特币并开始建设比特币交易平台。到了 2016 年，区块链的研究达到了高潮，各行各业都开始探索与实践区块链技术。

2. 区块链技术应用研究现状

区块链技术颠覆了原有的模式与认知，其在未来世界如何更好地应用引发了众多学者与企业人员的好奇和探索。在金融行业区块链的研究较多，如点点币、狗狗币和以太坊等都是学者以比特币为基础原型扩展的数字货币。Crosby 等（2016）在文章中提到保险业务里如何应用区块链，阐述了在区块链中可以注册实物或数字资产，如房屋产权、汽车产权、实物资产、日常资产和其他贵重物品等任何资产，保险公司或其他任何人都可以对所有权和交易历史等信息进行验证。Yoo（2017）介绍了在审计领域区块链如何应用，如总部在美国纽约的区块链创业公司 R3CEV，在 2016 年提出了 R3 区块链联盟，已经吸引了全球 40 多家大型银行加入其中。

除了上述的几个领域，学者们也关注了区块链在其他方面的应用。赵赫等（2015）提出一种保障方法，应用区块链技术保障传感数据真实可靠，并应用于微生物机器人采样系统，可以在机器人运作过程中避免外界干扰。邵炜晖等（2018）面向电价驱动的未来型能源互联网，应用区块链技术建立虚拟电厂模型，通过区块链技术实现虚拟电厂协调控制和分布式能源独立有机联动的激励，为未来分布式提供可操作的并网管理模型。黄洁华等（2017）针对热点话题 P2P 众筹模式的公信力与监管机制问题，应用区块链技术通过智能合约构造了可靠的业务模式进行众筹。杨渊（2018）应用区块链中的联盟链，成功搭建一个在银行之间和其内部部门之间的信息共享互联平台，目前已被国内某商业银行应用。Yang 等（2018）在便携式电子设备与众包传感技术的支撑下，设计了区块链隐私保护众感知系统，消除了一种基于物联网应用的新型移动应用的潜在风险。Zhang 和 Wen（2017）面向物联网电子商务构建一种模型，并在区块链和智能合约技术的支持下成功实现了物联网智能物业和付费数据的交易。祁兵等（2019）为了提高用户满意度，基于区块链激励机制，设计了一种动态交易系统，在此用户间能自由灵活地进行交易结算。

综上可以看出，在很多领域学者已经探索出了区块链技术的实际应用方法，同时向更多领域扩展，因此仍然有一些领域需要学者们进一步深入探索。随着制造业中服务环节日益受到重视，尤其是以 MRO 服务为核心的复杂产品服务这类传统问题，急需新技术的支持与创新。

8.3 考虑利他偏好的 MRO 服务供应链协调

经济的快速发展使得企业之间的竞争已经逐渐转变为供应链之间的竞争，为了增强市场竞争力并快速响应市场要求，供应链上的节点企业需要形成良好的战略合作伙伴关系。在传统的企业关系中，研究对象基本被认定为一个理性的人，即是一个完全自私的企业，最大化自身利润是其主要目标。随着供应链模式的发展，学者们发现可以通过建立良好的伙伴关系提高供应链效益。因此，供应链中的节点企业不再是只考虑自己利益的传统理性人，他们开始表现出行为偏好。尤其在以服务为核心产品的服务链中，企业将合作者或竞争对手视为战略合作伙伴关系。因此，本章在 MRO 服务链中加入社会偏好理论的利他偏好理论。与此同时，由于研究对象有局限性，利他偏好理论的研究在只考虑双方的同时倾向于更加利他的方式，但在复杂装备的 MRO 服务里，因为项目较大，花费的时间更长，所以制造商拥有全部主动权，但另一些服务提供商要考虑是否偏爱制造商而做出的理性判断，本章将通过对比三种不同的决策方法获得 MRO 服务管理启示。

8.3.1 问题描述及基本模型

在一个二级供应链环境中只有单个制造商和单个服务提供商，其中服务提供商购买制造商制造的单一产品。因为真实的 MRO 服务环境，服务提供商一般是用户企业（即需要购买装备的用户）的二级公司和控股机构，为便于计算，本研究假设服务提供商和用户企业是一个整体，相当于一般意义上的供应链零售商的角色。根据复杂装备的特点，本研究不同于前人研究之处是从 PLM 角度构建 MRO 服务供应链，并着重关注服务质量与其快速响应能力。前人研究多是向非复杂产品的供应链企业进行服务，所以不会过多考虑服务的成本与次数，一般只认为商家提供一次性无利润服务。而在 MRO 服务供应链的环境中，即使制造商提供单一产品且不改变价格，但因其服务次数与内容的不同，服务利润是变化的，所以建模时，本节较多考虑了 MRO 服务真实的活动情景，以 MRO 服务效益作为一级指标，其中服务水平和供应链利润为下属二级指标，具体内容如下。

1. 二级指标——服务水平

首先确认 MRO 服务供应链中所有的产品市场需求量。根据文献综述以及 MRO 服务管理所具有的特征可以看出，节点企业判断市场需求量和消费者感知服务水平都会对市场需求量产生影响。对于 k 产品，本研究将 $D_k = a - bp_k +$

$\sum \theta_k^l s_k^l (l = m, s)$ 作为市场需求量函数（许明辉等，2006），其中"基本市场规模" $a>0$，"价格敏感系数" $b>0$，"需求对制造商和服务提供商服务水平的反应强度" $\theta_k^l>0$，"对于产品 k，制造商和供应商的服务水平"为 s_k^l。

2. 二级指标——供应链利润

依据 Yan 和 Pei（2009）对服务成本的假设可知，回报递减是服务投入的特点之一，并且对供应链管理中成本函数的研究发现（Liu et al.，2012；程茜等，2018），成本函数一般为二次幂函数。所以，本节设双方的成本公式为

$$C_{ij}^l = \frac{\eta_l \left[r_{ij}^2 + (s_k^l)^2 \right]}{2} \quad l=m,s \tag{8.1}$$

式中，供应链企业提供服务的成本系数为 η_l，产品 k 中第 i 件第 j 次需要的 MRO 服务的服务级别为 r_{ij}（一般情况，每个行业的服务级别规定都是不同的，其中汽车行业维修服务级别规定为三级，即 $r_{ij}=1，2，3$）。

假设市场需求的数量小于或等于制造商的生产量。由上述可知，制造商与服务提供商的利润函数分别为

$$\pi_m = \pi_m^p + \pi_m^s = (w_k - c_k)D_k + \sum_{i=1}^{D}\sum_{j=1}^{Q_i}(\rho_{ij}^m - C_{ij}^m)$$
$$= (w_k-c_k)(a-bp_k+\sum \theta_k^l s_k^l) + \sum_{i=1}^{D}\sum_{j=1}^{Q_i}\left\{\rho_{ij}^m - \frac{\eta_m[r_{ij}^2+(s_k^m)^2]}{2}\right\} \tag{8.2}$$

$$\pi_s = \pi_s^p + \pi_s^s = (p_k - w_k)D_k + \sum_{i=1}^{D}\sum_{j=1}^{Q_i}(\rho_{ij}^s - C_{ij}^m)$$
$$= (p_k-w_k)(a-bp_k+\sum \theta_k^l s_k^l) + \sum_{i=1}^{D}\sum_{j=1}^{Q_i}\left\{\rho_{ij}^s - \frac{\eta_s[r_{ij}^2+(s_k^s)^2]}{2}\right\} \tag{8.3}$$

式中，w_k 为产品批发价格；c_k 为产品成本；Q_i 为每件产品需要 MRO 服务的次数；p_k 为产品的零售价格。如果需要 MRO 服务的产品 k 共有 D 个。制造商与服务提供商的利润函数都可分为两部分：产品利润和服务利润。因为交易市场上各个企业的报价与服务级别和水平是有一定联系的，所以在实际市场中，不切实际的定价是会被市场淘汰的，为计算简便，本章假设 $\rho_{ij}^s>\rho_{ij}^m$ 是服务提供商的服务价格。但是每个企业不同的产能规模、设备资源及人力资源等因素影响着企业的服务成本，因此供应链的整体利润为

$$\pi_{SC} = \pi_m + \pi_s \tag{8.4}$$

因为合作和竞争经常会同时出现在供应链中，只考虑自身利益的完全自利型传统类型企业所存在的弊端日渐凸显，所以供应链上其他成员企业的动态与方向应该受到节点企业的更多关注。在本章中，当双方（制造商和服务提供商）都

利他时，利润函数不再是他们决策的目标，而是在对方利润的基础上使得自身利益达到最大。依据 Loch 和 Wu（2008）对社会偏好研究的结论，本章引入双方利润函数，应用加权求和的方式得到利他偏好影响因素，双方的效用函数公式为

$$u_m = \pi_m + \delta\pi_s = (w_k - c_k)(a - bp_k + \sum \theta_k^l s_k^l) + \sum_{i=1}^{D} \sum_{j=1}^{Q_i} \left[\rho_{ij}^m - \frac{\eta_m(r_{ij}^2 + (s_k^m)^2)}{2} \right]$$
$$+ \delta\left\{ (p_k - w_k)(a - bp_k + \sum \theta_l s_k^l) + \sum_{i=1}^{D} \sum_{j=1}^{Q_i} \left[\rho_{ij}^s - \frac{\eta_s(r_{ij}^2 + (s_k^s)^2)}{2} \right] \right\}$$

$$(8.5)$$

$$u_s = \pi_s + \xi\pi_m = (p_k - w_k)(a - bp_k + \sum \theta_l s_k^l) + \sum_{i=1}^{D} \sum_{j=1}^{Q_i} \left[\rho_{ij}^s - \frac{\eta_s(r_{ij}^2 + (s_k^s)^2)}{2} \right]$$
$$+ \xi\left\{ (w_k - c_k)(a - bp_k + \sum \theta_l s_k^l) + \sum_{i=1}^{D} \sum_{j=1}^{Q_i} \left[\rho_{ij}^m - \frac{\eta_m(r_{ij}^2 + (s_k^m)^2)}{2} \right] \right\}$$

$$(8.6)$$

式中，δ 和 ξ 分别为制造商和服务提供商的利他倾向，且 δ 和 ξ 均属于 $[0, 1]$。由此可见，人们对自身利益的关心程度与对别人的关注度相比要高，而越高的 δ 和 ξ，对对方的关心度越高，即拥有越高的利他性。当 δ 和 ξ 均等于 1 时，该供应链企业是完全利他型；当 δ 和 ξ 均等于 0 时，则该供应链企业是完全自利型，即普通问题类型，不再关注利他偏好行为，与已有研究相同。而完全利他型和完全自利型企业这两种特殊情况并不多见，通常都介于这两种情况之间。本章接下来也会从对比三种决策方式的层面深入研究利他因素对服务供应链各参数的影响。

8.3.2 模型求解

应用逆向归纳方法对本章构建模型进行计算。本章将制造商考虑为 MRO 服务供应链中的主导方，因此根据制造商和服务提供商（Choi，1991）博弈规则，首先解服务提供商的最优反应函数，过程及结果如下：

$$s_k^s = \frac{\theta_k^s [a + \theta_k^m s_k^m - b(1 - \xi)w_k - b\xi c_k]}{2b\eta_s \sum_{i=1}^{D_k} Q_i - (\theta_k^s)^2} \tag{8.7}$$

$$p_k = \frac{\eta_s \sum_{i=1}^{D_k} Q_i(a + \theta_k^m s_k^m) + [b\eta_s \sum_{i=1}^{D_k} Q_i - (\theta_k^s)^2][(1 - \xi)w_k + \xi c_k]}{2b\eta_s \sum_{i=1}^{D_k} Q_i - (\theta_k^s)^2} \tag{8.8}$$

其中，参数需要满足 $2b\eta_s \sum_{i=1}^{D_k} Q_i - (\theta_k^s)^2 > 0$。同时可以得出二阶黑塞矩阵如下：

$$H = \begin{pmatrix} \dfrac{\partial^2 u_s}{\partial p_k^2} & \dfrac{\partial^2 u_s}{\partial p_k \partial s_k^s} \\ \dfrac{\partial^2 u_s}{\partial s_k^s \partial p_k} & \dfrac{\partial^2 u_s}{\partial (s_k^s)^2} \end{pmatrix} = \begin{pmatrix} -2b & \theta_k^s \\ \theta_k^s & -\eta_s \sum_i^D Q_i \end{pmatrix} \tag{8.9}$$

$\dfrac{\partial^2 u_s}{\partial p_k^2} = -2b < 0$，$|H| = 2b\eta_s \sum_{i=1}^{D_k} Q_i - (\theta_k^s)^2 > 0$，所以黑塞矩阵负定，满足最优条件。将 H 放入制造商的效用函数，依据一阶、二阶条件求解公式，结果如下：

$$(s_k^m)^* = \frac{\eta_s \theta_k^m (\delta\xi - 1)^2 (a - bc_k)}{\eta_m(\delta\xi^2 - 2\xi - \delta + 2)\left[2b\eta_s \sum_{i=1}^{D_k} Q_i - (\theta_k^s)^2\right] - \eta_s (\theta_k^m)^2 (\delta\xi - 1)^2} \tag{8.10}$$

$$(w_k)^* = \frac{\eta_m(1 - \delta)\left[2b\eta_s \sum_{i=1}^{D_k} Q_i - (\theta_k^s)^2\right]a + c_k b\eta_m(\delta\xi^2 - 2\xi + 1)\left[2b\eta_s \sum_{i=1}^{D_k} Q_i - (\theta_k^s)^2\right]}{b\eta_m(\delta\xi^2 - 2\xi - \delta + 2)\left[2b\eta_s \sum_{i=1}^{D_k} Q_i - (\theta_k^s)^2\right] - b\eta_s (\theta_k^m)^2 (\delta\xi - 1)^2} -$$

$$\frac{c_k b\eta_s (\theta_k^m)^2 (\delta\xi - 1)^2}{b\eta_m(\delta\xi^2 - 2\xi - \delta + 2)\left[2b\eta_s \sum_{i=1}^{D_k} Q_i - (\theta_k^s)^2\right] - b\eta_s (\theta_k^m)^2 (\delta\xi - 1)^2} \tag{8.11}$$

$$(s_k^s)^* = \frac{\eta_m \theta_k^s (1 - \delta\xi)(1 - \xi)(a - bc_k)}{\eta_m(\delta\xi^2 - 2\xi - \delta + 2)\left[2b\eta_s \sum_{i=1}^{D_k} Q_i - (\theta_k^s)^2\right] - \eta_s (\theta_k^m)^2 (\delta\xi - 1)^2} \tag{8.12}$$

$$(p_k)^* = \frac{\left[b\eta_s\eta_m \sum_{i=1}^{D_k} Q_i(1 - \xi)(3 - 2\delta - \delta\xi) - \eta_m(\theta_k^s)^2(1 - \xi)(1 - \delta)\right]a}{b\eta_m(\delta\xi^2 - 2\xi - \delta + 2)\left[2b\eta_s \sum_{i=1}^{D_k} Q_i - (\theta_k^s)^2\right] - b\eta_s (\theta_k^m)^2 (\delta\xi - 1)^2}$$

$$+ \frac{(\delta\xi - 1)\left[b\eta_m(\xi - 1)(b\eta_s \sum_{i=1}^{D_k} Q_i - (\theta_k^s)^2) - b\eta_s(\theta_k^m)^2(\delta\xi - 1)\right]c_k}{b\eta_m(\delta\xi^2 - 2\xi - \delta + 2)\left[2b\eta_s \sum_{i=1}^{D_k} Q_i - (\theta_k^s)^2\right] - b\eta_s (\theta_k^m)^2 (\delta\xi - 1)^2} \tag{8.13}$$

同理，式（8.10）~式（8.13）参数需要满足如下条件：$\eta_m(\delta\xi^2 - 2\xi - \delta + 2)[2b\eta_s \sum\limits_{i=1}^{D_k} Q_i - (\theta_k^s)^2] - \eta_s (\theta_k^m)^2 (\delta\xi - 1)^2 > 0$。

依据现存的两种决策方式，本章将列出 3 种情况。

1. 制造商和服务提供商双方完全自利

当利他偏好系数 $\delta = 0$ 和 $\xi = 0$ 时，制造商和服务提供商都选择完全自利的决策，均无利他偏好。此时，决策双方的目标都是自身利益最大化，表 8.1 列出各参数计算结果，其中效用函数就是利润函数（此表中省略）。

表 8.1　制造商和服务提供商双方完全自利情况下的博弈均衡

决策方式：M、S 双方完全自利（$\delta=0$，$\xi=0$）	
w_k'	$\dfrac{\eta_m[2b\eta_s \sum\limits_{i=1}^{D_k} Q_i - (\theta_k^s)^2]a + \{b\eta_m[2b\eta_s \sum\limits_{i=1}^{D_k} Q_i - (\theta_k^s)^2] - b\eta_s (\theta_k^m)^2\}c_k}{2b\eta_m[2b\eta_s \sum\limits_{i=1}^{D_k} Q_i - (\theta_k^s)^2] - b\eta_s (\theta_k^m)^2}$
$(s_k^m)'$	$\dfrac{\eta_s \theta_k^m(a - bc_k)}{2\eta_m[2b\eta_s \sum\limits_{i=1}^{D_k} Q_i - (\theta_k^s)^2] - \eta_s (\theta_k^m)^2}$
p_k'	$\dfrac{[3b\eta_s \eta_m \sum\limits_{i=1}^{D_k} Q_i - \eta_m (\theta_k^s)^2]a + \{b\eta_m[b\eta_s \sum\limits_{i=1}^{D_k} Q_i - (\theta_k^s)^2] - b\eta_s (\theta_k^m)^2\}c_k}{2b\eta_m[2b\eta_s \sum\limits_{i=1}^{D_k} Q_i - (\theta_k^s)^2] - b\eta_s (\theta_k^m)^2}$
$(s_k^s)'$	$\dfrac{\eta_m \theta_k^s(a - bc_k)}{2\eta_m[2b\eta_s \sum\limits_{i=1}^{D_k} Q_i - (\theta_k^s)^2] - \eta_s (\theta_k^m)^2}$
D_k'	$\dfrac{b\eta_s \eta_m \sum\limits_{i=1}^{D_k} Q_i(a - bc_k)}{2\eta_m[2b\eta_s \sum\limits_{i=1}^{D_k} Q_i - (\theta_k^s)^2] - \eta_s (\theta_k^m)^2}$
u_m'	—
u_s'	—
π_m'	$\dfrac{\eta_s \eta_m \sum\limits_{i=1}^{D_k} Q_i (a - bc_k)^2 \{2\eta_m[2b\eta_s \sum\limits_{i=1}^{D_k} Q_i - (\theta_k^s)^2] - \eta_s (\theta_k^m)^2\}}{2\{2\eta_m[2b\eta_s \sum\limits_{i=1}^{D_k} Q_i - (\theta_k^s)^2] - \eta_s (\theta_k^m)^2\}^2} + \sum\limits_{i=1}^{D_k} \sum\limits_{j=1}^{Q_i} \left(\rho_{ij}^m - \dfrac{\eta_m r_{ij}^2}{2}\right)$

	决策方式：M、S 双方完全自利（$\delta=0$，$\xi=0$）
π'_s	$\dfrac{\eta_s\eta_m^2\sum\limits_{i=1}^{D_k}Q_i[2b\eta_s\sum\limits_{i=1}^{D_k}Q_i-(\theta_k^s)^2](a-bc_k)^2}{2\{2\eta_m[2b\eta_s\sum\limits_{i=1}^{D_k}Q_i-(\theta_k^s)^2]-\eta_s(\theta_k^m)^2\}^2}+\sum\limits_{i=1}^{D_k}\sum\limits_{j=1}^{Q_i}\left(\rho_{ij}^s-\dfrac{\eta_sr_{ij}^2}{2}\right)$
π'_{SC}	$\dfrac{\eta_s\eta_m\sum\limits_{i=1}^{D_k}Q_i\{3\eta_m[2b\eta_s\sum\limits_{i=1}^{D_k}Q_i-(\theta_k^s)^2]-\eta_s(\theta_k^m)^2\}(a-bc_k)^2}{2\{2\eta_m[2b\eta_s\sum\limits_{i=1}^{D_k}Q_i-(\theta_k^s)^2]-\eta_s(\theta_k^m)^2\}^2}+\sum\limits_{i=1}^{D_k}\sum\limits_{j=1}^{Q_i}\left(\rho_{ij}^m+\rho_{ij}^s-\dfrac{\eta_s+\eta_m}{2}r_{ij}^2\right)$

2. 制造商利他而服务提供商自利

当且仅当 $\xi=0$ 时，制造商利他而服务提供商不利他。这种情形可能在实际中出现，具体情况为：供应链中的被动方服务提供商可能并没有发现制造商表现出的善意；或虽然察觉到善意，但认为自己不是领导者没有决定权，无视制造商表现出的利他偏好，认为发出此善意是理所当然的，因此依然保持重要的、唯一的目标——最大化自我利益。表 8.2 为各参数计算结果，这时制造商的效用函数和利润函数不相同，但服务提供商的利润函数等于效用函数（此表中不再重复写出）。

表 8.2　制造商利他而服务提供商自利情况下的博弈均衡

	决策方式：仅 M 利他，S 忽略 [$\delta\in(0,1)$，$\xi=0$]
w_k''	$\dfrac{\eta_m(1-\delta)[2b\eta_s\sum\limits_{i=1}^{D_k}Q_i-(\theta_k^s)^2]a+\{b\eta_m[2b\eta_s\sum\limits_{i=1}^{D_k}Q_i-(\theta_k^s)^2]-b\eta_s(\theta_k^m)^2\}c_k}{b\eta_m(2-\delta)[2b\eta_s\sum\limits_{i=1}^{D_k}Q_i-(\theta_k^s)^2]-b\eta_s(\theta_k^m)^2}$
$(s_k^m)''$	$\dfrac{\eta_s\theta_k^m(a-bc_k)}{\eta_m(2-\delta)[2b\eta_s\sum\limits_{i=1}^{D_k}Q_i-(\theta_k^s)^2]-\eta_s(\theta_k^m)^2}$
p_k''	$\dfrac{[3b\eta_s\eta_m\sum\limits_{i=1}^{D_k}Q_i-\eta_m(\theta_k^s)^2]a+\{b\eta_m[b\eta_s\sum\limits_{i=1}^{D_k}Q_i-(\theta_k^s)^2]-b\eta_s(\theta_k^m)^2\}c_k}{2b\eta_m[2b\eta_s\sum\limits_{i=1}^{D_k}Q_i-(\theta_k^s)^2]-b\eta_s(\theta_k^m)^2}$
$(s_k^s)''$	$\dfrac{\eta_m\theta_k^s(a-bc_k)}{2\eta_m[2b\eta_s\sum\limits_{i=1}^{D_k}Q_i-(\theta_k^s)^2]-\eta_s(\theta_k^m)^2}$

决策方式：仅 M 利他，S 忽略 $[\delta \in (0,1),\ \xi = 0]$	
D_k''	$$\dfrac{b\eta_s\eta_m\sum\limits_{i=1}^{D_k}Q_i(a-bc_k)}{\eta_m(2-\delta)\left[2b\eta_s\sum\limits_{i=1}^{D_k}Q_i-(\theta_k^s)^2\right]-\eta_s(\theta_k^m)^2}$$
u_m''	$$\dfrac{\eta_s\eta_m\sum\limits_{i=1}^{D_k}Q_i(a-bc_k)^2\left[(2-3\delta)\eta_m\left(2b\eta_s\sum\limits_{i=1}^{D_k}Q_i-(\theta_k^s)^2\right)-(\theta_k^m)^2\right]}{2\left[\eta_m(2-\delta)\left[2b\eta_s\sum\limits_{i=1}^{D_k}Q_i-(\theta_k^s)^2\right]-\eta_s(\theta_k^m)^2\right]^2}$$ $$+\sum_{i=1}^{D_k}\sum_{j=1}^{Q_i}\left[\rho_{ij}^m+\delta\rho_{ij}^s-\dfrac{(\eta_m+\delta\eta_s)r_{ij}^2}{2}\right]$$
u_s''	—
π_m''	$$\dfrac{\eta_s\eta_m\sum\limits_{i=1}^{D_k}Q_i(a-bc_k)^2\left\{2\eta_m\left[2b\eta_s\sum\limits_{i=1}^{D_k}Q_i-(\theta_k^s)^2\right](1-\delta)-\eta_s(\theta_k^m)^2\right\}}{2\left\{\eta_m(2-\delta)\left[2b\eta_s\sum\limits_{i=1}^{D_k}Q_i-(\theta_k^s)^2\right]-\eta_s(\theta_k^m)^2\right\}^2}+\sum_{i=1}^{D_k}\sum_{j=1}^{Q_i}\left(\rho_{ij}^m-\dfrac{\eta_m r_{ij}^2}{2}\right)$$
π_s''	$$\dfrac{\eta_s\eta_m^2\sum\limits_{i=1}^{D_k}Q_i\left[2b\eta_s\sum\limits_{i=1}^{D_k}Q_i-(\theta_k^s)^2\right](a-bc_k)^2}{2\left\{\eta_m(2-\delta)\left[2b\eta_s\sum\limits_{i=1}^{D_k}Q_i-(\theta_k^s)^2\right]-\eta_s(\theta_k^m)^2\right\}^2}+\sum_{i=1}^{D_k}\sum_{j=1}^{Q_i}\left(\rho_{ij}^s-\dfrac{\eta_s r_{ij}^2}{2}\right)$$
π_{SC}''	$$\dfrac{\eta_s\eta_m\sum\limits_{i=1}^{D_k}Q_i(a-bc_k)^2\left\{(3-2\delta)\eta_m\left[2b\eta_s\sum\limits_{i=1}^{D_k}Q_i-(\theta_k^s)^2\right]-\eta_s(\theta_k^m)^2\right\}}{2\left\{\eta_m(2-\delta)\left[2b\eta_s\sum\limits_{i=1}^{D_k}Q_i-(\theta_k^s)^2\right]-\eta_s(\theta_k^m)^2\right\}^2}$$ $$+\sum_{i=1}^{D_k}\sum_{j=1}^{Q_i}\left(\rho_{ij}^m+\rho_{ij}^s-\dfrac{\eta_s+\eta_m}{2}r_{ij}^2\right)$$

3. 制造商和服务提供商双方同时利他

当双方利他系统都不等于 0 时，制造商与服务提供商均存在利他偏好，双方为了实现供应链整体利益最大，都向对方表达出善意。此时，双方的目标变为考虑效用最大，而不再是各自的利润函数。各参数的表达式与所得结果见表 8.3。

表 8.3　制造商和服务提供商双方同时利他情况下的博弈均衡

决策方式：M、S 双方利他 $[\delta\in(0,1),\ \xi\in(0,1)]$

$(w_k)^* =$
$$\frac{\eta_m(1-\delta)[2b\eta_s\sum_{i=1}^{D_k}Q_i-(\theta_k^s)^2]a+\{b\eta_m(\delta\xi^2-2\xi+1)[2b\eta_s\sum_{i=1}^{D_k}Q_i-(\theta_k^m)^2]-b\eta_s(\theta_k^m)^2(\delta\xi-1)^2\}c_k}{b\eta_m(\delta\xi^2-2\xi+2)[2b\eta_s\sum_{i=1}^{D_k}Q_i-(\theta_k^s)^2]-b\eta_s(\theta_k^m)^2(\delta\xi-1)^2}$$

$(s_k^m)^m$
$$\frac{\eta_s\theta_k^m(\delta\xi-1)^2(a-bc_k)}{\eta_m(\delta\xi^2-2\xi-\delta+2)[2b\eta_s\sum_{i=1}^{D_k}Q_i-(\theta_k^s)^2]-\eta_s(\theta_k^m)^2(\delta\xi-1)^2}$$

p_k^m
$$\frac{[b\eta_s\eta_m\sum_{i=1}^{D_k}Q_i(1-\xi)(3-2\delta-\delta\xi)-\eta_m(\theta_k^s)^2(1-\xi)(1-\delta)]a+(\delta\xi-1)\{b\eta_m(\xi-1)[b\eta_s\sum_{i=1}^{D_k}Q_i-(\theta_k^s)^2]-b\eta_s(\theta_k^m)^2(\delta\xi-1)^2\}c_k}{b\eta_m(\delta\xi^2-2\xi-\delta+2)[2b\eta_s\sum_{i=1}^{D_k}Q_i-(\theta_k^s)^2]-b\eta_s(\theta_k^m)^2(\delta\xi-1)^2}$$

$(s_k^s)^m$
$$\frac{b\eta_s\eta_m\theta_k^s(1-\delta\xi)(1-\xi)(a-bc_k)}{\eta_m(\delta\xi^2-2\xi-\delta+2)[2b\eta_s\sum_{i=1}^{D_k}Q_i-(\theta_k^s)^2]-\eta_s(\theta_k^m)^2(\delta\xi-1)^2}$$

D_k^m
$$\frac{b\eta_s\eta_m\sum_{i=1}^{D_k}Q_i(1-\xi)(1-\delta\xi)(a-bc_k)}{\eta_m(\delta\xi^2-2\xi-\delta+2)[2b\eta_s\sum_{i=1}^{D_k}Q_i-(\theta_k^s)^2]-\eta_s(\theta_k^m)^2(\delta\xi-1)^2}$$

u_m^m
$$\frac{(1-\delta\xi)\eta_s\eta_m\sum_{i=1}^{D_k}Q_i(a-bc_k)^2\{(1-\xi)[(\delta^2\xi^2+\delta^2\xi-3\delta\xi-\delta+2)\eta_m[2b\eta_s\sum_{i=1}^{D_k}Q_i-(\theta_k^s)^2]-(1-\delta\xi)^3\eta_s(\theta_k^m)^2]\}}{2[\eta_m(\delta\xi^2-2\xi-\delta+2)[2b\eta_s\sum_{i=1}^{D_k}Q_i-(\theta_k^s)^2]-\eta_s(\theta_k^m)^2(\delta\xi-1)^2]^2}$$
$$+\sum_{i=1}^{Q_k}\sum_{j=1}^{Q_i}\left[\rho_{ij}^m+\delta\rho_{ij}^s-\frac{(\eta_m+\delta\eta_s)r_{ij}^2}{2}\right]$$

续表

决策方式：M、S 双方利他 $[\delta\in(0,1),\ \xi\in(0,1)]$

u_s'''

$$\frac{(1-\delta\xi)\eta_s\eta_m\sum_{i=1}^{D_k}Q_i(a-bc_k)^2\{(1-\xi)(\delta\xi^2-\delta\xi-\xi+1)\eta_m[2b\eta_s\sum_{i=1}^{D_k}Q_i-(\theta_k^s)^2]-(1-\delta\xi)^3\eta_s(\theta_k^m)^2\}}{2\{\eta_m(\delta\xi^2-2\xi-\delta+2)[2b\eta_s\sum_{i=1}^{D_k}Q_i-(\theta_k^s)^2]-\eta_s(\theta_k^m)^2(\delta\xi-1)^2\}^2}$$

$$+\sum_{i=1}^{D_k}\sum_{j=1}^{Q_i}\left[\xi\rho_{ij}^m+\rho_{ij}^s-\frac{\eta_m r_{ij}^{m2}}{2}-\frac{(\eta_s+\xi\eta_m)r_{ij}^{s2}}{2}\right]$$

π_m'''

$$\frac{(1-\delta\xi)\eta_s\eta_m^2\sum_{i=1}^{D_k}Q_i(a-bc_k)^2\{2\eta_m[2b\eta_s\sum_{i=1}^{D_k}Q_i-(\theta_k^s)^2](1-\delta)(1-\xi)-(1-\delta\xi)^3\eta_s(\theta_k^m)^2\}}{2[\eta_m(\delta\xi^2-2\xi-\delta+2)[2b\eta_s\sum_{i=1}^{D_k}Q_i-(\theta_k^s)^2]-\eta_s(\theta_k^m)^2(\delta\xi-1)^2]^2}$$

$$+\sum_{i=1}^{D_k}\sum_{j=1}^{Q_i}\left(\rho_{ij}^m-\frac{\eta_s r_{ij}^{s2}}{2}\right)$$

π_s'''

$$\frac{(1-\xi)(1-\delta\xi)\eta_s\eta_m^2\sum_{i=1}^{D_k}Q_i[2b\eta_s\sum_{i=1}^{D_k}Q_i(\delta\xi^2+\delta\xi-3\xi+1)\eta_s\eta_m-(\theta_k^s)^2](a-bc_k)^2}{2[\eta_m(\delta\xi^2-2\xi-\delta+2)[2b\eta_s\sum_{i=1}^{D_k}Q_i-(\theta_k^s)^2]-\eta_s(\theta_k^m)^2(\delta\xi-1)^2]^2}$$

$$+\sum_{i=1}^{D_k}\sum_{j=1}^{Q_i}\left(\rho_{ij}^s-\frac{\eta_s r_{ij}^{s2}}{2}\right)$$

π_{SC}'''

$$\frac{(1-\delta\xi)\eta_s\eta_m\sum_{i=1}^{D_k}Q_i(a-bc_k)^2\{(1-\xi)(\delta\xi^2+\delta\xi-2\delta+3)\eta_m[2b\eta_s\sum_{i=1}^{D_k}Q_i-(\theta_k^s)^2]-(1-\delta\xi)^3\eta_s(\theta_k^m)^2\}}{2\{\eta_m(\delta\xi^2-2\xi-\delta+2)[2b\eta_s\sum_{i=1}^{D_k}Q_i-(\theta_k^s)^2]-\eta_s(\theta_k^m)^2(\delta\xi-1)^2\}^2}$$

$$+\sum_{i=1}^{D_k}\sum_{j=1}^{Q_i}\left(\rho_{ij}^m+\rho_{ij}^s\right)-\frac{\eta_s+\eta_m r_{ij}^{m2}}{2}$$

8.3.3　均衡结果分析

本节拟研究当决策方式变化时，利他偏好对前面的均衡结果造成的影响有何不同。

1. 制造商利他而服务提供商自利情况

命题 8.1：批发价时制造商利他偏好系数 δ 的递减函数；对方利他偏好不会导致零售价变化（与没有利他偏好一样）；产品供应量是制造商利他偏好系数 δ 的递增函数。

证明：一阶求导表 8.2 中相关参数，可得

$$\frac{\partial w''_k}{\partial \delta} = \frac{b\left\{\eta_m\left[2b\eta_s\sum_{i=1}^{D_k}Q_i - (\theta_k^s)^2\right] - \eta_s(\theta_k^m)^2\right\}\left\{c - \eta_m\left[2b\eta_s\sum_{i=1}^{D_k}Q_i - (\theta_k^s)^2\right]a\right\}}{\left\{b\eta_m(2-\delta)\left[2b\eta_s\sum_{i=1}^{D_k}Q_i - (\theta_k^s)^2\right] - b\eta_s(\theta_k^m)^2\right\}^2}$$

$$\frac{\partial p''_k}{\partial \delta} = 0$$

$$\frac{\partial D''_k}{\partial \delta} = \frac{b\eta_s(\eta_m)^2\sum_{i=1}^{D_k}Q_i\left[2b\eta_s\sum_{i=1}^{D_k}Q_i - (\theta_k^s)^2\right](a - bc_k)}{\left\{\eta_m(2-\delta)\left[2b\eta_s\sum_{i=1}^{D_k}Q_i - (\theta_k^s)^2\right] - \eta_s(\theta_k^m)^2\right\}^2}$$

为了简化公式，令 $A = \left[2b\eta_s\sum_{i=1}^{D_k}Q_i - (\theta_k^s)^2\right]$，由计算可知，当 $\delta > \xi$ 时，$[\eta_m A - \eta_s(\theta_k^m)^2] > 0$；当 $\delta < \xi$ 时，$[\eta_m A - \eta_s(\theta_k^m)^2] < 0$。因此当且仅当制造商具有利他倾向时，$\delta > \xi = 0$，又因 $c \ll \eta_m Aa$，所以命题 8.1 中 $\frac{\partial w''_k}{\partial \delta} < 0$。因为 $D''_k > 0$，$\eta_m A > 0$，所以易知 $\frac{\partial D''_k}{\partial \delta} > 0$。证毕。

由命题 8.1 可知，制造商存在利他偏好时会向下游服务提供商倾斜，因此当存在利他因素影响时批发价格会降低；这个逻辑与实际情况相同，批发价格降低一定会促进销量增长，由此可以推出利他因素会导致产品销量变化。但在这种情境中，制造商表达出的善意被服务提供商"自私"地无视，所以零售价格不会因利他因素而变化。

命题 8.2：制造商服务水平是制造商利他偏好系数 δ 的递增函数；对方利他偏好不影响服务提供商服务水平（与无利他偏好时相同）。

证明：$\dfrac{\partial (s_k^m)''}{\partial \delta}=\dfrac{\eta_s\eta_m\theta_k^m A(a-bc_k)}{[\eta_m(2-\delta)A-\eta_s(\theta_k^m)^2]^2}>0$，$\dfrac{\partial (s_k^s)''}{\partial \delta}=0$。证毕。

命题 8.2 表明制造商的利他偏好会间接提高制造商服务水平 $[(s_k^m)''>(s_k^m)']$，并且当制造商利他偏好系数越来越大时，制造商的服务水平也会越来越高。此时服务提供商的服务水平等同于决策双方完全自利时的结果，换言之，即使为了服务提供商，制造商愿意做出善意的举动，其服务水平也不会随之增加。

命题 8.3：①当只有制造商存在利他偏好，且其利他偏好系数 δ 大于一定值时，其利他倾向增加时制造商的效用会随之减小。②制造商的利润函数是关于其自身利他偏好系数 δ 的递减函数，而服务提供商的利润值是关于制造商利他偏好系数 δ 的递增函数；供应链总利润是制造商利他偏好系数 δ 的递增函数。③当制造商偏好系数 δ 大于一定值时，服务提供商的利润总是大于制造商的利润。

证明：$\dfrac{\partial u_m''}{\partial \delta}=\sum\limits_{i=1}^{D_k}\sum\limits_{j=1}^{Q_i}\left(\rho_{ij}^s-\dfrac{r_{ij}^2}{2}\right)-\dfrac{\eta_s\eta_m^2\sum\limits_{i=1}^{D_k}Q_iA[2\eta_m A-\eta_s(\theta_k^m)^2](a-bc_k)^2}{[\eta_m(2-\delta)A-\eta_s(\theta_k^m)^2]^2}$

当 $0<\delta<2-$

$$\dfrac{\eta_s(\theta_k^m)^2\sqrt{\sum\limits_{i=1}^{D_k}\sum\limits_{j=1}^{Q_i}\left(\rho_{ij}^s-\dfrac{\eta_s r_{ij}^2}{2}\right)}+\eta_m(a-bc_k)\sqrt{\eta_s\sum\limits_{i=1}^{D_k}Q_iA[2\eta_m A-\eta_s(\theta_k^m)^2]}}{\eta_m A\sqrt{\sum\limits_{i=1}^{D_k}\sum\limits_{j=1}^{Q_i}\left(\rho_{ij}^s-\dfrac{\eta_s r_{ij}^2}{2}\right)}}$$ 时，

$\dfrac{\partial u_m''}{\partial \delta}>0$。

而 $\dfrac{\partial \pi_m''}{\partial \delta}=-\dfrac{\delta\eta_s\eta_m^3\sum\limits_{i=1}^{D_k}Q_iA^2(a-bc_k)^2}{\left\{\eta_m(2-\delta)[2b\eta_s\sum\limits_{i=1}^{D_k}Q_i-(\theta_k^s)^2]-\eta_s(\theta_k^m)^2\right\}^2}<0$，

$\dfrac{\partial \pi_s''}{\partial \delta}=\dfrac{\eta_s\eta_m^3\sum\limits_{i=1}^{D_k}Q_iA^2(a-bc_k)^2}{2\left\{\eta_m(2-\delta)[2b\eta_s\sum\limits_{i=1}^{D_k}Q_i-(\theta_k^s)^2]-\eta_s(\theta_k^m)^2\right\}^2}>0$，

$\dfrac{\partial \pi_{SC}''}{\partial \delta}=\dfrac{(1-\delta)\eta_s\eta_m^3\sum\limits_{i=1}^{D_k}Q_iA^2(a-bc_k)^2}{\left\{\eta_m(2-\delta)[2b\eta_s\sum\limits_{i=1}^{D_k}Q_i-(\theta_k^s)^2]-\eta_s(\theta_k^m)^2\right\}^2}>0$。

$$\pi_m'' - \pi_s'' = \frac{\eta_s \eta_m \sum_{i=1}^{D_k} Q_i (a - bc_k)^2 [(1 - 2\delta)\eta_m A - \eta_s (\theta_k^m)^2]}{2[\eta_m(2-\delta)[2b\eta_s \sum_{i=1}^{D_k} Q_i - (\theta_k^s)^2] - \eta_s(\theta_k^m)^2]^2} + \sum_{i=1}^{D_k} \sum_{j=1}^{Q_i} (\rho_{ij}^m - \rho_{ij}^s),$$

由于市场服务价格有固定的标准，制造商与服务提供商提供的服务价格差数值很小，为了简化运算，本章计算中则对此忽略不计。由此可得，当 $\delta > \dfrac{\eta_m A - \eta_s (\theta_k^m)^2}{2\eta_m A}$ 时，$\pi_m'' - \pi_s'' < 0$。证毕。

命题 8.3 说明了只有制造商存在利他偏好时效用与利润的变化结果。利他偏好因素的影响会降低制造商的效用和利润，即当制造商考虑下游服务提供商的利益更多时，销量会明显增加（见命题 8.2），但总体的利益不增反减，这是不利于制造商的。只有当利他偏好系数小于一个固定值时（可以从实际逻辑中推理出这个值很小），其效用才会随利他偏好系数增大而增大，因此，对于善意释放的一方（即制造商）认为利他偏好是不利的。而此时因为利他偏好因素的影响，接受善意的一方（即服务提供商）利润则会增加，并且随着利他偏好系数增大，供应链的整体利润也是增大的，这说明不必让制造商给服务提供商很大让利，整体利润增加只要一方考虑利他偏好就可以。由此可知，当服务提供商没有考虑制造商利他偏好时，为使供应链其他节点企业和整体供应链利润增加，制造商会降低自身利益。

2. 制造商和服务提供商双方同时利他情况

命题 8.4： 批发价是关于制造商利他偏好系数 δ 的递减函数，当 $\delta > \xi = \dfrac{\eta_m A}{\eta_s (\theta_k^m)^2}$ 时，是关于服务提供商利他偏好系数 ξ 的递增函数。双方的利他偏好系数影响零售价，但可能为正相关也可能为负相关，由于函数复杂性，在后续实际数值仿真将对其进行深入分析。当 $0 < \delta < \dfrac{1}{\xi}\left(1 - \dfrac{1-\xi}{\theta_k^m}\sqrt{\dfrac{\eta_m A}{\xi \eta_s}}\right)$ 时，制造商利他偏好系数 δ 增加时产品销量会随之减少；当 $\dfrac{1}{\xi}\left(1 - \dfrac{1-\xi}{\theta_k^m}\sqrt{\dfrac{\eta_m A}{\xi \eta_s}}\right) < \delta < 1$ 时，制造商利他偏好系数 δ 增加时产品销量会随之增加；当 $B < 0$ 时，服务提供商利他偏好系数 ξ 增加会使产品销量减少；当 $B > 0$ 时，服务提供商利他偏好系数 ξ 增加会使产品销量增加。

其中，$B = (1-\xi)[(\delta\xi-1)^2 - (2\delta\xi-\delta-1)(\delta\xi+\delta-2)]\eta_m A - (\delta\xi-1)^2(4\delta\xi-3\delta-1)\eta_s(\theta_k^m)^2$。

命题 8.4 说明利他倾向同时出现在双方中时，制造商的利他偏好一定会帮助降低批发价，而只有当出现偏高的制造商利他偏好系数时，批发价会因为服务提供商的利他倾向而上升。由此推出，想要得出双方的最佳批发价，就必须将制造商和服务提供商的利他偏好系数控制在合理的范围内。根据计算，影响零售价的情况更加复杂，与命题 8.1 相比，可以发现，当服务提供商关注并回报制造商释放的善意时，对零售价的影响更大。同时，产品销售量也不是关于利他偏好系数的单调函数，为使销量增加，还是要将利他偏好确定在合理的范围内。证明过程同命题 8.1，此处省略证明过程。

命题 8.5：当 $\delta < \dfrac{3\xi^2 - 4\xi + 1}{\xi\,(\xi^2 - 1)}$ 时，制造商的服务水平是关于制造商利他偏好系数 δ 的减函数，是服务提供商利他偏好系数 ξ 的增函数；当 $\eta_s <$

$\dfrac{\delta(1-\xi^2)\eta_m(\theta_k^s)^2}{2\delta(1-\xi)^2 b\eta_m - (1-\delta\xi)^2(\theta_k^m)^2}$ 时，服务提供商的服务水平始终是制造商利他偏

好系数 δ 的增函数，是服务提供商利他偏好系数 ξ 的增函数。

由命题 8.5 可以发现，服务提供商利他偏好系数增大会提高制造商的服务水平，这不受其他约束的限制；但是只有当制造商的利他偏好系数大于一个特定的值时，其服务水平才会相应提高。但是，服务提供商的服务水平与利他偏好的影响相反，后者总是随着利他偏好系数的增加而增加，没有任何限制。同时，只有当服务提供商的服务成本系数低于一个特定值时，服务水平才会随着自身利他偏好系数发生正向变化，也就是说，当决策方的服务水平受到自身利他性的影响时，偏好总是有一定的约束，但不受决策方的利他偏好的影响。这也从侧面表明，决策双方都需要更多地考虑利他才能达到合理的服务水平。

命题 8.6：在决策双方具有利他偏好下，当

$$\eta_m > m\sqrt{\dfrac{2\displaystyle\sum_{i=1}^{D_k}\sum_{j=1}^{Q_i}\left(\rho_{ij}^s - \dfrac{\eta_s r_{ij}^2}{2}\right)}{\eta_s \displaystyle\sum_{i=1}^{D_k} Q_i A\,(a - bc)^2(1 - \xi)(1 - \delta\xi)(\delta\xi^2 - 3\delta\xi + 3\xi + 1)}}$$ 时，制造商的

效用是其自身利他偏好系数 δ 的减函数，并一直是服务提供商利他偏好系数 ξ 的

增函数；当 $\eta_m > \dfrac{(\delta\xi-1)^2(\delta\xi^2+\delta\xi-3\xi^2+1)\eta_s(\theta_k^m)^2}{(1-\xi)^3 A}$ 时，服务提供商的效用是制造商

利他偏好系数 δ 的增函数，当 $\eta_s < \dfrac{\delta(1-\xi)^3(\theta_k^s)^2}{2\delta(1-\xi)^3 b\eta_m - (2\delta-\xi+1)(\delta\xi-1)^2(\theta_k^m)^2}$ 时，服

务提供商的效用是利他偏好系数 ξ 的增函数。

命题 8.6 可以看出，当制造商的成本系数大于一个特定值时，制造商的利他偏好会降低制造商的效用而使服务提供商的效用增加。但服务提供商的成本系数

小于一个特定值时，服务提供商的利他偏好会同时提高决策双方效用。

8.3.4 数值分析

为更好地验证此次分析的正确性，本节研究了利他偏好系数在不同决策模式下对决策变量的影响。通过 MATLAB2018a 仿真分析下列实例。令 $a=100$，$b=2$，$c_k=6$，$\theta_k^m=2$，$\theta_k^s=1$，$\eta_m=2$，$\eta_s=3$。为了计算简便，假设 $\rho_{ij}^m=1$，$\rho_{ij}^s=1.2$ 为决策双方制定的成本均价。同时假设 $D=30$ 是算例中需要维修的产品数量，系统随机生成每个产品在全生命周期中的全部修理次数 Q_i（为切合实际情况，多数情况每个产品的维修次数不一致）。$r_{ij} \in [1，2，3，4，5]$ 为汽车维修的级别，每一次维修为 $1 \sim 5$ 级中的任意一个级别。依据前面的全部假设进行参数设值。

1. 价格与利他偏好系数

图 8.1 与图 8.2 分别表示批发价、零售价受制造商利他偏好系数和服务提供商利他偏好系数的影响。从图 8.1 的两张图可知制造商利他偏好的增加会降低批发价，而服务提供商利他偏好的增加会提高批发价。由于升高远大于下降，利他偏好不会一直压低批发价。在本章所研究的以制造商为主导方的 MRO 服务供应链中，如果只有决策领导者具有利他偏好，那么批发价始终低于双方都具有利他主义偏好时的价格。当双方都利他，但制造商的利他偏好较高时，批发价才会低于非利他价格。通过观测 n 次（$n>50$）算例仿真结果可推出，一定存在一个值 $\alpha \in (0，1)$ 使 $\delta=\xi=\alpha$ 时，双方批发价存在一个平衡点（为两曲线的交点）。

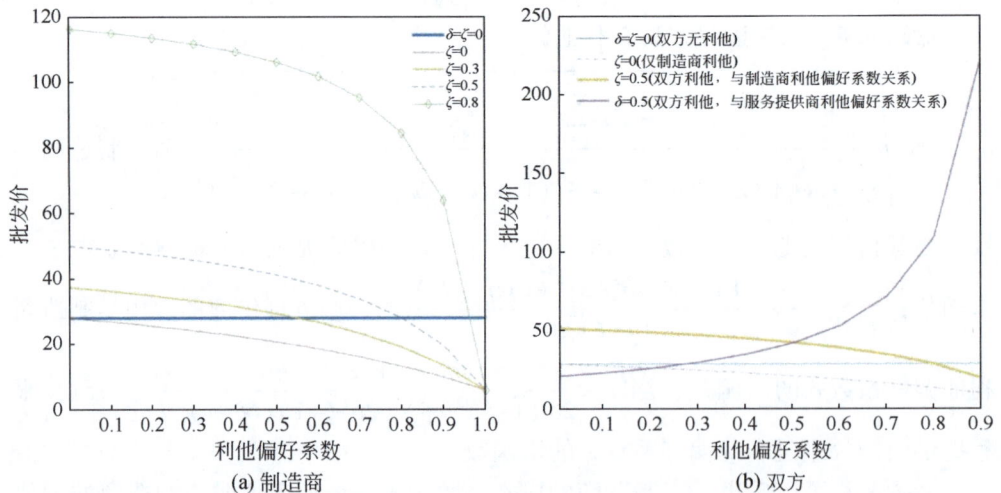

(a) 制造商　　　　(b) 双方

图 8.1　制造商利他偏好系数和服务提供商利他偏好系数对批发价的影响

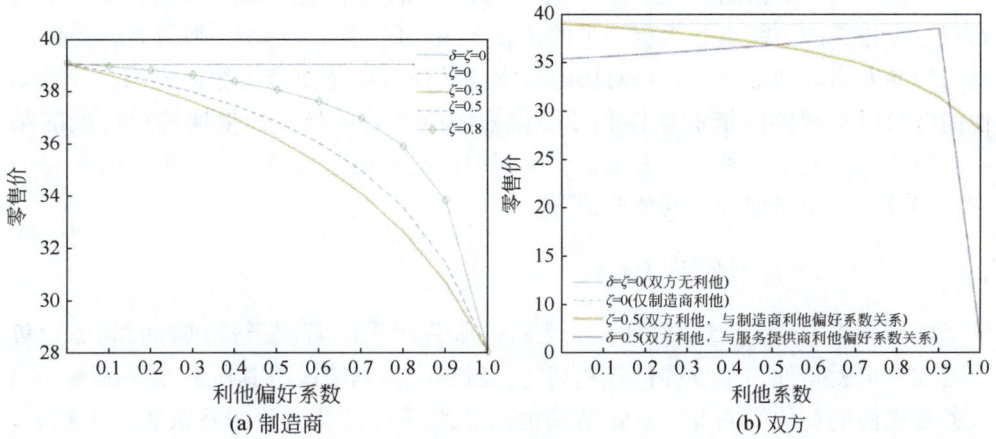

(a) 制造商　　　　　　　　　　　(b) 双方

图 8.2　制造商利他偏好系数和服务提供商利他偏好系数对零售价的影响

　　通过研究零售价的趋势图可知，只要供应链中的两决策方同时具有利他偏好，零售价肯定会低于完全自利时的价格（只有两决策方的利他偏好系数很小时，如图 8.3 所示，零售价会比完全自利的价格略高），但是当只有制造商具有利他趋势时，制造商表现出的善意被服务提供商无视或拒绝，这时利他因素不影响零售价，零售价处于相对较大的状态。观察图 8.2（a），制造商的利他偏好系数增加会降低零售价，但会随着服务提供商的利他系数增加而提高零售价。综合批发价的变化趋势，可以看出，当两决策方的利他偏好系数较小时，将产生"利己利他"的双向积极促进作用；当两决策方的利他偏好系数过大时，就出现"损己利他"的现象，特别是当服务提供者的利他偏好系数接近 1（即接近完全利他）时，批发价将急剧上升，而零售价将急剧下降，这对他们的利益非常不

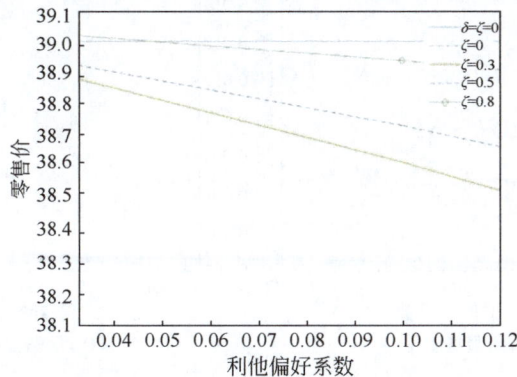

图 8.3　制造商利他偏好系数对零售价的影响（细节放大）

利。类似于批发价格的变化，从 n 次（$n>50$）的数值模拟结果可以看出，要达到双方零售价的平衡点必须有一定的值 $\beta \in (0，1)$ 使 $\delta=\xi=\beta$，换言之，当供应链的领导者出现利他时，它将对供应链中的其他节点企业产生积极影响，并鼓励他们参与以实现供应链的整体利益。作为供应链的成员，如果期待更优质的结果，应该选择完全自私，或者是一个中规中矩的利他主义参与者，但是对于每一方，都应该避免出现高度利他的情况。

2. 服务水平与利他偏好系数

由图8.4（a）可以观察到，制造商的服务水平随着服务提供者的利他趋势而增加，也就是说，服务提供者越利他，就越会使制造商将其服务水平提高。当服务提供商的利他倾向低时，制造商的服务水平与自身利他偏好系数呈正相关；但是当服务提供商的利他趋势较高时，制造商的服务水平在一定程度上将降低，这与命题8.2和命题8.5的结论是一致的。对客户而言，双方较高的利他偏好可以让制造商的服务水平提升，间接地引导客户去选择制造商的服务。图8.4（b）可以发现，当制造商表现出的善意被无视时，服务提供者的服务水平与双方的利他偏好系数不相关，并且等于完全自利。双方都具有利他倾向时，制造商利他偏好积极影响着服务提供者的服务水平，但受到其自身利他偏好的消极影响。根据以上分析，可以得出以下结论：①对于客户，只要具有利他偏好倾向，对供应链而言，就是有益的，因为利他偏好会使企业的服务水平提高，从而给客户提供更佳服务体验；②制造商的利他偏好倾向也会提高双方决策者的服务水平，这表明供应链中的领导者应主动对其他节点企业起到模范作用，从而推动企业在整个供

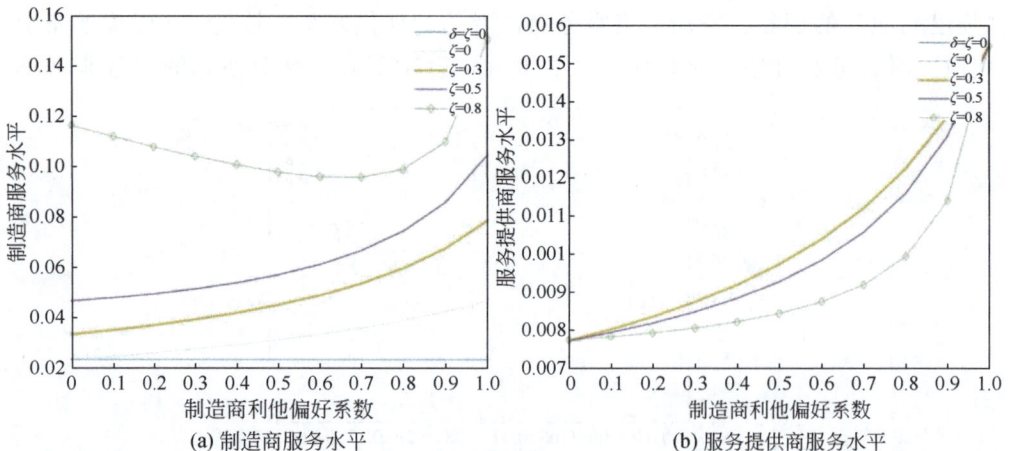

图 8.4　制造商利他偏好系数和服务提供商利他偏好系数对决策双方服务水平的影响

应链中提供更好的服务给客户；③服务提供商的利他偏好的影响再次说明有必要避免作为参与者的高度利他主义的情况，以平衡双方的利益。

3. 效用与利他偏好系数

图 8.5 显示了决策双方利他偏好系数对制造商效用和利润的影响，从图中可知，对于制造商，利他偏好系数的效用和效用变化方向一致，服务提供商的利他偏向总是提高制造商的效用和利润，即领导者始终接受供应链参与者释放的善意并提高效用，这也是领导者的一种必要方式。假如制造商无视参与者的利他主义倾向，其效用会少于利润（图 8.5 右下角），此时效用为负。这时从社会公德的角度看是不合理的。制造商自身的利他偏好系数影响更加复杂。当服务提供者的利他偏好系数较低时，制造商的利他偏好会降低，效用增加但利润降低，而当服务提供商的利他偏好系数较高时，制造商的利他偏好会降低自己的效用和利润。这表明对供应链占主导地位的制造商而言，保持供应链利他主义倾向的平衡是确保其最大效用的方式："如果另一端低，我将是高" 和 "如果另一端高，我将是低"。从图 8.5（b）可知，因为地位特殊，优势党不能追求人低的利他偏好，否则其自身的效用将少于利润，进而产生消极影响。

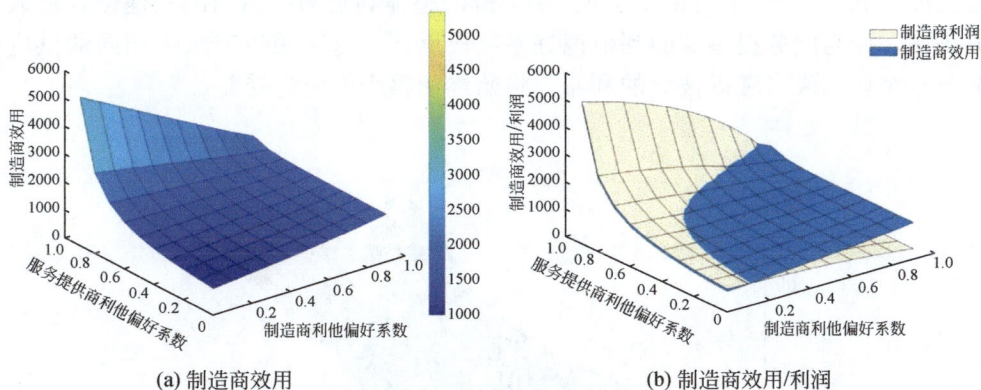

(a) 制造商效用   (b) 制造商效用/利润

图 8.5   制造商利他偏好系数和服务提供商利他偏好系数对制造商效用及利润的影响

图 8.6 显示了服务提供商的效用和利润如何受制造商的利他偏好系数和服务提供商的利他偏好系数的影响，可以得出制造商的利他偏好一般会提高服务提供商的效用和利润，而且效用总是大于利润，这表明对服务提供商而言，只要供应链中存在利他偏好的因素，就会对提高其效用产生积极影响。服务提供者的利益随着自身利他偏好系数的增加而增加。当制造商的利他偏好系数高时，服务提供者的效用会随着自身利他偏好系数的变化先增加后减少。换句话说，零售商对制造商的更多 "让步" 可能并不总是有害于他们自己的效用，但会降低他们的利润。

(a) 服务提供商效用   (b) 服务提供商效用/利润

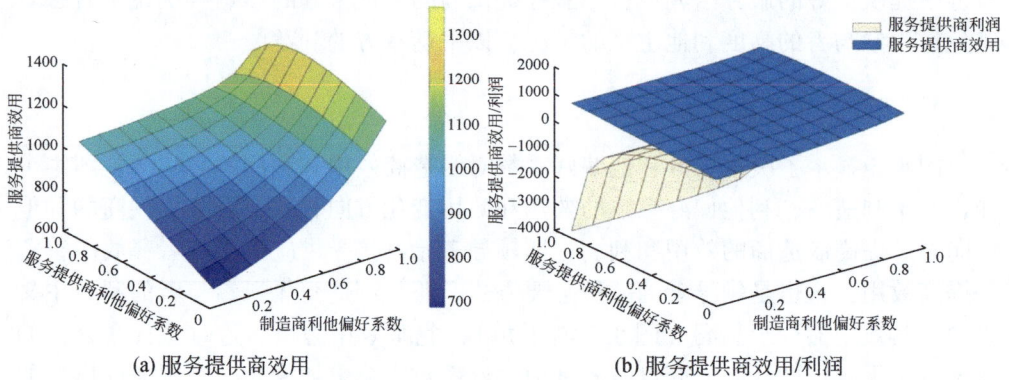

图 8.6　制造商利他偏好系数和服务提供商利他偏好系数对服务提供商效用及利润的影响

从图 8.7 可以看出，利他主义偏好将改善整个供应链的利益，只有在参与者完全利他同时主导方"无动于衷"的情况下，供应链的总体利益才会低于完全自我的利益。这再次表明决策主导方的利他主义偏好对整个供应链具有更大的影响，它在决策中起着领导作用，因此还应该指导供应链中的各环节企业更好地发挥"领导"作用。除此之外，供应链的整体利益与制造商的利他偏好系数成正比，而与服务提供商的利他偏好系数成反比，这表明生产水平相同的供应链节点企业如果多考虑彼此的利益，将始终使整个供应链受益。

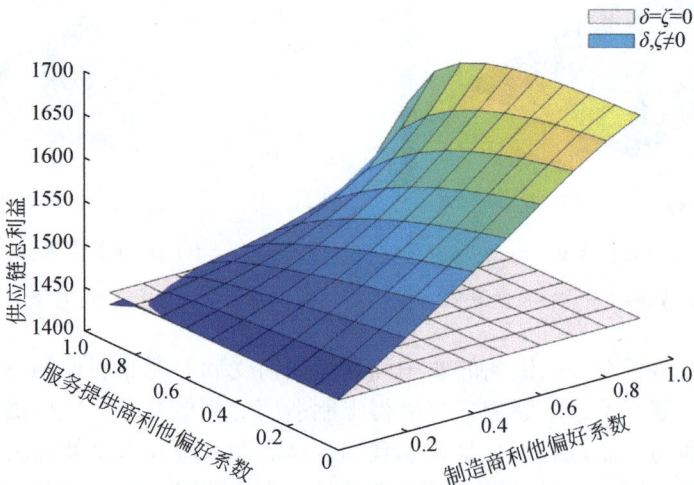

图 8.7　制造商利他偏好系数和服务提供商利他偏好系数对供应链整体利益的影响

8.4 基于区块链技术的 MRO 服务管理模型

受社会普遍生产制造模式的影响，以前复杂产品的研究大多集中在设计和制造环节阶段，而对交付后的运维阶段却很少关注。在网络技术水平飞速提高的情况下，越来越多的学者开始试图使用各种技术手段来解决一般的 MRO 服务管理中的问题（知识共享和信息更新不及时、管理成本太高），如物联网技术、云平台技术、增加材料制造技术等，但是随着市场上复杂产品的日益增多，用户群范围的不断扩大，产品功能结构也越来越繁杂，如何满足客户的分布式需求，在当前的大数据背景下，如何确保数据的安全性及数据的可追溯性，以及怎样应用有限资源提供个性化服务从而满足用户需求是亟待解决的新问题。区块链技术的主要特征是应用智能共识机制来完成自动去中心化、透明化、合约执行和可追溯性的过程，这使得数据块在链中存储具有安全性和鲁棒性，便捷的交易过程是完全透明的，而且存储的全部数据和交易过程都可以被完好地记录与跟踪，以确保服务供应链上全部节点可能的公平性与用户的满意度。区块链技术是一个有效手段，通过此技术，可以提高 MRO 服务管理过程中数据存储的安全性，实现快速响应应用户需求的同时有效跟踪记录服务数据。所以，接下来本研究将讨论 MRO 服务业务基于复杂产品并通过区块链技术完成分布式、高效和可跟踪的 MRO 服务管理。

8.4.1 基于区块链的复杂产品 MRO 服务业务模型

1. 复杂产品 MRO 服务业务分析

MRO 服务是 PLM 的主要组成之一，换言之，它是连接整个产品生命周期中其他阶段的桥梁，为售后服务提供支持，并使用其中的有用信息来更深入地改善业务流程。保证 MRO 服务和有关数据存储过程中的安全是实现产品价值最大化的重点。因此，为了实现 MRO 服务的精准度和效率的提高，研究维护数据时，数据从何而来以及其主要流程是至关重要的。

根据图 8.8 对复杂产品数据流转的全部过程进行研究，可以得出结论，XBOM 结构是保持产品全生命周期中数据一致性的有效手段，这也是本章选择 SBOM 进行存储的原因。对于大多数产品，其全生命周期包括三个阶段，设计阶段、制造阶段与 MRO 服务阶段。在这种结构中，全生命周期的终点是根据 EBOM 映射且包含产品的所有信息和文件的 SBOM，并且在服务管理过程中更新数据。对于一些可以回收再利用的产品，可以从其本身的服务管理和 RBOM（回收再利用流程中的回收 BOM）两个方面更新 SBOM 数据库。为简化研究，本章应用复杂产品的前业务流程结构。在产品全生命周期中，每个流程都应与其他阶段密切相关并共享信息。MRO 服务与其他业务流程桥梁架构的联系具有以下两个特征。

1）产品数据或信息被存储和共享在每个阶段的 BOM 中。服务供应商或个人可以从中更多地了解有关产品及其组件的数据和知识信息，从而更好地改善服务质量。

2）完成 MRO 服务以后，服务机构将查找产品的更多详细信息，如零件缺陷和不合理的设计结构，从而改善其他同类产品的重新设计、再制造和回收流程。MRO 服务还能将信息反馈给产品制造过程，生产效率得以提高，同时错误率降低。

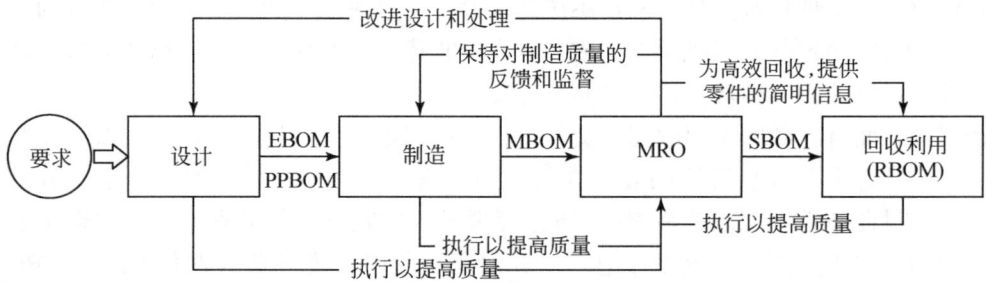

图 8.8　复杂产品全生命周期数据流转过程

研究 MRO 服务和其他环节之间的关系以获得更高效的服务后，怎样优化核心业务是另外要讨论的关键问题。图 8.9 使用业务流程管理建模方法分析了 MRO 服务的核心流程。此过程包含两方参与者，复杂产品的用户与服务提供商。为了响应客户服务需求，服务提供商提供 MRO 服务，包括设备、人员和其他资源。

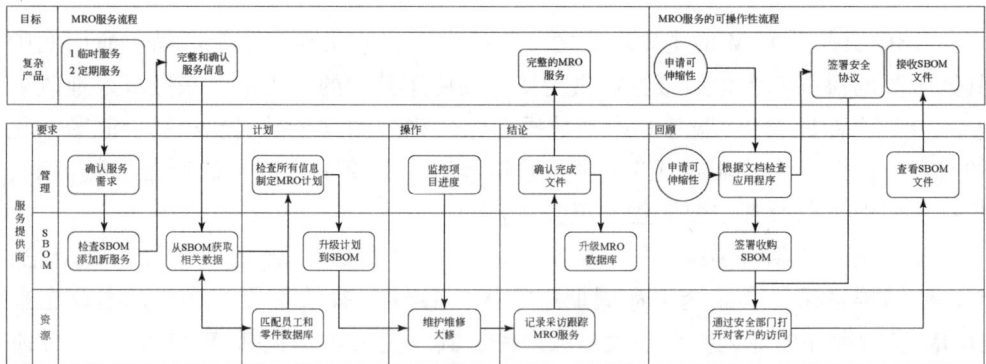

图 8.9　复杂产品的 MRO 服务核心流程

MRO 服务全部流程有四个阶段：需求生成、计划准备、服务过程以及分析与总结。服务开始时，用户发出请求；对于复杂产品，一般有两个需求来源，即临时服务（即紧急维修）或常规服务（即例行维护）。大型设备或复杂装备（如高速火车和飞机）在卖出后需要定期维护，这意味着在固定的时间内要检查潜在的风险或磨损，假设运行过程中突生故障，则服务提供商指定操作员或部门提供适当的临时服务。服务提供商的管理员需要对要求进行简短的判断（如能否直接在工厂进行维修）。如果要求有效并确认了要求，则在产品的 SBOM 中添加这个新的服务活动，同时将初始 MRO 文件（记录有实际故障、与维护相关的要求、维护服务类型、维护请求、故障模式等信息）发送给用户进行确认。将全部原始信息都填写记录在 SBOM 里。

响应满足用户的需求后，管理员应查询与 SBOM 有关的维护要求，来确定需要的人员和备件，然后到了进行服务的重要环节：设备、人员和其他资源的匹配与分配，需要将这些匹配计划和结果信息添加到 SBOM 中以提供后续操作的信息。在 MRO 服务操作期间必须监视维护过程以确保及时完成任务。为共享 MRO 知识与信息，每个检查项目报告、维护处理项目报告和维护过程异常报告必须在维护服务终止前提交。完成服务后，管理人员应确认是否已提交相关数据分析、维护文件和报告，如果已验证通过所有信息，新的一组数据和相关文件信息必须更新到 SBOM 才能完成 MRO 服务。

图 8.9 的右侧显示了 MRO 服务信息的追溯流程简图。服务提供商和复杂产品用户都可以跟踪完整的 MRO 服务应用程序信息。信息追溯始于需求方向服务提供商提交需求注册应用程序。相关管理人员将检查申请文件，如果批准，则将其要求转移到企业安全管理部门。如果根据需求信息的安全性，SBOM 中的数据要求是能够被查看的，则将提取的 SBOM 报告文件发送给企业管理和信息需求提供者。

2. 基于区块链的 MROChain 系统整体架构设计

通过研究复杂产品 MRO 服务的关键流程，MROChain 系统的完整业务建模如图 8.10 所示。系统分为四个层次，分别是 UI 层（即界面层）、操作层、数据层和区块链层，区块链是其中的软件连接器，要存储数据信息与业务流程。

UI 层有服务提供商、复杂产品的用户和区块链管理组这三种操作对象。复杂产品的用户有个人也有组织，其需要 MRO 服务，同时，通过管理模块进行服务数据的访问。服务提供商的选择范围是有限的，一般为长久合作伙伴或者知名的企业与组织。伴随复杂装备和服务管理方面的发展，MROChain 聚集了更多服务提供商以提供更多服务。在海量数据的情况下，需要一种合理的匹配和推荐机制，来按照用户的需要匹配最佳服务提供商（具体见 8.3.1 节），服务提供商们

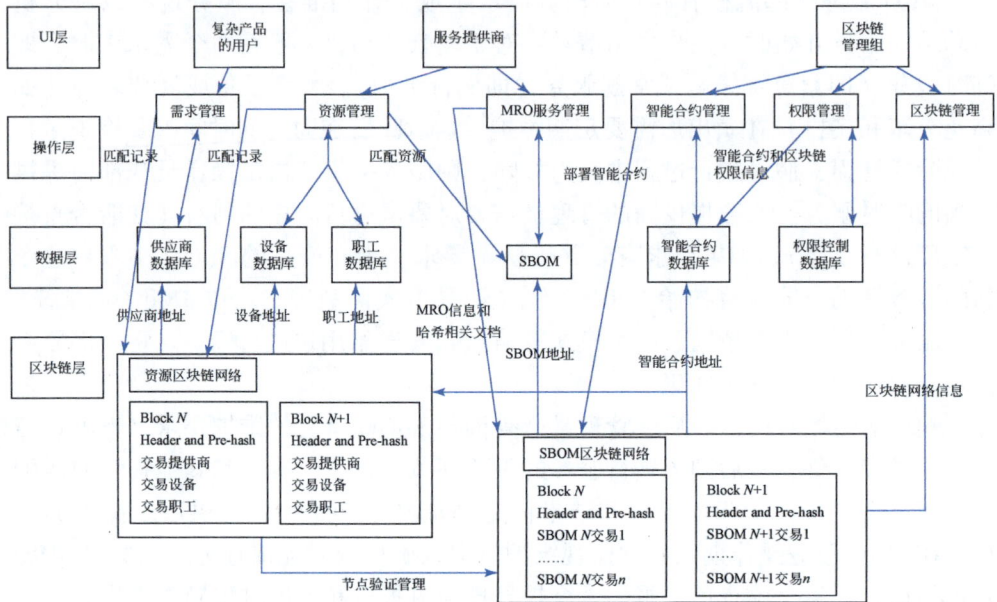

图 8.10　MROChain 系统整体架构

使用双运营商来对资源匹配与 MRO 服务进行进一步管理。为正常运营联盟区块链，区块链管理小组采用智能合约管理技术在双子链中产生并安排各个智能合约，用权限管理功能掌控属于智能合约与参与者的权利，而区块链管理功能用于管理区块链网络。

在 MRO 服务中有很多数据信息，如果在区块链中放入所有数据，则节点计算量过多同时成本过高。因此，在 MROChain 系统设计过程中采用"链上"与"链下"模式来存储数据。"链下"是数据层，可以为服务提供存储部分数据的功能。"链下"数据库是 PLM 中的较为基本的数据存储工具，其需要解决 SBOM 在产品全生命周期如何保持数据一致性的问题。

存储在"链上"的数据是使用区块链技术的交易方式。在区块链的传统应用中，有关账户、合同、交易等的所有信息只存储在一个区块链中。使用这种模式时，全部数据信息都要实现网络上的共享，并且大多数数据一定要存储在相同链条上，因此不能确保服务提供商的信息安全准确和区块链检验的效率。除此之外，依据关键业务过程，为实现 MRO 服务的高效管理，可以使用双子链结构：SBOM 存储链和资源匹配链，这两个子链各自管理和运作。早期的 MRO 服务管理阶段适合使用资源匹配链，目标是以用户需求为导向寻找最佳服务提供商、设备与人员，从而确保 MRO 个人信息的真实性、私密性和完整性。SBOM 存储链其实就是一个数据库，其链上具有可追溯性、共享性和无篡改性等特性，用于整个 MRO 服务流程，可确保 MRO 服务中全部数据的统一、准确和易于追溯的功能，可以将出错率降到很低。为了管理 MRO 服务数据，连接这两个子链，这里应用哈希散列值匹配结果到 SBOM 存储链上的块。

8.4.2 MROChain 系统数据层的实现

依照不同时期描述的 XBOM，SBOM 转换过程需要两方面信息：①装配属性，也就是产品和零件两者的装配关系与数量属性；②自然属性，是尺寸、质量、材质等自然关系，为达到存储数据以及统一管理数据的目的，只需要描述一次自然属性，这表明产品的装配属性是研究关键。因此，本章在学者研究的基础上从产品全生命周期的角度构建一个 SBOM 视图映射模型，并解释映射的相关规则。

1. SBOM 转换关系数学模型

（1）零部件类别定义

当制造复杂的产品时，成百上千的组件或零件出现在不同的阶段，散布于 XBOM 中每个视图里。可以采用技术数据初步划分这些零部件，根据本章的研究内容，XBOM 中的组件可分成如下几种。

1）关重件：它的组成元素为关键零件和重要零件。对于高铁子弹头列车，关键零件严重影响车辆运行的安全，而重要零件则会影响可靠性、功能和运营成本等。

2）周转件：也就是替代件，当消费者有新需求或供应商缺少某些零件时，可以在生产过程中临时更换零件，而不会影响最终产品的性能。

3）采购件：其来源为采购物料清单（purchase-BOM，PBOM），在维护过程中不需要拆卸供应商或其他制造商生产的零部件。

4）一般件：分为虚拟件、中间件和其他一般件三类。只能在 EBOM 和 Generic SBOM（G-SBOM，通用 SBOM）中看到虚拟件信息 ［G-SBOM 是用来阐述批处理产品以及系列产品（Hegge and Wortmann, 1991）的数据］，这些信息不必在真实情况中制造与存储；中间件是 EBOM 中并不真实存在的零件，可是一定要依照技术要求在 MBOM 和 SBOM 的一部分中生产与存储。其他一般件是指除特殊零件之外的零件，一般用于连接其他零件。

MRO 服务中将购买的零件概念化为整体替换或维护，因此在本章中，将关重件和周转件的集合称为构型。若在不一样的位置使用同样零件，则将这样的零件定义为"异位同部件"（SPDP 零部件）。如图 8.11 所示，G-SBOM 中异位部分是零部

件 B，因此将零部件 B 拆分为零部件 $B1$ 和零部件 $B2$。类似地，如果有多个合适的部件可以用于同一地方中，这些零件称为"同位异部件"（DPOP 零部件）。例如，零件 D_I 和零件 D_{II} 是需要根据客户和制造要求选择的零件 D 的替换零件。

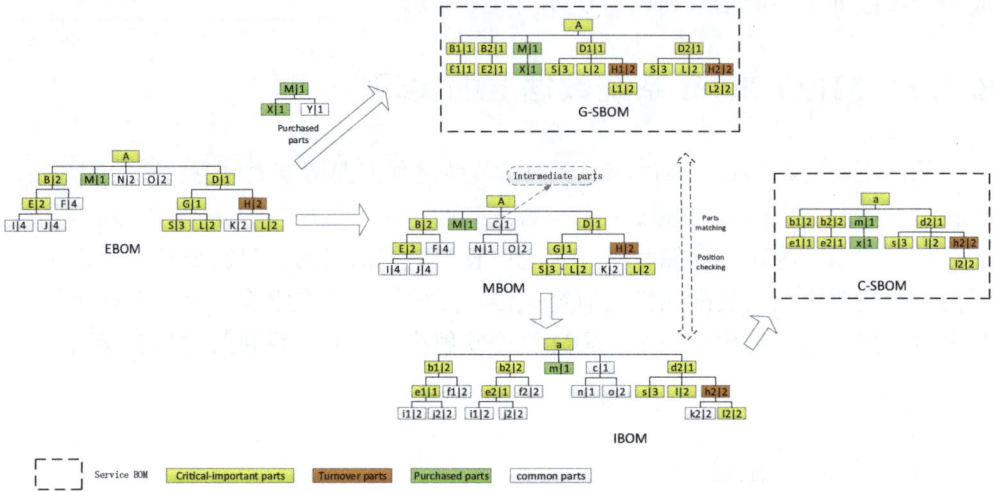

图 8.11　EBOM 到 SBOM 转换过程示意

（2）XBOM 数学模型相关参数

以离散数学的方法构建数学模型，其基于树结构，用函数表达式来阐述 XBOM 映射转换流程。

定义 1：节点 p

节点 p 是描述各个节点特征的集合。在 XBOM 中，可以将零部件或组件视为 BOM 树的节点。

$$p = \{c_1, c_2, \cdots, c_s\} \tag{8.14}$$

定义 2：节点集合 P

P 集合表示所有节点。如果定义 BOM 树为 T，则表示某一树的节点集为

$$P_T = \{p_1, p_2, \cdots, p_n\} \tag{8.15}$$

定义 3：s_r 为装配关系三元组

BOM 树中的装配关系序列表示为三元组 s_r，包括父子关系与相应的装配数量。

$$s_r = \langle p_i, p_j, x_{ij} \mid p_i \in P_T, p_i \in P_T, x_{ij} \in Z \rangle \tag{8.16}$$

式中，x_{ij} 是装配数量，存在三种形式，当 $x_{ij} > 0$ 时，节点 p_i、p_j 是父子关系，并且 x_{ij} 为装备数量；当 $x_{ij} = 0$ 时，节点 p_i、p_j 不存在装配关系；当 $x_{ij} < 0$ 时，节点 p_i、p_j 是子父关系，且 $-x_{ij}$ 为装配数量。例如，在 EBOM 中，节点 p_A、p_B 的装配

数量与关系为 $S_r = \langle p_A, p_B, 2 \rangle$。

此外，我们定义无效装配（即空集）为元素 $\varnothing$。

$$\langle p_i, p_i, x \rangle = \varnothing \tag{8.17}$$

$$\langle p_i, p_j, 0 \rangle = \varnothing \tag{8.18}$$

定义 4：装配关系 R

对于整个 BOM 树，定义其上所有装配关系为

$$R_T = \{ \langle p_i, p_j, x_{ij} \rangle \mid p_i, p_j \in P_T \} \tag{8.19}$$

对某一节点 p，$R_A(p)$ 集合表示整个装配关系三元组 s_r。s_r 是基础单元关于 XBOM 映射转换模型。

$$R_A(p) = \{ \{ s_{r_1}, s_{r_2}, \cdots, s_{r_n} \} \mid \forall s_{r_n} \in R_T \} \tag{8.20}$$

在 $R_A(p)$ 中，子父关系只用一个三元组 s_{r_i} 中的节点 p 代表，为了后面简单描述，我们以 $R_{Ac}(p)$ 来表示三元组。同时，也以集合 $R_{Af}(p)$ 来定义单向父子关系。

如果同时有多个父件对应装配一个零部件，则每一个父节点装配关系三元组表示其装配关系，即

$$R_A(p) = \{ s_{r_{11}}, s_{r_{12}}, \cdots, s_{r_{1n}} \} \oplus \cdots \oplus \{ s_{r_{m1}}, s_{r_{m2}}, \cdots, s_{r_{mn}} \} \tag{8.21}$$

所以，关于装配关系，对某一个父节点定义两种基本运算：

1）∇ 算子。它代表提出目标对象节点的父节点。这个运算符只用在单个父节点的装配关系集的情况，如 $\nabla R_A(p_B) = p_A$。

2）| | 算子。它代表提取相对于其父节点的操作对象的程序集数量。这个运算符只用在单个父节点的装配关系集的情况，如 $|R_A(p_B)| = 2$。

定义 5：装配关系空间 S

装配关系空间幂集全部由装配三元组 s_r 构成。定义装配关系空间中的四种基础运算如下。

1）加减运算。当三元组 s_{r_1} 与 s_{r_2} 中的第一或者第二个元素相等时，可以将它们进行加减运算，否则就要遵守集合运算法则。换言之，如果

$$R_A(m) = \{ \langle p_i, p_j, x_{ij} \rangle, \langle p_i, p_k, x_{ik} \rangle \} \tag{8.22}$$

$$R_A(n) = \{ \langle p_i, p_j, x'_{ij} \rangle, \langle p_i, p_l, x_{il} \rangle \} \tag{8.23}$$

则有

$$R_A(m) + R_A(n) = \{ \langle p_i, p_j, x_{ij} + x'_{ij} \rangle, \langle p_i, p_k, x_{ik} \rangle, \langle p_i, p_l, x_{il} \rangle \} \tag{8.24}$$

$$R_A(m) - R_A(n) = \{ \langle p_i, p_j, x_{ij} - x'_{ij} \rangle, \langle p_i, p_k, x_{ik} \rangle \} \, (x_{ij} \geqslant x'_{ij}) \tag{8.25}$$

2）置换运算。对于 p_i 和 $p_k(p_i, p_k \in P_T)$ 任意两节点，则有

$$\overrightarrow{p_k, p_i} \langle p_i, p_j, x_{ij} \rangle = \langle p_k, p_j, x_{ij} \rangle \tag{8.26}$$

$$\overrightarrow{p_k, p_i} \langle p_j, p_i, x_{ji} \rangle = \langle p_j, p_k, x_{jk} \rangle \tag{8.27}$$

式中，$x_{kj}=x_{jk}=x_{ij}$。

3）数乘运算。对于任意一个三元组 s_r，如果有一个正数 k 满足如下要求 $(k \cdot x_{ij}) \in Z$，则可以得到

$$k \cdot \langle p_i, p_j, x_{ij} \rangle = \langle p_i, p_j, k \cdot x_{ij} \rangle \tag{8.28}$$

4）复制运算。复制原始节点并在对等父节点位置或与原始节点相同位置的节点叫作对等节点。例如，在 G-SBOM 中，节点 B' 和 E' 与节点 B 和 E 是对等节点。通过复制运算，SPDP 节点在 SBOM 映射转换中分割和记录每个安装位置信息。对于某一 p_i 节点，则有

$$\begin{aligned} p_j &\equiv p_i R_{Af}(p_i) = \\ p_j &\equiv p_i \{ \langle p_m, p_i, x_{mi} \rangle \} = \\ & \{ \langle p_m, p_i, x_{mi} \rangle, \langle p_n, p_j, x_{nj} \rangle \mid i \neq j, p_m, p_n, p_i, p_j \in P_T \} \end{aligned} \tag{8.29}$$

式中，$x_{mi}=x_{nj}$。

当 $m=n$ 时，节点 p_m 与 p_n 是相同的节点，也是节点 p_i 与 p_j 的共同父节点。当 $m \neq n$，节点 p_m 与 p_n 为对等节点，同时分别是节点 p_i 和 p_j 的父节点。

针对产生双重子 BOM 树，为能够更好分辨节点复制运算，定义的子 BOM 树进行复制运算时要将最顶层级（也就是子 BOM 树的父节点）作为核心。假设 R_{T_1} 子 BOM 树组需要复制 z 个位置（$z \leqslant x_{mi}$），p_i 节点是其中最顶层的节点，p_n 节点属于 p_i 节点的子节点。被复制成的新节点为 $p_{j_{1\cdots z}}$：

$$p_{j_{1\cdots z}} \equiv p_i R_{T_1} =$$

$$p_{j_{1\cdots z}} \equiv p_i R_{Ac}(p_i) + p_i R_{Af}(p_i)$$

$$p_{j_{1\cdots z}} \equiv p_i \{ \langle p_i, p_n, x_{in} \rangle \} + p_i \{ \langle p_m, p_i, x_{mi} \rangle \} = \tag{8.30}$$

$$\{ \langle p_i, p_n, x_{in} \rangle, \langle p_{j_1}, p_n, x_{j_1 n} \rangle, \cdots, \langle p_{j_z}, p_n, x_{j_z n} \rangle \mid i \neq j_{1\cdots z}, p_i, p_n, p_{j_{1\cdots z}} \in P_{T_1}, z \leqslant x_{in} \in Z \}$$

$$+ \{ \langle p_m, p_i, x_{mi} \rangle, \langle p_m, p_{j_1}, x_{nj_1} \rangle, \cdots, \langle p_m, p_{j_z}, x_{nj_z} \rangle \mid i \neq j_{1\cdots z}, p_m, p_i, p_{j_{1\cdots z}} \in P_T, z \leqslant x_{mi} \in Z \}$$

同时，以上运算操作的先后顺序分别是复制运算、置换运算、数乘运算、加减运算。SBOM 的转换映射流程就属于这些运算或是此类运算的集合。

定义 6：BOM 树 T

为阐述全部的产品信息，我们基于节点与装配关系定义一个 BOM 树，其中包含节点和它们的关系。

$$T = \langle p, R_T \rangle \tag{8.31}$$

2. 映射转换过程描述

SBOM 为全部运维服务数据的总和。如图 8.11 所示，G-SBOM 和 Case SBOM（C-SBOM，案例 SBOM）可以形成整个 SBOM。最小的 BOM 结构是 G-SBOM，存

储批产品的公共信息，如关重件的一些位置信息等。其中 C-SBOM 是 G-SBOM 的特例，包含的部件信息有序列号、生产时间与制造商等（Bierer et al., 2016）。SBOM 中的数据来自不同视图，其中有源于 EBOM 的设计数据、源于 MBOM 的制造数据、源于 Identification BOM（标识 BOM）的序列号（IBOM，包括制造履历和 MBOM 比较的零件序列号）和在 PBOM 中的外购件数据。一方面，采用构型转换、位置分割映射与多重操作集合把 EBOM 映射为 G-SBOM；另一方面，在实际制造过程中，我们通过添加属于每个零件的识别信息并使用 G-SBOM 检查它的位置得到 IBOM。SBOM（C-SBOM）的其他部分形成是通过删除一些不必要的节点来优化 BOM 树。为了获得 SBOM，我们将研究如何使用数学表达式来进行转换。

3. 从 EBOM 到 SBOM 的映射转换过程

依据映射流程应用"三步走"为四种零部件构建全部映射原则。为了更易理解，定义全部关重件的集合为 C_I，全部周转件的集合为 C_T，全部采购件的集合为 C_P，全部一般件的集合为 C_C（虚拟件的集合为 C_{CV}，中间件的集合为 C_{CI}，其他一般件的集合为 C_{CO}）。

（1）映射转换：EBOM 到 G-SBOM

定义 4 种映射规则来分别表示四类零部件从 EBOM 到 G-SBOM 的映射。

A. 映射规则：关重件（f_I）

假设有产品 A，其中一部分是 EBOM 中的关重件，这样针对不一样的应用情景，有两个映射规则可以选择。

1）f_{IS}：映射时其余公共部分要去掉，同时 SPDP 的位置要进行拆分，我们称这种情况的映射规则为 f_{IS}。所以，$\forall R_A(p_i)_{EBOM} \in S_p(p_i)_{EBOM}$，$p_i \in C_I$，$m_s \in C_{CO}$，如果在 G-SBOM 中节点 p_i 需要 n 个装配位置，则映射方程可写为

$$R_A(\nabla R_A(p_i)_{EBOM})_{\text{G-SBOM}}$$

$$= \frac{1}{|R_A(p_i)_{EBOM}|}[p_{j_{1\cdots(n-1)}} \equiv p_i(R_A(p_i)_{EBOM} - R_{Ac}(m_s)_{EBOM})] \tag{8.32}$$

式中，$\dfrac{n}{|R_A(p_i)_{EBOM}|} \in Z$，节点 m_s 是 p_i 的子节点。

2）f_{ID}：当某些部件需要拆卸或维护时，这些节点将被删除，并在 G-SBOM 中的父节点中添加它们的子 BOM 树关系，我们定义这样的映射规则为 f_{ID}。所以，$\forall R_A(p_i)_{EBOM} \in S_p(p_i)_{EBOM}$，$p_i \in C_I$，其转换方程如下：

$$R_A(\nabla R_A(p_i)_{EBOM})_{\text{G-SBOM}}$$

$$= \overrightarrow{\nabla R_A(p_i)_{EBOM}, p_i} R_A(\nabla R_A(p_i)_{EBOM})_{\text{G-SBOM}} + \tag{8.33}$$

$$|R_A(p_i)_{EBOM}| \overrightarrow{\nabla R_A(p_i)_{EBOM}, p_i} R_A(p_i)_{EBOM}$$

所以，关重件的映射规则如下

$$f_I = f_{IS}(f_{ID}) \tag{8.34}$$

B. 映射规则：周转件（f_T）

假设一个部件在 EBOM 中被归为周转（替换）件类型，这样就要在 G-SBOM 结构中添加该部件的所有关于周转件的信息。在实际装配中，周转件的属性和装配数量应该与原件相似或相同。可写为 $\forall R_A (p_i)_{EBOM} \in S_p (p_i)_{EBOM}$，$p_i \in C_I$ 和 $q_s \in C_T$，存在转换式

$$R_A (\nabla R_A(p_i)_{EBOM})_{G\text{-}SBOM}$$
$$= R_A(\nabla R_A(p_i)_{EBOM})_{EBOM} + \overrightarrow{q_s,p_i} R_A(p_i)_{EBOM} \tag{8.35}$$

C. 映射规则：采购件（f_P）

在本研究中，采购件被视为一个整体来维修，所以在 SBOM 中不用展开其子节点包含的相关信息。因此，$\forall R_A(p_i)_{EBOM} \in S_p (p_i)_{EBOM}$，$p_i \in C_P$，外购件的映射规则为

$$R_A(p_i)_{G\text{-}SBOM} = R_A(p_i)_{EBOM} \tag{8.36}$$

D. 映射规则：虚拟件（f_{CV}）

EBOM 向 G-SBOM 映射流程要删除的零件之一就是虚拟件，但是鉴于设备与产品的架构可以由它们的特点精准地展现出来，EBOM 中存在的虚拟件信息会遗传到 SBOM 中，可以给维护阶段提供一定的有价值信息。所以，将虚拟件的映射规则可以写为

$$R_A(p_i)_{G\text{-}SBOM} = R_A(p_i)_{EBOM} \tag{8.37}$$

式中，$\forall R_A(p_i)_{EBOM} \in S_p (p_i)_{EBOM}$，$p_i \in C_{CV}$。

根据不同零部件的四种主要映射规则，综上可得出 EBOM 转换至 G-SBOM 的转换方程为

$$G\text{-}SBOM = f_{CV}(f_P(f_T(f_I(EBOM)))) \tag{8.38}$$

（2）转换过程：EBOM 到 C-SBOM

由图 8.11 可得，EBOM 到 C-SBOM 是 SBOM 的另一条映射路径，这其中的两个步骤为：①从 EBOM 映射到 MBOM 的过程；②从 MBOM 映射到 C-SBOM 的过程。

A. EBOM 到 MBOM

很多学者对 MBOM 的转换及映射规则进行了研究。刘晓冰等（2002）认为，零部件的 MBOM 的结构可以有四种类型，分别为虚拟部件（f_{MV} 为其映射规则）、中间部件（f_{MI} 为其映射规则）、外协部件（f_{MS} 为其映射规则）和继承部件（f_{MH} 为其映射规则）。依据以上规则，EBOM 转换到 MBOM 的函数可表示为

$$MBOM = f_{MS}(f_{MI}(f_{MV}(f_{MH}(EBOM)))) \tag{8.39}$$

B. MBOM 到 C-SBOM

某些研究中 IBOM 也被称为制造履历,由名称可知,它包含制造过程中相关零件和组件的更多详细信息。总结初始 BOM 之间的节点关系是映射转换过程的关键。因此,我们从两个方面得出 MBOM 和 IBOM 之间的差异结论。

1)装配关系。得到 MBOM 后,制造部门应与 G-SBOM 进行比较,考虑以客户为中心的实际生产过程、其完整的位置和组件的匹配关系,这个过程如图 8.12 所示。位于 MBOM 和 G-SBOM 中的零件,如果是关重件,则要以实际组装情况选择复制或删除。对于周转件,应从 SBOM 中卸下未选择要安装的零件。其他一般件,仅忽略 G-SBOM 中的虚拟件(因为不需要制造和安装虚拟件)再去匹配,保留其他零件。所有匹配过程结束后,可以得出一个整体 IBOM 结构。

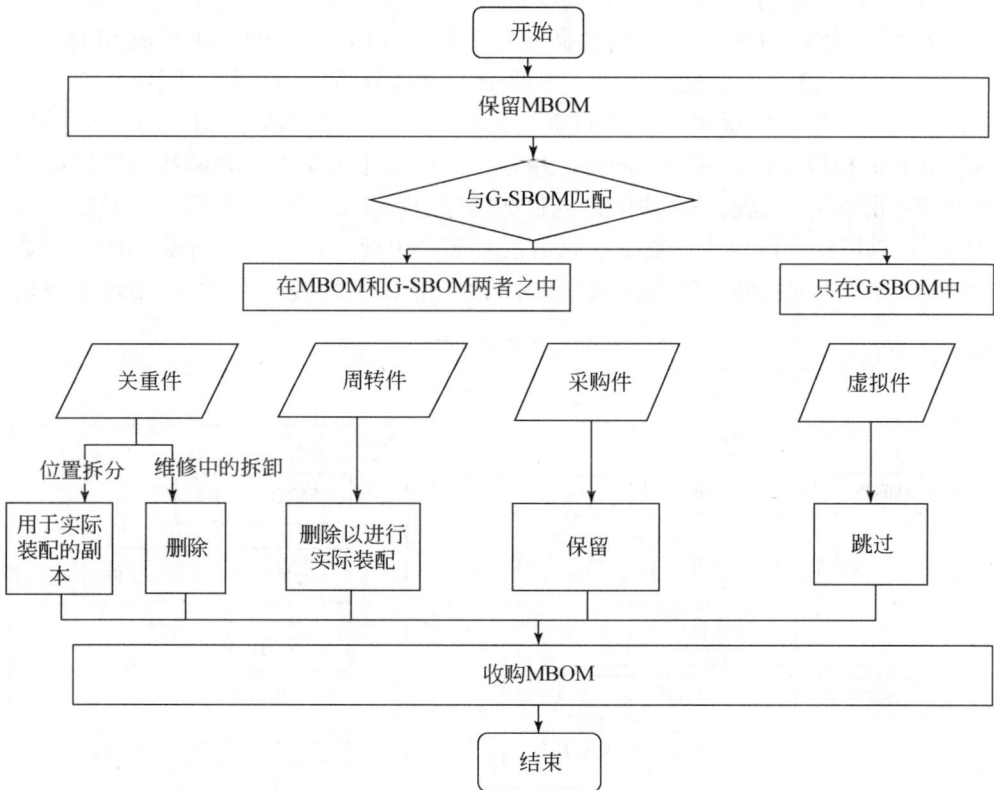

图 8.12　IBOM 的装配关系匹配过程

2)装配属性。除了零件之间的装配关系需要知道外,匹配过程还需要确定实际装配的自然属性与特定属性。在 IBOM 中,不仅存在会在不同视图中涉及的 EBOM 和继承的自然属性,还应该加入每个组件的其他特定属性,如设计图号、装配体序列号、制造商、生产日期等。

从 IBOM 转换为 C-SBOM 时，为了简化 SBOM 结构，应删除 BOM 树中不需要拆卸的子节点。与 G-SBOM 相比，C-SBOM 是此类映射在 IBOM 简化后得到的，其中有每个产品的信息。由此可知 G-SBOM 中有常规信息，在 C-SBOM 中有个性化信息，因此为描述产品的所有结构和零件，可以应用完整的 SBOM 结构。

8.4.3 MROChain 系统区块链层的实现

1. SBOM 存储链设计

（1）SBOM 存储链结构

为了更完整、更安全地存储数据，多个进行 MRO 交易的区块组成 SBOM 存储链，如图 8.13 所示，也就是说，由两个主要部分组成该区块：区块头与区块主体。区块头中有块版本号、时间戳、当前 Bits 块的目标哈希值、Nounce 随机数、Merkle 根以及连接两个块的先区块地址。区块主体是用哈希函数传输数据以存储信息的部分，也就是区块主体的目标是通过区块链网络记录更新的数据。在 SBOM 存储链中，区块主体数据信息由三个部分组成（除了用于计算的哈希函数之外）：资源匹配链的匹配交易表地址映射、MRO 交易表的 ID 与使用块生成器

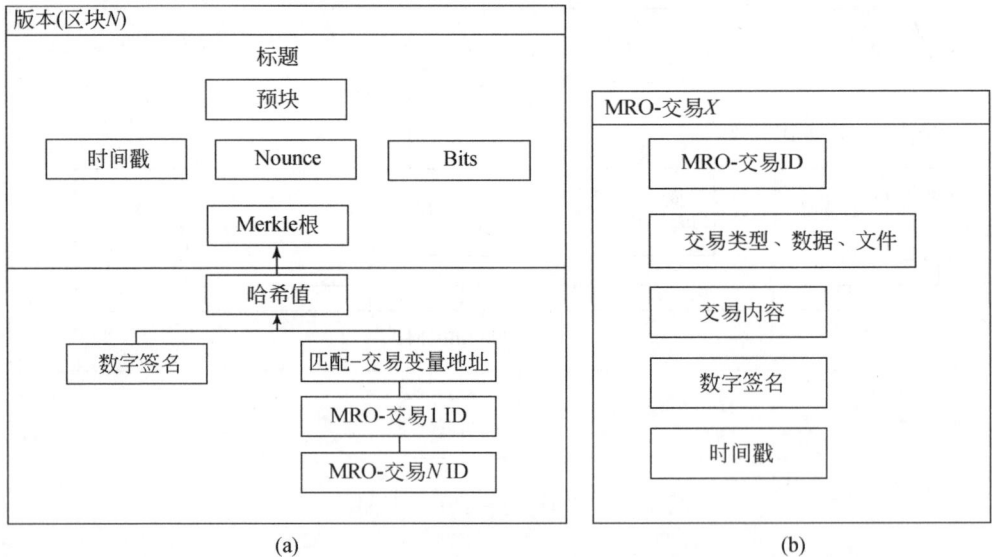

图 8.13　SBOM 存储链的区块结构

加密的数字签名（在共识的情况下）。有大量数据在数据库结构中，如 MRO 服务的 SBOM。如果所有原始数据都存储在区块中，则区块链容量会被大量占用，所以，本章提出的 SBOM 存储链中仅保留了区块的交易订单 ID，而没有包含交易订单本身的内容，使得区块链的内容量降低，从而运行速度提高，而且方便同步与备份信息，交易订单的内容则以物理方式存储在离线 BOM 数据库中。

图 8.13（b）为 MRO 交易的详细信息，它表明在任何 MRO 交易中都有五种信息类型。生成交易订单的目的是产生新功能，如添加功能（添加新的服务）、查询功能（跟踪 MRO 服务信息或贸易订单的跟踪）和修改功能（修改错误的信息记录）。这些操作会在区块链中记录为一个新的贸易订单，并且不会删除任何以前的交易订单（将修改信息的订单生成新订单并记录在新的区块里，所有数据都不会因为被覆盖而消失）。交易订单里有 SBOM 的两种信息内容，分别为结构化数据与非结构化数据（照片、文件等）。服务提供商的私钥会形成一个数字签名，新建交易订单的具体时间由时间戳来记录。全部信息都由哈希函数生成用公钥加密的交易订单 ID。

（2）SBOM 数据的存储

如图 8.14 所示的逻辑图是 SBOM 如何在区块链上实现存储管理的后端实现路径，步骤 1 连接两个子链，为了实现对于资源集成和服务的需求，在 SBOM 子链结构中添加服务提供商的匹配结果，同时在信息可追溯性过程中，需求者不必手动比较两个链的信息。步骤 2 描述了一种场景，其中服务提供商为 MRO 服务需求添加了一条新记录。步骤 3~5 是如何生成新的区块。步骤 3 通过智能合约根据不同的信息类型将其分为 SBOM 数据（数字和单词等结构化数据）与文件数据（文件等非结构化数据），使得 SBOM 存储链容量减少，同时其运行速度得以提高，在交易订单中记录 SBOM 结构化数据，而非结构化数据仅记录它的哈希值。步骤 4 表示保存数据后，将两种信息合成了一个新的订单 ID，该交易订单 ID 由服务提供商的 PUBLICKEY_SP 加密同时又使用其 PRIVATEKEY_SP 私钥签名。步骤 5 使用共识来验证信息广播 MROChain 平台确认所有交易订单信息，并使用其 PRIVATEKEY_MP 私钥对其进行签名，生成一个新块。除链上存储外，链外存储还包括智能合约地址、SBOM 数据和文档等信息。

图 8.14 中的黑色虚线为信息查询以及追溯路径与顺序。步骤 8 向系统中添加了一个 MRO 服务查询模块，申请人想要验证身份需要使用 PUBLCKEY_MP 和它的数字签名 SIGN_USER/SP，交易订单与匹配结果地址也存储在模块中。可以使用服务提供商提供的 PUBLICKEY_SP 获取有关 MRO 服务的信息。查询时用到申请人的私钥，因此每个追溯历史都在区块链网络上有记录。

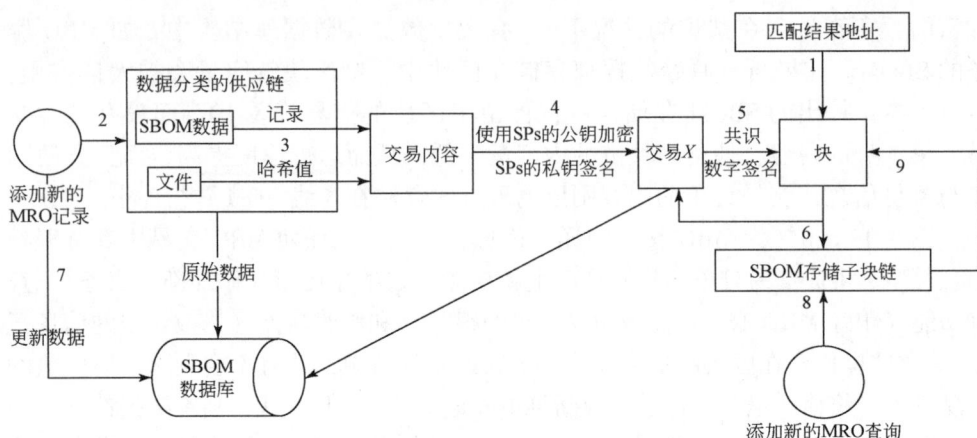

图 8.14　数据存储管理的基本逻辑

2. 服务资源匹配机制设计

（1）符号和描述

在 MRO 服务的关键过程中，需要进行匹配的三类资源分别为服务提供商、硬资源（设备等）和软资源（员工等）。按照适当原则，全部资源都应该和实际进行有效匹配。MRO 服务资源的匹配和自适应搜索机制分为三个连续的阶段（也就是三个资源被连续匹配），并且所有过程的思路都相同。假设有一组服务需求（一般情况或紧急情况）DR 是从用户处获取，同时在公共服务平台上从服务提供商处获取另一组资源（服务提供商、设备和人员）SR（表 8.4）。

表 8.4　符号和描述

符号	相关描述
DR	服务需求集合（常规或临时）
SR	可提供资源集合（服务提供商、设备和人员）
BI	MROChain 初始化区块
BI_{re}	资源匹配子链区块
BI_{sbom}	SBOM 存储子链区块
t_i	资源匹配结果 t_i
T	资源匹配结果的笛卡儿集
CA	共识方法
SC	智能合约
dr_i	服务需求集合 DR 中需求节点 i

续表

符号	相关描述
sr_j	可提供资源集合 SR 资源节点 j
PK，SK	MROChain 中公钥与私钥
$\mathrm{ID}_{\mathrm{dr}_i,\mathrm{sr}_j}$	服务需求节点 i 和可提供资源节点 j 的 ID
$\mathrm{MB}_{\mathrm{dr}_i,\mathrm{sr}_j}$	在 MROChain 平台上经由 dr_i 和 sr_j 广播的信息
$r_{i,j}$	服务需求和提供的 MRO 服务级别
$d_{i,j}$	资源需求节点 i 和资源供应节点 j 的地理位置
$t_{i,j}$	资源需求节点 i 和资源供应节点 j 的响应时间
$l_{i,j}$	服务需求和提供的 MRO 服务档次
sp_j	资源供应价格率（与地方标准价格比率）
m_j	服务提供商总体评分
W	sr_j 广播信息中各参数的权重
$\boldsymbol{D}_{ij}$	距离矩阵
N_{user}	用户需求的匹配结果数量
$P_{\mathrm{respond}\cdot\mathrm{sr}_j}$	sr_j 返回 dr_i 的确认信息
C_{ij}	由 dr_i 提供的资源特定确认内容
sign.	由私钥加密的电子签名
$\mathrm{TR}_{\mathrm{version}}$	交易的序列号
$\mathrm{TR}_{\mathrm{time}}$	交易的最终时间（时间戳）

（2）服务资源匹配机制设计

根据上文提到的核心业务流程与表 8.4 的符号描述，本章基于 Leng 等（2018）的研究基础设计了一种服务资源匹配机制，基于 MROChain，步骤如下：

1）初始化。将 MROChain 初始化，依据式（8.40），其中 $T=\{t_i\in\mathrm{DR}\otimes\mathrm{SR}\}$。

$$\mathrm{BI}=(\mathrm{DR},\mathrm{SR},\mathrm{BI}_{\mathrm{re}},\mathrm{BI}_{\mathrm{sbom}},T,\mathrm{CA},\mathrm{SC}) \tag{8.40}$$

2）生成密钥对。其私钥通过公式运算生成公钥，MROChain 平台首先应用随机数生成器随机生成私钥，再通过椭圆曲线密码学（ECC，如 SECP256K1 算法）推导出公钥，如式（8.41）所示。

$$\mathrm{PK}_{\mathrm{BI}}=\mathrm{ECC}(\mathrm{SK}_{\mathrm{BI}}) \tag{8.41}$$

3）节点参与。为进入 MROChain 区块链平台的日常管理，每个节点要有私人的密钥对应存储地址（由哈希函数生成），借此加密和传输有关资源匹配的信息。

$$\mathrm{PK}_{\mathrm{dr}_i}=\mathrm{ECC}(\mathrm{SK}_{\mathrm{dr}_i}) \tag{8.42}$$

$$\mathrm{Address}_{\mathrm{dr}_i}=\mathrm{Hash}(\mathrm{PK}_{\mathrm{dr}_i}) \tag{8.43}$$

$$\mathrm{PK}_{\mathrm{sr}_j}=\mathrm{ECC}(\mathrm{SK}_{\mathrm{sr}_j}) \tag{8.44}$$

$$\text{Address}_{\text{sr}_j} = \text{Hash}(\text{PK}_{\text{sr}_j}) \tag{8.45}$$

4）打包消息。在 MROChain 平台中当 sr_j 和 dr_i 产生自己的私有地址后，要用自己的公钥来对信息进行加密，同时要在 MROChain 平台上分别广播。资源供应商提供了地理位置、MRO 服务档次、级别、响应时间等资源需求的基本信息，从而匹配到正确的资源。除此之外，还将服务商的评分及价格率等优化参数 sr_j 消息发布。链网络上节点监控其他节点产生的信息，并以其他节点位置为基准生成距离矩阵。式（8.46）和式（8.47）如下：

$$\text{Message}_{\text{dr}_i} = (\text{MB}_{\text{dr}_i}(\text{ID}_{\text{dr}_i}, r_i, d_i, l_i, t_i) \parallel \text{PK}_{\text{dr}_i} \parallel \text{Address}_{\text{dr}_i}) \tag{8.46}$$

$$\text{Message}_{\text{sr}_j} = (\text{MB}_{\text{sr}_j}(\text{ID}_{\text{sr}_j}, r_i, d_i, l_i, t_i, sp_j, m_j, W) \parallel \text{PK}_{\text{sr}_j} \parallel \text{Address}_{\text{sr}_j}) \tag{8.47}$$

5）智能合约匹配优化。系统依据各节点 sr_j 的信息，通过由各目标函数生成的智能合约，自适应搜索与匹配各节点 dr_i。第一步，MRO 服务级别和服务档次这两个基本标准需要各资源供应节点 sr_j 予以满足。第二步，通过第一步的初步过滤，找出全部用户需求数量匹配的无次序结果。为了找到最适合用户 dr_i 的服务提供商（即自动找出系统最优解），这一步为寻找匹配结果的排序，用到最优选择函数。由式（8.48）可知，优化后的结果综合了智能合约中适应性函数的各个参数。在需求管理中用户确定匹配结果的数量，这表明依据智能合约，可以缩减所有的匹配结果。应用平台私钥对智能合约进行加密。算法 1 的逻辑过程就是智能合约中如何具体匹配的过程。

$$\text{SC} = \left((r_j, l_j) \parallel \min\left(\sum_{i=1}^{n} \frac{(\boldsymbol{D}_{ij}, sp_j, T, W)}{m_j} \right) \parallel N_{\text{user}} \right)_{\text{SK}_{\text{BI}}} \tag{8.48}$$

Algorithm1 Smart contract:resource matching and optimization contract

---

Input:parameters about service providers provided by all dr_i and sr_j

    Output:the recommended sequence of service providers

Do

    If $r_j \geqslant r_i$ and $l_j \geqslant l_i$,then

    Calculateresults_data $= \min\left(\sum_{i=1}^{n} \frac{(\overrightarrow{D_{ij}}, sp_j, T, W)}{m_j} \right)$;

    Sort all the results_data;

    Output the first N_{user} results_data ;

End if

End smart contract

6）确认信息。为实现智能合约，根据 dr_i 生成的资源需求地址，与 dr_i 相匹

配的 sr_j 查找到公钥，为确认 dr_i 的身份，比较其与 PK_{du_i} 认证的公钥。身份确认后，则 sr_j 应返回认证信息，此数字签名为使用其私钥加密后的签名。使用 dr_i 的公钥加密认证信息。

$$P_{\text{respond} \cdot sr_j} = (C_{ij}(\text{ID}_{dr_i}, \text{ID}_{sr_j}, r_i, d_i, l_i, t_i, sp_j, m_j, W) \parallel \text{sign. su}_j(\text{SK}_{su_j}) \parallel \text{Address}_{dr_i})_{PK_{du_i}}$$

$$(8.49)$$

7）解密。由 sr_j 发送的确认信息被接收后，dr_i 用私钥解密认证信息并对所有内容进行了解，一旦匹配或交易成功，其交易信息就会传播到 MROChain 平台的所有节点上，这时区块链上的信息全部更新并统一。如果要增加一个新交易到区块链中，式（8.50）为相关脚本所需要的全部相关的数字签名与交易的详细信息：

$$\text{Script} = (\text{TR}_{\text{version}} \parallel \text{TR}_{\text{time}} \parallel \text{sign. dr}_i(\text{SK}_{dr_i}), \text{sign. sr}_j(\text{SK}_{sr_j}), \text{sign. BI}(C_{ij} \mid \text{SK}_{\text{BI}}))$$

$$(8.50)$$

8）匹配信息更新。服务提供者完成资源匹配以后，按照上面类似的逻辑系统需要完成两个匹配过程，依次为设备匹配与人员匹配。在存储资源匹配结果的子区块链中记录所有匹配结果，并及时统一更新其他节点。只有确认这些信息后，MRO 服务才可以进行下一步服务操作。

3. PBFT 共识机制

与一般情况中的集中账本系统不同，区块链系统中不存在集中控制中心，这种情况下，急需解决的问题就变成了怎样保证在去中心化的系统中交易是可操作的并且是有效的。当分布式系统被提出时，共识算法也被提出，人们觉得这个基本机制可以确保各主机达到协调统一的目的。随着区块链在个领域的应用与发展，如今有 POS（权益证明）、POW（工作量证明）和 DPOS（权益委托证明）几种经常被用到的共识算法。通过分析研究几种共识算法的特征可知：①挖矿机制是 POS 和 POW 算法的核心，因此资源浪费较多，共识时间也较长；②DPOS 算法即使会让参与身份验证的节点数降低，但也要使用代币，因此在大多数商业管理实践中存在局限性；③一般情况下均在公有链中应用上述算法。本章设计的 MROChain 系统是一种 MRO 服务管理系统，它不需要大量算力维护，也没有代币参与，但参与者加入仍然会有一定门槛限制。所以，本章应用拜占庭容错算法（practical Byzantine fault tolerance，PBFT），并将其作为 MROChain 系统中的共识算法。

PBFT 为状态机中一类可以用于复制的方法，在分布式系统的每个节点上复制状态机被视为一次服务。所有状态机副本负责维护服务状态同时实现服务操作。如果有节点处于系统中，那么可以被 PBFT 忍受的恶意或无效的节点数量要

小于值 $(N-1)/3$。所有机器复制的节点都会存储在同一个视图中，其中一个主副本称为 primary，其他的副本都属于备份。副本 p 经由公式 $p=v\mathrm{mod}\mid N\mid$ 计算得到主视图，这里视图号为 v，节点数量为 $\mid N\mid$。根据 MROChain 工作流程与 PBFT 逻辑，系统中应用的共识算法工作流程大致如下：

Algorithm 2　PBFT consensus inMROChain

Input：A set of messages waiting for confirmation to be added on the block
Output：A new block B_N

When the task has completely executed and the message of transaction ID (TM) is generated, calculate V_p to find the primary node ,
Do
　Verify the request of digital signature from TM by V_p；
Broadcast PPM generated by V_p to other replication nodes V_{rn}；/＊PPM is pre -prepare message ＊/
　Keep PPM to off-chain database；
　Broadcast PTM_n generated by V_{rn} individually according to PPM to other nodes except itself；/＊PTM is prepare message＊/
　Keep PTM_n to off-chain database；
　Broadcast CM_n generated by each node individually according to PTM_n to other nodes except itself；/＊CM is commit message＊/
　Keep CM_n to off-chain database；
　If $receive.message, amount.CM_n \geqslant \dfrac{2N+1}{3}$ then
　RespondRCM_n to the client；/＊RCM is respond of commit message＊/
　　If $receive.message, amount.RCM_n \geqslant \dfrac{N+2}{3}$ then
　　Package all confirmed transaction information into the blockB_N, and the generators sign with their private keys；
　　else reject the request；
　else reject the request；
End consensus

8.4.4　MRO 供应链快速响应评价指标

本节主要分析 MROChain 系统的性能是否优良及其是否具有实践性，以服务效率为一级指标进行评价，从两个二级指标方面进行论证，分别是在分散资源调度与管理应用中资源匹配的适用性及区块链技术的效率分析。

1. 二级指标——资源匹配的适用性

应用模拟数据集的数值做一个关于资源匹配的仿真实验来验证本章新方法可以提高的资源匹配的成功率。仿真中的假设如下。

1）仿真的问题背景设定为车辆 MRO 服务，因此，根据汽车维修的标准设置本章部分参数，见表 8.5。

表 8.5　汽车 MRO 服务的相关参数描述

MRO 服务级别	描述	MRO 服务档次	描述
1	日常保养	1	低档
2	零件修理	2	中档
3	汽车小修	3	高档
4	总成大修		
5	汽车大修		

2）两组汽车 MRO 服务的资源需求见表 8.6；各属性的权重设置见表 8.7；12 组服务提供者的相关信息见表 8.8。

表 8.6　需求节点及其属性

需求节点 ID	服务级别	服务档次	响应速度	N_{user}
dr_1	4	3	≤0.5	≤4
dr_2	2	2	≤0.8	≤6

表 8.7　参数权重

参数属性	权重参考值	
服务级别	1（前提条件）	
服务档次	1（前提条件）	
地理距离	0.6（当评分<4 时）	0.7（当评分≥4 时）
响应速度	0.5	
评分	0.3（当评分<4.5 时）	0.6（当评分≥4.5 时）
服务价格率	0.7（当评分<4.5 时）	0.4（当评分≥4.5 时）

表8.8 供应节点及其属性

供应节点 ID	服务级别	位置/km		服务档次	响应速度	服务价格率	评分
sr_1	5	3	2	3	0.3	1.2	4.3
sr_2	3	0.9	1.5	1	0.7	2.3	4.6
sr_3	4	1	5	3	0.4	1.5	4
sr_4	3	6	0.5	3	0.9	0.9	3.8
sr_5	1	4.3	1.1	1	0.2	1	4.2
sr_6	2	5.2	4.4	2	0.8	1	4.7
sr_7	4	3.7	2.4	3	0.5	1.7	4.9
sr_8	5	5.1	3.2	3	0.6	3.2	4.3
sr_9	4	0.8	7	2	0.8	1	3.9
sr_{10}	5	10.3	2.1	3	0.3	1.1	5
sr_{11}	3	1.3	0.7	2	0.4	2	4.5
sr_{12}	2	2.8	11.2	1	0.1	1.6	4.6

3）服务提供商的分数来源于大众点评等网络平台的数据。

4）服务提供商的相关属性参数权重进行标准化处理。

5）资源匹配链上各个节点都要按照相应的规则和固定的算法传递与映射，包括需求资源与供给资源。

6）假设全部的服务提供商都可以提供本实验需要的服务。

表8.9为根据设置参数与本章方法得出的实验结果。根据实验结果，在假设的 12 组服务提供商中有 5 个资源供应节点可以满足 dr_1，9 个资源供应节点可以满足 dr_2。但是，用户会在前期限制需要推荐的服务提供商的数量，分别限制为 4和 6。所以表 8.9 中所得结果为最终确定要推荐的匹配后的服务提供商，注意数量不能超过用户的限制。从节点 dr_1 来看，并不是所有候选供应商中最高评分或距离最近的服务提供商排在推荐第一名，以往用户选择服务商时，总会按照一个因素来选择，显而易见，这不是使全局最优的最佳选择。以所有关联链中的节点的匹配结果筛选资源匹配规则，结果可以说明，应用区块链技术可以最优匹配分散的资源。此时，只有系统里的固有规则与合约设置和资源调度有关，而服务提供商所提供的关于个人的信息或者标准并不影响它。从实验结果中两个节点的数据可以发现，有一些供应商节点被二次覆盖，表明这是独立的需求匹配系统。在现实操作中，很多服务请求会同时发出并进行匹配，所以，一个需求的匹配过程不能占用其他需求匹配的资源。

表 8.9　仿真实验的匹配结果

需求节点 ID	匹配结果（供应节点 ID/计算结果）					
dr_1（4）	sr_3（0.12）	sr_7（0.15）	sr_{10}（0.16）	sr_1（0.21）		
dr_2（6）	sr_{11}（0.02）	sr_{10}（0.05）	sr_4（0.07）	sr_6（0.15）	sr_7（0.18）	sr_1（0.26）

2. 二级指标——区块链技术的效率分析

分析 MROChain 的效率应用对比的方法。对于理论意义，区块链技术的应用使得 MRO 服务管理更加安全与自由。因为系统是分布式的，小型服务提供商也可以很容易加入区块链系统，不会出现从前的单一资源占据市场的情况。除此之外，智能合约与共识机制可以使 MRO 服务管理更加安全，同时可追溯信息，信息又不会遭到私自篡改。因为现在很少有应用区块链技术进行服务管理的研究，本章的比较分析为比较本研究的双链 MROChain 系统与现有的比特币区块链系统，比较结果见表 8.10。其中设定所有节点对信息确认都要经历签名、解签名、加密和解加密四个步骤，比特币系统中有 90 个节点参与。

表 8.10　比较结果

系统	运行模式	共识机制	代币	节点数量	算力消耗	隐私	区块生成次数	复杂度
比特比	单链	POX	是	较多	高	低	3.24×10^4	$O(n)$
MROChain	双链	PBFT	否	较少，至少 4 个	低	高	320/120	$O(n)$

相比于传统比特币系统，本章提出的 MROChain 系统节点更少，也不需要使用代币（如比特币），因此在商业管理应用中更加便利。现有的区块链的应用需要消耗大量算力，是各个领域应用此技术最难克服的问题。但本章提出的 MROChain 系统为了减少单链上的计算量使用双链替代原有模式，每个节点每秒钟生成的区块数远小于比特币系统，所以，MROChain 系统可以整合资源、提高效率又降低成本。

8.5　本章小结

3.3 节在 MRO 服务特点基础上构建以单一制造商和单一服务提供商为节点的 MRO 二级服务供应链，同时加入利他偏好因素，从人的心理与行为角度分析了双方的决策对整条供应链的影响，由此得出结论：①以服务水平指标来衡量，决策双方具有利他偏好可以同时提高自己和对方的服务水平，因而间接地使客户满意度得到提高。但是当两方同时利他程度很高时，结果可能变为不利他也不利己。②以效用指标来衡量，针对供应链主导者，利他偏好可以达到利他的效果，但是针对参与者，利他偏好不一定会利己利他。从效用与利润角度双重考虑，利他偏好可以实现双重利他，并绝对可以大幅提高整个供应链的效益。

3.4 节应用区块链技术解决 MRO 服务管理过程中的问题。根据 MRO 服务管理的特点，构建了一个以区块链技术为技术手段的 MROChain 系统框架。该系统的系统架构有四层，分别是 UI 层、操作层、数据层和区块链层。本章以数据层与区块链层的内容为核心，详细介绍其具体过程。对于数据层，本章定义了一个 SBOM 结构，其在运维阶段是由 G-SBOM 和 C-SBOM 组成，同时制定一种映射转换规则，将 XBOM 中的 EBOM 转换为 SBOM。对于区块链层的内容，本章设计了一种独特的双子链结构，是 PBFT 共识机制的基础。其中的服务资源匹配功能可以快速推荐合适的服务提供商给用户，为保证数据的准确，不可轻易篡改，应用 SBOM 存储链。最后通过评价一级指标与二级指标，验证了构建的 MROChain 系统具有优良的性能。

第9章 | 研究结论与建议

9.1 主要贡献

1）本书根据供应链管理和运营管理的相关理论，首次构建了比较全面的供应链快速响应影响因素系统，并将系统从跨组织、组织间和组织内三个维度划分开来。每个维度在一定的理论支撑下提出相应假设并构建概念模型。系统的构建极大地丰富了供应链和运营管理理论的内容。

2）全面、系统地建立了供应链快速响应绩效评价指标体系，基于云平台环境下、突发干扰事件情况下和MRO服务管理三种不同情景中供应链快速响应绩效评价，提出了提升供应链快速响应速度的有效途径，为解决供应链快速响应问题提出了指导意见。

9.2 管理启示

提高供应链的快速响应能力与水平，是提高制造业核心竞争力的关键因素之一。

（1）规划供应链合作伙伴关系

供应链成员企业需建立良好的合作伙伴关系来寻求共赢。企业间通过完善信任机制的构建，可以简化供应链环节中的合作流程，缩短交易时间并减少交易成本；通过构建信息共享和知识共享平台，可以提高供应链内部各种资源的配置和利用效率。制造商通过合作可以长期且稳定地与多家供应商进行协调。各个供应商之间也可避免由于担心制造商更换供货商而带来的猜忌，从而在供应商之间也可以进行协作。供应商可以与供应商联合展开需求预测，根据供需双方实力制定生产计划并实时掌握供应商的生产进展，从而提高供应物流协同水平，达到共赢的目的。在此基础上，供应链伙伴通过建立协同研发设计、制造、管理平台，共同管理企业内外部流程；通过将供应链上的各种资源集成到一起，然后进行重新配置，从而使供应链上的各节点企业能充分发挥各自的核心业务能力，实现对产品、服务、资金和信息的有效管理，并以快速、低成本的方式为客户提供最大化价值，实现对市场需求的快速响应。

（2）提升核心企业内部能力

作为制造供应链的核心企业，制造企业在供应商和客户之间起着领导者的作用，是协调和控制整个供应链发展的中心企业。首先，制造企业要加强对 IT 设备操作人员的技术管理和业务知识水平的有效培训，促进 IT 人员与其他业务部门成员间的沟通，努力提升 IT 人员在 IT 解决方案上的应变能力和创新能力；其次，制造企业需要具备一定柔性的资源储备，特别是稀缺资源的获取和控制；最后，为了提升供应链的快速响应能力，制造企业还需加大智能制造技术的开发和利用，不断提升企业的智能交互能力。

9.3 研究不足和尚待研究的问题

对供应链快速响应影响因素和绩效评价的研究具有重要的意义，但研究中也存在难点和挑战，以及不足和局限，需要在今后的研究中进一步完善。

首先，研究样本还有待扩充。本书的研究样本多为国有企业，而民营、合资和外资企业的样本数据少。为使研究的结论更具有普遍意义，未来研究应进一步扩大数据收集的样本范围，进一步验证所提的理论假设，以便更好地指导各类企业开展快速响应活动。

其次，研究视角有待改变。供应链成员企业快速响应市场需求是一个非常复杂的动态过程，从静态视角对供应链快速响应影响因素及机制进行研究具有一定的局限性。今后可综合采用案例研究、仿真研究、事件研究、历程比较研究等方法来克服静态研究的局限性，进一步挖掘供应链快速响应潜在、动态的影响因素。

最后，绩效评价指标的权重有待确定。本书研究虽然系统地提出了供应链快速响应的绩效评价指标，但指标的具体权重还有待确定，未来研究可在各指标量化上进一步细化，同时应用前沿的评价方法开发精确和可操作的评价方案。

参 考 文 献

薄洪光，潘裕韬，马晓燕．2013．双机成比例无等待流水线重调度干扰管理研究［J］．运筹与
　　管理，4：111-119，125．

鲍世赞，蔡瑞林．2017．智能制造共享及其用户体验：沈阳机床的例证［J］．工业工程与管
　　理，22（3）：77-82．

常志平，蒋馥．2003．供应链中信息共享的层级及其影响因素分析［J］．工业工程与管理，
　　（2）：22-24．

陈国权．1999．供应链管理［J］．中国软科学，（10）：101-104．

陈国权．2007．组织学习和学习型组织–概念–能力模型–测量及对绩效的影响［J］．管理评论，
　　21（1）：107-116．

陈国权．2009．领导行为–组织学习能力与组织绩效关系研究［J］．科研管理，3（5）：
　　148-154．

陈国权，林燕玲，周琦玮．2018．面向多元化发展的组织学习模型［J］．技术经济，37（5）：
　　14-24，47．

陈辉．2013．国外关于电子商务供应链管理研究综述［J］．华中师范大学研究生学报，
　　20（2）：193-185．

陈叶烽，叶航，汪丁丁．2012．超越经济人的社会偏好理论：一个基于实验经济学的综述［J］．
　　南开经济研究，（1）：63-100．

陈长彬，陈功玉．2006．供应链合作关系的形成与发展研究［J］．工业技术经济，（11）：
　　24-28．

陈真玲，王文举．2017．环境税制下政府与污染企业演化博弈分析［J］．管理评论，（5）：
　　226-236．

程茜，汪传旭，徐朗．2018．考虑利他偏好的低碳供应链决策［J］．山东大学学报（理学版），
　　53：41-52．

程幼明，吴英，龚本刚，等．2017．众包：一种云制造的运作模式［J］．计算机集成制造系
　　统，23（6）：1167-1175．

戴君，谢琍，王强．2015．第三方物流整合对物流服务质量、伙伴关系及企业运营绩效的影响
　　研究［J］．管理评论，27（5）：188-197．

但斌，刘飞．2000．绿色供应链及其体系结构研究［J］．中国机械工程，11（11）：1233-1236．

邓龙安，徐玖平．2008．供应链整合下的企业网络创新绩效管理研究［J］．科学学与科学技术
　　管理，（2）：86-90．

董毓芬，何平，徐晓燕．2011．时间价格敏感型需求下的二阶段供应链协调模型［J］．中国管

理科学，19（4）：93-97.

杜少甫，杜婵，梁樑，等.2010. 考虑公平关切的供应链契约与协调 [J]. 管理科学学报，13（11）：41-48.

樊治平，刘洋，沈荣鉴.2012. 基于前景理论的突发事件应急响应的风险决策方法 [J]. 系统工程理论与实践，32（5）：977-984.

范志刚，吴晓波.2014. 动态环境下企业战略柔性与创新绩效关系研究 [J]. 科研管理，35（12）：112-119.

丰盛，许勇.2016. 商用车维修服务链关键技术研究 [J]. 计算机测量与控制，24（2）：198-201.

冯长利.2016. 供应链知识共享的影响因素及其绩效评价 [M]. 北京：科学出版社.

冯长利，韩玉彦.2012. 供应链视角下共享意愿、沟通与知识分享效果关系的实证研究 [J]. 管理科学，26（4）：48-53.

付兴方，包小兰.2006. 绿色供应链管理：现代企业的新战略模式 [J]. 当代经济管理，28（1）：37-40.

高建伟，郭奉佳.2019. 基于改进前景理论的直觉模糊随机多准则决策方法 [J]. 控制与决策，34（2）：317-324.

古川，张红霞，安玉发.2013. 云制造环境下的供应链管理系统研究 [J]. 中国科技论坛，1（2）：122-127.

顾乃华，毕斗斗，任旺兵.2006. 生产性服务业与制造业互动发展：文献综述 [J]. 经济学家，（6）：35-41.

关旭，马士华，肖庆.2015. 两种运作模式下加工-装配式供应链响应性比较分析 [J]. 管理学报，12（12）：1840-1852.

桂华明，马士华.2007. 供应链下游订单处置能力扩张协调策略研究 [J]. 管理科学，20（3）：2-8.

郭海，李垣，廖貅武，等.2007. 企业家导向、战略柔性与自主创新关系研究 [J]. 科学学与科学技术管理，（1）：73-77.

郭立新，陈传明.2010. 模块化网络中企业技术创新能力系统演进的驱动因素——基于知识网络和资源网络的视角 [J]. 科学学与科学技术管理，（2）：61-68.

韩姣杰，周国华，李延来，等.2012. 基于互惠偏好的多主体参与项目团队合作行为 [J]. 系统管理学报，21（1）：111-119.

洪江涛，高亚翀.2014. 供应链能力、知识传输与企业绩效关系的实证研究 [J]. 科学学研究，（7）：1052-1059.

侯如靖.2014. 供应链契约协调与社会偏好的影响研究 [D]. 天津：南开大学.

侯玉莲.2004. 基于不确定性的战略柔性类型区分 [J]. 生产力研究，（2）：154-156.

黄河，何青，徐鸿雁.2015. 考虑供应风险和生产成本不确定性的供应链动态决策研究 [J]. 中国管理科学，23（11）：56-61.

黄辉，杨冬辉，严永，等.2018. 公平偏好下考虑产品绿色度的闭环供应链定价决策 [J]. 工业工程与管理，23（6）：162-172.

黄洁华，高灵超，许玉壮，等．2017．众筹区块链上的智能合约设计［J］．信息安全研究，3（3）：211-219．

黄凯南．2009．演化博弈与演化经济学［J］．经济研究，（2）：154-158．

黄振宇．2013．基于 JMI 的供应链补货系统及数据整合［D］．上海：复旦大学．

计国君，杨光勇．2011．基于异质性顾客的随机配给策略研究［J］．中国管理科学，19（2）：161-168．

姜丽宁，崔文田，林军．2011．供应链应对生产能力突发事件的激励策略选择分析［J］．系统工程，（12）：40-45．

姜宁，黄万．2010．政府补贴对企业 R&D 投入的影响——基于我国高技术产业的实证研究［J］．科学学与科学技术管理，31（7）：28-33．

姜赛．2016．供应链企业间信任对供应链合作稳定性的作用机制［J］．中国流通经济，30（9）：60-68．

姜文杰，张玉荣．2011．关系资本对集群制造企业技术创新绩效、人力资本和结构资本的影响［J］．中国科技论坛，（11）：61-67．

姜洋，孙伟，丁秋雷，等．2012．受扰机器单机干扰管理模型［J］．农业机械学报，12：251-256．

姜洋，孙伟，丁秋雷，等．2013．考虑行为主体的单机调度干扰管理模型［J］．机械工程学报，49（14）：191-197．

蒋建华，刘程军，蒋天颖．2014．组织学习与组织绩效关系的 Meta 分析——基于测量因素、情景因素的调节作用［J］．科研管理，（8）：119-127．

靳医兵，徐印州．2002．新经济下的供应链管理与企业资金流程再造［J］．中国管理科学，10（2）：79-83．

孔繁辉，李健．2018．供应中断风险下 OEM 供应链弹性运作与提升策略［J］．中国管理科学，（2）：152-159．

李伯虎，张霖，王时龙，等．2010．云制造——面向服务的网络化制造新模式［J］．计算机集成制造系统，16（1）：1-7．

李伯虎，张霖，任磊，等．2012．云制造典型特征、关键技术与应用［J］．计算机集成制造系统，18（7）：1345-1356．

李辉，李向阳，孙洁．2008．供应链伙伴关系管理问题研究现状评述及分析［J］．管理工程学报，（2）：148-151．

李娜．2016．供应物流协同与供应链敏捷性研究［J］．经济管理，2：35-36．

李娜，李随成，崔贺翠．2018．供应商创新性的利用机制：企业网络化行为的作用［J］．南开管理评论，21（1）：39-53．

李随成，张哲．2007．不确定条件下供应链合作关系水平对供需合作绩效的影响分析［J］．科技管理研究，（5）：85-87，90．

李随成，高攀．2010．战略采购与制造企业知识获取的关系机理——基于供应商网络的研究［J］．科学学研究，28（12）：1884-1890．

李天博．2015．云制造环境下汽车供应链协同的制造资源共享研究［D］．天津：天津大学．

李铁克, 肖拥军, 王柏琳. 2010. 基于局部性修复的 HFS 机器故障重调度 [J]. 管理工程学报, 3: 45-49, 32.

李占丞. 2017. 装备制造企业关键物资供应不确定下采购计划研究 [D]. 大连: 大连理工大学.

梁静, 蔡淑琴, 汤云飞, 等. 2004. 供应链中的信息共享及其共享模式 [J]. 工业工程与管理, 4 (83): 87-92.

廖成林, 刘学明. 2008. 供应链管理实施对组织绩效的影响分析 [J]. 中国管理科学, (3): 116-124.

廖成林, 裴友朋. 2008. 基于供应链快速响应的实证研究 [J]. 工业工程与管理, 13 (6): 114-119.

廖成林, 仇明全, 龙勇. 2008. 企业合作关系、敏捷供应链和企业绩效间关系实证研究 [J]. 系统工程理论与实践, (6): 115-128.

林焜, 彭灿. 2010. 知识共享、供应链动态能力与供应链绩效的关系研究 [J]. 科学学与科学技术管理, (7): 98-104.

林亚清, 赵曙明. 2013. 政治网络战略、制度支持与战略柔性——恶性竞争的调节作用 [J]. 管理世界, (4): 88-99, 194.

林志炳, 蔡晨, 许保光. 2010. 损失厌恶下的供应链收益共享契约研究 [J]. 管理科学学报, 13 (8): 33-41.

刘兵, 高雪冬, 李嫄, 等. 2014. 企业高管团队权力分配、战略构想与战略柔性关系研究——基于中小板上市公司的经验证据 [J]. 工业经济技术, 33 (7): 75-86.

刘锋, 王建军, 杨德礼, 等. 2012. 加权折扣单机排序干扰管理模型和算法研究 [J]. 管理科学, 1: 99-108.

刘家国, 周粤湘, 卢斌, 等. 2015. 基于突发事件风险的供应链脆弱性削减机制 [J]. 系统工程理论与实践, (3): 556-566.

刘检华, 宁汝新, 刘少丽, 等. 2015. 快速响应制造技术的内涵、基本特征及共性关键技术 [J]. 国防制造技术, (1): 28-34.

刘力钢, 刘杨, 刘硕. 2011. 企业资源基础理论演进评介与展望 [J]. 辽宁大学学报 (哲学社会科学版), 39 (2): 108-115.

刘丽文. 2000. 企业供需链管理的实施策略探讨 [J]. 计算机集成制造系统, (2): 15-18.

刘莉. 2010. 供应链绩效、竞争优势与企业绩效的实证研究 [J]. 中国软科学, (S1): 307-312.

刘维林. 2012. 产品架构与功能架构的双重嵌入——本土制造业突破 GVC 低端锁定的攀升途径 [J]. 中国工业经济, (1): 152-160.

刘伟, 夏立秋. 2018. 网络借贷市场参与主体行为策略的演化博弈均衡分析——基于三方博弈的视角 [J]. 中国管理科学, (5): 169-177.

刘晓冰, 黄学文, 马跃, 等. 2002. 面向产品全生命周期的 xBOM 研究 [J]. 计算机集成制造系统, (12): 983-987.

刘晓冰, 王万雷, 邢英杰, 等. 2005. 基于特征辨识的物料清单转换技术研究 [J]. 计算机集成制造系统, (11): 1587-1592.

柳键，邱国斌，黄健.2012.考虑缺货损失情形下损失厌恶零售商的订货决策 [J].控制与决策，27（8）：1195-1200.

龙跃，易树平.2010.制造服务导入下同质汽配供应商合作效应分析 [J].科研管理，31（4）：102-110.

罗珉，徐宏玲.2007.组织间关系：价值界面与关系租金的获取 [J].中国工业经济，（1）：68-77.

罗睿，柳婷.2017.戴尔公司的供应链快速响应机制研究 [J].商业研究，（7）：6-8.

马利军.2011.具有公平偏好成员的两阶段供应链分析 [J].运筹与管理，20（2）：37-43.

马士华，林勇.2006.供应链管理 [M].北京：高等教育出版社.

马士华.陈习勇.2004.供应链环境下的物流能力构成及其特性研究 [J].管理学报，1：107-111.

马士华，谭勇，龚凤美.2007.工业企业物流能力与供应链绩效关系的实证研究 [J].管理学报，4（4）：493-500.

马文聪.2012.供应链整合对企业绩效影响的实证研究 [D].广州：华南理工大学.

孟炯，唐小我，倪得兵.2018.基于产品安全责任的供应链激励与竞争策略 [J].中国管理科学，（3）：84-93.

孟园.2008.供应链信息共享模式及其比较分析 [J].物流技术，（3）：112-115.

潘逢山，叶春明.2012.生产调度干扰管理模型构建及智能算法研究 [J].工业工程与管理，17（3）：85-89.

潘松挺，蔡宁.2010.企业创新网络中关系强度的测量研究 [J].中国软科学，（5）：108-115.

齐二石，李天博，刘亮，等.2017.云制造环境下企业制造资源共享的演化博弈分析 [J].运筹与管理，26（2）：25-34.

祁兵，夏琰，李彬，等.2019.基于区块链激励机制的光伏交易机制设计 [J].电力系统自动化，（9）：132-139.

曲昊月，初建环.2004.JIT 模式对供应链采购管理的优化 [J].商业经济，（4）：54-55.

邵建军，柯大钢，王军平.2007.价格、时间敏感需求下的价格与交付期竞争策略 [J].系统工程，25（6）：12-18.

邵炜晖，许维胜，徐志宇，等.2018.基于区块链的虚拟电厂模型研究 [J].计算机科学，45（2）：25-31.

盛方正，季建华.2007.基于援助合同的供应链应急管理 [J].西南交通大学学报，42（6）：775-780.

史文强，孔昭君，汪明月.2018.信息不对称及广告效应下零售商损失厌恶的供应链协调 [J].计算机集成制造系统，26：531-550.

宋彪，徐沙沙，丁庆洋.2018."一带一路"战略下企业合作及政府监管的机会主义行为演化博弈分析 [J].管理评论，30：118-126.

宋光，王妍，宋少华，等.2019.全渠道零售策略下的供应链整合与企业绩效关系研究 [J].管理评论，31（6）：238-246.

宋华，刘林艳.2009.论战略采购研究特点与趋势 [J].商业时代，（3）：20-23.

苏贝 . 2018. 制造业智能化转型升级影响因素及其实证研究［D］. 西安：西安理工大学 .

苏程，李忠学，张金瑞 . 2011. 基于 FAHP 的中小制造企业敏捷性评价体系研究［J］. 兰州交通大学学报，（1）：112-116.

苏菊宁，陈菊红 . 2005. 一种随机需求下的供应链激励机制［J］. 运筹与管理，14（1）：150-154.

唐文剑 . 2016. 区块链将如何重新定义世界［M］. 北京：机械工业出版社 .

涂雪平，李铁克，施灿涛 . 2016. 基于准时制生产的订单动态产品替补模型及算法［J］. 计算机集成制造系统，22（7）：1670-1678.

汪传旭，许长延 . 2015. 两级供应链中短生命周期产品应急转运策略［J］. 管理科学学报，18（9）：61-71.

汪应洛，王能民，孙林岩 . 2003. 绿色供应链管理的基本原理［J］. 中国工程学报，5（11）：82-87.

王海龙，赵芸芸，张昕嫱 . 2017. 从西飞公司看网络化协同制造模式［J］. 中国工业评论，（8）：86-90.

王建华，李南，郭慧 . 2011. 基于时间槽的敏捷供应链集成调度模型及优化［J］. 系统工程理论与实践，31（2）：283-290.

王剑，司徒陈麒，袁胜强 . 2019. 基于多主体和前景理论的应急风险决策仿真研究［J］. 系统仿真学报，32：353-361.

王磊，但斌 . 2015. 考虑消费者效用的生鲜农产品供应链保鲜激励机制研究［J］. 管理工程学报，29（1）：200-206.

王铁男，陈涛，贾榕霞 . 2010. 组织学习、战略柔性对企业绩效影响的实证研究［J］. 管理科学学报，13（7）：42-59.

王玮，李随成，禹文钢，等 . 2015. 制造企业供应商创新性构念的探索性研究［J］. 科学学研究，33（10）：1584-1599.

王文宾，达庆利 . 2009. 基于回收努力程度的逆向供应链激励机制设计［J］. 软科学，23（2）：125-129.

王文宾，张雨，范玲玲，等 . 2015. 不同政府决策目标下逆向供应链的奖惩机制研究［J］. 中国管理科学，23（7）：68-76.

王文宾，邓雯雯，白拓，等 . 2016. 碳排放约束下制造商竞争的逆向供应链政府奖惩机制研究［J］. 管理工程学报，30（2）：188-194.

王永健，谢卫红，蓝海林 . 2012. IT 能力与战略柔性：探索式学习与利用式学习的中介作用［J］. 经济管理，34（11）：64-73.

王玉燕，李帮义，申亮 . 2008. 两个生产商的逆向供应链演化博弈分析［J］. 系统工程理论与实践，4（4）：43-49.

吴成林 . 2016. 提升我国制造业供应链快速响应能力的途径研究［J］. 生产力研究，（5）：69-72.

吴娟 . 2010. 供应商快速反应能力影响因素及综合评价研究［J］. 科技和产业，（5）：31-35.

吴婷婷 . 2015. 关系利益对供应链信息共享与协同的影响研究［D］. 大连：大连理工大学 .

吴忠和，陈宏，吴晓志，等.2015. 突发事件下不对称信息供应链协调机制研究［J］. 运筹与管理，(1)：48-56.

鲜宁.2012. 基于绿色供应链的采购管理研究［J］. 财经界（学术版），(8)：118.

项丽瑶，胡峰，俞荣建，等.2015. 关系专用性投资的全球价值链升级功效——基于浙江本土代工企业的实证研究［J］. 商业经济与管理，(1)：35-42.

肖莹莹，李伯虎，侯宝存，等.2016. 智慧制造云中供应链管理的计划调度技术综述［J］. 计算机集成制造系统，22（7）：1619-1635.

谢磊.2013. 加工装配式供应链供应物流协同影响机制实证研究［D］. 武汉：华中科技大学.

谢磊，马士华，桂华明，等.2012. 供应物流协同与供应链敏捷性、绩效关系研究［J］. 科研管理，33（11）：96-104.

谢识予.2002. 经济博弈论［M］. 上海：复旦大学出版社.

谢祥添，张毕西.2015. 基于需求交货时间敏感性交货时间与产能决策［J］. 系统工程理论与实践，35（9）：2242-2250.

许德惠，李刚，孙林岩，等.2012. 环境不确定性、供应链整合与企业绩效关系的实证研究［J］. 科研管理，33（12）：40-49.

许晖，李文.2013. 高科技企业组织学习与双元创新关系实证研究［J］. 管理科学，26（4）：35-45.

许民利，沈家静.2014. 公平偏好下制造商收益分享与供应商质量投入研究［J］. 系统管理学报，23（1）：30-35.

许明辉，于刚，张汉勤.2006. 具备提供服务的供应链博弈分析［J］. 管理科学学报，9（2）：18-27.

杨海，李凯，白代敏，等.2015. 面向航空复杂产品生产线的快速响应制造模式研究［J］. 制造业自动化，(4)：116-119.

杨慧，宋华明，俞安平.2014. 服务型制造模式的竞争优势分析与实证研究——基于江苏200家制造企业数据［J］. 管理评论，26（3）：89-99.

杨建君，徐国军.2016. 战略共识、知识共享与组织学习的实证研究［J］. 科学学与科学技术管理，37（1）：46-57.

杨瑾，尤建新，蔡依平.2007. 产业集群环境下供应链系统快速响应能力评价［J］. 中国管理科学，(1)：34-40.

杨腾，张映锋，王晋，等.2015. 云制造模式下制造服务主动发现与敏捷配置方法［J］. 计算机集成制造系统，(4)：1124-1133.

杨婷，李随成.2012. 战略采购对企业技术能力的影响研究：网络关系视角的分析［J］. 管理评论，24（10）：150-156.

杨锌，李智伟，李作为，等.2015. 基于CAD/CAE/CAM的快速铸造方法及应用［J］. 特种铸造及有色合金，(3)：255-257.

杨渊.2018. 基于区块链的银行信息互联平台设计与实现［D］. 北京：北京交通大学.

杨长辉.2004. 制造企业快速反应理论及应用研究［D］. 长沙：中南大学.

杨智，邓炼金，方二.2010. 市场导向、战略柔性与企业绩效：环境不确定性的调节作用［J］.

中国软科学，（9）：130-139.

姚婷婷 . 2017. 信息技术能力、供应链整合对供应链绩效的影响 [D] 石河子：石河子大学 .

叶飞，徐学军 . 2009. 供应链伙伴特性、伙伴关系与信息共享的关系研究 [J]. 管理科学学报，12（4）：115-128.

叶飞，薛运普 . 2011. 供应链伙伴间信息共享对运营绩效的间接作用机理研究——以关系资本为中间变量 [J]. 中国管理科学，19（6）：112-125.

尹峰 . 2016. 智能制造评价指标体系研究 [J]. 工业经济论坛，3（6）：632-641.

俞春阳 . 2016. 共享制造模式下的计划体系研究 [D]. 杭州：浙江大学 .

袁勇，王飞跃 . 2016. 区块链技术发展现状与展望 [J]. 自动化学报，42（4）：481-494.

曾丽萍，孟志青，庄彬，等 . 2005. 以制造商为核心的供应链的优化决策模型 [J]. 中国管理科学，13（s1）：359-363.

曾敏刚，林倩，潘焕雯，等 . 2017. 信息技术能力、信任与供应链整合的关系研究 [J]. 管理评论，29（12）：217-225，257.

曾文杰，马士华 . 2010. 制造行业供应链合作关系对协同及运作绩效影响的实证研究 [J]. 管理学报，7（8）：1221-1227.

张宏 . 2010. 供应链合作关系对制造商创新绩效影响的研究 [C]. 智能信息技术应用学会：智能信息技术应用学会 .

张会福，周祖德，李方敏 . 2005. 制造资源共享网格接口模型研究 [J]. 中国机械工程，16（5）：424-427.

张建华 . 2006. 电子商务供应链管理与传统供应链管理的比较 [J]. 商场现代化，（4）：148-149.

张建卫，刘玉新 . 2009. 企业反生产行为：概念与结构解析 . 心理科学进展，17（5）：1059-1066.

张连成，白书清，刘检华 . 2008. 航天复杂产品快速响应制造数字化能力平台研究 [J]. 计算机集成制造系统，（4）：722-730.

张嵩，黄立平 . 2003. 基于资源观的企业信息技术能力分析 [J]. 同济大学学报（社会科学版），（4）：52-56.

张涛，庄贵军，季刚 . 2010. IT 能力对营销渠道中关系型治理的影响：一条抑制渠道投机行为的新途径？[J]. 管理世界，（7）：127-137，195-196.

张晓洁，郎茂祥，彭永昭，等 . 2010. 敏捷供应链中合作伙伴选择方法研究 [J]. 物流技术，29（11）：49-51，58.

张旭梅，陈伟 . 2012. 基于知识交易视角的供应链伙伴关系与创新绩效实证研究 [J]. 商业经济与管理，（2）：34-43.

张玉春，申风平，余炳，等 . 2013. 企业集群环境下供应链快速响应能力影响因素研究——基于扎根理论 [J]. 兰州大学学报（社会科学版），（1）：126-131.

张振刚，姚聪，余传鹏 . 2018. 管理创新实施对中小企业成长的"双刃剑"作用 [J]. 科学学研究，36（7）：1325-1333.

赵道致，吕昕 . 2013. 零售商主导供应链中考虑供应商公平偏好的 VMI 模型 [J]. 运筹与管理，22（3）：45-53.

赵道致，杜其光 .2017. 供应链中需求信息更新对制造能力共享的影响 [J]. 系统管理学报，26（2）：374-380.

赵道致，杜其光，徐春明，等 .2015. 物联网平台下企业之间制造资源转移策略 [J]. 系统工程，(1)：88-93.

赵赫，李晓风，占礼葵，等 .2015. 基于区块链技术的采样机器人数据保护方法 [J]. 华中科技大学学报（自然科学版），43（S1）：216-219.

赵升吨，贾先 .2017. 智能制造及其核心信息设备的研究进展及趋势 [J]. 机械科学与技术，36（1）：1-16.

赵亚蕊 .2012. 国外供应链整合的研究述评与展望 [J]. 商业经济与管理，(11)：24-32.

郑志来 .2016. 共享经济的成因、内涵与商业模式研究 [J]. 现代经济探讨，411（3）：32-36.

钟宏武，徐全军 .2006. 国内外现代企业成长理论研究现状比较 [J]. 经济管理，(1)：39-43.

周俊，薛求知 .2014. 组织双元性的培育与效应：组织学习视角 [J]. 科研管理，(2)：87-93.

周溪召，周思宁 .2014. 供应链采购管理研究 [J]. 对外经贸，(4)：113.

周雄伟，马费成 .2010. 需求不确定环境下的供应链信息共享激励模型 [J]. 管理工程学报，24（4）：122-126.

朱传波，季建华 .2013. 考虑供应商风险的订货与可靠性改善策略研究 [J]. 管理评论，25（6）：170-176.

朱庆华，窦一杰 .2011. 基于政府补贴分析的绿色供应链管理博弈模型 [J]. 管理科学学报，14（6）：86-95.

庄贵军，周云杰，董滨 .2016. IT 能力、合同治理与渠道关系质量 [J]. 系统工程理论与实践，36（10）：2618-2632.

邹辉霞 .2007. 供应链协同管理理论与方法 [M]. 北京：北京大学出版社 .

Abumaizar R J, Svestka J A. 1997. Rescheduling job shops under random disruptions [J]. International Journal of Production Research，35（7）：2065-2082.

Acquaah M. 2007. Managerial social capital, strategic orientation, and organizational performance in an emerging economy [J]. Strategic Management Journal，28：1235-1255.

Ahi P, Jaber M Y, Searcy C. 2016. A comprehensive multidimensional framework for assessing the performance of sustainable supply chains [J]. Applied Mathematical Modelling，40（23-24）：10153-10166.

Amit R, Schoemaker P J H. 1993. Strategic assets and organizational rent [J]. Strategic Management Journal，14：33-46.

Anderson J C, Gerbing D W. 1988. Structural equation modeling in practice：a review and recommended two-step approach [J]. Psychological Bulletin，103（3）：411.

Andrews K M, Delahaye B L. 2000. Influences on knowledge processes in organizational learning：the psychosocial filter [J]. Journal of Management Studies，37：797-810.

Ansoff H L. 1965. Corporate Strategy: an Analytic Approach to Business Policy for Growth and Expansion [M]. New York: McGraw-Hill Compancies.

Argoneto P, Renna P. 2016. Supporting capacity sharing in the cloud manufacturing environment based on game theory and fuzzy logic [J]. Enterprise Information Systems, 10 (2): 193-210.

Augier M, Teece D J. 2009. Dynamic capabilities and the role of managers in business strategy and economic performance [J]. Organization Science, 20 (2): 410-421.

Azadegan A. 2011. Benefiting from supplier operational innovativeness: the influence of supplier evaluations and absorptive capacity [J]. Journal of Supply Chain Management, 47 (2): 49-64.

Azadegan A, Dooley K J. 2010. Supplier innovativeness, organizational learning styles and manufacturer performance: An empirical assessment [J]. Journal of Operations Management, 28 (6): 488-505.

Azadegan A, Dooley K J, Carter P L, et al. 2008. Supplier innovativeness and the role of interorganizational learning in enhancing manufacturer capabilities [J]. Journal of Supply Chain Management, 44 (4): 14-35.

Babiceanu R F, Seker R. 2016. Big Data and virtualization for manufacturing cyber-physical systems: a survey of the current status and future outlook [J]. Computers in Industry, 81: 128-137.

Babu S, Mohan U. 2017. An integrated approach to evaluating sustainability in supply chains using evolutionary game theory [J]. Computers and Operations Research, 89: 269-283.

Baker W E, Sinkula J M. 1999. The synergistic effect of market orientation and learning orientation on organizational performance [J]. Journal of the Academy of Marketing Science, 27 (4): 411-427.

Ballestín F, Leus R. 2008. Meta-heuristics for stable scheduling on a single machine [J]. Computers and Operations Research, 35 (7): 2175-2192.

Barney J B. 1986. Types of competition and the theory of strategy: toward an integrative framework [J]. Academy of Management Review, 11 (4): 791-800.

Barney J B. 1991. Firm resources and sustained competitive advantage [J]. Journal of Management, (17): 99-120.

Barratt M. 2004. Understanding the meaning of collaboration in the supply chain [J]. Supply Chain Management: An International Journal, 9 (1): 30-42.

Bartsch V, Ebers M, Maurer I. 2013. Learning in project-based organizations: the role of project teams'social capital for overcoming barriers to learning [J]. International Journal of Project Management, 31 (2): 239-251.

Barua A, Raghavan N, Upasani A, et al. 2005. Implementing global factory schedules in the face of stochastic disruptions [J]. International Journal of Production Research, 43 (4): 793-818.

Beckman C M. 2006. The influence of founding team company affiliations on firm behavior [M] // Courtly letters in the age of Henry VIII. Cambridge: Cambridge University Press.

Bendoly E, Donohue K, Schultz K L. 2006. Behavior in operations management: assessing recent findings and revisiting old assumptions [J]. Journal of Operations Management, 24 (6):

737-752.

Bengtsson L, Lakemond N, Dabhilkar M. 2013. Exploiting supplier innovativeness through knowledge integration [J]. International Journal of Technology Management, 61 (3|4): 237-253.

Beske P. 2012. Dynamic capabilities and sustainable supply chain management [J]. International Journal of Physical Distribution and Logistics Management, 42 (4): 372-387.

Bharadwaj A S. 2000. A resource-based perspective on information technology capability and firm performance: an empirical investigation [J]. MIS Quarterly, 24 (1): 169-196.

Bi R, Davidson R, Kam B, et al. 2013. Developing organizational agility through IT and supply chain capability [J]. Journal of Global Information Management, 21 (4): 38-55.

Bierer A, Götze U, Köhler S, et al. 2016. Control and evaluation concept for smart MRO approaches [J]. Procedia CIRP, 40: 699-704.

Bogataj D, Bogataj M, Hudoklin D. 2017. Reprint of "mitigating risks of perishable products in the cyber-physical systems based on the extended MRP model" [J]. International Journal of Production Economics, 194: 113-125.

Bok S H, Kiran R K, Senthil K A, et al. 2002. Development of an internet-based collaborative design platform [J]. Chinese Journal of Mechanical Engineering, 15 (9): 103-108.

Borgatti S P, Foster P C. 2003. The network paradigm in organizational research: a review and typology [J]. Journal of Management, 29 (6): 991-1013.

Bradbury H, Lichtenstein B M B. 2000. Relationality in organizational research: exploring the space between [J]. Organization Science, 11 (5): 551-564.

Brown C V, Magill S L. 1998. Reconceptualizing the context-design issue for the information systems function [J]. Organization Science, 9 (2): 176-194.

Byrd T A, Turner E D. 2000. An exploratory analysis of the information technology infrastructure flexibility construct [J]. Journal of Management Information Systems, 17 (1): 167-208.

Camerer C F. 1997. Progress in behavioral game theory [J]. The Journal of Economic Perspectives, 11 (4): 167-188.

Candell O, Karim R, Derholm P. 2005. Emaintenance-information logistics for maintenance support [J]. Robotics and Computer-Integrated Manufacturing, 25 (6): 937-94418.

Cao M, Zhang Q Y. 2011. Supply chain collaboration: impact on collaborative advantage and firm performance [J]. Journal of Operations Management, 29 (3): 163-180.

Cao X, Cheng P, Chen J, et al. 2013. An online optimization approach for control and communication codesign in networked cyber-physical systems [J]. IEEE Transactions on Industrial Informatics, 9 (1): 439-450.

Capaldo A. 2007. Network structure and innovation: the leveraging of a dual network as a distinctive relational capability [J]. Strategic Management Journal, 28 (6): 585-608.

Capon N, Glazer R. 1987. Marketing and technology: a strategic coalignment [J]. Journal of Marketing, 51 (3): 1-14.

Caro F, Martínez-De-Albéniz V. 2007. The Impact of quick response in inventory-based competition [J].

Manufacturing and Service Operations Management, 12 (3): 409-429.

Carr A S, Smeltzer L R. 1997. An empirically based operational definition of strategic purchasing [J]. European Journal of Purchasing and Supply Management, 3 (4): 199-207.

Carr A S, Pearson J N. 2002. The impact of purchasing and supplier involvement on strategic purchasing and its impact on firm's performance [J]. International Journal of Operations and Production Management, 22 (9): 1032-1053.

Caruth D, Middlebrook B, Rachel F. 1985. Overcoming resistance to change [J]. SAM Advanced Management Journal, 50 (3): 23-27.

Chardine-Baumann E, Botta-Genoulaz V. 2014. A framework for sustainable performance assessment of supply chain management practices [J]. Computers and Industrial Engineering, 76: 138-147.

Chauhan S S, Proth J M. 2005. Analysis of a supply chain partnership with revenue sharing [J]. International Journal of Production Economics, 97 (1): 44-51.

Chen F, Chen H, Guo D, et al. 2018. How to achieve a cooperative mechanism of MSW source separation among individuals—An analysis based on evolutionary game theory [J]. Journal of Cleaner Production, 195: 521-531.

Chen Y X, Song Y. 2014. Emergency response capability assessment of emergency supply chain coordination mechanism based on hesitant fuzzy information [J]. International Journal of Simulation Modelling, 13 (4): 485-496.

Cheng A M K. 2008. Cyber-physical medical and medication systems [C]//Distributed Computing Systems Workshops, 2008. ICDCS '08. 28th International Conference on. IEEE.

Choi S C. 1991. Price competition in a channel structure with a common retailer [J]. Marketing Science, 10 (4): 271-296.

Choi T M, Chow P S. 2008. Mean-variance analysis of quick response program [J]. International Journal of Production Economics, 114 (2): 456-475.

Chow P S, Choi T M, Cheng T C E. 2012. Impacts of minimum order quantity on a quick response supply chain [J]. IEEE Transactions on Systems, Man, and Cybernetics - Part A: Systems and Humans, 42 (4): 868-879.

Christopher M. 2000. The agile supply chain: competing in volatile markets [J]. Industrial Marketing Management, 29: 37-44.

Chung Y, Fischer G W. 1994. A conceptual structure and issues for an object-oriented bill of materials (BOM) data model [J]. Computers and Industrial Engineering, 26 (2): 321-339.

Colombo A W, Karnouskos S, Bangemann T. 2013. A system of systems view on collaborative industrial automation [C] // IEEE International Conference on Industrial Technology. IEEE.

Crosby M, Nachiappan P P, Verma S, et al. 2016. Blockchain technology: beyond bitcoin [J]. Applied Innovation Review, (2): 6-19.

Cruz A M, Haugan G L. 2019. Determinants of maintenance performance: a resource-based view and agency theory approach [J]. Journal of Engineering and Technology Management, 51: 33-47.

Dalal R S. 2005. A meta-analysis of the relationship between organizational citizenship behavior and counterproductive work behavior [J]. Journal of Applied Psychology, 90 (6): 1241-1255.

de Boeck L, Vandaelee N. 2008. Coordination and synchronization of material flows in supply chains: an analytical approach [J]. International Journal of Production Economics, 116 (2): 199-207.

DeGroote S E, Matx T C. 2013. The impact of IT capacities on supply chain agility and firm performance: An empirical investigation [J]. International Journal of Information Management, 33 (6): 909-916.

Dyer J H, Singh H. 1998. The relational view: cooperative strategy and sources of interorganizational competitive advantage [J]. Academy of Management Review, 23 (4): 660-679.

Easterby-Smith M, Prieto I M. 2010. Dynamic capabilities and knowledge management: an integrative role for learning? [J]. British Journal of Management, 19 (3): 235-249.

Ellram L M, Hendrick T E. 1995. Partnering characteristics: a dyadic perspective [J]. Journal of Business Logistics, 16 (1): 41-64.

Evans G N, Towill D R, Naim M M. 1995. Business process re-engineering the supply chain [J]. Production Planning and Control, 6 (3): 227-237.

Evans J S. 1991. Strategic flexibility for high technology manoveuvers: a conceptual framework [J]. Journal of Management Studies, 28 (1): 69-89.

Fink J, Ribeiro A, Kumar V. 2012. Robust control for mobility and wireless communication in cyber-physical systems with application to robot teams. Proceedings of the IEEE, 100 (1), 164-178.

Fiol C M, Lyles M A. 1985. Organizational learning [J]. Academy of Management Review, 10 (4): 803-813.

Fiorini P D C, Jabbour C J C. 2017. Information systems and sustainable supply chain management towards a more sustainable society: where we are and where we are going [J]. International Journal of Information Management, 37 (4): 241-249.

Flynn B B, Huo B, Zhao X. 2010. The impact of supply chain integration on performance: A contingency and configuration approach [J]. Journal of Operations Management, (28): 58-71.

Frohlich M T, Westbrook R. 2001. Arcs of integration: an international study of supply chain strategies [J]. Journal of Operations Management, 19 (2): 185-200.

Fu K, Xu J, Miao Z. 2013. Newsvendor with multiple options of expediting [J]. European Journal of Operational Research, 226 (1): 94-99.

Fynes B, Búrca S, Marshall D. 2005. Environmental uncertainty, supply chain relationship quality and performance [J]. Journal of Purchasing and Supply Management, (4): 174-190.

Galaskiewicz J. 1999. Looking good and doing good: corporate philanthropy and corporate power (book) [J]. Canadian Journal of Sociology, 77 (3): 1200.

Genus A. 1995. Walls and bridges: towards a multi-disciplinary approach to the concept of flexibility [J]. Technology Analysis and Strategic Management, 7 (3): 287-306.

Germain R, Iyer K N S. 2006. The interaction of internal and downstream integration and its association with performance [J]. Journal of Business Logistics, 27 (2): 29-52.

Giachetti R E, Martinez L D, Saenz O A, et al. 2003. Analysis of the structural measures of flexibility and agility using a measurement theoretical framework [J]. International Journal of Production Economics, 86 (1): 47 -62.

Giangreco A, Peccei R. 2005. The nature and antecedents of middle manager resistance to change: evidence from an Italian context [J]. International Journal of Human Resource Management, 16 (10): 1812-1829.

Gianiodis P T, Ellis S C, Secchi E. 2010. Advancing a typology of open innovation [J]. International Journal of Innovational Management, 14 (4): 531-572.

Gilsing V, Nooteboom B, Vanhaverbeke W, et al. 2008. Network embeddedness and the exploration of novel technologies: technological distance, betweenness centrality and density [J]. Research Policy, 37 (10): 1717-1731.

Gilson L L, Mathieu J E, Ruddy S T M. 2005. Creativity and standardization: complementary or conflicting drivers of team effectiveness? [J]. The Academy of Management Journal, 48 (3): 521-531.

Glazer R. 1991. Marketing in an information-intensive environment: strategic implications of knowledge as an asset [J]. Journal of Marketing, 55 (4): 1-19.

Gölgeci I, Gligor D M, Tatoglu E, et al. 2019. A relational view of environmental performance: what role do environmental collaboration and cross-functional alignment play? [J]. Journal of Business Research, 96: 35-46.

Gosain S, Malhotra A, Sawy O A E. 2004. Coordinating for flexibility in e-business supply chains [J]. Journal of Management Information Systems, 21 (3): 7-45.

Granovetter M S. 1973. The strength of weak ties [J]. American Journal of Sociology, 78 (6): 1360-1380.

Green K W, Whitten D, Inman R A. 2008. The impact of logistics performance on organizational performance in a supply chain context [J]. Supply Chain Management: An International Journal, 13 (4): 317-327.

Green K W, Inman R A, Birou L M, et al. 2014. Total JIT (T-JIT) and its impact on supply chain competency and organizational performance [J]. International Journal of Production Economics, 147: 125-135.

Grewal R, Tansuhaj P. 2001. Building organizational capabilities for managing economic crisis: the role of market orientation and strategic flexibility [J]. Journal of Marketing, 65 (2): 67-80.

Gunasekaran A, Patel C, Tirtiroglu E. 2001. Performance measures and metrics in a supply chain environment [J]. International Journal of Operations and Production Management, 21 (1/2): 71-87.

Gunes V, Peter S, Givargis T, et al. 2014. A survey on concepts, applications, and challenges in cyber-physical systems [J]. KSII Transactions on Internet and Information Systems, 8 (12): 4242-4268.

Gunton R. 1987. Quick response (QR) US and UK experiences [J]. Textiles outlook Int, (10): 43-51.

Hall J. 2000. Environmental supply chain dynamics [J]. Journal of Cleaner Production, 8 (6): 455-471.

Hall N G, Potts C N. 2004. Rescheduling for new orders [J]. Operations Research, 52 (3): 440-453.

Hamari J, Sjöklint M, Ukkonen A. 2016. The sharing economy: why people participate in collaborative consumption [J]. Journal of the Association for Information Science and Technology, 67 (9): 2047-2059.

Hankansson H. 1982. International marketing and purchasing of industrial goods: An interaction approach//IMP Project Group. Hakansson Hakan-John Wiley: 406.

He L, Ni Y, Ming X, et al. 2014. Integration of bill of materials with unified bill of materials model for commercial aircraft design to manufacturing [J]. Concurrent Engineering, 22 (3): 206-217.

Hegge H M H, Wortmann J C. 1991. Generic bill-of-material: a new product model [J]. International Journal of Production Economics, 23 (1-3): 117-128.

Hishamuddin H, Sarker R A, Essam D. 2014. A recovery mechanism for a two echelon supply chain system under supply disruption [J]. Economic Modelling, 38: 555-563.

Hofbauer J, Sigmund K. 2003. Evolutionary game dynamics [J]. Bulletin (New Series) of the American Mathematical Society, 40 (4): 479-519.

Hong J, Zhang Y, Ding M. 2018. Sustainable supply chain management practices, supply chain dynamic capabilities, and enterprise performance [J]. Journal of Cleaner Production, 172: 3508-3519.

Hsueh C F. 2015. A bilevel programming model for corporate social responsibility collaboration in sustainable supply chain management [J]. Transportation Research Part E, 73 (C): 84-95.

Hu X, Gurnani H, Wang L. 2013. Managing risk of supply disruptions: incentives for capacity restoration [J]. Production and Operations Management, 22 (1): 137-150.

Huber G P. 1991. Organizational learning: the contributing processes and the literatures [M]. INFORMS, 2 (1): 88-115.

Hussain M, Awasthi A, Tiwarim K. 2016. Interpretive structural modeling-analytic network process integrated framework for evaluating sustainable supply chain management alternatives [J]. Applied Mathematical Modelling, 40 (5-6): 3671-3687.

Inemek A, Matthyssens P. 2013. The impact of buyer-supplier relationships on supplier innovativeness: an empirical study in cross-border supply networks [J]. Industrial Marketing Management, 42 (4): 580-594.

Ivanov D, Sokolov B, Solovyeva I, et al. 2016. Dynamic recovery policies for time-critical supply chains under conditions of ripple effect [J]. International Journal of Production Research, 54 (23): 7245-7258.

Ivanov D, Dolgui A, Sokolov B, et al. 2017. Literature review on disruption recovery in the supply chain [J]. International Journal of Production Research, (3): 1-17.

Iyer A V, Deshpande V, Wu Z. 2005. Contingency management under asymmetric information [J].

Operations Research Letters, 33 (6): 572-580.

Jamps P. 1994. From the lean production to the lean enterprise [J]. Harvard Business Review, 72 (2): 93-103.

Jessop D. 1993. Simplicity is the key [J]. Supply Chain Management, 4 (3): 45-46.

Jia W, Wang L. 2017. Big data analytics based fault prediction for shop floor scheduling [J]. Journal of Manufacturing Systems, 43: 187-194.

Jiang X, Ji Y, Du M, et al. 2014. A study of driver's route choice behavior based on evolutionary game theory [J]. Computational Intelligence and Neuroscience, 2014: 1-10.

Jones G R. 2000. Organizational Theory [M]. New York: Prentice-Hall.

Jun H B, Kiritsis D, Xirouchakis P. 2007. Research issues on closed-loop PLM [J]. Computers in Industry, 58 (8-9): 855-868.

Kahneman D, Tversky A. 1979. Prospect theory: analysis of decision under risk [J]. Econometrica: Journal of the Econometric Society, 47 (2): 263-291.

Kane G C, Alavi M. 2007. Information technology and organizational learning: an investigation of exploration and exploitation processes [J]. Organization Science, 18 (5): 796-812.

Katila R, Ahuja G. 2002. Something old, something new: a longitudinal study of search behavior and new product introduction [J]. Academy of Management Journal, 45 (6): 1183-1194.

Kaynak H, Hartley J L. 2006. Using replication research for just-in-time purchasing construct development [J]. Journal of Operations Management, 24 (6): 868-892.

Kim M, Chai S. 2017. The impact of supplier innovativeness, information sharing and strategic sourcing on improving supply chain agility: global supply chain perspective [J]. International Journal of Production Economics, 187: 47-52.

Kincade D H. 1995. Quick response management system for the apparel industry definition through technologies [J]. Clothing and Textiles Research Journal, 13 (4): 245-251.

Kocabasoglu C, Suresh N C. 2006. Strategic sourcing: an empirical investigation of the concept and its practices in US manufacturing firms [J]. Journal of Supply Chain Management, 42 (2): 4-16.

Kong G, Rajagopalan S, Zhang H. 2013. Revenue sharing and information leakage in a supply chain [J]. Management Science, 59 (3): 556-572.

Kotabe M, Murray J Y. 1990. Linking product and process innovations and modes of international sourcing in global competition: a case of foreign multinational firms [J]. Journal of International Business Studies, 21 (3): 383-408.

Krause D R, Pagell M, Curkovic S. 2001. Toward a measure of competitive priorities for purchasing [J]. Journal of Operations Management, 19 (4): 497-512.

Kumar K, Dissel H. 1996. Sustainable collaboration: managing conflict and cooperation in interorganizational systems [J]. MIS Quarterly, 20 (3): 279-300.

Lai K H, Wong C W Y, Cheng T C E. 2008. A coordination-theoretic investigation of the impact of electronic integration on logistics performance [J]. Information and Management, 45 (1): 10-20.

Lambert D M, Emmelhainz M A, Gardner J T. 1996. Developing and implementing supply chain partnerships [J]. The International Journal of Logistics Management, 7 (2): 1-17.

Lau R S M. 1996. Strategic flexibility: a new reality for world-class manufacturing [J]. SAM Advanced Management Journal, 61 (2): 11-15.

Lee C K M, Lv Y, Ng K K H, et al. 2017. Design and application of Internet of things-based warehouse management system for smart logistics [J]. International Journal of Production Research, 56: 2753-2768.

Lee C Y. 1997. Minimizing the makespan in the two-machine flowshop scheduling problem with an availability constraint [J]. Operations Research Letters, 20 (3): 129-139.

Lee C Y, Yu G. 2008. Parallel-machine scheduling under potential disruption [J]. Optimization Letters, 2 (1): 27-37.

Lee C Y, Joseph Y T, Leung, et al. 2006. Two machine scheduling under disruptions with transportation considerations [J]. Journal of Scheduling, 9 (1): 35-48.

Lei D, Hitt M A, Bettis R. 1996. Dynamic core competencies through meta-learning and strategic context [J]. Journal of Management, 22 (4): 549-569.

Leischnig A, Geigenmueller A, Lohmann S. 2014. On the role of alliance management capability, organizational compatibility, and interaction quality in interorganizational technology transfer [J]. Journal of Business Research, 67 (6): 1049-1057.

Leitao P, Colombo A W, Karnouskos S. 2016. Industrial automation based on cyber-physical systems technologies: Prototype implementations and challenges [J]. Computers in industry, (81): 11-25.

Lemmetyinen A, Go F M. 2009. The key capabilities required for managing tourism business networks [J]. Tourism Management, 30 (1): 31-40.

Leng K, Bi Y, Jing L, et al. 2018. Research on agricultural supply chain system with double chain architecture based on blockchain technology [J]. Future Generation Computer Systems, 86: 641-649.

Leonard-Barton D. 1992. Core capabilities and core rigidities: a paradox in managing new product development [J]. Strategic Management Journal, 13 (S1): 111-125.

Leus R, Herroelen W. 2005. The complexity of machine scheduling for stability with a single disrupted job [J]. Operations Research Letters, 33 (2): 151-156.

Levinthal D A, March J G. 1993. The myopia of learning [J]. Strategic Management Journal, 14 (S2): 95-112.

Li Y, Duan C H. 2013. Resource planning for quick emergency response with multi-objective optimization [J]. Application Research of Computers, 30 (11): 3328.

Li G, Li L, Zhou Y, et al. 2017. Capacity restoration in a decentralized assembly system with supply disruption risks [J]. International Transactions in Operational Research, 24: 763-782.

Li J, Sikora R, Michael J. 2006. A strategic analysis of inter organizational information sharing [J]. Decision Support Systems, (42): 251-266.

Li K, Zhou T, Liu B H, et al. 2018. A multi-agent system for sharing distributed manufacturing resources [J]. Expert Systems with Applications, 99: 32-43.

Li X, Chung C, Goldsby T, et al. 2008. A unified model of supply chain agility: the work-design perspective [J]. International Journal of Logistics Management, 19 (3): 408-435.

Li Y, Liu Y, Duan Y, et al. 2008. Entrepreneurial orientation, strategic flexibilities and indigenous firm innovation in transitional China [J]. International Journal of Technology Management, 41 (1): 223-246.

Liang L P, Huang L P, Zhou H. 2007. Impact of information sharing on supply chain performance [J]. Computer Engineering and Applications, 9 (1): 35-52.

Liao S H, Kuo F I. 2014. The study of relationships between the collaboration for supply chain, supply chain capabilities and firm performance: A case of the Taiwan's TFT-LCD industry [J]. International Journal of Production Economics, 156: 295-304.

Lippman S. 1999. Supply chain environmental management [J]. Organization and Environment, 6 (2): 175-182.

Liu C H S. 2018. Examining social capital, organizational learning and knowledge transfer in cultural and creative industries of practice [J]. Tourism Management, 64: 258-270.

Liu C, Jiang P. 2016. A cyber-physical system architecture in shop floor for intelligent manufacturing [J]. Proc CIRP, 56: 372-377.

Liu H, Ke W, Wei K K, et al. 2013. The impact of IT capabilities on firm performance: the mediating roles of absorptive capacity and supply chain agility [J]. Decision Support Systems, 54 (3): 1452-1462.

Liu M, Lai J, Shen W. 2004. A method for transformation of engineering bill of materials to maintenance bill of materials. Robotics and Computer Integrated Manufacturing, 30 (2): 142-149.

Liu Y, Srai J S, Evans S. 2016. Environmental management: the role of supply chain capabilities in the auto sector [J]. Supply Chain Management: An International Journal, 21 (1): 1-19.

Liu Y, Zhang L, Tao F, et al. 2015a. Resource service sharing in cloud manufacturing based on the Gale-Shapley algorithm: advantages and challenge [J]. International Journal of Computer Integrated Manufacturing, 30: 420-432.

Liu Y, Xu X, Zhang L, et al. 2015b. A modeling framework for resource service sharing in a cloud manufacturing system [C] // IFIP International Conference on Advances in Production Management Systems. Springer: 412-419.

Liu Z, Anderson T D, Cruz J M. 2012. Consumer environmental awareness and competition in two-stage supply chains [J]. European Journal of Operational Research, 218 (3): 602-613.

Loch C H, Wu Y. 2008. Social preferences and supply chain performance: an experimental study [J]. Management Science, 54 (11): 1835-1849.

Lowson B, King R, Hunter A. 1999. Quick response managing the supply to meet customers demand [J]. John Wiley & Sons Ltd: 77.

Ma M, Lin W, Pan D, et al. 2017. Data and decision intelligence for human-in-the-loop cyber-physical systems: Reference model, recent progresses and challenges [J]. Journal of Signal Processing Systems, 90: 1167-1178.

Maloni M J, Benton W C. 1997. Supply chain partnerships: opportunities for operations research [J]. European Journal of Operational Research, 101 (3): 419-429.

Mandal S, Sarathy R, Korasiga V R, et al. 2016. Achieving supply chain resilience: The contribution of logistics and supply chain capabilities [J]. International Journal of Disaster Resilience in the Built Environment, 7 (5): 544-562.

Mangione T W, Quinn R P. 1975. Job satisfaction, counterproductive behavior, and drug use at work [J]. Journal of Applied Psychology, 60 (1): 114-116.

Mania V, Gunasekaran A, Delgado C. 2018. Enhancing supply chain performance through supplier social sustainability: an emerging economy perspective [J]. International Journal of Production Economics, 195: 259-272.

March J G. 1991. Exploration and exploitation in organizational learning [J]. Organization Science, 2 (1): 71-87.

Matías J C H, García H P, García J P, et al. 2008. Automatic generation of a bill of materials based on attribute patterns with variant specifications in a customer-oriented environment [J]. Journal of Materials Processing Tech, 199 (1-3): 431-436.

Mehta S V, Uzsoy R M. 1998. Predictable scheduling of a job shop subject to breakdowns [J]. Robotics and Automation, IEEE Transactions on, 14 (3): 365-378.

Melbinger A, Cremer J, Frey E. 2010. Evolutionary game theory in growing populations [J]. Physical Review Letters, 105 (17): 178101.

Mentzer J T, Min S, Zacharia Z G. 2000. The nature of interfirm partnering in supply chain management [J]. Journal of Retailing, 76 (4): 549-568.

Mentzer J T, Dewitt W, Keebler J S, et al. 2001. Defining supply chain management [J]. Journal of Business Logistics, 22 (2): 1-25.

Meyer J P, Stanley D J, Herscovitch L, et al. 2002. Affective, continuance, and normative commitment to the organization: a meta-analysis of antecedents, correlates, and consequences [J]. Journal of Vocational Behavior, 61: 20-52.

Min Z, Feiqi D, Sai W. 2008. Coordination game model of co-opetition relationship on cluster supply chains [J]. Journal of Systems Engineering and Electronics, 19 (3): 499-506.

Modak N M, Panda S, Sana S S. 2016. Two-echelon supply chain coordination among manufacturer and duopolies retailers with recycling facility [J]. International Journal of Advanced Manufacturing Technology, 87 (5-8): 1-16.

Modi S B, Mabert V A. 2007. Supplier development: improving supplier performance through knowledge transfer [J]. Journal of Operations Management, 25 (1): 42-64.

Mohammadi A, Sahrakar M, Yazdani H R. 2012. Investigating the effects of information technology on the capabilities and performance of the supply chain of dairy companies in Fars province: A multiple case study [J]. African Journal of Business Management, 6 (3): 933-945.

Mohr J, Spekman R. 1994. Characteristics of partnership success: partnership attributes, communication behaviour, and conflict resolution techniques [J]. Strategic Management Journal,

15 (2): 132-135.

Moller M M, Johansen J, Boer H. 2003. Managing buyer-supplier relationships and inter-organizational competence development [J]. Integrated Manufacturing Systems, 14 (4): 369-379.

Mondragon A E C, Lyons A C. 2008. Investigating the implications of extending synchronized sequencing in automotive supply chains: the case of suppliers in the European automotive sector [J]. International Journal of Production Research, 46 (11): 2867-2888.

Monostori L. 2014. Cyber-physical production systems: roots, expectations and R&D challenges [J]. Procedia CIRP, 17: 9-13.

Moon K K L, Mo P L L, Chan R L Y. 2014. Enterprise risk management: In- sights from a textile-apparel supply chain [J]. International Journal of Risk and Contingency Management, 3 (2): 18-30.

Morash E A. 2001. Supply chain strategies, capabilities, and performance [J]. Transportation Journal, 41 (1): 37-54.

Morgan M R, Hunt D S. 1994. The commitment-trust theory of relationship marketing [J]. Journal of Marketing Research, 58 (3): 20-38.

Morgan R E, Turnell C R. 2003. Market-based organizational learning and market performance gains [J]. British Journal of Management, 14 (3): 255-274.

Nagel M H. 2000. Environmental supply chain management versus green procurement in the scope of business and leadership perspective [C] // Electronics and the Environment, 2000: 219-224.

Nakamoto S. 2008. Bitcoin: A Peer-to-Peer Electronic Cash System. Consulted.

Narasimhan R, Das A. 2001. The impact of purchasing integration and practices on manufacturing performance [J]. Journal of Operations Management, 19 (5): 593-609.

Naudé P, Buttle F. 2000. Assessing Relationship Quality [J]. Industrial Marketing Management, 29: 351-361.

Nayak A, Levalle R R, Lee S, et al. 2016. Resource sharing in cyber-physical systems: modelling framework and case studies [J]. International Journal of Production Research, 54 (23): 6969-6983.

Nelson R R, Kalachek E D. 1967. Civilian technology and the federal government. (Book Reviews: Technology, Economic Growth, and Public Policy) [J]. Science, 156 (3779): 1215-1216.

Nieves J, Haller S. 2014. Building dynamic capabilities through knowledge resources [J]. Tourism Management, 40 (1): 224-232.

Nonaka I. 1994. A dynamic theory of organizational knowledge creation [J]. Organization Science, 5 (1): 14-37.

Nooteboom B, Gilsing V A. 2004. Density and strength of ties in innovation networks: a competence and governance view [J]. Social Science Electronic Publishing, 2 (3): 179-197.

Oosterhout M V, Waarts E, Hillegersberg J V. 2006. Change factors requiring agility and implications for IT [J]. European Journal of Information Systems, 15 (2): 132-145.

Orlicky J A, Plossl G W, Wight O W. 1972. Structuring the bill of material for mpp [J]. Production and Inventory Management, 13: 19-42.

Otto A, Kotzab H. 2003. Does supply chain management really pay? Six perspectives to measure the performance of managing a supply chain [J]. European Journal of Operational Research, 144 (2): 306-320.

Panayides P M. 2007. The impact of organizational learning on relationship orientation, logistics service effectiveness and performance [J]. Industrial Marketing Management, 36 (1): 68-80.

Panayides P M, So M. 2005. Logistics service provider-client relationships [J]. Transportation Research Part E, 41 (3): 179-200.

Parlar M. 1997. Continuous-review inventory problem with random supply interruptions [J]. European Journal of Operational Research, 99 (2): 366-385.

Pasqualetti F, Dörfler F, Bullo F. 2013. Attack detection and identification in cyber-physical systems [J]. IEEE Transactions on Automatic Control, 58 (11): 2715-2729.

Paulraj A, Chen I J, Flynn J. 2006. Levels of strategic purchasing: impact on supply integration and performance [J]. Journal of Purchasing and Supply Management, 12 (3): 107-122.

Penrose E T. 1959. The Theory of Growth of the Firm [M]. Oxford: Blackwell: 12-16.

Peppard J. 2007. The conundrum of IT management [J]. European Journal of Information Systems, 16 (4): 336-345.

Perry M, Sohal A S. 2001. Effective quick response practices in a supply chain partnership-An Australian case study [J]. International Journal of Operations and Production Management, 21 (5/6): 840-854.

Petrovic D, Duenas A. 2006. A fuzzy logic based production scheduling/rescheduling in the presence of uncertain disruptions [J]. Fuzzy Sets and Systems, 157 (16): 2273-2285.

Phillips P, Sul D. 2009. Economic transition and growth [J]. Journal of Applied Econometrics, 24 (7): 1153-1185.

Pik Y, Voon-Hsien L, Garryw K. 2018. A gateway to realising sustainability performance via green supply chain management practices: a PLS-ANN approach [J]. Expert Systems With Applications, 107 (1): 1-14.

Prajogo D, Olhager J. 2012. Supply chain integration and performance: The effects of long-term relationships, information technology and sharing, and logistics integration [J]. International Journal of Production Economics, 35 (1): 514-522.

Pulles N J, Veldman J, Schiele H. 2014. Identifying innovative suppliers in business networks: An empirical study [J]. Industrial Marketing Management, 43 (3): 409-418.

Qi X, Bard J F, Yu G. 2006. Disruption management for machine scheduling: The case of SPT schedules [J]. International Journal of Production Economics, 103 (1): 166-184.

Rachuri S, Subrahmanian E, Bouras A, at al. 2008. Information sharing and exchange in the context of product lifecycle management: role of standards [J]. Computer-Aided Design, 40 (7): 789-800.

Raisch S, Birkinshaw J, Probst G, et al. 2009. Organizational ambidexterity: balancing exploitation and exploration for sustained performance [J]. Organization Science, 20 (4): 685-695.

Rajkumar R R, Lee I, Sha L, et al. 2010. 44. 1 Cyber-physical systems: the next computing revolution [C] //Anaheim: Proceedings of the 47th Design Automation Conference.

Ren L, Zhang L, Wang L, et al. 2017. Cloud manufacturing: Key characteristics and applications [J]. International Journal of Computer Integrated Manufacturing, 30 (6): 501-515.

Rhee J, Park T, Lee D H. 2010. Drivers of innovativeness and performance for innovative SMEs in South Korea: mediation of learning orientation [J]. Technovation, 30 (1): 65-75.

Roca C P, Cuesta J A, Sánchez A. 2009. Evolutionary game theory: temporal and spatial effects beyond replicator dynamics [J]. Physics of Life Reviews, 6 (4): 208-249.

Romero A, Vieira DR. 2014. Using the product lifecycle management systems to improve maintenance, repair and overhaul practices: the case of aeronautical industry [C]. Berlin/Heidelberg: IFIP International Conference on Product Lifecycle Management.

Russo M V, Fouts P A. 1997. A resource-based perspective on corporate environmental performance and profitability [J]. The Academy of Management Journal, 40 (3): 534-559.

Saeed K A, Malhotra M K, Grover V. 2005. Examining the impact of interorganizational systems on process efficiency and sourcing leverage in buyer-supplier dyads [J]. Decision Sciences, 36 (3): 365-396.

Sambamurthy V, Grover B V. 2003. Shaping agility through digital options: reconceptualizing the role of information technology in contemporary firms [J]. MIS Quarterly, 27 (2): 237-263.

Sanchez R. 1993. Strategic flexibility, firm organization, and managerial work in dynamic markets: a strategic options perspective [A] //Shrivastava P, Huff A S, Dutton J. Advances in strategic managemen. Greenwich: JAI Press Inc: 251-291.

Sanchez R. 1995. Preparing for the future: developing strategic flexibility from a competence-based perspective ‖ preparing for an uncertain future: managing organizations for strategic flexibility [J]. International Studies of Management and Organization, 27 (2): 71-94.

Sanchez R. 1997. Preparing for an uncertain future: managing organizations for strategic flexibility [J]. International Studies of Management and Organization, 27 (2): 71-94.

Santos-Vijande M L, López-Sánchez J A, Trespalacios J A. 2012. How organizational learning affects a firm's flexibility, competitive strategy, and performance [J]. Journal of Business Research, 65 (8): 1079-1089.

Schiele H, Veldman J, Hüttinger L. 2011. Supplier innovativeness and supplier pricing: the role of preferred customer status [J]. International Journal of Innovation Management, 15 (1): 1-27.

Schiele H. 2012. Accessing supplier innovation by being their preferred customer [J]. Research-Technology Management, 55 (1): 44-50.

Schilling M A. 2000. Toward a general modular systems theory and its application to interfirm product modularity [J]. Academy of Management Review, 25 (2): 312-334.

Schirner G, Erdogmus D, Chowdhury K, et al. 2013. The future of human-in-the-loop cyber-physical systems [J]. Computer, 46 (1): 36-45.

Schöggl J P, Fritz M M C, Baumgartner R J. 2016. Toward supply chain-wide sustainability assessment: a conceptual framework and an aggregation method to assess supply chain performance [J]. Journal of Cleaner Production, 131: 822-835.

Schweitzer M E, Cachon G P. 2000. Decision bias in the newsvendor problem with a known demand distribution: experimental evidence [J]. Management Science, 46: 404-420.

Serel D A. 2012. Multi-item quick response system with budget constraint [J]. International Journal of Production Economics, 137 (2): 235-249.

Serel D A. 2015. Production and pricing policies in dual sourcing supply chains [J]. Transportation Research Part E Logistics and Transportation Review, 76: 1-12.

Sethi A K, Sethi S P. 1990. Flexibility in manufacturing: a survey [J]. International Journal of Flexible Manufacturing Systems, 2 (4): 289-328.

Shan S, Wang L, Xin T, et al. 2013. Developing a rapid response production system for aircraft manufacturing [J]. International Journal of Production Economics, 146 (1): 37-47.

Shen Z J M, Su X M. 2007. Customer behavior modeling in revenue management and auctions: a review and new research opportunities [J]. Production and Operations Management, 16 (6): 713-728.

Sheu C, Yen H R, Chae B. 2006. Determinants of supplier-retailer collaboration: evidence from an international study [J]. International Journal of Operations and Production Management, 26 (1): 24-49.

Shimizu K, Hitt M A. 2004. Strategic flexibility: organizational preparedness to reverse ineffective strategic decisions [J]. Academy of Management Executive, 18 (4): 44-59.

Simon H A. 1991. Bounded rationality and organizational learning [J]. Organization Science, 2: 125-134.

Sinkula J M. 1994. Market information processing and organizational learning [J]. Journal of Marketing, 58 (1): 35-45.

Sivusuo J, Takala J. 2016. Management changes in mro business through product lifecycle [J]. Management and Production Engineering Review, 7 (3): 87-93.

Smirnov A, Kashevnik A, Ponomarev A. 2015. Multi-level self-organization in cyber-physical-social systems: smart home cleaning scenario [J]. Procedia CIRP, 30: 329-334.

Soab K C. 1998. Price, delivery time guarantees and capacity selection [J]. European Journal of Operational Research, 111 (1): 28-49.

Sowe S K, Simmon E, Zettsu K, et al. 2016. Cyber-physical-human systems: putting people in the loop [J]. IT Professional, 18 (1): 10-13.

Spector P E, Fox S, Van K P T. 1999. The role of negative affectivity in employee reactions to job characteristics: Bias effect or substantive effect [J]. Journal of Occupational and Organizational Psychology, 72: 205-218.

Squire B, Cousins P D, Brown S. 2009. Cooperation and knowledge transfer within buyer-supplier relationships: the moderating properties of trust, relationship duration and supplier performance [J].

British Journal of Management, 20 (4): 461-477.

Stalk G. 1988. Time-the Next Source of Competitive Advantage [J]. Harvard Business Review, 66 (6): 41-51.

Steinle C, Schiele H. 2008. Limits to global sourcing?: strategic consequences of dependency on international suppliers: cluster theory, resource-based view and case studies [J]. Journal of Purchasing and Supply Management, 14 (1): 3-14.

Stuart F I. 1997. Supply-chain strategy: organizational influence through supplier alliances [J]. British Journal of Management, 8 (3): 223-236.

Su J. 2013. Strategic sourcing in the textile and apparel industry [J]. Industrial Management and Data Systems, 113 (1): 23-38.

Sullivan P, Kang J. 1999. Quick response adoption in the apparel manufacturing industry competitive advantage of innovation [J]. Journal of Small Business Management, 37 (1): 1-13.

Suri R. 1999. Beyond JIT and the lean manufacturing paradigm implementing quick response manufacturing [C] //Norcross: Industrial Engineering SOLUIIONS99 Conference.

Swafford P M, Ghosh S, Murthy N. 2008. Achieving supply chain agility through IT integration and flexibility [J]. International Journal of Production Economics, 116 (2): 288-297.

Swink M, Narasinhan R, Wang R. 2007. Managing beyond the Factory Walls: effects of four types of strategic integration on manufacturing plant performance [J]. Journal of Operations Management, 25 (1): 148-164.

Tan K C. 2001. A framework of supply chain management literature [J]. European Journal of Purchasing and Supply Management, 7 (1): 39-48.

Tang S Y, Gurnani H, Gupta D. 2014. Managing disruptions in decentralized supply chains with endogenous supply Process reliability [J]. Production and Operations Management, 23 (7): 1198-1211.

Tanriverdi H, Venkatraman N. 2005. Knowledge relatedness and the performance of multibusiness firms [J]. Strategic Management Journal, 26 (2): 97-119.

Tao F, Cheng Y, Zhang L, et al. 2011. Cloud Manufacturing [J]. Advanced Materials Research, 201-203: 672-676.

Tao F, Cheng Y, Xu L D, et al. 2014. CCIoT-CMfg: Cloud computing and Internet of things-based cloud manufacturing service system [J]. IEEE Transactions on Industrial Informatics, 10 (2): 1435-1442.

Teece D J, Pisano G, Shuen A. 1997. Dynamic capabilities and strategic management [J]. Strategic Management Journal, 18 (7): 509-533.

Thomas R, Wood E. 2015. The absorptive capacity of tourism organisations [J]. Annals of Tourism Research, 54: 84-99.

Tomlin B. 2006. On the value of mitigation and contingency strategies for managing supply chain disruption risks [J]. Management Science, 52 (5): 639-657.

Tomlin B, Wang Y. 2015. Operational strategies for managing supply chain disruption risk [A]// The

Handbook of Integrated Risk Management in Global Supply Chains. John Wiley & Sons, Inc.

Trevino L K, Weaver G R, Reynolds S J. 2006. Behavioral ethics in organizations: a review [J]. Journal of Management, 32 (6): 951-990.

Valeria C, Francesco C, Giovanni M E. 2017. Eco-innovation, sustainable supply chains and environmental performance in European industries [J]. Journal of Cleaner Production, 155: 141-154.

Venkatraman N, Tanriverdi H. 2004. Reflecting "knowledge" in strategy research: conceptual issues and methodological challenges [J]. Research Methodology in Strategy and Management, 1 (4): 33-65.

Vieira G E, Herrmann J W, Lin E. 2000. Predicting the performance of rescheduling strategies for parallel machine systems [J]. Journal of Manufacturing Systems, 19 (4): 256-266.

Vivian C S L, Wing T A. 2003. A qualitative and quantitative review of antecedents of counterproductive behaviors in organizations [J]. Journal of Business and Psychology, 18 (1): 73-99.

Vlachos D, Tagaras G. 2001. An inventory system with two supply modes and capacity constraints [J]. International Journal of Production Economics, 72 (1): 41-58.

Walton S V, Handfield R B, Melnyk S A. 1998. The green supply chain: integrating suppliers into environmental management process [J]. International Journal of Purchasing and Materials Management, (4): 56-72.

Wan K, Alagar V. 2014. Context-aware security solutions for cyber-physical systems [J]. Mobile Networks and Applications, 19: 212-226.

Wang C X, Webster S. 2009. The loss-averse newsvendor problem [J]. Omega, 37 (1): 93-105.

Wang C, Rodan S, Fruin M, et al. 2014. Knowledge networks, collaboration networks, and exploratory innovation [J]. Academy of Management Journal, 57 (2): 459-514.

Wang J, Abid H, Lee S, et al. 2011. A secured health care application architecture for cyber-physical systems [J]. Control Engineering and Applied Informatics, 13: 101-108.

Wang P, Vrande V V D, Jansen J J P. 2017. Balancing exploration and exploitation in inventions: quality of inventions and team composition [J]. Research Policy, 46 (10): 1836-1850.

Webb L. 1994. Green purchasing: forging a new link in the supply chain [J]. Pulp Paper International, 36 (6): 52-59.

Wilson D T. 1995. An integrated model of buyer-seller relationships [J]. Journal of the Academy of Marketing Science, 23 (4): 335-345.

Wu D, Greer M J, Rosen D W, et al. 2013. Cloud manufacturing: strategic vision and state-of-the-Art [J]. Journal of Manufacturing Systems, 32: 564-579.

Wu F, Yeniyurt S, Kim D, et al. 2005. The impact of information technology on supply chain capabilities and firm performance: A resource-based view [J]. Industrial Marketing Management, 35 (4): 493-504.

Wu L Y. 2010. Applicability of the resource-based and dynamic-capability views under environmental volatility [J]. Journal of Business Research, 63 (1): 27-31.

Xavier B. 2016. Does supply chain visibility enhance agility? [J]. Production Economics, (171):

46-59.

Xu H C, Xu X F, He T. 2008. Research on transformation engineering bom into manufacturing bom based on bop. Applied Mechanics and Materials, 10-12: 99-103.

Xu N R, Liu J B, Li D X, et al. 2016. Research on evolutionary mechanism of agile supply chain network based on complex network theory [J]. Mathematical Problems in Engineering, (1): 1-9.

Xu X. 2012. From cloud computing to cloud manufacturing [J]. Robotics and Computer-Integrated Manufacturing, 28 (1): 75-86.

Yan D, Huang F. 2015. Research on company's quick response model oriented to customer demand [M] // LISS 2014. Berlin/Heidelberg: Springer: 1047-1051.

Yan R, Pei Z. 2009. Retail services and firm profit in a dual-channel market [J]. Journal of Retailing and Consumer Services, 16 (4): 306-314.

Yang D, Qi E, Li Y. 2015. Quick response and supply chain structure with strategic consumers [J]. Omega, 52: 1-14.

Yang M, Zhu T, Liang K, et al. 2019. A blockchain-based location privacy-preserving crowdsensing system [J]. Future Generation Computer Systems, 94: 408-418.

Yang Y, Jia F, Xu Z. 2018. Towards an integrated conceptual model of supply chain learning: an extended resource-based view [J]. Supply Chain Management: An International Journal, 24 (2).

Yang Z, Aydin G, Beil B D R. 2009. Supply disruptions, asymmetric information, and a backup pproduction option [J]. Management Science, 55 (2): 192-209.

Yoo S. 2017. Blockchain based financial case analysis and its implications [J]. Asia Pacific Journal of Innovation and Entrepreneurship, 11 (3): 312-321.

Yu H, Zeng A Z, Zhao L. 2009. Analyzing the evolutionary stability of the vendor-managed inventory supply chains [J]. Computers and Industrial Engineering, 56 (1): 274-282.

Yuen K F, Wang X Q, Ma F, et al. 2019. Critical success factors of supply chain integration in container shipping: an application of resource-based view theory [J]. Maritime Policy and Management, 46 (6): 653-668.

Zahra S A. 2010. Harvesting family firms'organizational social capital: a relational perspective [J]. Journal of Management Studies, 47 (2): 345-366.

Zhang C, Dai W, Zhao Y. 2014. Product reliability evaluation based on manufacturing process information fusion [J]. Vibroengineering Procedia, 5: 15-24.

Zhang F, Szwaykowska K, Wolf W, et al. 2008. Task scheduling for control oriented requirements for cyber-physical systems [C] //Proc of IEEE Real-time Systems Symposium.

Zhang Y, Wen J. 2017. Peer-to-Peer Netw. Appl., 10: 983.

Zhang Y, Wang J, Liu S, et al. 2016a. Game theory based real-time shop floor scheduling strategy and method for cloud manufacturing [J]. International Journal of Intelligent Systems, 32: 437-463.

Zhang Y, Zou D, Zheng J, et al. 2016b. Formation mechanism of quick emergency response capability for urban rail transit: Inter-organizational collaboration perspective [J]. Advances in

Mechanical Engineering, 8 (6): 1687-8140.

Zhao J, Li Y, Liu Y. 2016. Organizational learning, managerial ties, and radical innovation: evidence from an emerging economy [J]. IEEE Transactions on Engineering Management, 63 (4): 489-499.

Zhao X, Huo B, Flynn B B et al. 2007. The impact of power and relationship commitment on the integration between manufacturers and customers in a supply chain [J]. Journal of Operations Management, 26 (3): 368-388.

Zhao X, Huo B, Selen W, et al. 2010. The impact of internal integration and relationship commitment on external integration [J]. Journal of Operations Management, 29 (1): 17-32.

Zhou C, Liu X, Xue F, et al. 2018. Research on static service bom transformation for complex products. Advanced Engineering Informatics, 36: 146-162.

Zhou K Z, Wu F. 2010. Technological capability, strategic flexibility, and product innovation [J]. Strategic Management Journal, 31 (5): 547-561.

附录 A　合作伙伴关系对制造供应链快速响应的影响机理研究调查问卷

您好!

我们是"供应链视角下装备制造企业快速响应的影响因素研究"课题组,目前正在进行"供应链视角下装备制造企业快速响应的影响因素研究"(国家社会科学基金项目)的课题研究。

本调查问卷旨在为装备制造供应链快速响应影响因素的研究进行调研。由于调查结果关系到研究结果的有效性,您对以下每一项问题的回答,对于本研究至关重要,因此恳请您细心、客观地填写。您的个人信息、选择等将被严格保密。

非常感谢您在百忙之中抽空填写此问卷,在此本课题组向您致以诚挚的谢意。

敬祝您身体健康,事业更上一层楼!

"供应链视角下装备制造企业快速响应的影响因素研究"课题组
2018 年 5 月

第一部分　问卷说明

1. 基本概念说明

1)装备制造供应链:装备制造供应链是由装备零部件供应商、装备制造商、零售商和终端客户组成的供应链。

2)装备制造供应链快速响应:装备制造供应链快速响应指的是在装备制造供应链中,制造企业为了根据客户的实时要求在正确的时间、地点和价格下,为客户提供正好数量、种类和质量的产品或服务,将订货提前期、人力、材料和库存的花费降到最低。实现快速响应机制的装备制造供应链是一种具备高度响应性和灵活性的供应链,这种供应链将重点放在灵活性和生产速度上,使其能够满足高竞争性、多变和动态的市场不断变化的需要。

2. 填写说明

1)此次调查问卷均为单项选择题,请根据问题所描述的内容与您所在企业的实际情况进行选择，1~5 分别表示为"非常不同意""不同意""中性""同意""非常同意"，请您在所回答问题相对应的框内标红或是其他醒目标记以示作答。

2）为保证调查样本的一致性，如果贵企业处在多条供应链中，请选择其中一条供应链为考虑对象。

第二部分　调查问卷

1. 合作伙伴关系

以下问题，根据贵公司与供应商的实际合作情况，您在多大程度上同意以下描述，请在对应的选项上进行选择。

信任	非常不同意	不同意	中性	同意	非常同意
我们的合作伙伴是可靠并值得信赖的	1	2	3	4	5
我们的合作伙伴会严格遵守承诺	1	2	3	4	5
我们的合作伙伴在进行重大决策时会考虑我们公司的利益	1	2	3	4	5
我们的合作伙伴对我们的业绩非常关心	1	2	3	4	5

承诺	非常不同意	不同意	中性	同意	非常同意
我们公司承诺不会轻易中断与供应链伙伴之间的合作关系	1	2	3	4	5
我们公司希望与供应链伙伴间的合作关系继续维持下去	1	2	3	4	5
我们公司愿意做出更多努力与投资在供应链合作伙伴的运营活动上	1	2	3	4	5
我们公司未来将会主动与供应链合作伙伴续约	1	2	3	4	5
我们公司不会因为一些物质利益去破坏良好的合作伙伴关系	1	2	3	4	5
为了维持与供应链伙伴的合作关系，我们公司非常愿意做出一些承诺	1	2	3	4	5

2. 供应商创新

以下问题，根据贵公司主要供应商创新的实际情况，您在多大程度上同意以下的描述，请在对应的选项上进行选择。

供应商创新	非常不同意	不同意	中性	同意	非常同意
在新产品和服务的推行中，供应商通常可以率先进入市场	1	2	3	4	5
与竞争对手相比，我们的供应商在过去五年中推出了更具创意和实用性的产品和服务	1	2	3	4	5
我们的供应商积极推广其产品创新	1	2	3	4	5
在新产品和服务推行中，我们供应商处于技术领先地位	1	2	3	4	5
我们的供应商不断改进其制造流程	1	2	3	4	5
与竞争对手相比，我们的供应商以极快的速度改变生产方式	1	2	3	4	5
在过去的五年中，我们的供应商开发了许多新的管理方法（不包括制造流程）	1	2	3	4	5
当供应商无法使用传统方法解决问题时，它会采用新方法进行改进	1	2	3	4	5

3. 供应链整合

以下问题，根据贵公司所在供应链中供应链整合的实际情况，您在多大程度上同意以下的描述，请在对应的选项上进行选择。

供应商整合	非常不同意	不同意	中性	同意	非常同意
我们通过信息网络与主要供应商进行联系	1	2	3	4	5
我们公司与主要供应商建立快速订单处理系统	1	2	3	4	5
我们公司与主要供应商建立战略伙伴关系	1	2	3	4	5
我们公司与主要供应商通过网络稳定采购	1	2	3	4	5
我们公司帮助主要供应商改进其流程以更好满足我们的需求	1	2	3	4	5

内部整合	非常不同意	不同意	中性	同意	非常同意
我们公司内部不同部门间的应用系统整合程度较高	1	2	3	4	5
我们公司具备进行综合库存管理的能力	1	2	3	4	5
我们公司在流程优化、新产品研发过程中应用跨职能团队	1	2	3	4	5

客户整合	非常不同意	不同意	中性	同意	非常同意
我们公司处理主要客户订单的敏捷程度高	1	2	3	4	5
我们公司与主要客户建立快速订单处理系统	1	2	3	4	5
我们公司通过信息网络与主要客户进行联系	1	2	3	4	5
我们公司跟踪主要客户以获得反馈信息	1	2	3	4	5

4. 战略采购

以下问题，根据贵公司采购战略的实际情况，您在多大程度上同意以下的描述，请在对应的选项上进行选择。

采购战略	非常不同意	不同意	中性	同意	非常同意
采购包含在公司的战略规划过程中	1	2	3	4	5
采购职能非常符合企业的战略目标	1	2	3	4	5
采购业绩是根据其对公司成功的贡献来衡量的	1	2	3	4	5
采购专业人员的发展侧重于竞争战略的要素	1	2	3	4	5
采购部门在采购功能中发挥综合作用	1	2	3	4	5

5. 供应链快速响应

以下问题，根据贵公司供应链快速响应的实际情况，您在多大程度上同意以下的描述，请在对应的选项上进行选择。

快速响应	非常不同意	不同意	中性	同意	非常同意
我们的供应链能够缩短产品开发周期	1	2	3	4	5
我们的供应链能缩短产品制造周期	1	2	3	4	5
我们的供应链能提高新产品推出的频率	1	2	3	4	5
我们的供应链能提高产品定制水平	1	2	3	4	5
我们的供应链能快速调整配送能力	1	2	3	4	5
我们的供应链能提高客户服务水平	1	2	3	4	5
我们的供应链能快速提高对不断变化的市场需求的响应能力	1	2	3	4	5

第三部分　基本信息

您的性别：（　　）
A. 男　　　　　　B. 女
您的年龄：（　　）
A. 20~30 岁　　　B. 31~40 岁　　　C. 41~50 岁　　　D. 50 岁以上
您的学历：（　　）
A. 高中、中专及以下　　　B. 本科、大专
C. 硕士　　　D. 博士
您所在企业属于：（　　）
A. 国有及国有控股企业　　　B. 集体（合作）企业
C. 私营/民营企业　　　D. 合资企业
E. 外资企业
您所在企业的行业类别：（　　）
A. 电子　　　B. 机械与设备制造
C. 物流仓储　　　D. 金属
E. 交通运输　　　F. 其他

调查问卷到此结束，感谢您的热心参与！

附录 B 信息共享、供应物流协同对装备制造供应链快速响应的影响研究调查问卷

您好！

我们是"供应链视角下装备制造企业快速响应的影响因素研究"课题组，目前正在进行"供应链视角下装备制造企业快速响应的影响因素研究"（国家社会科学基金项目）的课题研究。

本调查问卷旨在为装备制造供应链快速响应影响因素的研究进行调研。由于调查结果关系到研究结果的有效性，您对以下每一项问题的回答，对于本研究至关重要，因此恳请您细心、客观地填写。您的个人信息、选择等将被严格保密。

非常感谢您在百忙之中抽空填写此问卷，在此本课题组向您致以诚挚的谢意。

敬祝您身体健康，事业更上一层楼！

"供应链视角下装备制造企业快速响应的影响因素研究"课题组

2018 年 5 月

第一部分 问卷说明

1. 基本概念说明

1）装备制造供应链：装备制造供应链是由装备零部件供应商、装备制造商、零售商和终端客户组成的供应链。

2）装备制造供应链快速响应：装备制造供应链快速响应指的是在装备制造供应链中，制造企业为了根据客户的实时要求在正确的时间、地点和价格下，为客户提供正好数量、种类和质量的产品或服务，将订货提前期、人力、材料和库存的花费降到最低。实现快速响应机制的装备制造供应链是一种具备高度响应性和灵活性的供应链，这种供应链将重点放在灵活性和生产速度上，使其能够满足高竞争性、多变和动态的市场不断变化的需要。

2. 填写说明

1）此次调查问卷均为单项选择题，请根据问题所描述的内容与您所在企业

的实际情况进行选择，1~5 分别表示为"非常不同意""不同意""中性""同意""非常同意"，请您在所回答问题相对应的框内标红或是其他醒目标记以示作答。

2）为保证调查样本的一致性，如果贵企业处在多条供应链中，请选择其中一条供应链为考虑对象。

第二部分　调查问卷

1. 信息共享

以下问题，根据贵公司信息共享实际情况，您在多大程度上同意以下的描述，请在对应的选项上进行选择。

信息共享	非常同意	不同意	中性	同意	非常同意
与供应商信息共享及时	1	2	3	4	5
与供应商信息共享准确	1	2	3	4	5
与供应商信息共享可靠	1	2	3	4	5
与供应商信息共享完整	1	2	3	4	5
与供应商共享核心信息	1	2	3	4	5

2. 供应物流协同

以下问题，根据贵公司在供应链中供应物流协同的实际情况，您在多大程度上同意以下的描述，请在对应的选项上进行选择。

供应商与供应商协同	非常不同意	不同意	中性	同意	非常同意
经常与其他供应商联合处理制造商订单	1	2	3	4	5
经常与其他供应商联合确定供货批量	1	2	3	4	5
经常与其他供应商共享生产计划	1	2	3	4	5
经常与其他供应商联合配套供应零件	1	2	3	4	5

供应商与制造商协同	非常 不同意	不同意	中性	同意	非常 同意
充分了解供应商业务流程	1	2	3	4	5
充分了解供应商生产情况	1	2	3	4	5
经常与供应商联合展开需求预测	1	2	3	4	5
经常与供应商联合制定生产计划	1	2	3	4	5
经常评价与供应商的关系	1	2	3	4	5

物流服务水平	非常 不同意	不同意	中性	同意	非常 同意
实施进行 JIT 配送	1	2	3	4	5
充分掌握物流信息	1	2	3	4	5
配送时间与生产进度匹配	1	2	3	4	5

3. 供应链快速响应

以下问题，根据贵公司供应链快速响应的实际情况，您在多大程度上同意以下的描述，请在对应的选项上进行选择。

供应链快速响应	非常同意	不同意	中性	同意	非常同意
我们能缩短生产提前期	1	2	3	4	5
我们能缩短产品研发周期	1	2	3	4	5
我们能提高新产品的频率	1	2	3	4	5
我们能提高服务水平	1	2	3	4	5
我们能快速响应市场变化	1	2	3	4	5

第三部分 基本信息

您的性别：（　　　）

A. 男　　　　　　B. 女

您的年龄：（　　　）

A. 20～30 岁　　　　B. 31～40 岁　　　C. 41～50 岁　　　　D. 50 岁以上

您的学历：（　　　）

A. 高中、中专及以下　　　　　　B. 本科、大专

C. 硕士　　　　　　　　　　　　D. 博士

您所在企业的行业类别：（　　　）

A. 电子　　　　　　　　　　　　B. 机械与设备制造

C. 物流仓储　　　　　　　　　　D. 金属

E. 交通运输　　　　　　　　　　F. 其他

调查问卷到此结束，感谢您的热心参与！

附录 C 装备制造供应链快速响应企业内影响因素研究调查问卷

您好!

我们是"供应链视角下装备制造企业快速响应的影响因素研究"课题组,目前正在进行"供应链视角下装备制造企业快速响应的影响因素研究"(国家社会科学基金项目)的课题研究。

本调查问卷旨在为装备制造供应链快速响应影响因素的研究进行调研。由于调查结果关系到研究结果的有效性,您对以下每一项问题的回答,对于本研究至关重要,因此恳请您细心、客观地填写。您的个人信息、选择等将被严格保密。

非常感谢您在百忙之中抽空填写此问卷,在此本课题组向您致以诚挚的谢意。

敬祝您身体健康,事业更上一层楼!

"供应链视角下装备制造企业快速响应的影响因素研究"课题组
2019 年 6 月

第一部分 问卷说明

1. 基本概念说明

1)装备制造供应链:装备制造供应链是由装备零部件供应商、装备制造商、零售商和终端客户组成的供应链。

2)装备制造供应链快速响应:装备制造供应链快速响应指的是在装备制造供应链中,制造企业为了根据客户的实时要求在正确的时间、地点和价格下,为客户提供正好数量、种类和质量的产品或服务,将订货提前期、人力、材料和库存的花费降到最低。实现快速响应机制的装备制造供应链是一种具备高度响应性和灵活性的供应链,这种供应链将重点放在灵活性和生产速度上,使其能够满足高竞争性、多变和动态的市场不断变化的需要。

2. 填写说明

1)此次调查问卷均为单项选择题,请根据问题所描述的内容与您所在企业的实际情况进行选择，1~5 分别表示为"非常不同意""不同意""中性""同意""非常同意"，请您在所回答问题相对应的框内标红或是其他醒目标记以示作答。

2）为保证调查样本的一致性，如果贵企业处在多条供应链中，请选择其中一条供应链为考虑对象。

第二部分　调查问卷

1. IT 能力

以下问题，根据贵公司 IT 能力实际情况，您在多大程度上同意以下的描述，请在对应的选项上进行选择。

IT 设备能力	非常不同意	不同意	中性	同意	非常同意
与同行业的竞争对手相比，我们公司拥有先进的计算机设备	1	2	3	4	5
我们公司的计算机设备的性能令人满意（如数据处理速度快，打开程序速度快）	1	2	3	4	5
我们公司的网速令人满意	1	2	3	4	5
我们公司的外部分支机构和临时外出人员都可以通过 Internet 方便地连接到公司总部	1	2	3	4	5
我们公司拥有企业级应用软件系统（如 Lotus Notes、自主研发的管理信息系统）	1	2	3	4	5
我们公司每年都会花费许多资金来购买新的计算机软件和硬件	1	2	3	4	5

IT 人员能力	非常不同意	不同意	中性	同意	非常同意
我们公司的 IT 人员善于诊断和发现计算机软硬件问题	1	2	3	4	5
我们公司的 IT 人员善于管理和维护计算机网络	1	2	3	4	5
我们公司的 IT 人员能把握并跟随 IT 的发展趋势	1	2	3	4	5

续表

IT 人员能力	非常 不同意	不同意	中性	同意	非常 同意
我们公司的 IT 人员经常给我们进行计算机相关知识与技能的培训	1	2	3	4	5
在我们有需要时，公司的 IT 人员能够给予我们技术上的指导和帮助	1	2	3	4	5
我们公司的 IT 人员能够根据我们工作上存在的问题来制定相应的技术解决方案	1	2	3	4	5

2. 组织学习

以下问题，根据贵公司组织学习的实际情况，您在多大程度上同意以下的描述，请在对应的选项上进行选择。

组织学习	非常 不同意	不同意	中性	同意	非常 同意
公司的学习能力是我们的竞争优势	1	2	3	4	5
将学习视为改进工作的主要方法是公司的最主要价值观之一	1	2	3	4	5
公司将员工的学习和培训视为一项投资而不是成本	1	2	3	4	5
公司将学习视为组织生存的必要条件	1	2	3	4	5
公司内部经常共同分析失败的原因和分享成功的经验	1	2	3	4	5
公司鼓励员工突破成规，创意性的思考问题	1	2	3	4	5

3. 战略柔性

以下问题，根据贵公司战略柔性的实际情况，您在多大程度上同意以下的描述，请在对应的选项上进行选择。

资源柔性	非常 不同意	不同意	中性	同意	非常 同意
我们公司在开发、生产和销售不同产品和售后服务方面利用相同资源的程度很高	1	2	3	4	5

续表

资源柔性	非常不同意	不同意	中性	同意	非常同意
我们公司可以轻松找到资源的新用途	1	2	3	4	5
我们公司改变资源的用途的难度很低	1	2	3	4	5
我们公司改变资源的用途的成本很低	1	2	3	4	5
我们公司改变资源的用途所用的时间很短	1	2	3	4	5

协调柔性	非常不同意	不同意	中性	同意	非常同意
我们公司经常发现现有资源的新用途和/或新组合	1	2	3	4	5
我们公司经常发现外部资源的新用途和/或新组合	1	2	3	4	5
我们公司通过组织系统和流程将资源快速部署到目标用途	1	2	3	4	5
我们公司经常妥善处理突发问题，从不断变化的环境条件中获益	1	2	3	4	5
我们公司内部各单位之间在资源的使用上能够达成高度的共识	1	2	3	4	5
我们公司内部各单位之间资源的共享程度较高	1	2	3	4	5

4. 智能交互能力

以下问题，根据贵公司智能交互能力的实际情况，您在多大程度上同意以下的描述，请在对应的选项上进行选择。

智能交互能力	非常不同意	不同意	中性	同意	非常同意
我们公司的数据链完备程度高	1	2	3	4	5
我们公司人员与装备、零件有效地实现信息互联互通（人机交互）	1	2	3	4	5
我们公司生产设备之间有效地实现信息互联互通（设备与设备间交互）	1	2	3	4	5

5. 数字化集成能力

以下问题，根据贵公司数字化集成的实际情况，您在多大程度上同意以下的描述，请在对应的选项上进行选择。

数字化集成能力	非常不同意	不同意	中性	同意	非常同意
我们公司制造执行系统 MES 与企业资源计划 ERP 系统的集成程度高	1	2	3	4	5
我们公司制造过程控制系统与制造执行系统 MES 的集成程度高	1	2	3	4	5

6. 供应链快速响应

以下问题，根据贵公司供应链快速响应的实际情况，您在多大程度上同意以下的描述，请在对应的选项上进行选择。

快速响应	非常不同意	不同意	中性	同意	非常同意
我们的供应链能够预测市场需求并响应真实的市场需求	1	2	3	4	5
我们的供应链能够缩短产品开发周期	1	2	3	4	5
我们的供应链能缩短产品制造周期	1	2	3	4	5
我们的供应链能提高产品定制水平	1	2	3	4	5
我们的供应链能快速调整配送能力	1	2	3	4	5

第三部分 基本信息

您的性别：（   ）

A. 男　　　　　　　　B. 女

您的年龄：（   ）

A. 20 ~ 30 岁　　　　B. 31 ~ 40 岁　　　　C. 41 ~ 50 岁　　　　D. 50 岁以上

您的学历：（   ）

A. 高中、中专及以下　　　　　　　　B. 本科、大专

C. 硕士   D. 博士

您所在企业的行业类别：（　　　）

A. 电子   B. 机械与设备制造

C. 物流仓储   D. 金属

E. 交通运输   F. 其他

调查问卷到此结束，感谢您的热心参与！